U0582709

运营管理

Operations Management
Theory, Method, and Digital Practice

理论、方法与数字化实践

陈景岭　姚冠新　主编

经济管理出版社
ECONOMY & MANAGEMENT PUBLISHING HOUSE

图书在版编目（CIP）数据

运营管理 ：理论、方法与数字化实践 ／ 陈景岭，姚
冠新主编 . -- 北京 ：经济管理出版社，2025. 7.
ISBN 978-7-5243-0402-9

Ⅰ . F502

中国国家版本馆 CIP 数据核字第 2025Q9E851 号

组稿编辑：张巧梅
责任编辑：张巧梅
责任印制：许　艳
责任校对：王淑卿

出版发行：经济管理出版社
　　　　　（北京市海淀区北蜂窝 8 号中雅大厦 A 座 11 层　100038）
网　　　址：www. E-mp. com. cn
电　　　话：（010）51915602
印　　　刷：北京晨旭印刷厂
经　　　销：新华书店
开　　　本：720mm×1000mm/16
印　　　张：24. 25
字　　　数：489 千字
版　　　次：2025 年 8 月第 1 版　　2025 年 8 月第 1 次印刷
书　　　号：ISBN 978-7-5243-0402-9
定　　　价：68. 00 元

本书编写委员会

前　言

在数字经济浪潮下，运营管理作为企业价值创造的核心枢纽，正经历着从传统范式向数字化范式的时代转型。本教材基于运营系统规划、设计、运行、控制的经典理论和方法，使运营系统的转型、创新与智能制造、服务数字化等新兴领域产生链接，设置了数字化运营实践专题，关注中国制造业、服务业转型升级的实践和经验，运用"基础理论＋分析工具＋实践应用"三维知识架构体系，培养具备系统思维和数字化实践能力的新商科人才。

本教材具有以下三大特色：

特色一：结构化知识体系构建。本教材构建了立体化的知识图谱。该图谱以价值流为主轴，将运营管理理论、方法和实践分解为 15 个知识集群，并以知识地图形式展示了 127 个核心概念的逻辑关联，特别是设计了企业全景式主案例贯穿全书的每一章，以某央企主力造船生产基地为研究对象，完整地呈现了从可持续运营战略、智能工厂布局到数字运维的全链条运营实践。这种案例驱动的立体化知识图谱教学设计模式，确保了知识体系的系统性、逻辑关系的可视化、知识集群的延展性以及全流程教学场景的实践性。

特色二：思政引领数字化实践。在内容设计方面，每章均有与内容相对应的思政教学目标，如强调自主可控的国家安全观，突出精益求精的生产理念以及创新求变的进取精神，等等。全书每章还精选若干个以中国先进制造业和现代服务业为主的微案例，涵盖第一产业、第二产业和第三产业运营管理和企业数智化转型的鲜活实践，引导学习者思考中国企业在数字化变革中运营管理的机遇和挑战。此外，在每章习题设计中均突出开放性思维训练，着力培养学习者三个核心素养：立足中国实践的全局观、面向复杂问题的系统思维、应对技术变革的创新意识，以使教材既成为专业知识的载体，又成为立德树人的重要阵地。

特色三：沉浸式教学系统创新。本教材有配套的慕课资源——江苏省一流课程"智能制造企业运营管理"，目前在智慧树平台有序运行，课程还被遴选为国家智慧教育公共服务平台的精品课程。教学资源系统包括视频说课、视频案例、课件、试题库、互动问答等。本教材特别开发了与重点难点知识配套的 16 个"随堂练"虚拟仿真实验，其中"柔性智能制造中生产排程虚拟仿真实验"是国家级一流课程（具体可查看国家 ilab 实验平台）。本教材尝试将相关理论方法应用于运营管理各环节的仿真实验中，学习者可自主探索决策方案并进行优化迭代，同时构建了"理论奠基—技术赋能—实战验证"沉浸式立体教学形式，在一定程度上可成为企业参观和顶岗实习的替代方案。

全书共五篇，15 章内容。第 1 篇"运营管理概论与运营战略"，包括绪论、企业运营战略两章。第 2 篇"运营系统规划与设计"，包括产品开发与设计、运营能力规划、运营系统设施选址与布置、企业运营流程设计、工作设计与工作测量五章。第 3 篇"运营系统运行与控制"，包括生产计划、制造业的作业计划与控制、项目计划管理、质量管理与控制四章。第 4 篇"运营系统转型与创新"，包括精益生产、互联网运营、数字孪生与智能制造三章。第 5 篇"数字化运营实践专题"，包括智慧农业、智慧工厂、智慧医院、智慧物流、智慧旅游五个代表性的数字化运营领域与场景。

本教材由陈景岭负责组织策划、分工编写和统稿。各章内容编写者为：第 1 章戴勇、陈景岭；第 2 章李康宏、韩云霞、张秦；第 3、4、5 章李康宏；第 6、7、8 章张秦；第 9、10、11 章韩云霞；第 12、13、14 章俞婷婷、陈景岭；第 15 章李志斌、连远强、徐静、张鹏、俞婷婷。各章导入的主案例由李毅、朱铮、范明冠编写。部分数字化实践的微案例由梁瑶、杨松儒、范锋斌、戴娟编写。

本教材在编写中参考了大量国内外有关运营管理的著作、学者的最新研究成果、知名企业官网上的信息、网络媒体提供的经典案例，这些为本书增色不少。因为篇幅有限，书后仅列出了主要参考文献，在此谨向所有作者表示最诚挚的感谢。

除此之外，还要感谢经济管理出版社张巧梅编辑在出版过程中提出的宝贵建议，以及扬州大学精品本科教材建设工程的资助，在此一并表示感谢！由于编者水平有限，书中难免有不尽如人意之处，敬请有关专家、同行批评指正。

陈景岭

2024 年 12 月 1 日

| 目 录 |

第3篇　运营系统运行与控制

第4篇 运营系统转型与创新

第5篇 数字化运营实践专题

第 1 篇

运营管理概论与运营战略

第1章　绪论

📖 **关于绪论的知识图谱**

（详见网址：http://t.zhihuishu.com/4WPY8K7v）

🔍 **主案例导入**

2023年，国内远洋船舶制造巨头J公司集装箱船订单突增200%，签单时公司方承诺产品按期交货，然而在订单执行时，制造本部负责人张总每天都要疲于应对分段建造工程计划的拖期问题，而造成工程计划拖期的原因，很多是看起来并不起眼的"琐事"。

（1）上个月，负责生产计划的老毛离职了，由于没有系统化的工程管理及作业基准，工人按照现有的材料和自己的生产节奏去生产，造成生产计划反复变更，且因产能问题及工程计划错配问题，生产了很多不需要的中间产品。

（2）部分规格的钢板库存过多，而一些特需规格的钢板库存不足，影响了生产进度和成本控制。巅峰时期钢板库存达到3万吨，库存数据不能为计划所用，存在数据与实物"两层皮"现象，占压资金严重，有时需要花费大量时间去翻找一张需要的钢板。多个分段作为一个批次，同一批次大量钢板同时流入切割场地，材料切割好后，大量材料滞留在切割场地上，占用有效切割场地。

（3）一线生产工人的工时数据需要统计员进行统计，工人每天按部就班，没有对产品特点进行细分，生产效率低下，完成量不明确，生产现场的"磨洋工"现象很突出，管理者无法及时获得信息，对工程计划的管控缺乏量化措施，无法及时有效地发布管理指示，从而限制了管理措施的有效实施。

（4）不同阶段需求的材料同时送达，带来许多不便；分段报验时，受到船东客户投诉——大部分中间产品由于堆放不合理，导致局部变形，精度无法满足要求；以及堆放时间太长，分段部材钢板表面及焊缝锈蚀严重，分段报验时需要再次对焊缝表面进行打磨处理，这无形增加了分段制作工时，并延长了制作周期。

张总表示，"订单到交付"是决定公司市场竞争力的关键环节之一，公司在该环节的运营水平将直接影响产品交付周期、产品质量等，进而影响终端客户体验及满意度。下一步，公司将引入小LOT化生产模式进行分段拆分，即按照产品属性对生产（加工）该产品所需的原材料进行小批量分类、收集、加工后再以快节拍、"零"滞留的物流方式流转到下一工序，从而实现整个生产流程的高效快速运转，按照组立需求安排内业生产（UNIT/LOT）、精简生产流程、提升制造效率，全力保交付。

讨论题

1. 根据案例材料分析，J公司在运营中的哪些环节出了问题？
2. 请初步思考，J公司可以采取哪些具体措施解决上述问题？
3. 请做进一步思考，J公司在运营中可能还存在哪些问题？

相关概念

运营管理（Operation Management）

运营管理是对组织内部制造产品或提供服务的系统和过程的管理，要求合理地组织系统投入要素，以高效创造出系统产出（包括有形产品和无形服务）。运营管理的对象是运营系统和运营过程。

对于生产制造企业而言，运营系统主要包括物理系统（厂房、生产线、仓库等）和管理信息系统（Enterprise Resource Planning, ERP）两大类。运营过程是指利用制造设施将原材料/零件转化为产品的过程。优秀的制造型企业管理者，善于搭建高效的运营系统，合理组织和配置企业内部的各种资源，协调人员、设备和能源的活动，优化运营管理流程，不断提升企业运营效率，使企业用较低的成本生产出高价值的产品。

对于营利性或非营利性服务型组织而言，运营系统主要包括硬件要素（服务空间的布局、环境、服务的设施设备、专业工具等）、软件要素（服务流程、员工培训、服务过程中员工的职责、授权等）和管理信息系统（Customer Relationship Management, CRM）三大类。运营过程是指与服务生产、交易和消费有关的程序、操作方针、组织机制等的制定和执行。好的服务型企业管理者，善于了解客户需求和反馈，合理组织和配置企业内部的各种资源，优化运营管理流程，不断提升服务质量和效率，增强客户满意度和忠诚度。

可见，制造型企业的运营管理更侧重于生产过程，生产效率和质量管理是制造型企业运营能力的核心，运营管理重点在于生产计划、生产控制、物料需求计划、库存管理等。服务型企业的运营管理更侧重于服务过程，满足客户的需求是服务型企业运营能力的核心，运营管理重点在于人员管理和服务流程设计，以确保提供高质量的服务。

标准作业程序（Standard Operating Procedure）

SOP是企业运营管理有力的支持工具，是将某一典型工作的标准操作步骤和要求以统一的格式描述出来，特别是对某一程序中的关键控制点进行细化和量化，用来指导和规范日常的工作。SOP关注作业活动的具体描述，通过明确的操作步骤和要求，确保工作的一致性和准确性，从而提高整体运营效率。SOP的具体功能：

◎ 既是操作人员的作业指导书，也是检验员用于纠偏的依据，是企业最基本、最有效的运营管理工具和技术资料。

◎技术和经验的传承，将企业积累下来的技术、经验记录在标准文件中，避免因技术人员的流动而导致技术流失。

◎用于人员的培训，使操作人员经过短期培训，就能快速掌握较为先进合理的操作技术。

◎用于质量管理，根据作业标准，易于追查不良品产生的原因。

◎保证产品和服务的一致性，实现运营管理规范化及生产流程条理化、标准化、形象化、简单化。

SOP编写时，一般包含以下要素：

◎目的与范围：明确SOP的目的、适用范围和背景知识。

◎操作步骤：详细列出完成任务所需的具体步骤和操作方法。

◎注意事项：指出在操作过程中需要注意的事项和可能遇到的问题及解决方法。

◎所需工具与设备：列出完成任务所需的工具、设备和材料。

◎安全要求：强调操作过程中的安全要求和防护措施。

灯塔工厂（Lighthouse Network）

"灯塔工厂"代表当今全球制造业的智能制造和数字化最高水平，被誉为"世界上最先进的工厂"和"全球化4.0"的创新示范者。所谓全球化4.0，是指利用物联信息系统（Cyber-Physical System，CPS）将生产中的物料供应、制造和销售信息数据化、智慧化，最后实现快速、有效、定制化的产品供应。

灯塔工厂的运营管理发生了以下变革：

◎高度数字化。灯塔工厂实现了生产过程的全面数字化，为每一道工序、每一个机型甚至每一把刀具等匹配最优参数，优化生产节拍。工厂根据多个数据采集点收集的工业大数据，实时监控生产状态和精准分析，提高产品质量和生产效率。

◎生产虚拟化。将物理世界中的工厂、设备、产品等实体对象进行数字化建模，构建出一个与物理世界相对应的虚拟世界。在这个虚拟世界中，可以实时模拟和预测生产过程中的各种情况，帮助企业提前发现并解决问题，优化生产流程。

◎智能化决策。利用大数据、人工智能等先进技术，对生产数据进行深度挖掘和分析，为企业的决策提供有力支持。通过智能化决策，工厂能够更准确地预测市场趋势，制订科学合理的生产计划，优化资源配置，提高经济效益。

◎云端协同化。运用数字化资源、工具及方法，打破企业内外部信息壁垒，将生产任务分解给供应链的各参与方，进行智能制造任务的精准分配、智能供应链的精准匹配，实现设备、供应链、仓储物流、能源等方面的共享与协同。

1.1 运营管理系统与过程

运营管理、市场营销和财务会计被称为企业管理的三大核心职能。现代运营管理的研究内容已不再局限于生产过程的计划、组织、协调和控制，而是扩展为包括运营战略制定、运营系统设计、运营系统运行、运营系统维护改进等多层次的内容，将运营战略、新产品开发、产品设计、采购供应、生成制造、产品配送，直至售后服务都看作一个完整的运营"价值链"系统，对其实施集成式管理。

从系统论的角度来看，运营过程是围绕着产品或者服务的一系列有组织的运营活动，是一个"输入—转换—输出"的过程，即投入一定的资源，经过一系列、多种形式的变换，产生价值增值（见图1-1）。

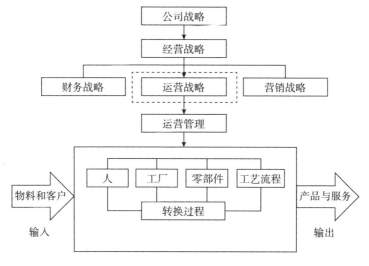

图1-1 运营管理系统与过程

一般而言，企业运营管理决策的影响因素复杂且多变，在有限理性、资源限制和竞争环境下，运营管理多目标决策不存在最优解。满意解更注重实际可行性和决策效率。管理者应根据运营战略，有针对性地设定符合自身特点的运营目标和重点工作，并不断进行监控、适时调整控制。

1.1.1　生产运营系统的五个层次

根据国际自动化学会（International Society of Automation，ISA）标准，现代工业生产运营系统可划分为五个层次，其中较低级别的层次更多地体现为物理 / 硬件范畴，而较高级别的层次主要是基于数字化 / 系统化的管理技术（见图 1-2）。

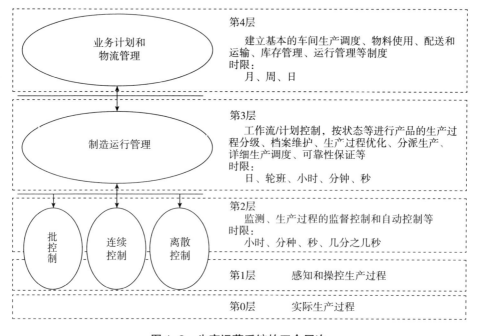

图 1-2　生产运营系统的五个层次

第 0 层（生产过程）：最低级别，是指实际的物理环境，即设备层，包括传感器、仪器仪表、条码、射频识别、机器、机械和装置等，是企业进行生产管理的物质技术基础。

第 1 层（自动化层）：主要实现基本的控制功能，即控制层，包括可编程逻辑控制器（PLC）、数据采集与监视控制系统（SCADA）、分布式控制系统（DCS）和现场总线控制系统（FCS）等。

第 2 层（监督控制）：为特定区域或流程提供实时监测、数据汇总和有限的控制能力，即车间层，实现面向车间的生产管理，包括制造执行系统（MES）、仓库管理系统（WMS）等。

第 3 层（生产执行）：负责管理生产计划、工单、质量控制，以及制造业务的整体协调，即企业层，实现面向企业的经营管理，包括企业资源计划系统（ERP）、产品生命周期管理（PLM）和供应链管理系统（SCM）等。

第 4 层（运营管理）：实现企业或供应链资源的统一管理、业务流程的优化和决策的科学化，即协同层。最终产业链上不同企业通过互联网络共享信息实现协同研发、智能生产、精准物流和智能服务的提供等。

生产运营系统的核心是第 3 层和第 4 层。两者的区别是：生产执行层专注于生产执行层面的实时控制和优化，主要目标是提高生产效率和产品质量；而运营管理层则涵盖了更广泛的制造运营管理，包括供应链管理、设备维护、劳动力管理等多个方面，目标是全面提升生产运营效率和优化企业资源管理。

📋 微案例：生产执行层优化——新能源汽车的自动化冲压车间

生产 1 辆新能源汽车需要多久？

"仅需 1 分钟。"这是比亚迪小漠工厂给出的答案。

2023 年，比亚迪集团销售新能源汽车 302.4 万辆，蝉联全球新能源汽车销量冠军。比亚迪书写世界汽车工业发展奇迹，离不开其顶尖的制造能力。比亚迪深汕特别合作区小漠工厂，主要生产仰望、腾势、王朝系列等中高端车型。作为整车制造的生产基地，这里涵盖整车四大工艺工厂，有冲压工厂、焊装工厂、涂装工厂、总装工厂。

"工厂年产量 40 万辆汽车，平均一天生产约 1280 辆。在冲压车间，每小时能冲压出 60 辆汽车所需零件。整线最大冲次可达到 15 次/分钟，即在每分钟内，冲压机可以完成 15 次完整的冲压动作。"小漠工厂冲压车间管理人员向记者粗算了一笔"生产账"，得益于高度自动化、智造化，这里大约 1 分钟就能生产一辆新能源汽车。

冲压建立在金属塑性变形的基础上，利用模具和冲压设备对板料施加压力，使板材产生塑性变形或分离。钢卷板材经过开卷落料生产线，加工成特定形状的平板，便于后序的使用；在冲压生产线，经拉延、切边、冲孔、整形、翻边 5 道工序，获得具有一定形状、尺寸和性能的零件。

据介绍，作为整车制造四大工艺之首，冲压工艺在汽车车身制造工艺中占有重要地位，特别是汽车车身的大型覆盖件，因大多形状复杂、结构尺寸大，有的还是曲面，并且表面质量要求高，所以用冲压加工方法来制作这些零件是用其他加工方法所不能比拟的。

侧围、顶盖、四门、前舱盖、翼子板、后备箱板等组成车体的零部件，这些零部件如何通过冲压工艺成型？

记者在现场看到，物料人员将待加工的板材从材料库运送到冲压线指定区域后，机械臂"拾取"板材放到传送带，板料经过清洗涂油设备后由横杆式机器人进行取放件。工件在工序和设备间的传递工作也由机器人完成。板材经过拉延、切边、冲孔、整形、翻边等工序冲压成型。而车间每条生产线线首旁有一个大型控制台，操作师实时监控设备和模具在产线封闭状态下的运行情况。

"无人化、自动化"，是记者在冲压车间最直观的印象。据介绍，过去冲压生产靠"人海战术"，如今在约6万平方米的冲压车间厂房，3个生产车间每条线直接参与生产的人员约5人，剩下的主要为设备操作、设备维修、模具维修、质检等技术人员。

"目前冲压车间自动化程度超过80%，线尾下料也正在进行自动化改造中。"从传统劳动密集型生产作业，到如今冲压过程已实现100%全自动生产，从业19年来，该冲压车间管理人员见证了我国汽车制造工艺的不断进步。

（资料来源：笔者整理所得。）

1.1.2　运营系统的重要管理工具：SOP

SOP是依据精益管理思想，不断提炼、优化操作过程，让操作方法和知识不断积累和沉淀，逐渐成为实现生产管理规范化、生产流程条理化的重要工具。

制定标准作业程序SOP，优化每个细小的生产过程，有利于每个生产环节趋向最优，使整体生产效率得到大幅提升。SOP由组织内部根据产品设计图纸、制造厂说明书、相关的验评标准、编写人员现场所积累的经验以及成熟实用的工艺将某一项或同一类型工作以文件的形式、统一的格式描述成标准操作步骤和要求而编写。其作用是指导和规范操作人员日常的作业内容，以期让操作人员通过相同的作业程序达到相同的产品质量水平。作为操作人员的作业指南，SOP是质量体系中不可或缺的部分，其是监督人员检查工作的依据，也是促进质量一致性和产品完整性的重要文件。

SOP作为运营管理的重要手段和措施，其应用范围并不局限于生产制造业企业，已广泛出现在医院、供电、城市管理等多个领域。SOP编写、执行及更新流程如图1-3所示。

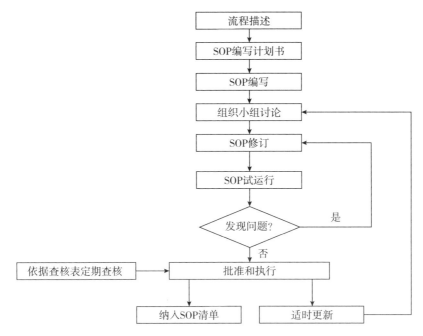

图 1-3 SOP 编写、执行及更新流程

微案例：SOP 在航空公司中的应用实例

厦门航空在一次飞机起飞过程中，发现飞机轮子无法正常收起。驾驶员只能被迫原路返回降落，经过检查发现轮子上的插销没有拔掉。这次事件不仅导致了600磅航空汽油的浪费，还对航空公司的声誉造成了重大影响。为了避免此类事件的再次发生，厦门航空专门编写了针对这一环节的操作流程。

厦门航空 SOP 制定与实施过程：

（1）确定目的。确保飞机起飞前轮子插销被正确拔掉，防止类似事件再次发生。

（2）分析流程。首先确定飞机起飞前的检查工作，特别是轮子插销的拔掉和确认环节。其次划分出各个步骤，包括插销的拔掉、工作人员的示意、驾驶员的回应等。

（3）设定规则。制定了具体的操作步骤和约束条件，如陆地工作人员拔掉插销后需向后退15步，站在飞机驾驶员视线内举起手示意完成拔出插销的动作。驾驶员在确认插销已拔掉后需给出回应，这样工作人员才能进入下一个工序。

（4）制定操作文件。首先将上述步骤和规则编写成操作文件，明确各个步骤的执行人员和责任。其次发布给执行此流程的人员，确保每个人都了解并遵守这些规定。

（5）执行测试。在实际执行前，对 SOP 流程进行测试，确保每个步骤都能被正确执行，没有遗漏或错误。根据测试结果对 SOP 进行必要的调整和完善。

（6）实施与监督。按照编写的 SOP 流程文件实施，确保每次飞机起飞前都遵循这一流程。定期对 SOP 进行审查更新和维护，确保其始终符合当前的操作需求和安全标准。通过监督和管理，确保每个步骤都得到正确执行，防止任何疏忽或违规操作。

自实施 SOP 以来，厦门航空再也没有发生过因轮子插销未拔掉而导致的类似事件。SOP 的引入不仅提高了工作效率和安全性，还有助于减少人为的错误和疏忽，并为企业运营提供了有力的保障。

（资料来源：笔者整理所得。）

1.1.3　运营系统管理能力的成熟度

运营系统管理能力成熟度是对一个企业组织在面对意外和异常事件时，其所拥有的成熟、稳健和可重复的制造运营能力的度量。处理制造运营中的异常事件，而不损失生产率（Productivity）的能力，是组织成熟度的度量标准。这种能力可以建立在某些关键人物上，也可以依靠一支训练有素的团队的完善处理程序来体现。成熟度水平越高，组织的效率越高，犯错与失误越少，运营存在的系统性问题也就越少。

制造企业解决方案协会（Manufacturing Enterprise Solutions Association，MESA）提出运营管理能力成熟度模型，指出四个关键要素：策略（Policies）、程序（Procedures）、培训（Training）、工具（Tools），并将企业组织在运营管理方面的成熟度分成以下 6 个等级：

0——未定义：企业尚未意识到，或认为没必要建立处理异常事件的机制，也没有相关的实践。

1——初始级：企业应对异常事件的做法完全是被动式的、临时的、不成文的，偶然的成功往往依靠个人英雄主义式的决策，基本不采用管理软件工具，也没有相关培训，而且每次应对方式常常不一致。

2——管理级：部分应对方式可重复性较高，且能够产生一致性结果，但程序不严谨，相似的任务在不同的部门可能采用不同的程序完成，有一定的软件工具辅助管理，但员工培训严重不足，因而结果的一致性不高。

3——定义级：企业处理异常事件的方式已形成内部标准，不同的部门贯彻落实同一套管理制度和规定，在一定的培训下，软件工具的使用成为惯例。

4——量化管理级：应对方式的可重复性强，且受到监控和管理，不同部门之间形成指标考核的共识，使得能够量化管理应对效果，软件工具能被按部就班地使用，人员上岗前有严格的培训制度。

5——优化级：企业能通过技术迭代来持续改善应对异常事件的方式，能总结发生偏差或异常产生的原因，运用变更流程来改进系统性能，并评估流程变更的效果，定期使用软件工具且对流程进行优化，确保采用最新的流程和管理程序，以适应环境的变化。

达成高水平的运营管理能力成熟度通常需要两方面的改善：一是管理提升；二是技术改造。管理的提升体现在清晰的角色与职责、正式的策略与程序、闭环的反思与修正、一致的沟通与执行、定期的检视与改善等方面。技术改造体现在高度的任务技术匹配（Task-Technology Fit，TTF）、广泛的技术接受（Technology Acceptance，TA）与采纳、定期的技术评估与更新、优越的信息集成与互联等上。

"灯塔工厂"是高水平的企业运营管理能力成熟度的典型代表，它是通过数字化、网络化和智能化手段，运用先进的人工智能大模型技术，实现生产过程全面自动化、精确化的工厂，代表当今全球制造业领域智能制造和数字化的最高水平。

📋 微案例：三一重工——灯塔工厂驱动"大象快跑"

素有智能制造"奥斯卡"之称的"灯塔工厂"，是由达沃斯世界经济论坛和麦肯锡咨询公司共同遴选的"数字化制造"和"全球化4.0"示范者，代表当今全球制造业领域智能制造和数字化最高水平。

三一重工是全球最大的桩工机械制造基地，作为全球重工行业首家获认证的"灯塔工厂"，也是全球重工行业智能化程度最高、人均产值最高、单位能耗最低的工厂之一。背后依托的"数字化转型新基座"，是由树根互联打造的自主可控的工业联网操作系统——根云平台，支撑全局智能化运维。

1. 数字赋能柔性制造打造智慧工厂

桩工机械作为重型装备，其生产模式属于典型的离散制造，多品种、小批量、工艺复杂。更大的挑战在于工件复杂，其又大又重又长，如170多种钻杆中最长的有27米重达8吨，20多种动力头中最重的达16吨。

在三一桩机工厂里，由树根互联打造的"根云平台"成为撬动质量变革、效率变革和动力变革的支点。经过自动化、数字化、智能化升级后，三一桩机工厂共有8个柔性工作中心、16条智能化产线、375台全联网生产设备。依托由树根互联打造的"根云平台"，实现生产制造要素全连接，整个工厂已成为深度融合互联网、大数据和人工智能的"智慧体"。

通过"智能大脑"FCC（工厂控制中心），订单可快速分解到每条柔性生产线、每个工作岛、每台设备、每个工人，实现从订单到交付的全流程数据驱动。沿着数据流程，产品能够"了解"自己被制造的全过程和细节。紧接着，工厂里还有"双手""慧眼""飞毛腿"等高效协同分解任务，共同维持智慧工厂的飞速运转。在工厂内，基于"5G+AR设备"的"人机协同"技术已得到广泛应用。物料分拣、销轴装配等传统劳累活、危险活不再需要人力操作，全部由机器人高效完成。

2. "5G+工业互联网"应用场景

"机器视觉+工业机器人"的组合，给工厂安上了一双"慧眼"。借助2D/3D视觉传感技术、AI算法以及高速的5G网络，桩机工厂实现了智能工业机器人在大型装备自适应焊接、高精度装配等领域的深入应用，并解决了"16吨动力头无人化装配""厚40mm、宽60mm钻杆方头多层单道连续焊接"等多个世界难题。

双AGV联动重载物流，让物料搬运拥有"飞毛腿"。在精准授时、低时延的5G无线工业专网的保证下，行业首创重载AGV"双车梦幻联动"，实现27米超长超重物料的同步搬运和自动上下料，堪称聪明的物料搬运"飞毛腿"。

人机协同让机器人也能成为"老师傅"。通过强大的人机协同，充分融合人的灵活性和机器人的大负荷双重优势。机器人AI还能免编程学习熟练工人的技能和手法，并作为教具"以老带新"，最终实现技能传授和工厂"老师傅"工匠精神的传承。

在后台，由树根互联打造的"根云平台"也在日夜不停地计算。其在桩机工厂里近36000个数据点不断采集数据，结合AI分析与大数据建模，为每一道工序、每一个机型甚至每一把刀具等匹配最优参数，优化生产节拍，"算"出设备作业效率最优解。

此外，通过工匠技能和实践经验的参数化及软件化，借助激光传感技术以及自适应算法，在工厂内实现了机器人对重型装备厚管的柔性焊接，解决了工匠技术传承难、重型装备厚管人工焊接效率低、质量一致性差等管理难题。

高度柔性生产让生产潜能得到极大发挥。相比改造前，在同样的厂房面积下，桩机工厂产值翻了一番，总体生产设备作业率从66.3%提升到86.7%，平均故障时间下降58.5%。目前，该工厂可生产近30种机型，"柔性智造"水平全球领先，实现了"大象跳舞"。2020年，三一桩机工厂的人均产值已达到1072.8万元，领跑全球。

（资料来源：笔者整理所得。）

1.2 我国企业运营管理主要发展历程

人类早期是通过手工方式来生产的，采用的是以师傅带徒弟的经验式管理。现代工厂系统始于西方的工业革命，科学管理运动大幅度提升了生产效率，泰勒（Frederick Winslow Taylor）将自己的一套科学管理方式体系整理成一本著作《科学管理原理》（*The Principles of Scientific Management*）。与泰勒同时代的代表人物还有吉尔布雷斯（Frank Gilbreth）夫妇、甘特（Henry Gantt）、爱默生（Harrington Emerson）、福特（Herry Fort）。之后运筹学发展起来，并应用于企业运营管理领域，发展成为管理科学（Management Science），管理科学通过建模、提出算法、编制软件有效地实现了需求预测、库存控制、生产作业计划编制、项目管理等，这使得普通人做事也能达到专家的水平。"二战"后日本制造业在重建中崛起，其强调的不断改善、团队精神为现代企业运营管理做出了独特的贡献。

新中国成立后，我国企业在国内外经济政治形势变化中，生产方式和运营管理的重点发生了多轮转换，这里总结为以下四个阶段。

1.2.1 "生产为王"阶段（1978 年至 20 世纪 80 年代中期）

这一阶段，中国正由计划经济向市场经济转变，社会物资匮乏，人们的观念逐渐解放，乡镇企业快速发展。由于社会商品处于匮乏状态，基本上只要进行生产，产品都会被一抢而空，因此管理方面一味地追求生产数量。

由于企业普遍规模小、技术基础薄弱、管理不到位、设备简陋、工艺简单、产品单一、技术含量低，往往造成生产过程的短期行为和无序状态，产品质量堪忧，资源利用率低下。然而，正是在这一阶段，很多中小企业凭着顽强的生命力，异军突起推动了经济改革的进程，为社会的繁荣和稳定奠定了坚实的基础。

1.2.2 "顾客化生产"阶段（20 世纪 80 年代中期至 2010 年左右）

随着生产规模的扩张和生产效率的提高，社会商品逐渐充裕，传统制造已经很难满足消费者的个性化需求，企业之间为了争夺市场份额、客户资源和利润展开了多层次、多维度的竞争。在运营管理方面，主要包括以下六种基本类型：

1.2.2.1 基于成本的运营模式

通过大量生产、成组生产、库存控制等方式，在满足顾客服务要求的前提下着重对企业的生产成本、库存水平进行控制，尽可能地降低生产成本和库存水平、提高物流系统的效率，以提高企业的市场竞争力。

1.2.2.2　基于质量的运营模式

通过全面质量管理、精细生产（Lean Production，LP），采取杜绝浪费和无间断的作业流程，不断提高产品和服务的质量，确保产品符合顾客的期望和需求。这是一种将质量特性摆在首位，以此摆脱同质化竞争的策略。

1.2.2.3　基于服务的运营模式

通过顾客定制化生产等方式，在管理、供应、生产和配送各个环节上，构建新型生产运营系统，以适应这种小批量、多式样、多规格和多品种的生产变化，最终满足消费者个性化、体验化等更高层次的需求。

1.2.2.4　基于柔性的运营模式

构建由数控加工设备、物料储运装置和计算机控制系统等组成的自动化制造系统，包括多个柔性制造单元，能根据制造任务或生产环境的变化迅速调整，适用于多品种、中小批量产品的生产，可提升单个产品需求的订单快速响应能力。

1.2.2.5　基于时间的运营模式

通过敏捷制造（Agile Manufacturing，AM）等方式，快速配置各种资源（包括技术、管理和人员），以有效和协调的方式响应用户需求，将技术、管理和人员三种资源集成为一个协调的、相互关联的系统，实现制造的敏捷性。

1.2.2.6　基于环保的运营模式

一种兼顾环境影响和资源效益的现代化制造模式，使产品从设计、制造、包装、运输、使用到报废处理的整个产品全寿命周期中，对环境的影响（负作用）最小，资源利用率最高，并使企业经济效益和社会效益协调优化。

1.2.3　供应链自主化阶段（2010年左右至2020年）

面对跃居全球第二大经济体的中国，西方国家似乎难以适应。但中国却开始愈加重视供应链的安全和韧性，积极构建自主可控的供应链，并加快向智慧供应链迈进。

早期的观点认为供应链是指将采购的原材料和收到的零部件，通过生产转换和销售等活动传递到用户的一个过程。因此，供应链仅仅被视为企业内部的一个物流过程，它所涉及的主要是物料采购、库存、生产和分销诸部门的职能协调问题，最终目的是优化企业内部的业务流程、降低物流成本，从而提高经营效率。

实际上，供应链不仅是一条生产链，更是一条涵盖了整个产品运动过程的增值链。随着全球化的发展，产品的生产过程被分割成分布在全球不同地点的众多小阶段，各国的经济关系因此变得更加紧密和复杂。这不仅意味着供应链管理难度加大，也意味着供应链在国际竞争和博弈中占据的地位越来越重要。

1.2.4　高质量发展阶段（2020 年以后）

经历了几十年的高速增长后，中国经济已经进入了以创新和提高生产力为特征的高质量发展阶段，高质量发展具有高效性、包容性和可持续性的特征。经济发展必须"推动技术革命性突破、生产要素创新性配置、产业深度转型升级"。

相应地，企业运营管理者必须意识到，新质生产力是高质量发展的基本组成部分和推动力量。新质生产力是摆脱传统经济增长模式的先进生产力，其特点在于"高技术、高效率和高质量"。为培育新质生产力，需要在核心技术上取得突破，发展新兴战略产业，包括新一代信息技术、人工智能、航空航天、新能源、新材料、高端装备、生物医药、量子科技等战略性产业。同时，通用的高新技术将广泛应用和整合到更广泛的传统产业中，并改善和整合生产要素的组成和利用，进而促进全要素生产率（Total Factor Productivity，TFP）的增长。

新质生产力对中国实现技术自给自足，保证供应链的高效性和韧性，以及实现生产力驱动型增长至关重要。

1.3　国际企业运营管理主要发展趋势

1.3.1　链式数字化转型

链式数字化转型是指产业链中龙头企业、链主企业或数字化服务商等关键企业引领带动产业链供应链上下游中小企业协同开展数字化转型。链式转型的提出，是为了顺应国内外发展环境变化的内在要求，因为当前企业之间竞争不仅仅是企业层级间的竞争，更多表现为不同企业所属的区域层级，乃至国家层级产业链供应链系统间的竞争。

链式数字化转型可以帮助企业优化生产流程、实现精细化管理、改善供应链管理等，将有助于降低企业成本、提高生产效率、产品质量，并更好地满足客户需求。供应链中关键企业通过数字技术，系统构建数字化供应链体系，向供应链中小企业开放接口，实现供应链上生产与运营数据的互联互通，在协同研发、订单管理、产能共享、物流仓储和分销售后等环节实现企业间的高效协同，进而实现供应链资源的最优化配置。

数字化转型的基础工作是连接，包括企业内部的设备、生产线、工厂、产品相连，也包括产业链上游的供应商和下游的客户相连，以适应不断变化的制造需求。而工业互联网（Industrial Internet）是新一代信息通信技术与工业经济深度融合的新型基础设施、应用模式和工业生态，通过对人、机、物、系统等的全面连接，构建起覆盖全产业链、全价值链的全新制造和服务体系，为工业乃至产业数字化、网络化、智能化发展提供了实现途径。

1.3.2 营造工业服务业生态

健康的工业和服务业生态系统应由广泛的节点通过生态系统平台（供应、需求和其他社会资源系统）互动而共创价值。其中，工业服务业是为生产者提供服务的行业，其服务对象是生产者而非最终消费者。随着社会经济的不断发展，为了提高生产效率、降低生产成本及保障连续生产制造的顺利进行，生产性服务业逐渐从制造业内部独立出来，为商业活动和管理活动等中间环节提供高附加值的、创新的、个性化的服务。

工业服务业是推进新型工业化、培育新质生产力的关键环节，主要服务对象为工业核心企业，针对企业的非核心业务，以清晰运营流程、持续降低运营成本、提高不动产效益、提供完备的产业服务产品包为目标，使企业能够更为集中地关注其核心业务目标。

例如，工业设计服务、锂电池检验检测服务可以赋能制造业。再如，工业服务云平台也是一个非常重要的企业级运营工具，主要任务是通过提供大数据决策报告来帮助用户识别和解决其运维系统中的瓶颈，利用大数据技术，对收集到的数据进行分析和挖掘，为用户提供深度的分析和洞察，从而指导用户持续改善其运营系统。此外，工业服务云平台还具有资源匹配的功能，它通过服务商城和备件商城，为用户建立与其需求匹配的资源对接，意味着用户可以通过平台找到最适合自己的服务商和备件，提高运维效率、降低成本。

微案例：运营海洋牧场，耕海牧渔向海洋要食物

所谓海洋牧场，是指基于海洋生态系统原理，在特定海域通过人工鱼礁、增殖放流等措施，构建或修复海洋生物繁殖、生长、索饵或避敌所需的场所，增殖养护渔业资源，改善海域生态环境，实现渔业资源可持续利用的渔业模式。

2023年4月，习近平总书记在广东考察时强调，要树立大食物观，既向陆地要食物，也向海洋要食物，耕海牧渔，建设海上牧场、"蓝色粮仓"。发展海洋牧场，是贯彻落实大食物观的重要路径和生动实践。在相关政策带动下，各地建设海洋牧场积极性空前高涨，全国已建成海洋牧场300多个，其中国家级海洋牧场示范区169个，投放鱼礁超过5000万立方米，用海面积超过3000平方千米，

海洋牧场建设初具规模。

海洋牧场主要有五种类型：一是人工鱼礁增殖型，在特定海域建设人工鱼礁，打造利于海洋生物栖息的生态环境，礁区内投放鲍鱼等生物种苗开展增殖生产。二是底播增殖型，在适宜海域开展文蛤等海底播种增殖，同时在底播海域建设人工鱼礁改善生态环境，实现贝类资源保护与增殖生产相协调。三是游钓增殖型综合体，在特定海域开展人工鱼礁增殖、增殖放流、体验深水网箱养殖、休闲垂钓船等生产经营以提高经济效益。四是立体生态增养殖的耕海牧渔型，在传统养殖区投放人工鱼礁开展贝、藻、参、鱼立体生态增养殖，在净化水质、固碳减排的同时实现高效产出。五是深远海养殖装备型，探索应用"国信1号""深蓝1号"等深远海养殖装备，拓展养殖空间。

"国信1号"是全球首艘10万吨级养殖工船，排水量相当于两艘航母。总长249.9米、型宽45米、型深21.5米，载重量10万吨，排水量13万吨。甲板面积相当于26个篮球场的大小，是全球设计规模最大、功能最全、实用性和可靠性最强的养殖设施。外表看起来像货轮，内部却有15个养殖舱，养殖水体达8万立方米，开展大黄鱼等高端经济鱼类的养殖生产，可年产高品质大黄鱼3700吨。同时采用电力推动，降低了噪音，确保噪音在60分贝以内，特别适合养殖对噪音敏感的鱼类。舱内共配备了2108个传感器，可以实时监测养殖舱内的环境，确保鱼儿处于最佳生长状态。另外，还配备了智能化的水体交换系统，能够将50米深的优质深海水注入到养殖舱，为鱼儿提供最佳的生长环境。同时，船上还配备了完整的加工生产线，可以实现从捕捞到端上餐桌最快24小时的流程，大大提高了养殖效益。

每种海洋生物都有相应的适温范围，超出适温范围较长时间会使其休眠而停止生长甚至大规模死亡。受地理位置和气候条件影响，各海区水温存在显著差异，同一海区水温也会随季节变化而改变，在一定程度上影响了养殖品种选择和经济效益。为突破水温制约，沿海省份发展了南北接力模式。福建与山东开展的鲍鱼、海参接力养殖，就是利用了南北方海区水温差异的特点，每年11月前将北方养殖的鲍鱼以及成品或半成品海参运送到福建海域，使其在适宜水温中继续生长，5月高温来临前，将未达商品规格的鲍鱼运往山东"避暑"养殖，海参则直接收获加工销售。与传统养殖相比，南北接力养殖使鲍鱼养殖周期缩短约1/3，降低了夏季南方台风和赤潮影响，成活率提高约两成。

（资料来源：笔者整理所得。）

习　题

1. 制造业和服务业的企业运营管理有哪些不同？

2. 标准作业程序SOP是如何制定的？请举例说明。

3. 如何判断运营系统管理能力的成熟度？请运用实例进行对比分析。

4. 微案例中"国信1号"融合苗种繁育、工业化养殖、船舶装备、人工智能、信息化技术等全产业链的集成创新，既需要一些关键技术的突破，又需要运营管理方面做哪些改变？

第 2 章　企业运营战略

学习目标

1. 理解并掌握企业运营战略的要求和评估方法。
2. 掌握并能运用提高企业竞争力的 KANO 模型工具。
3. 掌握企业生产率和设备综合效率计算方法。
4. 理解企业商业模式和运营模式的匹配关系。
5. 理解如何实现可持续的企业运营与供应链战略。
6. 理解社会责任、绿色低碳理念融入供应链设计与竞争力必要性。

关于企业运营战略的知识图谱

（详见网址：http://t.zhihuishu.com/LzjeDGE7）

主案例导入

2023 年底，J 公司高层会议传出重磅消息"日本专家将全面撤出企业"，此时公司王总感慨万千，当年川崎重工进驻公司的热血沸腾场面还历历在目，企业全面导入精益生产技术后，产品质量、正常交付和成本控制得到大幅度提升。正当企业踌躇满志地迈入精益生产 2.0 设计模式阶段，长达 7 年的支援项目却走向终结，不过这一切两年前就有预兆。中国造船业三大指标开始领跑世界，到 2023 年中国企业的新接订单量、造船完工量和手持订单量更是超过了日韩企业的总和，而且整个供应链核心部件已能实现 100% 国产替代。然而，原本"双向奔赴"的合作关系，从出现"裂痕"到当前的"侧塌"用时不到两年。在完全脱离外援的形势下，企业如何保持当前快速增长的势头，迫切需要以王总为代表的公司高层，排除各种干扰和困难制定未来十年的发展战略。

经过多轮多部门的集思广益，最终企业高层达成共识：坚持以精益设计为龙头、精益管理为主线、精益制造为基础，全面推进精益转型，并且加快推进新能源船舶转型和"绿色化生产""数字化运营和智能化制造"，打造企业换道超车、高质量发展新的核心竞争力。落实到运营战略：以中大型集装箱船、油轮、散货船及其新能源船型为主要产品定位，瞄准"绿色、低碳、智能"发展新趋势，在新能源业务和数字化、智能制造两个新赛道上加速发力，打造世界一流的绿色、智能大型造船企业。公司建造交付的最大电池容量、最大装载量、最长续航里程700TEU江海直达纯电池动力集装箱船获评国资委"2023年度央企十大国之重器"。特别针对可持续的企业运营与供应链战略，企业明确：重视资源的有效利用和循环利用，持续推广清洁生产、节能减排和低碳等技术应用，减少能源和废弃物排放，打造全生命周期的绿色低碳供应链，从原材料获取、物流运输、生产制造到废弃处理，全流程采用环保和低碳的方式，减少对环境的负面影响，促进可持续发展。在建的16000TEU甲醇双燃料集装船实现国家甲醇主机、甲醇燃料驳运和供给系统在大型集装箱船领域的国内首台实船应用，具备良好的环保性、经济性和可持续性，与传统燃油船舶相比，使用甲醇可减少97%硫氧化物、50%氮氧化物和90%颗粒物的排放。

讨论题

1. 未来J公司竞争力将表现在哪些方面？J公司该如何实现运营战略？

2. J公司制定可持续的运营与供应链战略时应该考虑哪些条件？

相关概念

运营战略（Operations Strategy）

运营战略又称为企业经营战略，是涵盖企业经营管理各个层面的总体性谋划，包括产品选择与定位、工厂选址与设施布置、生产运营的组织形式、质量管理和供应链管理等方面。评估企业运营战略的基本准则包括：

◎目标一致性准则。评估运营战略是否与企业整体战略目标相一致，以及评估各部门之间是否协同合作，共同推动企业战略目标实现。

◎环境适应性准则。定期分析竞争对手的运营战略和市场表现，评估企业是否对市场变化保持敏感，及时调整运营战略以适应市场需求的变化。

◎运营效率准则。评估企业是否有效控制成本，并且评估企业资产的使用效率，以及评估企业运营流程是否高效、顺畅。

◎客户满意度准则。评估客户对企业产品或服务的满意度，确保运营战略能够满足客户需求，以及评估企业售后服务的响应速度、解决问题能力和客户满意度。

◎创新与持续改进准则。评估企业在研发、技术创新和产品创新方面的投入和成果，以及建立持续改进的机制。

最终体现企业运营战略质量的两大核心指标：竞争力和生产率。具体评估企业运营战略的指标体系一般包括以下几方面：

◎财务指标：营业收入、利润、投资回报率（ROI）、资产负债率。

◎市场指标：市场份额、市场增长率、客户满意度。

◎组织指标：员工满意度、员工离职率、组织效率。

◎创新指标：研发投入、新产品上市率、专利申请量。

◎营运能力指标：总资产周转率、流动资产周转率。

◎盈利质量指标：全部资产现金回收率、盈利现金比率。

企业竞争力（Enterprise Competitiveness）

企业竞争力是指企业在市场环境中通过区别于竞争对手的优质产品或服务获取附加价值和生存的能力。对于服务业，准时交货率反映的是服务提供是否准时；对于制造业，准时交货率反映的是产品提供是否准时。企业竞争力最终体现在质量、成本和准时交货率上。

◎质量：是指产品或服务所具有的符合规定标准、满足客户需求并具有可靠性、稳定性的固有特性，往往与原材料、设计和生产过程、服务提供等密切相关。

◎成本：是指企业为获得收益，在其生产经营过程中付出的资源、金钱等的数量。成本可以根据不同的标准进行分类，按照成本发生阶段可以划分为固定成本和变动成本，按照管理对象可以划分为产品成本和期间成本。低成本往往意味着企业可以在定价上更加灵活。企业可以通过优化生产过程、改进管理方式、提高生产效率等措施降低企业的生产和经营成本，提高企业的竞争力。

◎准时交货率：是企业按照合同或客户要求，在约定的时间内完成交货的比率，它是衡量企业交货能力和服务水平的重要指标之一，对客户满意度和企业声誉具有重要影响。在市场上，企业交货的速度也会影响竞争力，尤其是在快递或物流行业。准时交货率的计算公式如下：

$$准时交货率 = \frac{准时交货数量}{总交货数量} \times 100\%$$

为了增强竞争力，企业需要从订单资格要素和订单赢得要素两方面着手。订单资格要素是企业的产品或服务值得购买所必须具备的基本要素，主要包括产品或服务的价格竞争力、质量、组织的供货能力和服务水平等；订单赢得要素是指企业的产品或服务优于竞争对手，主要包括企业市场定位、销售技巧、客户关系管理和产品定制能力等，这些要素直接影响客户的购买决策。

生产率（Productivity）

生产率即投入产出比，反映在一定时间内产出（产品或服务）与生产过程中的投入（劳动、材料、资金等所有资源）之间的关系。这一概念既能体现资本、劳动力、固定资产等资源开发的利用效率，也能反映生产技术水平、劳动力以及资源配置等因素在生产活动中发挥的作用。对于管理人员而言，生产率是一种评价工具，用于对比产品产量与消耗资源，以此评估生产体系的效能。

不同行业的生产率有着不同的应用和体现：在制造业中，通常指的是单位时间内生产出的产品数量或价值；在农业领域，主要是衡量单位土地面积或单位时间内农作物的产量；而在服务业较难以量化，可以通过一些指标来衡量，如一家餐厅的翻台率、一家银行的业务处理速度、一家快递公司的配送效率等。

影响生产率的主要因素可分为技术和人员行为两大类。其中，技术因素指的是生产商品或提供服务所需的技术和设备水平，比如，采用新的设备、工艺或材料能显著提升生产效率，因与设备和设施紧密相关，故被称为"硬因素"；人员行为因素关乎操作者的心理需求和情绪变化，包括员工的工作态度、技能水平以及团队协作能力等都直接影响着生产效率，由于这些因素易受环境变化的影响，因而被称为"软因素"。由于技术的采纳和效用最终需要通过人力来实现，因此人员行为因素越来越受到管理者的重视。

提升生产率的主要路径包括：

◎技术水平和创新：技术水平的提高和创新的出现往往伴随着资源利用率和生产率的提升。不过，先进的技术还需要有与之相配套的先进管理，否则也难以提高生产率。

◎劳动力素质和培训：企业往往通过培训和教育，将现有员工转化为高素质劳动力。

◎资本投入：充足的资本投入可以提供先进的生产设备和技术，对于资本密集型的产业而言，更是如此。

◎生产组织和管理：高效的生产组织和管理能够优化生产流程，消除浪费和低效环节。

此外，劳动标准化、工作场所合理的设计和布置、合理的激励制度等也会显著提升企业的生产率。

商业模式（Business Model）

商业模式是一种框架，用于阐明企业如何创造、交付和获取价值。它是企业战略和商业计划的核心。商业模式共包含以下九种要素，涵盖了企业的各个方面，从其提供的产品或服务、目标客户、市场定位到收入获取方式，每个要素都对企业的成功至关重要。

◎价值主张（Value Proposition）：企业提供给特定客户群体的独特价值，包括产品或服务的特点、优势和潜在的客户需求满足。

◎客户细分（Customer Segments）：企业服务的目标市场或客户群体，明确企业解决的是哪些客户的问题或需求。

◎渠道（Channels）：企业如何通过不同的方式将产品或服务传递给客户，包括销售和分销的方法。

◎客户关系（Customer Relationships）：企业建立和维护与客户关系的

策略，旨在吸引、保留并增加客户。

◎收入流（Revenue Streams）：企业如何从其价值主张中生成收入，包括各种收费方式和收入模型。

◎关键资源（Key Resources）：企业运作所依赖的主要资源，包括物理、知识、人力和财务资源。

◎关键活动（Key Activities）：为创造价值主张、传递价值、维护客户关系和生成收入必须进行的核心业务活动。

◎关键合作伙伴（Key Partnerships）：外部合作伙伴和供应商，以及他们如何协助企业降低风险、获得资源和优化业务运作。

◎成本结构（Cost Structure）：企业在运作过程中产生的主要成本和开支，以及这些成本如何影响企业的财务健康。

供应链管理战略（Supply Chain Strategy）

供应链管理战略是指为了实现企业长期目标，通过统一和协调整个供应链的活动和资源，从而创造竞争优势的策略规划。这种战略注重从全局和长远的角度出发，优化供应链的各个环节，提高整个供应链的效率和竞争力。在数字化和可持续发展背景下，企业供应链管理战略应具备以下特点：

◎综合目标：供应链管理战略旨在通过整合供应链各环节，实现企业整体战略目标，包括提高效率、降低成本、增强市场反应能力、提升客户满意度等方面。

◎持续性和创新：供应链管理战略需要不断地调整和创新，以适应市场变化和挑战，保持竞争力。

◎模块化运营：一些供应链管理战略采用模块化运营模式，允许根据具体条件重新组合或调整供应链组件和能力，以实现灵活性和高效性。

◎数字化转型：随着数字化技术的发展，现代供应链管理战略越来越倾向于数字化转型，通过数据分析、人工智能等技术手段提升供应链运作效率和预测能力。

◎可持续发展：在供应链管理战略中，越来越重视可持续性发展和社会责任。通过可持续采购、绿色物流等措施，实现经济、环境和社会的可持续发展。

企业在制定供应链管理战略时，应注意以下基本原则：

◎有效沟通：供应链中的各个环节需要有效地沟通，随时更新信息，以避免出现延误或者资源浪费等问题。

◎整合资源：在供应链的管理中需要整合外部和内部资源，包括物流、生产、仓储等，以此提高效率和降低成本。

◎强调质量：确保产品在整个供应链过程中始终保持高标准、满足客户需求和期望。

◎风险控制：供应链管理中需要关注各种风险，包括市场风险、供应商风险、物流风险等。

◎生态共赢：供应链不是单独的企业行动，而是各方共同赖以生存的生态系统，需要互相协作、共同发展。

相较于企业运营管理关注的企业内部流程优化和资源高效利用，供应链管理则侧重于企业与外部环境的协调与整合，确保供应链的高效、顺畅运作，不过两者的目标是一致的，即共同推动企业的持续发展和市场竞争力的提升。

2.1 企业运营战略核心指标：竞争力和生产率

2.1.1 竞争力

2.1.1.1 竞争力表达式

企业竞争力主要受到产品或服务质量、成本及其准时交货率的影响，因此，初步构建竞争力表达式如下：

$$竞争力 = \frac{质量 + 准时交货率}{成本} \qquad (2-1)$$

式中，每个因素的重要性会因产品或服务及顾客的不同而有变化，因此在实际运用时，管理者会根据各个因素的重要性分配相应的权重，公式如下：

$$竞争力 = \frac{质量 \times W_1 + 准时交货率 \times W_2}{成本 \times W_3} \qquad (2-2)$$

式中，W_1、W_2、W_3 分别表示质量、准时交货率、成本的权重。如某公司高层将管理的重点放在成本控制上，该公司对于竞争力的计算就需要赋予成本更大的权重。同一个企业的竞争力并不是一成不变，随着环境的变化或时间的推移，公司的管理重点可能会发生变化，从而导致三个因素的权重发生变化。因此，每个管理者都应根据公司战略决策的变化而适当调整公司竞争力的表达式。

2.1.1.2　提高企业竞争力的工具——KANO 模型

KANO 模型由东京理工大学教授狩野纪昭（Noritaki Kano）提出，是一个可以对用户需求分类和优先排序的工具，先分析用户需求对用户满意度的影响，再运用图表反映产品性能和用户满意度之间的非线性关系。KANO 模型按照影响顾客满意的模式，把顾客需求分为基本型需求、期望型需求、兴奋型需求、无差异型需求和反向型需求五类，该模型如图 2-1 所示。KANO 模型通过在这些需求类别中进行分析，帮助企业更好地了解顾客的需求和期望，从而有针对性地进行产品开发和服务优化，同时识别并培育企业的订单赢得要素，最终提高顾客满意度和企业竞争力。

（1）基本型需求。基本型需求是指顾客要求产品或服务必须具备的基本功能，即要使顾客达到基本满意而必须满足的需求。如果不提供这些需求，顾客就会感到不满意。值得注意的是，过度优化这类需求，顾客的满意度不会得到显著提升。例如，奶茶店提供的奶茶过甜或没有甜味都会引起顾客的不满，但当奶茶店提供的奶茶甜度正好时，可能也不会使顾客感到很满意。

（2）期望型需求。期望型需求是指顾客期望但并不要求必须满足的功能，如果产品或服务具备这些功能，顾客会感到满意，但如果没有，顾客也不会特别不满。因此，期望型需求是可以持续提高顾客满意度的需求。例如，延长洗衣机的质保期会使顾客感到满意，不延长洗衣机的质保期也不会引起顾客的不满意。

（3）兴奋型需求。兴奋型需求是指顾客可能不期望，但却能显著地增加顾客满意度的需求。这类需求是用户没有期望或意识到的，但一旦产品或服务提供了这些属性或功能，用户满意度会极大地提升。例如，一些智能手机提供的智能共享功能、独特的设计或创新的拍照技术可能属于兴奋型需求。这些功能不仅让产品更具竞争力，还能给用户带来惊喜和愉悦。

（4）无差异型需求。无差异型需求是指顾客不在意的需求，该需求被满足或未被满足，都不会对顾客满意度造成影响。如对于某些用户来说，酒店提供的免费 WiFi 可能属于无差异型需求。无论是否提供此服务，都不会显著影响他们的满意度。

（5）反向型需求。反向型需求是指与顾客的满意度呈反向相关，提供此需求后顾客的满意度反而会下降。如在餐厅用餐时，如果服务员过度打扰或推销不必要的菜品，顾客可能会感到不满。

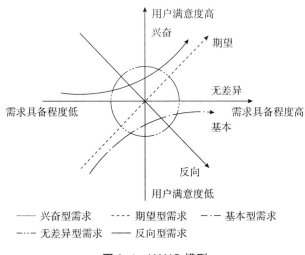

—— 兴奋型需求　　···· 期望型需求　　–·– 基本型需求

–··– 无差异型需求　　—— 反向型需求

图 2-1　KANO 模型

通过对 KANO 模型的了解，可以得出企业在制定运营战略时，应首先满足基本型需求，即确保订单资格要素。其次将管理重点放在期望型需求和兴奋型需求上，以此来识别并培育企业的订单赢得要素，进而提高企业的竞争力。

2.1.2　生产率

2.1.2.1　生产率的计算

生产率的度量通常是通过比较单位时间内的产出与相应的投入来实现的，可按单一投入、两种以上的投入或者全部投入来度量。与这三种度量方法相对应的是三种生产率，即单一要素生产率、多要素生产率和全要素生产率。表 2-1 列举了这些生产率的计算方法。

表 2-1　不同类型生产率度量方法举例

生产率类型	度量方法举例
单一要素生产率	产出 / 工时、产出 / 人员数量、产出 / 机时、产出 / 资本、产出 / 能源
多要素生产率	产出 /（工时 + 机时）、产出 /（工时 + 资本 + 能源）
全要素生产率	生产的产品或服务 / 生产过程中的全部投入

在实际运用中，具体选择哪一种度量方法视度量的目的而定。用其投入量作为生产率公式的分母，所得到的生产率就称为该要素生产率。如在单一要素生产

率中，实物量的生产率是产出 / 工时，价值量的生产率是产出 / 资本，两者都为劳动生产率。全员劳动生产率是产出 / 人员数量，能源的生产率是产出 / 能源。

例 2-1：

某饮料制造厂，一周内生产出 15000 单位的饮料，饮料售价为 8 元 / 单位。为生产这些饮料投入了 400 个工时，工时费用为 12 元 / 小时。此外，还投入折合价值为 4000 元的原材料和 2000 元的管理费用。试计算劳动生产率和多要素（劳动、原材料和管理费用）生产率。

解：表 2-2 是劳动生产率和多要素生产率的计算过程及结果。

表 2-2　不同类型生产率计算过程及结果

生产率类型		计算过程及结果
劳动生产率	实物量	产出 ÷ 工时 = 15000 ÷ 400 = 37.5（单位 / 工时）
	价值量	产出 ÷ 资本 =（15000 × 8）÷（400 × 12）= 25（元 / 工时费用）
多要素生产率		产出 ÷（工时费用 + 原材料 + 管理费用）=（15000 × 8）÷（400 × 12 + 4000 + 2000）= 13.33（元 / 单位投入费用）

从计算结果可以看出，该饮料制造厂的劳动生产率在实物量上是 37.5 单位 / 工时，在价值量上是 25 元 / 工时费用；多要素生产率是 13.33 元 / 单位投入费用。这表明，每投入 1 元的劳动、原材料和管理费用，可以产出价值 13.33 元的饮料。通过这些数据，制造厂可以评估其生产效率，并作出相应的生产调整或改进决策。

例 2-2：

某工厂生产玩具车，计划引进一条自动化生产线，以提高生产效率。目前该工厂的用工数为 10 名工人，平均每小时生产 300 辆玩具车。人工费用为 20 元 / 小时，机器加工费用为 80 元 / 小时。经评估，自动化生产线投入后，用工人数将会减少至 6 人，加工费用将增加 20 元 / 小时，平均每小时可以生产 350 辆玩具车。

（1）该工厂的劳动生产率增加了多少？

（2）这家工厂是否应该引进自动化生产线？

解：（1）求解引进自动化生产线前后该工厂的劳动生产率。

引进前：300 ÷ 10 = 30（辆 / 人小时）

引进后：350 ÷ 6 ≈ 58.33（辆 / 人小时）

因此，劳动生产率提高了（58.33 − 30）÷ 30 × 100% ≈ 94.43%。

（2）这家工厂是否应该引进自动化生产线？

引进自动化生产线前后的多要素生产率（劳动和设备生产率）分别如下：

引进前：$300 \div (20 \times 10 + 80) = 2.8$（辆 / 元）

引进后：$350 \div (20 \times 6 + 80 + 20) \approx 4.17$（辆 / 元）

由计算结果可知，这家工厂在引进自动化生产线后多要素生产率会提高 $(4.17 - 2.8) \div 2.8 \times 100\% \approx 48.93\%$。

综上所述，多要素生产率提高了48.93%，劳动生产率提高了94.43%。通常，自动化生产线能带来更高的生产稳定性和效率，因此，建议这家工厂引进自动化生产线。

2.1.2.2　设备综合效率（OEE）

设备综合效率（Overall Equipment Effectiveness，OEE）是指某种设备在生产、运行和停机等状态下的综合性能水平，包括设备的可用率、表现指数、质量指数、设备的生产效率、能源效率、资源利用效率、运行稳定性和环保性能等。这一指标不仅关注设备的运行时间，更关注设备的综合性能水平，既看其出工情况，又看其出力情况。OEE 的计算公式如下：

OEE = 可用率 × 表现指数 × 质量指数

其中，可用率 = 实际运行时间 / 计划运行时间；表现指数 = 理想作业时间 / 实际作业时间；质量指数 = 合格品数 / 总产量质量。

该指标可以用来衡量设备效率。设备综合效率越高，说明设备在生产过程中完成工作的效率更高，更能够节约资源、减少浪费，并且其环保性能会更好。因此，提高设备综合效率不仅是企业提高自身生产率和竞争力的途径，还可以帮助企业和社会实现可持续发展。通常，企业可以通过优化设备设计、加强设备的维护和保养、引进先进的技术和设备、加强员工的培训、加强设备的监控和管理等措施来提高设备综合效率。

例 2-3：

一台注塑机每天工作时间为 20 小时，班前计划停机时间为 30 分钟。当天，发生了两次故障，分别用了 45 分钟和 50 分钟对这台注塑机进行了检修。另外，用了 20 分钟对其进行调试。当天，这台注塑机上加工了一种塑料零件，零件的标准加工时间为 5 分钟 / 件。当天共加工了 200 件产品。在加工的 200 件产品中有 10 件是不合格品。试计算这台注塑机当天的设备综合效率。

解：

可用率 $= [(20 \times 60 - 30) - (45 + 50 + 20)] \div (20 \times 60 - 30) \approx 0.89$

表现指数 $= (200 \times 5) \div [(20 \times 60 - 30) - (45 + 50 + 20)] \approx 1.05$

质量指数 $= (200 - 10) \div 200 \approx 0.95$

则设备综合效率 $= 0.89 \times 1.05 \times 0.95 \approx 0.82$

微案例："象"新而生：海象新材竞争优势构建之道

　　海象新材是一家生产高级弹性地板的企业，秉持绿色环保的发展理念，不断致力于PVC地板的研发、生产和销售。海象的前身是一家鞋企，随着中国地区人力成本的不断提高，部分鞋企将自身生产基地转移至东南亚，以实现低成本经营，海象鞋材的业务也因此受到冲击，经营业绩有所下滑。经过一番思考和调研后，董事长王周林最终决定进军PVC地板行业，因为这样不仅能充分发挥公司的先进技术优势，而且PVC地板绿色环保，具有社会价值。2013年12月9日，浙江晶美建材科技有限公司成立，这也是日后浙江海象新材料股份有限公司的前身。

　　深入PVC地板行业之后，王周林清楚地知道，要想在PVC地板行业大展拳脚，竞争优势至关重要。初入PVC地板行业时，市场上普遍采用冷热同机的模压工艺，这种工艺对于能源浪费特别严重。为解决这一能源浪费问题，王周林联手台湾大田开展合作，生产出了液压推送装置，在当时PVC地板行业取得了革命性创举。自此，海象新材开始逐渐增加研发投入，进一步加强自主研发能力，提高产品技术水平。同时，海象新材还建立了专门的技术研发中心，通过采用科学先进的生产工艺流程，实现产品的优质和稳定。通过自主研发，海象新材目前拥有AB结构石塑对花锁扣地板、VCP发泡多层复合锁扣地板和大倒角涂边商用LVT塑胶地板等核心技术，水平处于国内领先地位。

　　先进技术的不断出现也对海象新材员工的综合素质和管理制度提出了更高的要求。为此，公司一方面通过内部培训培养人才，发挥制度优势，造就一批有理想、有知识、有能力的人才队伍；另一方面通过引进高端技术专家，指导产品研制与开发，驱动公司跨越式发展。

　　海象新材不仅注重自主研发，而且还十分注重产品品质，他们视产品品质为生命，推出的每一款产品都经过了严格的质量控制。海象新材拥有完备的质量控制体系，配备有专门的材料性能检测实验室和成品物理性能检测实验室，对于产品质量的监控和检测能做到全过程、多层次和实时性。同时，海象新材地板取得了欧盟CE认证、德国TUV认证、美国FloorScore认证等多项国际认证，一举成为品质智造的标杆者。

　　创业初期，作为PVC地板主要出口市场的美国早已有了合作对象，海象新材难以打开美国市场的销路。但王周林看到了WPC地板的发展前景，并于2015年开始逐步投入生产WPC地板，凭借先入优势和良友木业的客户资源成功打开了北美的市场销路。凭借布局海外市场和自身产品过硬的质量，海象新材一路高歌猛进，客户订单不断增长，在行业内积累了不少客户资源。目前，公司与境外大型企业建立了良好稳定的合作关系，客户黏性不断增强，其中不乏世界500强企业 KINGFISHER、欧洲地区领先的建材零售商 HORNBACH 等大型客户。并且海象新材 2017~2021 年前五大客户销售额占比分别为 65.50%、47.98%、40.53%、37.1% 和 34.5%，降低了对于单一客户的依赖度。2018 年，PVC 地板被列入美国的加税清单，这无疑给海象新材带来了冲击。海象新材首先下调了产品价格，同时还积极开拓欧洲市场和国内市场，逐步降低美国地区收入占比较高的风险。2019 年，海象新材与万科集团合作，建立了长期稳定的战略伙伴关系，成为其 PVC 地板的优质供应商，这是海象新材开拓国内市场的一个重要里程碑。

王周林始终认为"品牌是核心竞争力"，相较于国外，国内企业主要依靠 OEM、ODM 模式进行代工，普遍缺乏自主品牌。因此他想要通过独特的"海象"品牌形象设计，塑造专属的品牌视觉效果，诠释公司内涵精神。然而，公司虽然注册了"海象"品牌，但尚在起步阶段，与国际知名品牌相去甚远。因此，海象新材致力于通过产品质量打造企业口碑。同时依托优越的地理位置进一步拓宽销售渠道，便于出口贸易业务的发展，为品牌效应的形成奠定基础；线上线下双渠道并行加大品牌推广力度，线上依托官网、微信等途径发送推文，将自身品牌、活动等讯息进行广泛传播，实现线上引流；线下定期开展各类展览会，搭建产品交流展示平台，不断拓展新客户。就这样，凭借产品的高质量高标准和成熟的销售渠道，海象新材自主品牌不断得到加强，逐步在市场站稳了脚跟，树立了良好的口碑，也因此打响了知名度。

2.2　企业运营战略与商业模式的匹配

2.2.1　商业模式的类型

商业模式可以根据企业如何创造和捕获价值的不同方式分为多种类别。这些模式在不同的行业和市场环境下展示了企业运营的多样性。以下是一些常见的商业模式类型：

2.2.1.1　产品销售模式

这是最传统和广泛应用的模式，企业创造物理或数字产品并将其出售给消费者或其他企业。利润来源于产品的销售。

2.2.1.2　服务提供模式

在这个模式下，企业提供服务而非实体产品。服务包括咨询、维修、教育等。利润来源于服务的收费。

2.2.1.3　订阅模式

客户为持续接收产品或服务支付定期费用。订阅模式在软件、媒体、在线服务等领域特别常见。

2.2.1.4　租赁或租赁模式

企业拥有某项资产，并允许客户在一定时间内对其进行使用，而不是出售该资产。客户为使用这项资产支付费用。

2.2.1.5　广告模式

在这种模式下，企业提供免费的产品或服务，并通过在其平台上展示广告来盈利。

2.2.1.6　平台或中介模式

这种模式涉及创建一个能够连接两个或多个独立用户群体（如买家和卖家）的平台，从中抽取交易费用或其他形式的收益。

2.2.1.7　分销商模式

企业购买生产商的产品并将其销售给最终用户，利润来自产品价格与其销售价格之间的差额。

2.2.1.8　加盟模式

在这种模式下，一个企业（特许人）授权另一个企业（加盟商）使用其品牌、产品和业务模式。加盟商通常需要支付一定的费用和 / 或销售收入的一部分给特许人。

2.2.1.9　免费增值模式

企业提供免费的产品或服务，以吸引用户为基础，然后通过升级、附加服务或其他产品实现盈利。

2.2.1.10　众筹模式

企业通过在线平台向大众筹集资金来支持其项目或业务，通常作为预售产品或提供其他形式的回报。

2.2.1.11　裂变式商业模式

通过用户推广来扩大用户群体和市场份额，适用于社交媒体、短视频和电商等行业。

2.2.1.12　社会企业模式

这种商业模式不仅旨在实现经济价值，还致力于产生社会或环境上的正面影响。

每种商业模式都有其独特的运作方式和盈利机制。企业选择哪种模式取决于其产品、市场、目标客户以及整体战略。了解和选择正确的商业模式对企业的成功至关重要。

2.2.2　运营战略与商业模式的关系

运营战略和商业模式虽然是两个不同的概念，但二者之间存在着密切的关系。商业模式提供了企业运作的宏观布局，而运营战略是实现这一布局的具体方法。两者需要灵活地相互适应，以应对外部变化和内部成长需求。商业模式和运营战略的目标应该是一致的，共同支持企业的总体战略目标。运营战略的每个决策和行动都应该有助于实现商业模式所设定的价值创造和变现。商业模式确定了企业应该在哪些领域创造价值，而运营战略则指导如何分配和利用资源来支持这些价值领域。

可见，商业模式和运营战略共同构成了企业经营的两大支柱。商业模式明确了企业的盈利方式和整体布局，而运营战略则提供了实现这些目标的具体路径和方法。以下是确保两者匹配的主要策略：

（1）确定价值主张与运营战略的一致性：企业的运营战略应该直接支持其价值主张。例如，如果商业模式中的价值主张是提供高品质的产品，那么其运营战略应侧重于质量管理和持续改进过程。

（2）客户需求的满足：企业需要理解其目标客户群体的需求，并确保运营战略能够满足这些需求。如果商业模式专注于个性化服务，那么运营战略应包括灵活的生产和服务流程，以适应客户的特定需求。

（3）效率与创新的平衡：运营战略应旨在提高效率和降低成本，同时也需要适应商业模式的创新要求。例如，如果商业模式依赖于快速迭代和产品创新，那么运营战略应包括敏捷的开发流程和快速的市场反馈机制。

（4）利用关键资源和活动：确保运营战略充分利用并强化商业模式中定义的关键资源和活动。例如，如果关键资源是高技能的工作人员，那么运营战略应包括员工培训和发展计划，以保持核心竞争力。

（5）监测和适应市场变化：企业应持续监测市场和内部运营数据，确保运营战略和商业模式保持相关性并能够适应变化，这可能需要定期的战略审查和调整。

2.2.3　运营战略的具体实现

运营战略在企业的整体运营中起到了核心作用。运营模式、盈利模式、业务模式和收入模式都是在运营战略的指导下进行构建和实施的，它们共同构成了企业的完整运营体系（见图 2-2）。

其中，运营模式是指企业业务流程的规划、组织、实施和控制，是与产品生产和服务创建密切相关的各种管理任务的总称，具体包括产品的设计、生产、销售和服务等各个环节,主要有自建模式、专销模式、直销模式、代理模式、电商模式等类型;盈利模式是指企业通过投入经济要素后获取现金流的方式,其核心是获得现金流入的途径组合;业务模式主要是指运营商、设备制造商、终端提供商等产业链的各个环节在整个产业生态环境中的位置、互相的关系,包括捕捉机会、制定对策、建设能力、实现卓越四个步骤;收入模式是按照利益相关者划分的企业的收入结构、成本结构以及相应的目标利润。

在实际运营中,企业需要综合考虑这些模式的选择和组合,找到适合自己的发展模式,以实现持续盈利。

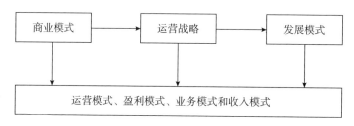

图2-2 运营战略的具体实现——从商业模式到发展模式

📋 微案例:某新能源汽车公司商业模式问题分析

1. 产品或服务界面

公司致力于满足个人和企业的汽车消费需求,提供标准化产品和服务。尽管品牌定位较低,面向的是预算有限的消费者群体,但这一策略导致产品缺乏个性化和针对性。在营销活动中,公司倾向于简单列出产品优势,这种方式虽然操作简便、省力,却可能令客户体验平庸,难以感受到产品的独特价值和优点。这种交易过程中以自我为中心的推广策略忽视了客户的实际需求,导致公司提供的是自认为重要的内容,而非客户真正关心的内容,从而未能有效抓住关键点。

2. 资产管理界面

公司依赖的主要资产是其实物资产,这些资产易于被替换,缺乏独特的市场竞争力,使得公司容易被竞争对手超越。公司的产品线较为单一,主要集中在中低端的新能源汽车领域,而且产品生产规模因销量不同而异,未能实现规模经济;同时,公司的产品线缺乏多样化和一致性,产品之间的互相关联性不强。此外,对公司增长至关重要的财务资源、知识资源和人力资源尚处在较弱的状态,缺乏足够的竞争力。

公司目前的关键业务分为以下三个部分:第一,整车销售,包括将车辆和车载电池一同销售，顾客购买后可自行充电；第二，通过租赁方式提供汽车使用权，公司因此获得租金收入；第三，仅销售汽车而不包含电池。这三种业务模式各有其弱点：整车制造成本高，缺乏价格竞争力；电池充电时间限制降低了使用便捷性；电池续航能力不足，影响了市场接受度。

3. 客户界面

公司主营中低端新能源汽车，服务于中低收入人群，满足他们对经济型出行工具的需求，同时追求降低能耗和减少支出。另一业务线是小型电动车租赁，主要吸引年轻消费者。

目前，公司依赖单一营销渠道：一方面，通过口碑营销，利用较低的价格和优质的售后服务吸引客户，希望通过他们吸引更多的新客户。然而，由于产品保有量低，这种方法能带动的销量有限。另一方面，公司通过官网和微信公众号进行产品的介绍和推广，但这些努力未能达到预期的宣传效果。原因在于广告投入较少，目标客户对产品知之甚少，加之产品的低端定位并不符合市场对高端技术的追求。

公司与客户的互动主要是通过销售人员，缺少高层与客户的直接沟通，导致客户对企业信息和产品了解不足。同样，公司也难以即时获取客户需求的反馈。这种沟通机制不仅不利于公司获取市场信息，也不利于满足客户的实际需求，从而导致公司和客户双方获取的价值有限。

（资料来源：扶晓晨. 湖南众泰新能源汽车商业模式改进研究［D］. 湖南大学，2021.）

2.3　企业可持续的运营与供应链战略

2.3.1　可持续的运营与供应链战略分析模型

战略应该描述为企业为现有股东创造并且保持价值采取的措施。在这个概念上加入"可持续性"就是要在不牺牲下一代满足他们需求能力的基础上，再加入满足现有需求的要求。传统战略只看重生产过程中的经济部分，由于可持续的运营与供应链所管理的流程大多对社会和环境有影响，所以这里引入三角底线模型，从经济繁荣、社会责任、环境保护三个层面解析可持续的运营与供应链战略，如图 2-3 所示。

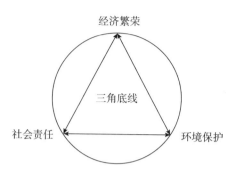

图2-3　可持续的运营与供应链战略分析的三角底线模型

2.3.1.1　社会

社会层面强调企业应实施公正且有贡献的商业活动，该层面与企业依赖的人力资源、所在社区和地区息息相关。企业在三角底线模型下，致力于追求其运营所及的员工、社区和其他社会群体的共同利益。企业必须避免使用童工，确保工资公平，同时为员工提供一个安全的劳动环境。企业还应当防止员工过度劳累，以免对劳动者造成剥削。此外，企业可以通过多种途径为社区成员和社区发展做出贡献，例如，提供健康保障、支持教育事业以及开展其他有针对性的社会活动。

2.3.1.2　经济

企业肩负着通过投资收益有效回馈股东的责任。公司的战略规划应致力于追求这一利益群体的长期利益。在可持续性的策略指导下，此目标不仅涉及为公司带来利润，还意味着要持续地为社会创造经济价值。

2.3.1.3　环境

企业应致力于保护环境，至少确保其运营不会对环境造成损害。管理层应专注于减少公司对生态系统的影响，可以通过优化管理减少资源的使用、降低废弃物的产生以及确保以安全合法的方法处理低毒性废弃物来实现。目前，众多企业都开始对产品实施全程评估，即从原材料的处理到产品最终被消费者废弃的整个过程中，评估产品所带来的社会成本。

很多企业都已经基于这三种维度发展了自身的可持续战略目标。比如，欧洲企业普遍提倡"Work-life Balance"的工作理念，壳牌石油公司提出"人、地球和利润"的可持续运营与供应链战略，著名作家帕特里克·格迪斯（Patrick Geddes）发起"生活、工作和地方"企业经营战略的倡议。

2.3.2　可持续运营与供应链战略的制定

企业在制定可持续的运营与供应链战略时，需要综合考虑多方面，以确保在追求经济效益的同时，也能兼顾环境和社会责任，须包括以下关键的步骤和策略：

2.3.2.1　明确企业定位与愿景

企业需要明确自身的定位，包括所处的行业、市场和竞争环境，并确定未来的发展方向和目标。愿景作为企业发展的蓝图，应为企业制定可持续的运营与供应链战略提供明确的指导。

2.3.2.2　分析内外部环境

不仅要对宏观经济、行业竞争、政策法规等外部因素做全面分析，把握企业面临的机会和挑战，还要评估企业内部的资源、能力和文化，明确企业自身的优势和劣势。

2.3.2.3　制定长期目标与策略

基于内外部环境分析，制定明确、具体的长期目标，如降低碳排放、提高资源利用效率等。为实现这些目标，进一步制定具有可操作性和可衡量性的行动计划，可能包括采用绿色采购、优化物流和运输、建立循环经济等措施。

2.3.2.4　确保战略的可持续性

采用三重底线模型，平衡环境、社会和经济的三重目标，可以通过采用可再生能源、提倡绿色生产方式等手段，降低对自然资源的消耗和环境污染，与此同时，也要积极承担社会责任，参与公益事业，回报社会。

2.3.2.5　构建可持续的供应链管理体系

不仅要与供应商、客户、政府和非政府组织等建立紧密的合作关系，实现资源共享、信息共享和风险共担，还要推动绿色采购、优化物流管理，推动循环经济。

2.3.2.6　制订明确的实施计划

一方面将战略实施计划分解为具体的任务和责任，明确各个部门和个人的职责，并且为战略实施提供必要的资源支持，包括人力、物力、财力等；另一方面建立绩效评估机制，定期检查战略实施情况并进行绩效评估，及时发现问题并进行调整和改进。

值得注意的是，企业在制定可持续的运营与供应链战略时，应特别关注运营的重点和多目标间的权衡。如果一个企业运营中特别关注交货速度，那么就不太可能提供多品种的产品。同样地，如果在运营中特别关注供应链的稳定和保证供应商应得的合理利益，就需要舍弃一些低成本采购的诱惑。这种情况也出现在绿色供应链的创新投入中，在没有看到明显的经济回报之前，坚持这种投入也需要企业拥有足够的资源和勇气。

微案例：阿里巴巴集团：负责任的科技，可持续的绿色供应链

基于数字化的绿色进程成为阿里巴巴及生态伙伴的共同选择。

1. 打造绿色物流运输

2020年，阿里巴巴达摩院自动驾驶实验室研发了一款电动无人物流车"小蛮驴"，续航里程超100千米。截至2021年11月，已在部分高校和社区菜鸟驿站投放350台，提供末端配送服务。正在研发自动驾驶卡车"大蛮驴"，将面向城市配送场景，主要负责将货物从配送站送往物流末端。

2. 建设绿色仓库

阿里巴巴在高鑫零售仓库和门店开展照明LED光源改造、高效中央空调自动化改造和排油烟机自动化控制改造等多项工程，仅排油烟机自动化控制改造每年节约用电超过2000万千瓦时。

3. 打造绿色配送体系

阿里巴巴正在尝试将10万多个菜鸟驿站铺设绿色回收箱的快递包装回收，鼓励消费者将旧的快递箱放到菜鸟驿站，在下次消费者寄快递时使用，让其再次进入物流末端可回收再利用环节。截至2021年10月，菜鸟绿色回收箱已经覆盖全国31个省区市315个城市，每年预计可以回收上亿个快递纸箱。2021年天猫"双十一"活动，8.7万家菜鸟驿站、480万消费者参与了线上线下绿色回收倡导行动。

4. 全面推行绿色包装

最好的"瘦身"就是没有包装。阿里巴巴在推广原箱发货和旧包装发货，目前在天猫超市、零售通这两个渠道已实现70%的包裹发货不再用新纸箱。从2018年起，阿里巴巴通过开发智能切箱、装箱算法等多项技术应用来减少包装用量，结合大数据算法模型优化和设计纸箱型号，并由算法推荐最合适的装箱方案，让箱型更匹配、装箱更紧凑，平均减少15%的包材使用，截至2020年已"瘦身"超过5.3亿个包裹。

（资料来源：百度典型案例丨阿里巴巴集团：负责任的科技，可持续的绿色供应链。）

习　题

1. 请用实例说明企业如何运用KANO模型制定运营战略。

2. 试比较制造型企业和服务型企业的竞争力与生产率计算方式的异同。

3. 试以某企业或某创业项目为例，说明企业运营战略如何与其商业模式相匹配。

4. 请运用可持续的运营与供应链战略分析模型，试对微案例中阿里巴巴集团可持续运营提出优化建议。

第 2 篇

运营系统规划与设计

第3章 产品开发与设计

🎯 **学习目标**

1. 理解新产品开发过程，并能运用其主要方法。
2. 掌握面向产品生命周期各环节设计（DfX）理念的内容。
3. 掌握顾客驱动的产品开发方法。
4. 掌握产品开发的主要组织方法和要求。
5. 理解以技术创新推动绿色转型，强化科技向善、设计为民的社会责任意识。

📖 **关于产品开发与设计的知识图谱**

（详见网址：http://t.zhihuishu.com/63ZM2oPK）

🔧 **主案例导入**

2022年3月，J公司携手中远海运发展股份有限公司，正式进行了两艘700TEU纯电动力江海直达集装箱船项目的"云签约"。该项目不仅标志着我国江海直达纯电池动力集装箱船技术实现了质的飞跃，更象征着我国在该领域自主设计、研发与建造能力的重大突破，且拥有完全自主知识产权。此外，这两艘集装箱船装箱能力、最大载重量及电池容量三项核心指标在全球同类产品中均独占鳌头，树立了新的行业标杆。然而荣耀与挑战并存，尽管该项目有幸入选国家工信部的重要科研项目，但其完全自主创新的路径注定了是一条充满未知与挑战的道路。从设计之初，团队就需直面缺乏江海直达船舶建造经验、相关规范不完善、新研制设备较多（研制周期、质量以及设备之间的匹配等存在不确定性）、参研合作方多、设计周期短等多重考验。

面对重重挑战，J公司上下一心，以坚定的决心和不懈的努力克服一切困难。在研发过程中，J公司始终遵循并行工程的原则与环境保护的设计理念，巧妙地将节能减排、污染防治的要求与实际情况相结合，不仅确保了船舶的航行安全，而且实现了运营效能的显著提升。该项目研发主要涉及船舶设计、电气工程、动力系统及智能控制等多个关键领域。因此，J公司牵头组织各项目合作方成立专项工作小组，通过紧密协作与联合研讨，共同攻克了一个又一个技术难关。这一举措确保各方自项目启动之初便能全面掌握船东对于新产品的详尽需求，促使众多潜在问题在研发初期便得到有效识别与解决。此举不仅巩固了设计质量，还为后续的生产流程与关键节点铺设了稳固的道路。这种合作能够使各部门交叉并行开展工作，帮助公司在设计阶段，开展设备纳期、建造工艺等方面研讨的同时开展材料、设备购置任务。J公司还通过统筹布局任务分解的方式，协调各方按照项目整体进程制订各方工作计划，确保信息的无缝对接与问题的迅速响应。为提高效率、缩短研发周期、减少返修次数，J公司不仅关注船舶设计和建造阶段，进行型线设计的同时还进行总布置图研讨，还基于安全失效的双层功能保护设计、Pack级分布式独立热失控排放等全生命周期安全与性能管理，为其提供了考虑全生命周期因素的电动运行方案。此外，J公司从设计初期便前瞻性地考虑了制造与测试的需求，运用数字化手段进行虚拟仿真，大幅减少了物理模型的需求与测试周期，提高了效率并降低了成本。同时，J公司还深刻把握智能化改造与数字化转型的契机，通过部署先进的条材加工机器人、小件组装自动化机器人以及针对曲形肋骨等复杂部件的智能生产线，同时依托其自主研发的QMS全面质量管理体系与高效设备管理系统，实现了生产效率的显著提升。这一系列举措不仅确保了项目在预定时间内以卓越品质完成了前期制造任务，还为后续顺利进入搭载阶段奠定了坚实的基础。2023年7月26日，该集装箱船在扬州成功下水。

讨论题

1. J公司在集装箱船项目的研发过程中，运用了哪些方式来提高研发效率的？

2. J公司在700TEU集装箱船的研发设计过程中，考虑了哪些因素？

相关概念

新产品（New Product）

新产品是指在产品性能、材料性能和技术性能等方面具有先进性或独创性的产品或优于老产品的产品。先进性可以是新技术、新材料产生的先进性，或对已有技术、经验技术和技术综合改进后的先进性；独创性是指采用新技术、新材料或引进技术所产生的全新产品或在某一市场中属于全新产品。因此，新产品具有相对性、时间性和空间性的特征。

按照新产品的新颖程度可分为全新产品、改进产品和换代新产品。当前，企业新产品的开发呈现多能化、复合化、轻便化、智能化、品位化、高能化、微型化、环保化、多样化、节能化、标准化等发展方向。

面向产品生命周期各环节的设计（Design for X，DfX）

DfX 是指在运营管理过程中，针对产品从产生概念到退出市场的整个生命周期各个环节进行的设计，其中"X"代表产品生命周期的某一环节或特性。这个概念强调在产品设计阶段，企业不仅要考虑功能和性能要求，还要同时考虑与产品整个生命周期各阶段相关的因素，如可靠性、可安装性、可制造性、可维修性、可采购性、可供应性、可测试性、可修改性、可扩展性、可服务性、安全性、节能减排等。

DfX 技术的目标主要包括以下几个方面：

◎全生命周期考虑：DfX 强调在产品设计的初期阶段就考虑产品整个生命周期的需求和约束，以确保产品在整个生命周期内都满足预定的要求和目标。

◎优化产品设计：通过 DfX，可以优化产品的结构、功能、性能等方面，使产品更加符合用户需求，并降低产品生命周期内的维护成本和风险。

◎缩短开发周期：DfX 在早期设计阶段充分考虑产品的可制造性、可装配性和可测试性，可以节省修改和调整的时间和成本，帮助企业快速推出新产品。

◎提高产品质量：DfX 注重产品质量的提升，通过优化产品设计来减少产品缺陷和故障率，提高产品的稳定性和可靠性，减少返工次数，提高客户满意度。

◎降低产品成本：DfX 设计可以帮助企业降低产品成本，通过优化产品设计来减少材料浪费、提高生产效率、降低制造成本等。

◎促进可持续发展：DfX 设计注重产品的环保和可持续性，通过优化产品设计来减少环境污染和资源浪费。

质量功能展开（Quality Function Deployment，QFD）

QFD 是一种顾客驱动的产品开发方法。它从质量保证的角度出发，通过一定的市场调查方法获取顾客需求，并采用矩阵图解法将顾客需求转换为具体的技术要求重要度。

质量功能展开的基本构成就是"质量屋"（House of Quality），这是一种形象直观的二元矩阵展开图表。1972 年，日本三菱重工有限公司神户造船厂首次使用了"质量屋"方法，1978 年水野滋和赤尾洋二在其著作《质量功能展开》中从全面质量管理的角度介绍了这种方法的主要内容，20 世纪 80 年代以后逐步得到很多发达国家的重视并广泛运用。"质量屋"包括以下几个基本结构要素：

◎左墙：顾客需求及其重要程度。

◎天花板：工程措施（设计要求或质量特性）。

◎房间：关系矩阵用于量化分析顾客需求与工程措施间的关系度。

◎地板：工程措施的指标及其重要程度。

◎屋顶：相关矩阵用于评估各项工程措施间的相关程度。

◎右墙：市场竞争力评估矩阵。

◎地下室：技术竞争能力评估矩阵。

总的来说，质量功能展开是一种在产品或服务设计阶段进行质量保证的方法，它强调以顾客需求为中心，通过跨部门协作，实现产品质量的全面提升。

企业常常需要开发新产品或改进现有产品，来适应不断变化的市场和客户需求。产品开发一般由产品构思、产品设计、工艺设计、新产品试制、新产品鉴定与新产品投产这些阶段构成。图 3-1 是某公司的产品开发流程。

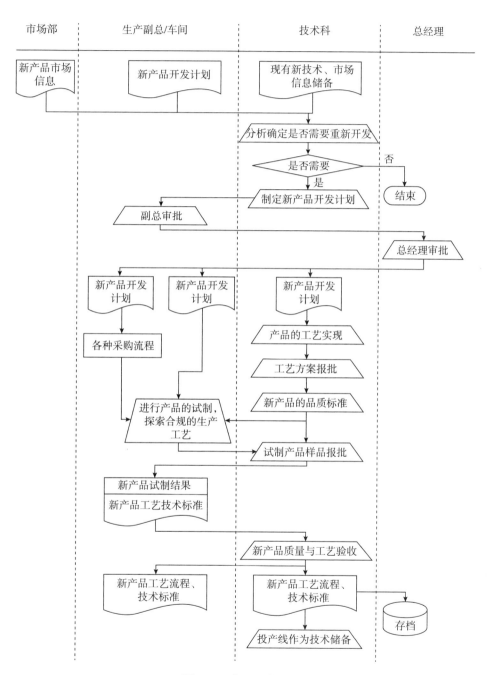

图 3-1　产品开发流程

在产品开发过程中，产品设计是非常重要的环节。产品的性能、质量和成本往往在产品设计阶段就已经确定好，如果产品设计不合理，后续再好的生产工艺和制造过程都是无意义的。因此，产品设计决定了产品的前途和命运，也是许多企业成功的基本因素。

3.1　产品开发的过程

　　产品开发是一个复杂且多元化的过程，每个公司都会根据自己的特点和产品特性来定制开发流程，这里重点介绍产品开发中的五个重要环节。

3.1.1　产品构思

　　产品开发过程起于产品构思，而构思源于调查研究和预测分析。产品开发的调查研究与预测主要包括以下两个方面：一是对市场的调研和预测，旨在了解消费者对产品包括性能、价格等方面有什么要求，帮助企业确定开发什么样的新产品；二是对技术的调查和预测，旨在了解将开发的新产品的技术现状、未来发展趋势。在这两方面的调查研究之后，基于当前市场需求信息及发展趋势，以及企业自身条件提出产品的构思创意。

3.1.1.1　产品构思创意的来源

　　产品构思创意可能有两个来源。一是企业内部，又称为内部来源，主要包括研发部门、营销部门和高层管理部门。由于工业品具有专业性和特殊性，外部人员难以深入理解，因此内部来源的创意更为关键。二是企业外部，又称为外部来源，主要包括顾客、经销商、供应商、竞争对手。生活消费品的构思创意大多数就来源于企业外部。

3.1.1.2　产品构思创意的模式

　　产品构思创意的两个来源决定了产品构思创意的模式主要有两种：一种是技术推动型；另一种是需求拉动型。技术推动型通常从科学探索出发，通过开拓性研发和运营进行技术创新和变革，以确定可以使技术和市场相匹配的产品开发方案。青霉素的开发就是一个典型的技术推动型案例。需求拉动型也称为市场拉动型，通常从市场需求和顾客反馈出发，提出新产品的设想，即企业需要通过市场调查了解市场需求后，才能进行产品构思。洗衣机、空调等家用电器的快速发展就是需求拉动型模式的典型代表。与产品构思创意模式相对应，新产品的开发动力模式也存在技术推动型和需求拉动型两种。

3.1.2 产品设计

为了确保设计质量、缩短设计周期并降低设计费用，产品设计需要遵循一套科学的设计程序，如图 3-2 所示。产品设计的基本内容包括编制技术任务书、总体设计、技术设计和工作图设计四个方面。

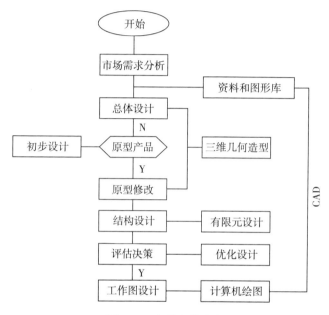

图 3-2 产品设计流程

3.1.2.1 编制技术任务书

技术任务书是产品设计项目的启动文件，它详细说明了产品的设计目标、要求、性能参数、技术指标等。技术任务书是对设计任务的具体化、明确化，为后续的设计工作提供指导。

3.1.2.2 总体设计

通过市场需求分析，确定产品的总体布局、结构形式、工作原理、主要技术参数以及与其他系统的关系等。总体设计是后续技术设计和工作图设计的基础，它决定了产品的基本性能和结构特征。

3.1.2.3 技术设计

技术设计在总体设计的基础上，进一步确定产品各部分的具体结构、尺寸、材料、工艺等。技术设计需要充分考虑产品的性能、可靠性、可制造性、成本等因素，技术设计对确保产品结构的合理性、工艺性、经济性以及可靠性至关重要。

3.1.2.4　工作图设计

工作图设计是根据技术设计绘制出全套工作图纸，包括总图、零件图、部件图、产品装配图等。工作图是指导生产的图样，必须严格按照标准绘制，以保证生产出的产品与设计要求一致。工作图设计还需要制定通用件、专用件、标准件、外购件、外协件明细表和原材料、特种材料明细表等，以便进行生产管理。

综上所述，产品设计是一个递阶、渐进的过程，从产品需要实现的总体功能出发，通过系统级构思和逐步细化，最终落实到具体的零件和设计参数上。

3.1.3　工艺设计

工艺设计是按产品设计的要求，安排或规划出从原材料加工成产品的整个加工过程、工时消耗、设备和工艺装备需求等的说明，其主要任务是确定产品的制造工艺及其相应的后勤支持过程，如图 3-3 所示。

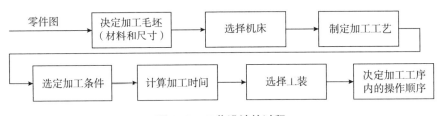

图 3-3　工艺设计的过程

工艺设计是一个详细的规划和步骤，它可以确保产品设计能够转化为实际可制造的产品，即需要把产品的结构数据转化为面向制造的指令性数据。工艺设计的结果，一方面反馈给产品设计部门用以改进产品设计；另一方面作为生产实施的依据。工艺设计主要包括以下四个方面内容。

3.1.3.1　产品图纸的工艺分析和审查

这是对产品的设计图纸进行深入的工艺分析和审查。工艺设计师需要仔细研究图纸，了解产品的结构、尺寸、材料、技术要求等，以确保后续工艺设计的准确性和可行性。在分析和审查过程中，工艺设计师需要考虑产品的可制造性、可装配性、可维修性等因素，以及产品在使用过程中的性能要求。审查过程中还可能需要对图纸进行修改或完善，以确保其符合制造工艺的要求。

3.1.3.2　拟订工艺方案

在对产品图纸进行工艺分析和审查后，工艺设计师需要根据分析结果和产品的制造要求，拟订出合适的工艺方案。具体来说，工艺方案的内容一般包括：规定新产品试制及过渡到成批或大量大批生产后应达到的生产指标或技术经济指标；确定工艺制定的原则；列出产品的各类加工关键原件；规定工艺装备的设计原则及工艺装备系数；提出工艺关键的解决方案及有关的试验研究问题；工艺路线的安排及生产组织形式的确定；工艺方案的经济分析；工艺准备工作量的估计和工作进度计划。

3.1.3.3　编制工艺规程

工艺规程是指导实际生产操作的技术文件，它详细描述了产品制造的整个过程。在编制工艺规程时，工艺设计师需要将拟订的工艺方案转化为具体的操作步骤和要求，包括加工前的准备、加工过程、检验和测试等。工艺规程还需要明确各道工序的操作要求、质量标准、注意事项等，以确保生产过程的规范性和稳定性。高质量的工艺规程编制还应关注工人的劳动强度和生产安全，创造一个良好的工作环境。

3.1.3.4　工艺装备的设计与制造

工艺装备简称"工装"，是用于产品制造过程中所需的各种工具、夹具、模具、量具等设备的总称。工艺设计师需要根据产品的制造要求和工艺方案，设计出合适的工艺装备。这些装备需要满足加工精度、操作方便性、耐用性等要求，以确保加工质量，让生产过程更加高效。

3.1.4　新产品的试制与鉴定

在产品设计和工艺设计完成后，新产品的试制与鉴定是非常重要的环节，旨在验证产品的设计、工艺及性能是否达到预期要求，以及生产流程是否顺畅高效。

新产品试制一般分为样品试制和小批试制两个阶段。样品试制是产品的设计定型阶段，主要目的是考核产品设计质量，检验产品结构、性能及主要工艺，验证和修正设计图纸，使产品设计基本定型；小批试制是在样品试制的基础上进行的，主要目的是检验产品的工艺设计和工艺装备设计的正确性，这个试制工作可能会扩散至生产车间进行，以便更好地模拟实际生产环境。

新产品鉴定是对试制成功的产品进行全面评价的过程，其主要内容包括：第一，评价新产品的性能、采用标准、技术水平、生产工艺条件等，以确保产品符合设计要求和技术标准；第二，考核新产品试（投）产、新技术试（使）用所需条件是否具备，安全、卫生、环保等是否符合要求，以确保产品在实际生产和使用中的可行性和安全性；第三，预测分析市场前景、经济效益和社会效益，以评估产品的市场潜力和经济价值。

此外，鉴定过程中需要遵循规定的鉴定申报程序，提交必要的技术文件（如技术总结报告、全套工艺文件、全套图纸、设计文件等），并具备性能测试报告或例行试验报告、标准化审查报告、成本核算报告、质量分析报告等。同时，新产品开发单位需要向鉴定组织单位提出书面申请，并符合相关条件（如产品设计新颖、结构合理、性能先进等）。

3.1.5 新产品投入生产

完成新产品的试制和鉴定后，可以逐步将其投入生产。在投入生产阶段，就要用预定的生产设备制造产品，培训员工，解决生产过程中出现的所有问题，确保新产品能够顺利投入生产，并能实现稳定高效的生产。

 微案例：桑尼森迪玩具王国的新产品开发之路

2009 年，桑尼森迪建立之初主要是一家为各知名品牌生产赠品玩具的工厂。2013 年，费列罗集团找到桑尼森迪，希望其可以研发一款能够和巧克力完美融合的新产品。但是当时的玩具都需要喷涂油漆来上色，因此整个玩具市场都存在着油漆的味道会影响到食品的问题。由此桑尼森迪创始人杨某生出了一个"食品级玩具"的概念。同年，为杜绝市场中一些劣质赠品玩具的安全风险，《欧盟玩具安全新指令》正式实施。桑尼森迪当时外销的赠品多为食品级的彩色玩具，如果是与巧克力搭配销售，就需要解决成型后喷涂油漆的问题。

2014 年，公司为达能集团生产牛奶配送的玩具，在试销过程中，因玩具有刺激性气味被一位俄罗斯消费者投诉。为了解决这个棘手的问题，杨某三次飞抵俄罗斯。这次危机虽成功解决，但也让公司亏损了 700 多万元，公司上下员工震动很大，也深刻意识到，再不解决传统工艺问题，那么公司业务就会陷入死循环。回到国内后，杨某立刻召开公司部门核心员工大会，最终考虑到公司长远发展的需要和社会责任的担当，决定放弃油漆喷涂，采用一体成型的方式，在现有市场部、生产部的基础上，增设技术部、品质部，研发出一款无色无味、健康环保、符合国际标准的食品级玩具。

2015 年 11 月，杨某的团队在湘潭综保区注册成立了湖南桑尼森迪玩具制造有限公司，正式拥有了自己的生产基地。2015~2016 年，桑尼迪森投入 2000 多万元，花高价聘请十几位专业研发人员埋头进行产品研发。终于在 2017 年获得技术上的突破，成功申报了"食品级玩具模具多色多材料注塑一体化成型工艺"技术专利。这项新工艺对注塑模具进行改良、对注塑程序和注塑参数进行优化设计，使得塑料产品（如彩色的塑料玩具）的各种颜色可通过多次包胶注塑来实现，生产工序简单，生产自动化率超过 90%，也彻底解决了环保、健康和安全问题，并使得产品品质更稳定。这次成功对桑尼迪森而言，不仅意味着桑尼森迪和费列罗集团建立了长期合作关系，同样也使桑尼迪森掌握了食品级玩具的核心专利技术，在市场上拥有了话语权。

2017 年 6 月，桑尼迪森关注到达能集团面向全球发布了一亿只酸奶勺子的紧急订单。看到这个订单后，公司上下激动不已，跃跃欲试。但是，细看下来条款却十分苛刻。具体要求是：每个勺子上要有两个颜色，共 24 种配色，必须通过化学、物理等 300 多项测试，经受 100 次反复折叠、零下 28 摄氏度低温条件下 36 小时还不能断裂。尽管达能集团的紧急订单条件苛刻，但桑尼迪森迎难而上，整个公司都为这件事奔忙上下，终于在 11 月中旬生产出的第一批产品在实验中通过了所有的化学测试，获得了达能集团采购部门的认可。但好事多磨，其中 200 根勺子在零下 28 摄氏度的物理测试中，有一支勺子折断了。为了兑现承诺，公司调集了所有核心力量，经过日夜奋战，不断优化改进，终于攻克了物理测试这一难关，让这些产品准时摆在了商场的货架上。

与以往情况明显不同的是，桑尼迪森自设立研发部后，掌握了更多主动权，真正地和客户打成一片，实现了和北欧最大的连锁超市 COOP、俄罗斯连锁超市 LENTA、德国大型零售连锁超市 PENNY 的合作。

（资料来源：中国管理案例共享中心，案例编号：OM-0303。）

3.2　产品设计的理念

3.2.1　影响产品设计的主要因素

在对新产品进行设计之前首先应对产品进行需求分析，明确服务的客户对象，准确确定自己的产品设计定位，把有限的人、财、物资源准确地集中应用到新产品设计项目中，提高效率和效益。企业在进行产品设计时应重点考虑以下几点。

3.2.1.1　新产品设计及定位

在新产品设计之初，企业需要对新产品的市场环境进行深入分析，了解潜在客户的需求和偏好，以及竞争对手的产品特点。通过精准的定位，企业可以确保新产品在技术和设计上具有竞争优势，避免产品因定位不准确而被市场所淘汰。

3.2.1.2　考虑成本和市场容量

在产品设计时，企业需要了解目标市场的规模和潜在容量，以便进行合理的成本设计。比如，通过采用标准化、系列化、多样化的产品设计，可以实现基础部件通用的同时，推出系列产品，满足多样化需求，从而降低产品成本，实现成本、销量之间的有机统一。

3.2.1.3　了解消费者的需求方向及国际政策环境变化方向

随着社会的进步和消费者需求的日益个性化，企业需要密切关注市场动态，及时调整产品开发策略以满足消费者的需求。同时，国家和社会的政策变化也会对市场需求产生影响，企业需要关注相关政策的调整，以便在产品设计中融入绿色、节能等环保元素，符合未来潮流。

3.2.1.4 企业自身产品设计创新的能力

企业需要评估自身的研发能力和资源条件，避免盲目追求市场机会而忽视自身实际能力。在产品设计过程中，企业应充分发挥自身的技术优势和创新能力，推出具有独特性和竞争力的新产品。

3.2.2 面向产品生命周期各环节的设计理念（DfX）

DfX 中的 X 可以代表产品生命周期内的某一环节，如制造、测试、使用、维修、回收、报废等，也可以代表决定产品竞争力的某一要素，如质量、成本等，其主要优势：提高产品的创新性和竞争优势、提高企业的响应能力和灵活性、促进企业可持续发展等。下面重点介绍可制造性设计（Design for Manufacture，DfM）、面向成本的设计（Design for Cost，DfC）、面向顾客的设计（Design for Customer，DfC）和面向环境的设计（Design for Environment，DfE）四种类型。

3.2.2.1 可制造性设计 DfM

威廉·丘伯利（William H. Cuhberly）和拉曼·贝克简（Raman Bakerjiun）在《加工与制造工程师手册》一书中解释："DfM 主要研究产品本身的物理设计与制造系统各部分之间的相互关系，并把它用于产品设计，以便将整个制造系统融合在一起进行总体优化。DfM 可以缩短产品的开发周期和降低成本，使之更顺利地投入生产。"采用可制造性设计，能指导设计师选择原辅材料和工艺方案，并估计制造周期和制造成本，可以有效可消除产品开发与制造环节之间的"间隙"，对于提高产品的可靠性、稳定性，减少产品开发和制造成本具有重要意义。

3.2.2.2 面向成本的设计 DfC

强调在产品设计阶段就充分考虑产品全生命周期的成本因素，以优化设计方案，降低产品的制造成本。全生命周期成本是指从产品设计到最终回收利用整个产品生命周期的成本，不仅包括产品的直接制造成本，还涉及产品的设计、研发、生产、销售、使用、维护、升级、回收和报废等各个环节的相关成本，以及一些间接成本如管理费用、研发费用、市场推广费用等。

3.2.2.3 面向顾客的设计 DfC

这是由日本质量管理大师赤尾洋二和水野滋提出的，要求产品满足或超越顾客的期望和需求，强调深入理解顾客的需求、偏好、行为和使用场景，以确保产品具有吸引力、易用性、可靠性和高性能。

3.2.2.4 面向环境的设计 DfE

这也可以称为环境友好设计或绿色设计，其核心理念是在确保产品性能和质量的同时，充分考虑产品在整个生命周期中对资源和环境的影响，力求将产品对环境的总体影响降至最低。绿色设计体现了循环经济中企业内部小循环的 3R 原则，即减量化（Reduce）、再利用（Reuse）、再循环（Recycle）。减量化就是通过消耗最少的物料和能源来生产产品；再利用就是使废旧产品的某些配件或成分能够得到最大限度的利用；再循环是指把本企业的废弃物资源化。

3.2.3　面向顾客设计的质量功能展开（QFD）

质量功能展开（Quality Function Deployment，QFD）是一种顾客驱动的产品开发方法，它将顾客的需求和期望转化为产品设计的具体要求，目的是确保整个流程的各个方面都考虑顾客的要求。倾听和理解顾客的要求是 QFD 的核心特征。QFD 作为一种集成的产品开发技术，会涉及多方面的问题，运用到多种定量方法，如模糊聚类、层次分析法、线性代数等理论与知识。

质量屋（House of Quality）是质量功能展开的核心组成部分，是一种确定顾客需求和相应产品或服务性能之间联系的图示方法。为建造质量屋，可采取的技术路线：调查顾客需求→测评各项需求对顾客的重要度→把顾客需求转换为技术要求→确定技术要求的满意度方向→填写关系矩阵表→计算技术重要度→设计质量规格→技术评价→确定相关矩阵→市场评价，如图 3-4 所示。

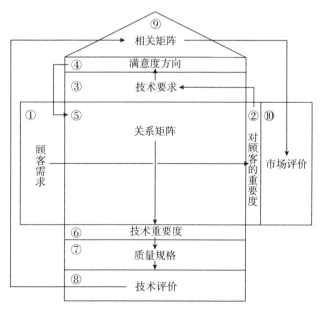

图 3-4　建造质量屋的技术路线

图 3-4 中的 10 个步骤都围绕顾客需求展开，体现了"充分倾听顾客声音"的核心理念。特别地，第一步是通过调查来确定顾客需求，最后一步是通过市场评价来了解顾客需求得到满足的情况，体现了在产品开发中把满足顾客需求作为出发点和落脚点的重要思想，只要严格按照 QFD 各个开发阶段的要求去做，所开发的产品就是顾客真正需要的产品。

📋 微案例：飞行记录本的新生：东航电子飞行记录本的设计之路

飞行记录本是航空公司用于记录机组反映的故障和维修人员排故及维修的纸质记录单，差不多小型笔记本大小，很厚并且有几千克重，每架飞机上都会分别配备一本正本、一本备用，合计四本记录本，在使用和记录过程中产生了诸多不便。并且每架飞机每年能用掉好几本记录本，加之飞行记录本制作成本高、不环保，容易产生缺页问题，也使机组工作人员产生了诸多怨言。

针对飞行记录本现存问题，中国东方航空公司考虑到自身能力，决定对飞行记录本进行电子化升级，并正式成立电子飞行记录本项目组。项目组首先对与飞行记录本相关的业务部门进行需求调研，深入了解不同岗位、不同部门的各类需求，最终整理出了许多目前存在、阻碍发展的问题：纸质方式记录传递的信息难于辨认，运行信息流转效率低下，补录工作费时费力，占用大量的人力成本；飞机维修及适航放行记录为飞机单机档案的重要组成部分，传统纸质档案管理困难；传统纸质记录本生产印刷过程碳排与成本双高，既不节能降本又不低碳环保等。长期以来，信息化都是东航的大型战略之一，如今加上势在必行的"双碳"目标，项目工作组组长在项目组成立之时便提出了改进传统操作流程、提高数据智慧程度、优化产品界面设计、肩负企业社会责任的项目开展思路，敏捷研发，兼顾效率提高导向与环境友好导向，力争实现降本增效与节能减排。

进一步梳理飞行记录本现存问题，项目组认为其主要存在前端物理触点冗余、中台数据整理低效、后台记录储存原始，既不能方便用户携带操作又不能帮助公司降本降碳。于是，项目组决定重点完成以下任务：记录本电子化，数据库的建立、数据高速传输、飞机信息共享、存储盒的设计、飞机改装设计等，最终实现机组人员轻触屏端，就可以获得信息。项目组合计分解任务 148 项、绘制需求控制表内容 394 项。

为了更好地实现飞行记录本的智能化，项目组将其用户群体分为飞行人员、乘务人员、机务维修人员、外站保障人员、系统管理人员，且设计了中文与英文界面的切换功能，通过不同的身份登录都会呈现与之相对应的内容，致力于方便每个岗位上的员工。图 3-5 是东航电子记录本的质量屋。

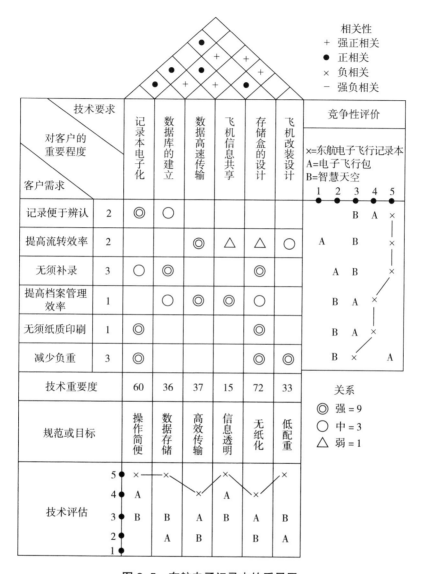

图 3-5　东航电子记录本的质量屋

最终经过需求调研、项目确立、产品开发、内测优化、飞机改装、试运行等为期超过 1 年的研发过程后，电子化飞行记录本终于登上了飞机。电子化飞行记录本投入使用后的事实证明，电子飞行记录本确实可以节省纸质资源和纸质记录本单机档案管理成本，大量纸质记录纸信息补录的人力成本，纸质部分机载资料印刷和配发成本；实现飞机准确地维修监控管理，机队维修状况监控功能；减少人为因素差错，保证了记录纸档案的安全性和唯一性；每年节省成本约 26410 元，人工时节省约 58310 工时，完全实现了降本增效与低碳环保"两手抓"！

（资料来源：中国管理案例共享中心，案例编号：OM-0265。）

3.3　产品开发的组织方法

3.3.1　串行工程

串行工程是一种传统的产品开发的模式，串行工程的起点是需求分析，市场人员通过与顾客沟通，然后提出产品构思；再由产品设计人员完成对产品的精确定义；之后交工艺人员确定工艺过程；最后由生产人员组织生产，质检控制人员对生产出的产品进行质量检验。

企业每个职能部门专注于其特定的任务，这种模式会使各部门对其他部门的需求和能力缺乏理解，使产品开发过程在设计、试制、生产、检验这些阶段多次重复循环，从而导致产品设计改动量大、开发周期长、开发成本高、产品开发整体过程效率低。此外，串行工程模式还存在顾客需求难以在设计过程中被充分考虑、设计过程中的问题发现延迟以及部门间知识和理解的缺乏等问题。

3.3.2　并行工程

3.3.2.1　并行工程的概念

并行工程强调在产品及其相关过程的设计中采用并行、集成、一体化的思路。在并行工程中，不同的工程活动可以同时进行，而不是依次进行，这意味着项目的各个阶段可以在同一时间内并行推进，不必等待前一阶段的完成。这种方法的核心在于从产品设计之初就全面考虑产品全生命周期的各个方面，包括质量、成本、进度和用户需求等关键因素，如表 3-1 所示。并行工程强调在产品设计时各领域专家的共同参加，可以确保产品设计不仅满足功能需求，还兼顾制造、维护、质量控制等方面的要求。这种跨部门、跨领域的协同工作有助于减少设计阶段的盲目性，更早地发现并解决潜在问题，减少返工次数，缩短研发周期，降低研发费用。这种并行开发设计的思想再加上飞速发展的计算机辅助设计技术、网络集成设计技术等手段，使企业有可能采用一种全新的方法来开发设计产品。

表 3-1　产品设计时要考虑的因素

过程	需求阶段	设计阶段	制造阶段	营销阶段	使用阶段	终止阶段
考虑的因素	顾客需求、产品功能	降低成本、提高效率	易制造、易装配	竞争力（低成本、标新立异）	可靠性、可维护性、操作简便	环境保护

　　并行的产品开发流程如图 3-6 所示。由图可知，当初步的需求规格明确后，产品设计人员会开始主导概念设计，其他专业人员提供专业意见。而概念设计方案作为中间结果为所有开发人员共享，开发人员以此作为基础展开对应的概念设计，比如后勤支持概念方案、工艺过程概念方案等方案，又包括建议的修改意见。所有的中间结果经协调后，达成一致的认识，并综合修改意见完善概念方案，然后逐步进入初步设计阶段，最后进入详细设计阶段。

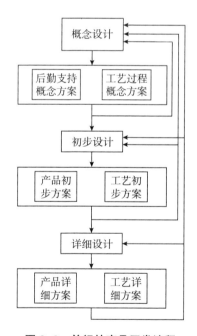

图 3-6　并行的产品开发流程

3.3.2.2　并行工程的实施步骤及重点

　　（1）强化运用并行工程的思想意识。并行工程不仅涉及具体的工作流程，更代表了一种深入组织文化的理念，这种理念强调在产品设计等各个阶段中的并行性和协同性。在当前高度竞争的市场环境下，强化运用并行工程的思想意识显得尤为重要。

（2）建立并行工程的开发环境。并行工程环境是一个专为产品开发而设计的集成化工作空间，它使得参与产品开发的每个人都能瞬时地相互交换信息，从而有效克服由于部门、地域的差异，产品的复杂性，以及工具互换性不足等问题。在开发过程中，应采用具有柔性和弹性的方法，灵活应用各种并行工程手法，逐步调整开发环境。

并行工程的开发环境主要包括统一的产品模型；一套高性能的计算机网络；一个交互式、良好用户界面的系统集成，有统一的数据库和知识库。

（3）成立并行工程的开发团队。并行团队，作为一个集市场、设计、制造、检验、维修、服务等多部门人员于一体的多功能型技能互补团队，它可以帮助企业完成特定的产品开发任务。并行团队的协同作用还能提升团队的绩效水平，使团队的绩效水平远大于个体成员的绩效总和。

（4）选择开发工具及信息交流方法。选择一套合适的产品数据管理（Product Data Management，PDM）系统，PDM 是集数据管理能力、网络通信能力与过程控制能力于一体的数据管理技术的集成，能够跟踪保存和管理产品设计过程，是实现并行工程的基础平台。它将所有与产品有关的信息和过程集成于一体，将有效地管理从概念设计、计算分析、详细设计、工艺流程设计、制造、销售、维修直至产品报废的整个生命周期相关的数据，使产品数据在整个产品生命周期内保持最新、一致、共享及安全。

PDM 系统应该具有电子仓库、过程和过程控制、配置管理、查看、扫描和成像、设计检索和零件库、项目管理、电子协作、工具和集成件等。产品数据管理系统对产品开发过程的全面管理，能够保证参与并行工程协同开发小组人员间的协调活动能正常进行。

（5）确立并行工程的开发实施方案。首先，将产品设计工作过程细化为不同的阶段；其次，当多个阶段所需要的资源不可共享时，可以采用并行工程方法；最后，后续阶段的工作必须依赖于前阶段的工作结果作为输入条件时，可以先对前阶段工作做出假设，以便二者可以并行。但在中间协调阶段，必须插入适当的验证机制，以确保设计的准确性和可靠性。

3.3.3　反向工程

反向工程是指在广泛收集其他公司产品信息的基础上，通过对尽可能多的同类产品的解体和破坏性研究，运用各种科学测试、分析和研究手段，反向求索该产品的开发思想、设计结构、制造方法和原材料特性，从而达到从原理到制造，由结构到材料全面系统地掌握产品的设计和开发方法。然而，反向工程也需要在合法和合规的前提下进行，这样既能减少产品开发的风险，又能减少研究开发费用，缩短产品开发周期。如中国某通信设备制造商在生产过程中，发现国外进口的某种高端通信设备存在某些性能上的不足，且价格昂贵。为了降低成本、提高产品性能，该公司决定采用反向工程技术对该设备进行改进，开发出了质量更好、功能更强、价格更实惠的新产品。

3.3.4 协同产品商务

协同产品商务（Collaborative Product Commerce，CPC）是一组经济实体（制造商、供应商、合作伙伴、顾客）的动态联盟，共同开拓市场机会并创造价值的活动。协同产品商务的核心管理思想：第一，价值链的整体优化，协同产品商务从产品创新、上市时间、总成本的角度追求整体经营效果，而不是片面地追求诸如采购、生产和分销等功能的局部优化；第二，以敏捷的产品创新为目的，迅速捕获市场需求，并且进行敏捷的协作产品创新；第三，以协作为基础，协同产品商务的每个经济实体发挥自己最擅长的方面，实现强强联合，甚至顾客参与到产品设计过程，可以帮助企业更好地了解市场需求；第四，以产品设计为中心的信息的聚焦和辐射，只有实现产品信息的实时、可视化共享，才能保证协作的有效性。

📋 微案例：大疫之下：从"消防坦克"到"猫头鹰"

2020年，突如其来的疫情在中国肆虐蔓延。而中国人工智能领域独角兽企业董事长此时萌生了将公司在研的一款智慧消防产品（消防坦克）改制成体温自动筛查器（猫头鹰）的想法，这款智慧消防产品可以自动探测环境的温度而精准地向探测到的火源进行喷射灭火，而疫情感染人群最普遍的特征就是发热。产生这个想法后，陈董事长立即和研究院张院长进行交流。但是将热成像技术使用在体温筛查系统上，研究院并没有做过类似的探索，并且两者在功能上差别也很大。张院长对这项任务倍感压力，其技术、团队、流程、采购、样机、检测……新产品研发是一项复杂的系统工程，只要一个环节出现问题，就会满盘皆输。

作为项目负责人的张院长首先确定了三项主要工作：第一，搭建团队，做好计划；第二，解决关键技术难题；第三，监控团队、协调团队。

张院长首先进行开发团队的搭建，由他亲自挂帅，担任项目组长和项目总工，同时正式确定了项目组的管理层。随后，张院长采用敏捷开发中的矩阵式组织架构和多功能团队构建原则，快速确定了参战的几个"兵团"，如设备端硬件徐兵团、云端和客户端软件吕兵团等。至此，一个快速响应的多功能开发团队和研发计划构建完毕。张院长立刻将结果报告给上级集团公司，并得到了公司高层的快速批复。

在完成团队搭建后张院长意识到，深兰研究院多年来打造的敏捷研发模式将在这次战役中发挥重要作用。敏捷研发模式就是从任务—人员—控制的三轴（X-Y-Z）立体维度来保证新产品的敏捷研发，并且张院长一直倡导的机电产品研发的统一通信平台、算法平台、软件平台、技术平台为"猫头鹰"快速研发提供了保障和开发环境，使各个团队可以快速上手投入工作，节约了研发时间。

2020年2月2日，"猫头鹰"产品策划方案马上就要进入到实质性的设计阶段。但随着疫情的加重，国务院推迟了全国的复工时间。一线研发人员和支持团队都被分散在全国20多个省市，在两天的等待过后，张院长决定：启动远程协作系统，搭建居家办公环境，增加线上会议次数，提前采购样机零部件，提前沟通客户需求等。在无数次的讨论之后，张院长提出了一个大胆的创新方案：不使用芯片模组标定的绝对温度，转而使用相对温度来标定，以达到精度要求的范围。经验证：测温精度0.3℃，重复测量一个人50次，温度重复性评级误差为0.06℃。这一指标显著超过了市场上的同类产品，意味着关键技术的突破，整个战役进入到了纵深发展的时期。在一切进展顺利的时候，全国交通停顿、社区封闭、停工停产！张院长在此后联系了河北本地一家电子科技有限公司的老总为研发团队提供了测试场地。各位工程师也都从各地奔赴石家庄。所有人就位后，开始采用就地采买元器件的方法，克服物流的停滞。经过一番艰辛，产品软硬件的组装生产终于完成，进入了调试阶段。

随着调试阶段的到来，开发也进入了艰苦的拉锯期。每一次的算法改版，每一次的硬件变化，都必须重新跑完整个测试流程。在允许有限复工之后，负责算法的徐军团几乎一直在加班，对测试数据反复计算，提出问题、分析原因、改进算法。在此时，财务团队始终跟进着国内研发团队的进展，随时以最快的速度审批项目的各项资金申请，保证物流的顺畅；市场部门也在第一时间将客户的需求传递给开发团队，以使开发团队及时作出产品的调整。

经过18个日日夜夜的生产和调试，最终"猫头鹰"的精度稳定在了室外工况下0.5℃左右，已经完全满足了国标的要求。2月23日，张院长正式宣布第一台"猫头鹰AI热感视觉行为监控系统"样机测试成功，各项功能和指标均达到了设计要求。

（资料来源：中国管理案例共享中心，案例编号：OM-0212。）

习　题

1. 试结合某一现实案例，描述新产品开发的流程和主要方法。

2. 请谈谈你对面向产品生命周期各环节设计（DfX）的理解。

3. 试选择一种你所熟悉的产品，来建造其质量屋。

4. 请结合主案例导入，谈谈 J 公司集装箱船项目的研发过程中哪些方面体现了并行工程的应用。

5. 请举例说明不同的产品开发组织方法的适用性。

6. 请做下面的小实验，看看你是否能通关？

基于 STP 产品设计小实验：

http://121.40.226.140:80/mobile_main.html#/quicklystart/57.

第4章　运营能力规划

学习目标

1. 掌握并能运用生产能力度量的方法。
2. 理解生产能力规划工作的完整过程。
3. 掌握并能运用制造型企业主要生产能力的决策方法。
4. 熟悉服务型企业调节服务能力的主要路径。
5. 掌握排队论在服务能力规划中的应用。
6. 理解基于资源节约与服务民生理念进行高效能运营能力规划的意义。

关于运营能力规划的知识图谱

（详见网址：http://t.zhihuishu.com/nOx67yGK）

主案例导入

当前船舶市场面临多重复杂因素冲击，其中低碳政策显著减少了 J 公司的高排放船舶市场需求量。面对挑战，J 公司毅然踏上了探索企业未来发展方向的征程。在低碳政策、国际海事组织（IMO）2020 限硫令推动下，公司敏锐地洞察到绿色船舶不仅是船舶工业的未来风向标，更是全球绿色航运趋势的必然选择。因此，J 公司积极拥抱 LNG、甲醇、氨、氢等清洁能源，致力于开发一系列绿色低碳船型，以响应时代需求。当前市场对绿色、低碳、环保船舶的需求急剧增长，而 J 公司在绿色船舶技术研发领域成就显著。J 公司负责人认为"建造绿色船舶满足国内外低碳航运需求，是公司提升市场竞争力的重要举措"。

通过对标市场绿色船舶订单需求与同行业其他船厂的生产能力，J 公司认识到自身生产能力的提升速度无法满足快速扩张的绿色船舶的增长量。因此，J公司立志成为行业标杆，全面深化环境污染防治工作。从源头出发，优化油漆设计配套，减少用量并选用环保涂料；在作业环节方面，加强人员技能培训，引入高效喷漆设备，实施严格的涂装膜厚控制及现场油漆保护措施，同时试点焊接、切割烟尘的有效收集与处理；在末端治理方面，公司率先完成VOCs治理设备的升级，年减排VOCs超过130吨，并因此获得中央大气污染防治专项补助资金超2000万元。此外，为进一步提升建造效率并降低能耗，J公司还采取了一系列创新举措：在厂区部署了5.2兆瓦分布式光伏发电系统和32兆瓦时储能电站，实现了绿色电力的自给自足与可再生能源的高效利用；对能耗大户——空压站进行了供气系统的智能化改造，实现了基于实时需求的空压机负荷智能调控，显著提升了能源使用效率。同时，公司还构建了智能化生产线与车间，引入条材、型钢及小组立机器人焊接等自动化生产线，形成了灵活高效的小批量定制化生产模式，不仅加速了生产流程，还有效降低了单位产能的能源消耗。

至2024年中期，J公司已圆满研发出共计102套高压水除锈设备，实现了对其重工领域内所有修船企业的全面覆盖，彰显了强大的技术创新能力。同时，公司在绿色能源应用方面也取得了显著进展，光伏装机容量已扩展至76.85万平方米，所产生的电力消耗量约占公司总用电量的9%，有效降低了碳排放。此外，公司还配备了78套岸电设备，实现了码头与船坞区域的全面覆盖，进一步增强了企业的绿色运营能力和可持续发展水平。在2023年一整年中，J公司严格按照既定计划推进新船交付工作，全年目标交付新船19艘已圆满达成，实际交付数量与计划完全一致。展望未来，公司的新船交付预订已排至2026年，显示出市场对其产品的高度认可与持续需求，为公司的长期发展奠定了坚实基础。

讨论题

1. 随着全球环保意识的高涨，市场对于绿色船舶的需求量还在不断增长，未来J公司将如何应对这一快速增长？

2. J公司在对其未来能力需求进行估计时，考虑了哪些因素？

相关概念

需求预测（Demand Forecasting）

需求预测是指对产品的市场需求潜量及发展趋势作出科学的估计和判断，它是企业规划能力和编制生产计划的依据。企业的运营管理人员根据预测的市场需求量，制定周期性决策，包括工艺选择、生产能力计划以及设备布置，也包括产品计划、调度、库存和人员配备等方面的连续性决策活动。需求预测的方法主要分为两大类：定性预测法和定量预测法。

常见的定性预测法有德尔菲法、主管人员意见法、用户调查法、销售人员意见法。

◎德尔菲法又称专家调查法，主要适用于处理专业性强且影响因素众多的复杂问题，用这种方法进行的需求预测，主要与经济形势、技术发展和军事国防等宏观领域相关。

◎主管人员意见法，主管人员通常具有丰富的经验和专业知识，他们的意见和判断往往可以为需求预测提供宝贵的参考和依据。

◎用户调查法，通过分析用户的购买行为、使用习惯和反馈意见，企业可洞察市场变化，制定更加精准的营销策略，特别适合预测缺乏销售记录的产品需求。

◎销售人员意见法，通过征求不同地区销售人员的观点、经验和意见来预测市场需求、产品销售潜力和市场趋势等。

常见的定量预测法主要有因果分析和时间序列分析两类模型。其中，时间序列分析模型是把需求量看成时间的函数，将时间序列的变化归结为趋势变化、季节波动、周期性变化和随机波动等方面。时间序列分析法又包括简单预测法、简单移动平均法、加权移动平均法、简单指数平滑法、趋势调整指数平滑法、季节性预测法和趋势外推法等。

需要注意的是，不同的预测方法各有优缺点，适用于不同的场景和数据类型，在进行需求预测时，需要根据具体情况选择合适的预测方法，并结合实际情况进行监控和调整。

运营能力（Operation Capability）

运营能力通常是指一个组织在管理业务流程、资源利用以及服务或产品交付方面的能力。运营能力从形成阶段可分为设计能力、有效能力和实际能力。设计能力是在策划设计阶段完成后所确定的能力，即建厂或改扩建后运营系统理论上达到的最大能力。有效能力是指在建设安装阶段完成后，竣工验收所确定的能力，即在比较理想的运营条件下能够达到的能力。实际能力是在正常生产周期内，在运营系统的实际运营条件下能够实现的产出。通常，实际能力＜有效能力＜设计能力。

为了量化运营能力，根据设计能力、有效能力和实际能力的定义，学界引入了利用率和效率两个指标。利用率是实际产出与设计能力的比率，效率是实际产出与有效能力的比率。

不同类型的企业的运营能力表示方式存在差异，可以是一定时期最大产量或产值、最大原料加工能力（如木材加工企业的最大木材加工量），也可以是物流企业的最大运输量、仓储企业的最大库存量、医院的最大床位数、餐馆的最大就餐人数等。

生产能力（Productive Capacity）

生产能力又称为生产运作能力，是制造型企业在一定时间内生产产品的最大能力。广义上讲，它是企业人员能力、设备能力和管理能力的总和。其中，人员能力主要由劳动者素质、生产组织条件等因素决定；设备能力主要影响因素包括设备设计、设备状态；管理能力的决定因素有领导者的管理水平、组织结构和流程、团队协作和沟通水平、资源配置和运营效率等。

生产能力的度量可分为投入度量与产出度量两种形式。对于以产品对象进行专业化生产的企业，如汽车厂，主要以产出为度量单位；而对于产品品种较多、数量较少、采取工艺对象专业化的企业，如机械加工企业，以投入为度量单位则更合适。

作为设备的最大产出率，生产能力有技术和经济两个不同维度上的考虑。前者是指除设备所需的正常维修、保养时间以外，设备连续运转时的产出能力。后者是指一个组织在合理的人员配置和时间安排下，设备的最大产出能力。通常学界把技术维度上的生产能力称为"最大"能力，而把经济维度上的生产能力称为"正常"能力。在现实中对生产能力进行计划和考虑时，一般都是指"正常"能力，"最大"能力仅能作为一种应急的措施考虑。

服务能力（Service Capacity）

服务能力是指服务型企业在提供服务时所表现出来的能力水平，包括企业对顾客需求的理解和满足能力、服务流程的规范化和优化能力、员工的专业知识和技能水平以及服务质量的保障能力等。

决定服务能力大小有人力资源、设施、设备工具、时间和顾客参与五大要素。

◎人力资源在服务行业中无疑占据着举足轻重的地位。工作人员的专业服务、工作热情和合理的工作安排能有效地提升服务能力，另外，同一员工胜任多项工作能增强服务的柔性。

◎设施的承载能力对于服务能力具有决定性的影响。它是为顾客提供服务的必需基础设施，如电影院的座位、运输管道、中心机房或数据库等。

◎设备工具是组织提供服务不可或缺的物质基础，如吹风机、计算机、诊断设备等，这些设备工具都直接关联到相关服务的质量和效率。

◎时间对于服务能力的影响主要体现在以下两个方面：一是通过改变两个时间段的组合或调整产出在不同时间段内的分配，这尤其适合具有需求高峰期的服务业，如旅游或餐饮；二是通过延长营业时间来提高整体服务能力。

◎顾客参与是服务业区别于制造业生产能力的独特因素。在许多服务场景中，顾客的参与和合作对于服务的顺利完成至关重要，如自助餐、ATM机取现金等，均是顾客的积极参与直接提升了企业的服务能力和整体服务效率。

运营能力规划就是对企业的规模做出决策，不仅决定了企业的初始投资和运营成本，还深刻影响着组织的日常运营、长期发展以及市场竞争力。本章分别介绍了制造业和服务业两类企业的运营能力规划，即生产能力规划和服务能力规划。

4.1　生产能力规划

4.1.1　生产能力规划的步骤

每个企业因具体情况不同，生产能力规划方法也可能会不同，但都会遵循一个基本的流程与步骤。

4.1.1.1　未来能力需求估计

生产能力规划是一个复杂的过程，它要求管理人员在不确定的环境中做出决策，以确保企业能够满足未来市场的需求。在生产能力规划的过程中，需要考虑到未来的市场需求、技术变化、竞争关系以及生产率提高等各方面的因素，以便准确把握不同时期的市场需求变化。同时预测的精确度与时间密切相关，预测的时间段越长，预测的误差可能就越大。

将市场需求预测转化为可以直接与能力进行比较的度量至关重要。对于制造业企业来说，生产能力通常以可利用的设备数来表示。因此，管理人员需要将市场需求（通常是产品产量）转化为所需的设备数。这可以通过以下步骤实现：

（1）计算每年所需的设备小时数。

$$R = \sum D_i P_i + \sum \frac{D_i}{Q_i} S_i \quad (i = 1, 2, \cdots, n) \qquad (4\text{--}1)$$

其中，R 为每年所需的全部设备小时数，D_i 为每年所需 i 产品或服务的数量，P_i 为 i 产品或服务所需的加工（处理）时间，Q_i 为 i 产品每批的加工数量（即 i 产品或服务的批量），S_i 为 i 产品或服务的标准作业交换时间（在服务中，重换一种业务时所需的准备时间），n 为产品或服务的种类数。

（2）计算每台设备可提供的工作小时数。首先需要计算该设备的总工作时数 N，公式如下：

$N =$ 工作时数 $\times$ 工作日

上述公式可以得到理论上的总工作时数，但还需要考虑其实际利用率来进行调整，这个调整可利用缓冲得到，公式如下：

$$H = N(1 - C) \qquad (4\text{--}2)$$

其中，H 为某设备一年可提供的实际工作时数（已考虑缓冲），N 为某设备一年的理论工作时数，C 为缓冲量（用百分比来表示）。

（3）根据设备时数来表示的市场需求量和每台设备所能提供的实际工作时数，算出所需设备数，公式如下：

$$M = \frac{R}{H} \qquad (4\text{--}3)$$

其中，M 为最后所需的设备数。

虽然不同行业在规划生产能力时面临的具体挑战和细节不同，但也可以用类似的方法求解生产能力需求。以餐馆为例，需要将顾客需求转换为餐桌设置数的需求。但与服务需求相比，产品需求预测难度通常更小。这是因为产品需求的变化相对稳定，可以通过历史销售数据、市场趋势分析等方法进行较为准确的预测。

例 4-1：

某公司的复印中心为两个部门（A 和 B）复制各种业务报告。每份报告所需的复制时间根据其页数、装订方式等的差异而不同。表 4-1 给出了每个部门复印需求的有关信息。该中心每年的工作日为 270 天，每天工作 6 小时。复印中心认为，需要保持 10% 的能力缓冲。该中心为这两个部门进行文件复印，需要几台复印机？

表 4–1　部门 A 与部门 B 复印需求信息

项目　　　　　　部门	部门 A	部门 B
年需求（需复印的报告种类数）	60	80
每种报告复印份数（份）	50	40
每份复印时间（小时）	0.5	0.6
作业准备时间（小时）	5	8

解：（1）计算全年所需的复印机小时数。

$R = (60 \times 50 \times 0.5 + 80 \times 40 \times 0.6) + (60 \times 5 + 80 \times 8) = 4360$（小时）

（2）计算一台复印机的年工作时数。

$H = N(1 - 10\%) = 6 \times 270 \times 90\% = 1458$（小时）

（3）计算所需复印机数。

$M = 4360 \div 1458 \approx 2.99 \leqslant 3$（台）

4.1.1.2　确定需求与现实生产能力之间的差距

当预测需求超过现有生产能力时，企业需要扩大生产能力；当预测需求小于现有生产能力时，企业需要提高资源的利用率。

在制造业企业中，能力扩大也要考虑各工序能力的平衡。企业的生产过程往往有多个环节和设备，各个环节所拥有的生产能力可能并不一致，既有富余环节，又有瓶颈环节。这种不一致会随着产品品种和制造工艺的改变而变化。因此，企业要避免陷入恶性循环，在制订能力计划时，就要深入了解各个生产环节的实际能力情况，找出潜在的瓶颈环节，并优先解决这些瓶颈问题。

4.1.1.3　制订候选的能力方案

在现实中，企业经常需要在扩大与收缩生产能力之间做出判断。为了有效应对这些挑战，企业要基于市场环境、市场需求、资源可用性等因素制定一系列灵活的生产能力规划方案。当市场环境良好与市场需求旺盛时，企业通常采取积极策略来扩张生产能力，比如购买新设备或升级现有设备，提高生产效率；根据需求扩大生产场地或增加生产线；增加员工数量，提升员工技能；考虑将部分生产任务外包给合作伙伴，或建立稳定的合作关系以共享资源等。

当需求环境减弱或市场需求降低时，企业往往采用消极策略——缩减产能，具体做法包括：关闭部分生产线，或减少业务外包或设备投入；调整员工结构，进行裁员或重组；将生产能力转向其他有市场需求的产品或服务；出售非核心资产或业务，以减轻财务负担，等等。不过，现实中企业也会选择中间策略——维持原有服务能力，制造型企业加快库存生产，为市场好转做好准备，而服务型企业则会使用各种促销手段来增加有效需求。

4.1.1.4 评价方案并做出选择

方案的评价涉及定量评价和定性评价两方面，这两种方法相互补充，为企业提供了全面的评估视角。定量评价从财务可行性角度出发，对方案进行客观的评估，并通过净现值法、内部收益法、费用收入比值法、敏感因素分析法、决策树法、盈亏平衡分析法等，对方案给企业带来的收益、投资回收期等进行精确计算和分析。

定性评价则更多地关注那些无法用财务分析来判断的因素，如对企业整体战略匹配性、竞争关系、技术变化因素、人力成本等进行评价。在进行定性评价时，决策者可以对未来进行多种假设，如市场需求的变化、竞争态势的演变、技术发展的不确定性等，并通过分析这些假设对方案的影响，来确定方案的优劣。

4.1.1.5 实施方案和测评实施效果

企业从资金、技术、人员等方面对所选择的最优生产能力规划方案给予充分保障，并确定实施进度。当执行结束后，企业应把生产能力规划的最终实施效果同期初目标进行对比，分析存在差距的原因，且进行整改，并为以后的生产能力规划决策提供有益的经验和建议。

4.1.2 生产能力决策方法

4.1.2.1 规模经济性与学习曲线

规模经济性是指随着生产规模的扩大，平均成本持续下降的现象。现实中许多行业都存在规模经济性，如汽车制造业、食品加工业等。因此，在制定生产能力规划方案时，企业需要确认所在行业是否具有规模经济性，并分析什么样的规模才具有最佳经济性。

学习曲线是一种用于分析规模经济的有效方法与工具，它揭示了在特定任务或活动中，随着经验积累，单位产出成本相对递减的现象。学习曲线也被称为经验曲线、效用曲线或成本曲线，其核心概念是学习效应，即在反复实施任务或活动时，个体或组织通过学习和实践逐渐提高其效率和能力。因此学习效应主要包括个人学习和组织学习两种，其中个人学习效应是指个人在学习和实践某项任务或技能时，随着经验积累的增加而提高的能力和效率，它可以在学术研究、工作技能、艺术表演等情景下观察到；组织学习效应是指组织在不断积累经验、知识和技能的过程中，提高整体绩效和适应能力的能力，主要涉及组织的学习能力、知识管理和组织文化等方面。

如图4-1所示的曲线，学习曲线包括学习阶段和标准阶段两个部分。在学习阶段，单位产品的生产时间随产品数量的增加逐渐减少，这是因为组织和个人在这个阶段正在积累经验和技能。而到了标准阶段，生产时间已经趋于稳定，按照标准时间进行生产，这时组织的生产效率已经达到了一个较高的水平。

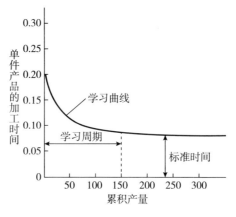

图4-1 学习曲线

学习曲线的建立主要基于以下三个假设：

（1）完成给定任务或单位产品的时间将随重复完成次数的增加而下降。

（2）当累积生产数量增加时，单位生产时间将以一定的速率下降。

（3）单位生产时间的下降遵循某种可预见的模式（服从指数分布）。

基于以上三个假设，给定第一个产品的直接劳动时间和学习率，可建立下述对数模型。

$$K_n = K_1 N^b \tag{4-4}$$

其中，K_1 为第一个产品的直接劳动时间，K_n 为第 n 个产品的直接劳动时间，N 为累积生产数量，b 为 $\log r/\log 2$，r 为学习率。

例4-2：

假定第1件产品的生产时间是1200小时，学习率为0.8或0.9，求生产第30件产品所需时间。

解：学习率为0.8：$K_{30} = 1200 \times 30^{\log 0.8/\log 2} = 1200 \times 0.33 = 396$（小时）

学习率为0.9：$K_{30} = 1200 \times 30^{\log 0.9/\log 2} = 1200 \times 0.6 = 720$（小时）

由例4-2可知，学习率越高，学习曲线下降的幅度越小，具体来说就是单位产量的直接工时或单位成本随规模下降的幅度越小，规模效应越不明显；反之，学习率越低，单位产量的直接工时或单位成本随规模下降的幅度越大，规模效应越明显，如图 4-2 所示。

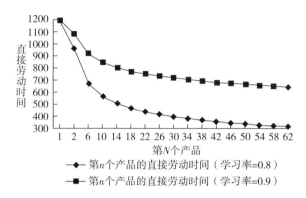

图 4-2　学习率 =0.8 和学习率 =0.9 时产品的直接劳动时间对比

4.1.2.2　线性规划

线性规划是一种数学优化方法，用于解决线性约束条件下的最优化问题。线性规划的目标是找到一组决策变量的值，以使目标函数最大化或最小化，同时满足一组线性约束条件。该方法的优势在于它可以对设备进行合理的任务分配，从而提高生产系统的生产能力，并可使生产能力的利用达到最优化。

以零部件的生产为例，这些零部件都由不同工序的车床加工完成，且各部件中各零件数相等。现要求，不仅要使机床获得更高的个别生产率，而且要使不同零件的生产数量一样多，即获得更多的部件。

设 i 表示机床号（$i=1, 2, 3, \cdots, m$），k 表示零件号（$k=1, 2, 3, \cdots, n$），H_{ik} 表示在第 i 台机床上生产第 k 种零件的时间比重。A_{ik} 表示第 i 台机床生产第 k 种零件的小时生产率，W_k 表示第 k 种零件的生产总数。在这个假设中，第 i 台机床生产各种零件的时间比重之和为 1，即 $\sum_{k=1}^{n} H_{ik} = 1$。

因此，该问题的线性数学模型如下：

$$\max W_1 = W_2 = \cdots = W_k$$

$$\text{s.t.} \begin{cases} \sum_{k=1}^{n} H_{ik} = 1 \\ W_k = \sum_{i=1}^{m} A_{ik} H_{ik} \\ H_{ik} \geqslant 0 \end{cases} \tag{4-5}$$

4.1.2.3 决策树分析法

决策树是指由各个候选决策方案可能产生的结果所组成的一个图解式模型。决策树模型包括一系列节点和从节点发射出来的分支，其中各节点和分支的含义如图 4-3 所示。

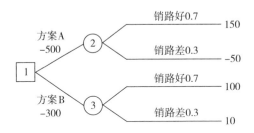

图 4-3 多级决策树结构

（1）方形节点为决策节点，从决策节点向右的分支为方案支，表示候选方案，在方案支的上下侧可注明方案的含义及参数。

（2）候选方案右边所连接的圆形为方案节点。

（3）方案节点右边引出的分支为概率分支，概率分支数反映了该方案面对的可能状态数，它们之间的概率和为 1。

（4）在概率分支的右方如果有进一步可候选的方案，则重复前面的三个步骤；如果没有，则表示经营结果（该分支上的候选方案及不同概率分支下所带来的经营结果）。经营结果可以是利润、成本或其他影响决策的关键因素，也可以用其他主要影响决策的因素来表示（如人数的节省、距离等）。

画出决策树之后就需要进行求解，求解步骤（从右往左进行计算）如下：

第一步，方案节点的经营结果期望值等于每一概率分支下的经营结果乘其概率，再求和，即方案节点的经营结果期望值 = ∑ 概率分支下的经营结果 × 概率。

第二步，在决策节点或方案节点，选择经营结果最好的候选方案，即选择最好经营结果作为该决策节点或方案节点的经营结果。

第三步，未被选中的事件应划两小短横线表示除去。决策节点所得到的经营结果最后只与一条分支相连。

第四步，重复上述步骤，直至到达最后的决策节点。最后未被去除的分支就表示最好的选择方案。

4.1.2.4 量本利分析法

量本利分析法（Cost Volume Profit Analysis，CVP）是一种管理会计方法，又

称盈亏平衡法，用于分析成本、销售量和利润之间的关系。它帮助企业理解在不同销售量和成本结构下，业务活动对利润的影响，并帮助企业做出生产能力规划决策，还可以用于选址和布置的决策。

运用量本利分析法的前提条件是：假定技术条件、资源的稀缺程度、价格不变；产销平衡；成本、价格、成本、收入之间关系确定；仅涉及一种产品且生产的产品全部销售出去；单位变动成本是不变的；单位价格大于单位变动成本。其目的在于在这些假定下寻找保本产量，即盈亏平衡点，也即损益分界点。

量本利分析法的关键在于确定各项成本，主要包括固定成本和变动成本两类。现假设收入、固定成本和变动成本之间的关系如图 4-4 所示。根据相应的定量关系表达式，计算产品生产量和盈亏平衡点。

由图 4-4 可知，Q^* 为产品盈亏平衡销售量；S^* 为产品盈亏平衡销售额；P 为产品销售价格；Q 为产品的生产数量；F 为产品固定成本；C 为产品单位变动成本。在盈亏平衡点，产品的总销售收入等于总成本，即 $PQ = F + CQ$。

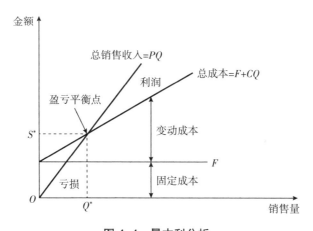

图 4-4 量本利分析

由此可得，盈亏平衡点的销售量为 $Q^* = F / (P - C)$，销售额为 $S^* = P \times [F / (P - C)]$。其中，当产品销售量超过其盈亏平衡点时，产品利润大于零；产品销售量在盈亏平衡点时，产品利润等于零；产品销售量低于盈亏平衡点时，产品利润小于零。

根据盈亏平衡点的销售量和最大销售量，就可以确定企业的安全经营率 = $1 - Q^* / Q$。其中，Q 表示预计销售量，在企业所占市场份额足够大时的最大产能，一般认为安全经营率应大于 30%。

微案例：恒达科技有限公司的产能提升之路

恒达科技有限公司（以下简称恒达科技）成立于 2012 年，是一家专注于电子元件的研发、生产和销售的高新技术企业。公司拥有员工 500 人，其中研发团队占比 45%。多年来，恒达科技凭借先进的技术和可靠的产品质量，在国内外市场获得了良好的声誉。

目前，恒达科技的生产线主要集中在电子元件的组装和测试环节上，电子元件年产量可达到 1000 万片。但是，随着市场需求的日益增长和生产技术的不断更新换代，恒达科技现有生产线的产能已无法满足不断增长的市场需求，产能瓶颈和技术落后早已成为恒达科技必须解决的两大问题。此外，恒达科技在生产过程中的自动化程度和生产效率也有待提升。

为了打破当前困境，2020 年 10 月，恒达科技成立专项团队对电子元件的市场需求进行调查。调查结果表明，电子元件的市场需求将在未来 5 年以每年 50% 的速度增长。特别是在新能源汽车、5G 通信和物联网等领域，对高性能电子元件的需求尤为旺盛。因此，恒达科技决定扩大企业生产能力，以满足市场的增长需求。

针对前期市场需求预测，恒达科技制定了未来 5 年的生产能力规划目标：到 2025 年，将产能提高到 5000 万片，同时提升产品的技术水平和生产效率。为了保证产能规划目标的切实可行，恒达科技对自身现有资源与科技能力进行了评估。恒达科技拥有充足的资金储备和一支技术雄厚的研发团队，但存在生产设备老化、生产空间严重不足以及员工技能水平低下等问题。为达到提高生产效率和产品质量的目标，恒达科技通过引入先进的自动化生产线来减少人工操作环节、优化生产布局来扩大生产空间、加强员工技能培训来提升员工素质等措施，优化了生产流程。

在这个过程中，恒达科技不仅密切关注市场动态，及时调整生产计划，还主动加强与供应商的合作，确保原材料的稳定供应，同时还不断加大研发投入和完善自身管理体系。在市场调查完成的初期，恒达科技就成立了专门的产能规划小组，负责规划方案的制定与实施。在此期间，密切与政府部门进行沟通，了解政策支持信息。同时恒达科技还一步一个脚印，踏实地推进自己的产能规划目标，分多个小阶段推进产能计划，确保项目的顺利进行。恒达科技还设有专业的产能规划评估小组，定期对产能规划的执行情况进行评估，并给出合理的调整方案。

在恒达科技逐渐推进自己产能规划目标的路途上，终于在 2024 年实现了产能的大幅提升和市场占有率的增长，为企业的持续发展和行业地位的提升奠定了坚实的基础。

（资料来源：笔者整理所得。）

4.2 服务能力规划

4.2.1 调节服务能力

服务业与制造业在应对需求波动时存在显著不同，制造业通常可以通过库存来缓冲需求的波动，而服务业则需要根据实时的需求变化来调整其服务能力。调节服务能力的基本思路是先考虑是否可利用能力本身的弹性，再考虑如何增加能力弹性。以下是一些可供考虑的基本途径。

（1）改变设施布置。通过改变设施布局来利用能力本身弹性，是服务业在应对需求波动时一种常见且有效的策略。例如，航空公司等服务业企业可以根据自身特点和市场需求情况，通过稍微减少座舱座位之间的间距来多排座位，并用单人椅、双人椅和三人椅的灵活布置来改变客舱座位的数量，或是优化行李存放空间。

（2）改变服务时间。改变服务时间也是一种有效利用服务能力弹性的方法。航空公司延长或缩短日程表，以及通过调整服务流程和削减服务种类来改变服务时间，都是这种策略的具体体现。如当顾客享受完服务休息时，服务员迅速地收拾物品可以间接地促使顾客离开，从而加快服务流程，提高餐厅或咖啡厅等场所的座位周转率。

（3）优化日程安排。合理的服务人员日程安排及其工作任务分配对于提高服务能力至关重要，可以借助管理科学技术来优化服务人员的安排。此外，利用需求低谷时间完成非紧急任务也是一种提高服务能力的有效策略，如清洁、保养、维修等不紧急但重要的工作。

（4）培训多面手员工。一项服务可能包含多项任务，每一项任务的需求量在不同时间也存在差异。因此，可以通过交叉培训将员工培养成多面手，使他们掌握多项工作任务的技能并在出现服务瓶颈时迅速做出人员调整，从而提高需求高峰期的服务能力。如在超市，当收银任务需求十分旺盛时，管理者可以调配码放货物的人员到收银台结账；而当结款的顾客变少时，调配收银员去码放货物。

（5）增加顾客参与。顾客在服务提供过程中也是一个有价值的人力资源，增加顾客参与可以提升服务效率并减少组织人力成本，从而增加组织服务能力。例如，可以通过自助服务设施（如自动柜员机）等方式来实现，这种方式在银行业等服务业中已经被广泛应用。然而，增加顾客参与也可能带来一些负面影响，由于顾客对自助服务设施的操作不熟练，可能会导致服务速度减慢，甚至引发顾客的不满和投诉。通常解决路径有两条：一是设施的高智能化，二是增加辅助人手协助顾客完成。

4.2.2　扩大服务能力

当企业处于一个不断增长的市场需求环境下时，就需要考虑能力的扩大问题，以下是几种主要的能力扩大途径：

（1）改变劳动力数量。在应对未来需求增长时，管理者需要根据预测的趋势来灵活调整员工配置。对于能够预测到的长期需求增长，增加长期员工数量是一个合理的选择。但对于非持续增长或季节性用工，使用非全时工、临时工或共享员工等灵活用工方式则更为合适。这种方法的使用对工作也有一定的要求，大多专业性不强，员工经过简单培训就可胜任。

（2）购买或租用设备。设备是提升服务能力不可或缺的重要因素。在很多情况下，只增加人员数量是不足以满足服务能力的提升需求，因为设备的数量和性能也会限制服务能力。因此，还要通过购买或租用设备来增加服务能力。当服务组织面临临时性的人员增加需求时，租用设备是一个既经济又高效的解决方案。同时设备的增加有时还必须伴随设施的扩建或改造。

（3）提高自动化水平。自动化低成本、高产出和稳定的产品质量的优点，在制造业行业中得到了广泛的验证和应用。然而，与制造业不同，自动化在服务业面临着一些挑战，因为自动化服务是基于预设的程序和算法来提供服务的，往往缺乏人情味，广泛使用服务机器人是一个颇有争议的话题。

4.3　服务能力优化：排队论

排队论（Queueing Theory）又称随机服务系统理论，主要研究拥挤现象（排队、等待）的规律性，试图通过数学模型和优化方法帮助企业科学配置资源，平衡服务质量与运营成本。排队论为服务企业能力优化提供了量化工具，帮助企业在资源有限的情况下，通过科学分析实现效率与客户体验的双赢。

4.3.1　排队系统

排队系统进行分析的主要目的在于减少排队所带来的成本，以最少的服务台满足最多的客户需求，其实质是研究服务台与顾客之间服务与接收服务的效率问题。一个完整的排队系统由以下四部分组成，如图 4-5 所示。

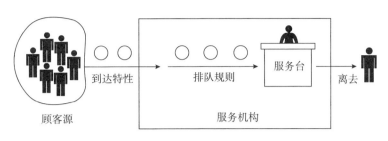

图 4-5　排队系统的组成

（1）顾客源。顾客源主要分为有限总体和无限总体。有限总体是指顾客数量是有限的，其增减会影响到其他顾客的服务体验。无限总体是指顾客数量足够大，其增减不会显著影响为其他顾客提供服务。

（2）到达特性。顾客的到达通常都是随机的，泊松分布是描述这种随机性最常见的数学工具。

（3）排队规则。排队规则是指决定顾客接受服务的次序。最常见的准则是先到先服务准则，但在特定情况下，需要遵守业务时间最短者优先或后到先服务准则。这些规则的选择应根据实际情况进行，以确保服务的高效和公平。

（4）服务机构。服务时间分布是描述服务机构特征的主要指标。一般对每个顾客的服务时间是相互独立的，概率分布是负指数分布。

4.3.2　主要指标及其关系

本书中只介绍满足泊松到达、负指数服务时间、一个服务机构、系统容量无限、顾客源无限、先到先服务排队准则的排队模型。

（1）排队系统的术语。表 4-2 是排队模型的常用符号及含义。

表 4-2　排队模型的常用符号及含义

符号	含义
λ	平均到达率，即单位内顾客到达的平均数
μ	平均服务率，即单位时间内平均能为多少顾客提供服务
ρ	服务系统利用率、服务强度，即服务台处于繁忙时的概率
L_q	排队长，即队列中等候服务的顾客平均数
L_s	队列中的平均客户数（正在等候和正在接受服务的顾客数之和）
γ	正在接受服务的顾客数的平均数
W_s	平均等待时间，顾客排队等候的平均时间

续表

符号	含义
W_q	平均逗留时间，顾客花费在系统中的平均时间（排队等候时间和服务时间之和）
W_a	一个顾客到达没有立刻服务的平均等待时间
P_0	服务系统中没有顾客的概率，即空闲的概率
P_n	服务系统中有 n 个顾客的概率
P_w	一个顾客到达必须等候服务的概率
$1/\mu$	每个顾客接受服务的平均时间
M	服务台的数量

（2）排队系统的公式。在排队论中，当系统达到稳定状态（指到达率和服务时间的分布是平稳的）后，可以使用一系列公式来描述和预测排队系统的行为。这些公式基于以下假设：平均到达率小于平均服务率、单通道排队、先到先服务规则、无限顾客源以及特定的概率分布（泊松分布到达率与指数达到间隔时间是一致的）。

1）单通道排队公式。对于单通道排队系统，当满足上述假设时，无限顾客源的计算公式如下：

系统利用率：

$$\rho = \frac{\lambda}{\mu} \tag{4-6}$$

正在接受服务的顾客平均数：

$$\gamma = \frac{\lambda}{\mu} \tag{4-7}$$

队列中的平均顾客数：

$$L_q = \lambda W_q = \frac{\lambda^2}{\mu(\mu - \lambda)} = \frac{\rho^2}{1 - \rho} \tag{4-8}$$

系统中的平均顾客数：

$$L_s = \lambda W_s = L_q + \gamma = \frac{\lambda}{\mu - \lambda} = \sum_{n=0}^{\infty} n P_n = \frac{\rho}{1 - \rho} \tag{4-9}$$

每个顾客在队列中等候的平均时间：

$$W_q = \frac{L_q}{\lambda} = \frac{\rho}{\mu - \lambda} \tag{4-10}$$

每个顾客在系统中逗留的平均时间：

$$W_s = W_q + \frac{1}{\mu} = \frac{L_q}{\lambda} \qquad W_S = \frac{1}{\mu - \lambda} \tag{4-11}$$

系统空闲的概率：

$$P_0 = 1 - \frac{\lambda}{\mu} \tag{4-12}$$

系统中有 n 个顾客的概率：

$$P_n = P_0 \left(\frac{\lambda}{\mu} \right)^n \tag{4-13}$$

系统中顾客数小于 n 的概率：

$$P_{<n} = 1 - \left(\frac{\lambda}{\mu} \right)^n \tag{4-14}$$

以上这些公式只有在 $\lambda < \mu$ 时才成立，但是 P_0 和 P_n 在 $\lambda = \mu$ 时也成立。

2）多通道排队公式。

系统利用率：

$$\rho = \frac{\lambda}{M\mu} \tag{4-15}$$

队列中等候服务的顾客平均数：

$$L_q = \frac{\lambda\mu \left(\frac{\lambda}{\mu} \right)^M}{(M-1)!(M\mu - \lambda)^2} P_0 \tag{4-16}$$

系统中有 0 个顾客的概率：

$$P_0 = \left[\sum_{n=0}^{M-1} \frac{\left(\frac{\lambda}{\mu} \right)^n}{n!} + \frac{\left(\frac{\lambda}{\mu} \right)^M}{M! \left(1 - \frac{\lambda}{M\mu} \right)} \right]^{-1} \tag{4-17}$$

一个顾客到达没有立刻服务的概率：

$$W_\alpha = \frac{1}{M\mu - \lambda} \tag{4-18}$$

一个顾客到达必须等候服务的概率：

$$P_w = \frac{W_q}{W_\alpha} \tag{4-19}$$

 微案例：如家精选酒店 4.0，以"心价比"提质舒适型酒店

2023 年，如家精选酒店基于对市场趋势的敏锐洞察，推出了如家精选酒店 4.0 版本。这个版本通过视觉升级、空间融合、服务叠加等设计巧思，成功打造出了既强调用户体验又具备高投资回报的商业模式，为中端酒店市场提供了商务出行的新选择，并赢得了业内外的一致认可。

在视觉方面，如家精选酒店 4.0 在保持原有品牌特色的基础上，进行了更为现代化和时尚化的设计更新，使品牌形象更加年轻、活力，更符合当下年轻消费群体的审美需求。在色彩选择方面，如家精选酒店 4.0 采用了更为明快、舒适的色调，运用淡蓝色的装饰点缀让整个房间显得温馨简洁。在空间方面，如家精选 4.0 充分发挥场景的灵活调度能力。在公共空间的设计方面，注重功能的多样性和空间的互动性。通过设置灵活的沙发组合和圆形茶几，让客人可以在等待休息时舒适地倚坐，也可以在三五好友围坐时尽享社交乐趣。同时，客厅与餐厅之间的自然过渡与融合，使公共区域的使用空间得到了扩展，有效地提高了非早餐时段餐区的使用效率。在客房设计方面，如家精选酒店 4.0 采用实木质感的家具和地板、高品质的床品、静音房门和加厚隔音玻璃等设计，都为客人带来了沉浸的高质量睡眠体验。

除了提供基本的住宿服务外，如家精选酒店 4.0 还增加了如商务办公、休闲娱乐等多种服务内容，满足了商务出行客人轻商务办公与休闲的双重需求。同时，科技应用下的如家精选酒店 4.0 拥有丰富的智能配套，包括智能自助入住办理、机器人送物、多功能智能电视平台、智能自助洗烘设备以及智能客控系统。同时如家精选酒店 4.0 通过加强员工培训、优化服务流程等措施，确保客人能够享受到更加专业、贴心的服务体验。

如家精选酒店 4.0 也将投资者纳入到其服务范围中去，通过优化营建筹建体系，打造了一套全周期的投资回报法则。这不仅降低了投资成本，还提高了酒店的运营效率，为投资者带来了更加稳定的投资回报。在空间布局上的灵活多变，也更好地适配各种面积的物业。这为投资者提供了更多的选择空间，降低了投资门槛，同时也提高了酒店的市场竞争力。

首旅如家酒店集团孙总经理曾在公开场合表示："酒店迭代升级的关键，首先要解决上一代产品运营时出现的问题和顾客入住体验的反馈，其次要结合趋势变化进行升级。"如家精选酒店自推出以来,始终保持着对市场敏锐的洞察力和对消费者需求的深度理解。在过去的 3 年里,如家精选酒店更是深入市场内核,与消费者和投资人共同探索生存和发展的可能性。正是基于这种对市场的深入研究和对消费者需求的精准把握,如家精选酒店才能够实现 4.0 版本的精细打磨。未来,首旅如家酒店集团将继续坚持发展为先、产品为王、会员为本、效率赋能的四大核心战略,不断优化旗下产品的投资模型,通过不断创新和提升产品品质,为消费者提供更加优质、舒适的住宿体验。同时,集团也将积极拥抱数字化和智能化的发展趋势,提升运营效率和服务水平,为消费者和投资人创造更大的价值。

(资料来源:笔者根据公开资料整理所得。)

习　题

1. 根据以下对例 4-1 的改变,对未来能力需求进行估计。

(1) 现例 4-1 中的公司新增了一个部门 C,其年需求量为 120,每种报告复印数为 80,每份复印时间为 0.7 小时,作业准备时间为 6 小时。且在部门 C 成立后,公司将年工作日改为 280 天,每天工作 8 小时。复印中心经过评估后,也认为需要将能力缓冲提升 5%。求该中心为这三个部门进行文件复印,需要几台复印机。

(2) 为了提高公司文件复印效率,公司决定新增一个文件复印中心 a 专门为部门 C 进行文件复印,新设的文件复印中心 a 需要 8% 的能力缓冲,原来的文件复印中心专门为部门 A、部门 B 进行文件复印,其能力缓冲仍然保持在 10%,试比较是否需要新设一个文件复印中心。

2. 利用决策树分析法,解决下列问题:某智能手机企业打算生产一款新手机,据市场部门通过调查预测,产品销路有三种情况:销路好、销路一般和销路差。生产该新手机有三个方案:改进生产线、新建生产线和与其他企业合作。财务部门测算的收益值如表 4-3 所示。

表 4-3　各方案在不同情况下的收益及概率　　　　　单位:万元

方案	顾客对新手机的需求(出现概率)		
	销路好	销路一般	销路差
改进生产线	160(0.4)	140(0.3)	-60(0.3)
新建生产线	240(0.6)	120(0.2)	-80(0.2)
与其他企业合作	120(0.5)	80(0.2)	24(0.3)

已知改进生产线需要花费 80 万元，新建一条生产线需要 160 万元，要想与其他企业达成合作需要 20 万元，求企业应该选择何种方案。

3. 用一家制造企业为例，说明其生产能力规划工作的完整过程。

4. 选择一家服务型企业，分析其调节服务能力可能的方式。

5. 若某新开奶茶店，有两名服务人员。根据以往的经验可知，奶茶购买请求平均为每小时 6 次，请求服从泊松分布，服务时间假定服从指数分布。根据以前类似奶茶店的经验，服务时间均值平均为每次请求 2 分钟。试求系统利用率、服务者空闲时间的比例、等候服务的期望顾客数、柜台前顾客的平均数、顾客花费在系统中的平均时间和等候时间、系统中有 0 个或 5 个顾客的概率。

6. 请做下面 4 个小实验，看看你是否能通关？

销售与运作计划（订单管理）小实验：

http://121.40.226.140:80/mobile_main.html#/quicklystart/50.

库存管理小实验：

http://121.40.226.140:80/mobile_main.html#/quicklystart/37.

物料需求计划小实验：

http://121.40.226.140:80/mobile_main.html#/quicklystart/46.

服务业排队系统设计与仿真小实验：

http://121.40.226.140:80/mobile_main.html#/quicklystart/104.

第5章 运营系统设施选址与布置

🎯 **学习目标**

1. 理解设施选址的主要影响因素。
2. 掌握并能应用设施选址的主要方法。
3. 理解设施布置的原则及其应用。
4. 掌握并能应用设施布置的主要方法。
5. 理解设施选址与布置中需要贯彻的区域协调发展与绿色发展理念。

📖 **关于运营系统设施选址与布置的知识图谱**

（详见网址：http://t.zhihuishu.com/848kLV2N）

🔍 **主案例导入**

全球发达国家纷纷提出"再工业化"战略，旨在通过以智能制造为代表的高端制造的崛起。我国也期望在这次产业转型升级中实现弯道超车。J公司作为中国船舶行业的佼佼者，积极回应国家宏观政策，为实现绿色、智能、可持续的发展目标贡献了独特的智慧。

一直以来，条材加工都是船舶制造中生产效率提升的瓶颈，它需要与其他零件合并套料，切割效率低，分拣时间长。因此，J公司决定以此为突破口，2022年以流程优化、人机协调和环境友好为原则，建立了首个FLAT-BAR条材加工智能车间。

J公司围绕船舶建造全生命周期管理模式，通过对条材特性与加工需求进行深度分析，定制专属加工基准，包括研发裁条后自动倒棱、划线印字、切割的智能化加工流程和工艺，从而建设专项智能车间满足生产需求。随后，J 公司依托自主研发的工艺流程，构建了定制化 FLAT-BAR 机器人智能生产车间，该车间集成自动面取、搬运系统，并配置 2 台印字划线机器人与 2 台切割机器人。通过引入切割路径动态决策及 CAM 仿真技术，该智能车间极大地促进了生产线的自动化加工水平，紧密配合 J 公司小批量多品种（小 LOT 化）生产策略及中长期的内业智能车间布局规划。为进一步提升效率与资源利用率，智能车间执行系统采用自动负载均衡方案，实现条材智能化自动套料，显著提升单船条材套料综合利用率。同时，J 公司还建立了实时数据采集系统，确保生产数据无缝流转，从数据采集服务器、数据库服务器、可视化 WEB 发布服务器和指令发布服务器投送至可视化面板，并结合自诊断及人机融合技术，实现对智能车间作业信息的即时监控与分析。

此外，基于全船数字仿真建模的 FLAT-BAR 加工信息流转机制，使得零件信息能够实现双向追溯；通过身份二维码标记其加工和流转信息，并与模型唯一对应。这一机制在应对设计或质量问题时，能够迅速定位至原材料及实船安装位置，加速问题的排查与解决。更重要的是，在智能车间的建造过程中，J 公司还战略性地预留了自动打磨和仕分工位，为技术成熟后上线自动打磨仕分生产线提前做好规划。自自动生产智能车间单产线投入运营以来，内业生产总周期较之前减少了 20%；单件加工周期平均缩短 60%，释放 20% 以上等离子切割机能力。车间日处理能力跃升至 1200 件，年加工能力增加了 1.4 万吨，直接带动年产值增长约 2100 万元。同时，这一变革还激发了后续工序的效率潜能，预计全年将新增销售额 1.8 亿元，新增利润 3580 万元。

讨论题

1. 根据船舶行业的发展现状来看，J 公司在进行设施布置时，首要考虑哪些原则？

2. FLAT-BAR 生产车间是 J 公司首个智能生产车间，你认为，J 公司是应该继续深入发展专项智能车间的建立，还是扩展到其他船舶套料智能生产车间的建立中？

相关概念

设施选址

设施选址是指运用科学方法决定设施的地理位置，使之与企业的整体经营运作系统有机结合，以便经济有效地达到企业经营目的。其中设施是生产运作中的硬件，通常由工厂、办公楼、车间、设备、仓库等物质实体构成。工厂或服务设施的位置会对设施建成后的设施布置以及投产后的生产经营费用、产品和服务质量以及成本产生长久的影响。

设施选址主要包括两个方面：一是选位，即选择在什么区域设置设施，如沿海或内地、北方或南方；二是定址，即确定工厂或服务设施在某地区的具体地址。按所涉及的设施数量，设施选址可分为单一设施选址和复合设施选址（称为多设施选址）。其中，复合设施选址是指为多个设施或一个企业的若干部门或分厂选择最佳地址，以使整个设施网络系统达到最优。在全球运营背景下，企业的选址问题不再局限于某地区或国家，而是在全球范围考虑，并且将不同地区的合作伙伴纳入到选址决策中，考虑整个选址系统的协同和优化。

设施布置

设施布置一般是在设施位置选定之后，确定组成企业的各个部分的平面或立体位置，并相应地确定人员配备、物料流程、运输方式和运输路线等。设施布置一般要考虑四个基本问题：有哪些经济活动单元、每个经济活动单元需要多大空间、每个单元空间的形状如何，以及每个单元在设施范围中的位置。

合理的设施布置的目标是确保企业在实现其战略和业务目标的同时，能够最大化地利用资源和提高效率，具体包括：

◎提高生产效率：通过合理的设施布局，可以减少物料搬运距离、时间和成本，优化生产流程。

◎降低运营成本：有效的设施布置能够减少各种浪费，如空间浪费、能源浪费、人力浪费等。

◎提高员工满意度：合理的设施布局可以创造一个舒适、安全、健康的工作环境，提高员工的工作满意度和归属感，进而提升员工的生产积极性和工作效率。

◎增强灵活性：面对市场和客户需求的变化，合理的设施布置应具有一定的灵活性，便于企业快速调整生产布局和流程，适应新的生产需求。

◎促进安全管理：设施布置应考虑到安全因素，通过合理布局减少事故隐患，确保生产安全。

◎提升客户满意度：通过优化设施布局，企业可以更快地响应客户需求，提高产品交付速度以及服务质量。

◎促进可持续发展：在设施布置过程中，应考虑环境保护和资源节约，采用环保材料、节能设备和技术，实现环境友好式生产。

设施布置有两种基本类型：产品专业化布置和工艺专业化布置。产品专业化布置是指根据产品的生产特点和工艺流程进行设备布置和规划，通常用于大规模生产相似或相同类型的产品，如汽车装配线。产品专业化布置的特点在于对品种变换的适应能力差，仅适合大量连续生产；物流连贯性强，节约了生产面积，缩短了运输距离；在制品少；按节拍组织生产，易于管理。

工艺专业化布置是指针对特定的生产工艺过程进行合理规划和布置生产设施，通常用于生产过程中对特定工艺流程的专业化要求较高的情形，并且许多相似的生产设备或单位也被布置在一起，如磨床、锻床设备分别放置形成磨工车间、锻造车间。工艺专业化布置的特点与产品专业化布置相反，主要包括对产品品种变换的适应性强，适合多品种、小批量生产；产品的物流比较复杂，生产过程连续性差；在制品库存量较高；生产周期较长。

此外，设施布置还包括固定式布置、按成组制造单元布置、混合布置、固定布置、C 型制造单元布置和 U 型制造单元及生产线布置等。

5.1　设施选址决策

5.1.1　设施选址的主要原因

企业需要设施选址的情况很多，常见有以下情况：

（1）投资新办。当企业决定建设一个新的投资项目时，需要选择合适的投资地点。

（2）增设分厂。当企业需要增设分厂或分支机构时，企业会对新设项目进行设施选址，以支持其业务增长并满足其运营需求。

（3）增产扩容。当企业现有的设施无法满足其生产或运营需求时，往往通过增加生产线、扩大生产面积或提高生产能力来增产扩容，企业要为新增设施找到容纳的地点。

（4）战略性搬迁。企业为了更好地适应市场变化、提高运营效率或降低成本，有时企业需要进行战略性搬迁。在这种情况下，企业需要找到更适合其业务发展和运营的地点。

（5）政策牵引。政府可能会提供税收优惠、土地供应或其他激励措施，以吸引企业在特定地区的投资建厂，此时企业就需要根据政策导向进行选址决策。

除了以上情况外，还有一些其他因素也可能促使企业进行设施选址，如企业需要考虑供应链的稳定性、劳动力成本、运输成本等因素，以找到能够最大化其运营效率和降低成本的地点。

5.1.2　设施选址的考虑因素

无论是制造业还是服务业，在设施选址过程中都需要综合考虑经济因素和非经济因素，并且随着市场环境的变化和企业自身发展需求的变化，设施选址的决策也需要不断地进行调整和优化。

5.1.2.1　经济因素

（1）运输条件。企业生产经营活动离不开高效便捷的交通运输，它确保了物料和人员能够准时到达，同时方便的交通也有助于原材料产地与市场的紧密联系。

（2）基础设施。完善且便利的基础设施意味着企业能够更高效地运营，为顾客提供更快速、更高质量的服务。基础设施主要包括交通基础设施、信息基础设施、市政基础设施。

（3）劳动可获得性。对于劳动密集型企业，设址在劳动力资源丰富能减少企业的人工费用支出；而对于高新技术企业，受过良好教育、具备专业技能的员工才能满足企业的生产需求，最好在城市或城郊建厂。

（4）能源可获得性。特别对于火力发电厂、钢铁厂等能源消耗巨大的企业，选址最好接近燃料和动力的供应地。

（5）建造成本。地势、土地利用情况和地质条件会影响到投资总额和建设速度，相较之下，在平原地区建厂则更为方便经济。

（6）市场条件。对于消费类项目，设施选址应接近目标市场，这样有利于降低运输成本，迅速投放产品，并掌握目标市场的客户需求，如商店、银行、酒店等。

（7）产业集聚效应。虽然距离同行太近会加剧竞争，然而产业集聚可以促进资源共享、技术创新、降低成本，甚至能通过生产链细化，提高协作效率。如硅谷、购物中心等。

5.1.2.2　非经济因素

（1）政治因素。首先，政权结构稳定性，政局稳定能够为企业提供稳定的经营环境，降低经营风险；其次，政府的制度与政策，尤其是与环境保护、产业扶持、税收优惠等相关的政策；最后，政府的办事效率，显著影响企业对投资行为的预期。

（2）社会因素。首先，良好的生活条件意味着完善的学校、商场等基础设施，有助于稳定企业员工队伍、吸引人才，而如果公共服务设施不配套，就会给企业带来额外的公共基础设施投资负担；其次，特别对于高新技术企业，通常选择拥有丰富的大专院校和科研院所的地区，有助于企业降低人才筛选成本，提高研发效率；最后，企业还会考虑适应当地的文化、宗教信仰和风俗习惯，否则可能引发社会冲突。

（3）自然因素。企业首先要考虑气候适宜性，否则可能需要投入较多成本来安装和维护取暖或制冷设备。此外，水资源状况也会影响企业的设施选址决策，特别是对水质要求高的企业，如矿泉水厂、啤酒厂等。

5.1.3　设施选址的方法

5.1.3.1　多因素评分法

多因素评分法通过分析和评估多个影响因素，为决策者提供一个全面、系统的决策依据。因素评分法主要步骤如下：

第一步，识别影响选址的主要因素，如市场位置、原材料供应地、基础设施等。

第二步，根据所选因素对选址的影响程度，给每个因素设置权重，需要注意：所有因素权重之和等于 1。确定权重的方法有专家评价法、对比排序法等。

第三步，制定一个统一的评分标准，如 100 分。

第四步，对每个备选地址所有因素打分。

第五步，将每个因素的评分分别乘以相应的权重并相加，计算出每一个备选地址的加权评分。

第六步，根据加权评分的高低选择最佳选址方案，通常加权评分最高的解释最佳选址方案。在现实中，为了使决策更加客观，也可以设置最低综合评分值，对超过最低评分值的少数几个备选方案再结合经济技术分析进行优选。

例 5-1：

某奶茶店打算新开一家店，表 5-1 是其中两个备选地址的信息，试用因素评分法进行选址决策。

表 5-1　备选地址 A 和备选地址 B 影响因素得分

主要影响因素	权重	得分		加权得分	
		地点 A	地点 B	地点 A	地点 B
邻近其他奶茶店	0.1	90	85	90×0.1=9	85×0.1=8.5
运输条件	0.05	70	80	70×0.05=3.5	80×0.05=4
店面租金	0.2	95	85	95×0.2=19	85×0.2=17
店面大小	0.1	80	90	80×0.1=8	90×0.1=9
店面布置	0.05	85	85	85×0.05=4.25	85×0.05=4.25
运营成本	0.1	90	95	90×0.1=9	95×0.1=9.5
市场规模	0.1	80	90	80×0.1=8	90×0.1=9
消费者的购买力	0.3	85	90	85×0.3=25.5	90×0.3=27
合计	1			86.25	88.25

解：由表 5-1 可知，地点 A 和地点 B 的加权评分分别为 86.25 分和 88.25 分。所以，应该把新店地址设在地点 B。若想使选址更加科学，可以结合其他的方法作进一步评价。

5.1.3.2　负荷距离法

负荷距离法（Load Distance Method）是一种常用的设施选址方法，其核心目标是在多个候选方案中，选择一个能使总负荷（如货物、人或其他）移动距离最小的方案。该方法基于设施与潜在用户之间的距离，以及用户的需求量来评估选址的优劣。

（1）负荷距离法的计算方法。首先，计算新选址位置距目的地的距离，如图 5-1 所示，A 表示一个待选的配送中心的位置，B 表示向 A 供应产品的生产厂家。A、B 两点的距离有两种计算方法：欧氏距离法和直线距离法。欧氏距离在二维空间里指的是两点之间的最短距离。图 5-1 中 A 点与 B 点之间的实线是两点之间的最短距离，其公式为：$D_{AB} = \sqrt{(x_B - x_A)^2 + (y_B - y_A)^2}$。

但在现实生活中，欧氏距离法大多不太符合实际情况。直线距离法也就是折线距离，行走路线沿图 5-1 中的虚线走，其公式为：$D_{AB} = |x_B - x_A| + |y_B + y_A|$。这是一种比较符合实际的算法，在一定程度上可以模拟现实生活中诸如城市之中不同街区之间行走的情况。

然后计算总负荷数，总负荷的一般公式为：$id = \sum_i l_i d_i$，其中 id 代表总负荷，即新选位置与各个目的地之间的负荷距离乘积的和，l_i 代表目的地 i 距新选位置的距离，d_i 代表移动负荷的大小，其中 l_i 可以是几何距离也可以是直线距离。在该计算方式下，总负荷数值越小的候选方案越优。

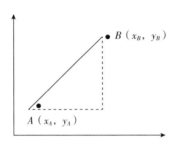

图 5-1　两点之间的距离

例 5-2：

某医疗机构拟建一个医疗中心，建成后主要负责七个社区的服务。为更好地服务社区居民，健康诊断中心将在 7 个社区中选址作为医疗中心。已知各个社区的中心位置和人口数，如图 5-2 所示。"[ ]"中的数字表示为人口数（单位：万人），也即移动负荷。请采用负荷距离法确定该医疗中心的最佳位置。

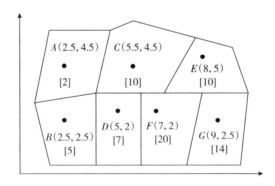

图 5-2　某医疗机构的服务需求点位置示意

解：根据直线距离法，求解各点的总负荷数。

A 点的总负荷数为：$id = (|2.5 - 5.5| + |4.5 - 4.5|) \times 10 + (|2.5 - 8| + |4.5 - 5|) \times 10 + (|2.5 - 2.5| + |4.5 - 2.5|) \times 5 + (|2.5 - 5| + |2.5 - 2|) \times 7 + (|2.5 - 7| + |2.5 - 2|) \times 20 + (|2.5 - 9| + |2.5 - 2.5|) \times 14 = 394$。

表 5-2 是各点的总负荷数。

表 5-2 各点的总负荷数

位置点	移动负荷	坐标	总负荷数
A	2	（2.5，4.5）	394
B	5	（2.5，2.5）	346
C	10	（5.5，4.5）	239
D	7	（5，2）	218
E	10	（8，5）	253
F	20	（7，2）	168
G	14	（9，2.5）	221

由表 5-2 可知，社区 F 的总负荷数最小，则该医疗中心的最佳位置在社区 F 处。

（2）负荷距离法的两种解法。例 5-2 中得到的最优解，在现实中可能会发生无法选择该点作设施位置的情况。如该点的店面租金过高，其他影响因素极其不理想。因此，需要考虑其他可行的次优方案。以下介绍两种可用的方法即穷举法和重心法。

1）穷举法。在设施选址中，穷举法是指列出所有可能的选址方案，并计算每个方案的总负荷数，通过比较得出最佳选址。穷举法的应用受到问题规模和复杂度的限制。当问题空间较小，即可能的选址方案数量有限时，穷举法才是一种有效且可靠的方法。

图 5-3 是在例 5-2 中使用穷举法计算的结果。从该图中可以看出，社区 F 的中心位置（7，2）应是最优位置，其总负荷数最小。但是目前 F 点因受其他因素影响无法作为医疗中心，可考虑 F 点北面总负荷为 197 的位置作为医疗中心。

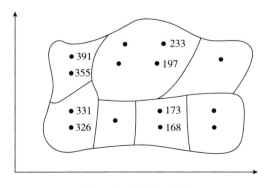

图 5-3 穷举法示例

2）重心法。重心法是一种定量分析方法，用于预测或评估两个地理区域之间的交流流量、运输需求或经济联系。这种方法特别适用于选择中间仓库或分销仓库的地理位置，目的是使从经济中心到各个配送目的地的配送成本最低。重心法基于的经验规律是，交流量或联系的强度与地理距离和地区规模之间存在某种关系。采用重心法的重要前提是：目的地位置和配送到各目的地的经济量（重量或数量）是已知的。

例5-3展示了重心法的基本实施步骤：

例5-3：

某医药公司旗下有四家生产分公司，分别位于南通、苏州、淮安和连云港，其月平均销售量如表5-3所示。这四家分公司由位于苏州的一个仓储中心集中配货。由于该仓储中心所在的位置即将被政府征用，修建政府机构，因此必须建设一个新的仓储中心。试利用重心法辅助这家公司进行仓储中心选址。

表5-3　各分公司月平均销售量 单位：箱

分公司	月平均销售量
南通	3000
苏州	2000
淮安	2000
连云港	3000

解：第一步，绘制表示南通、苏州、淮安和连云港相对位置的地图。

第二步，在二维坐标系中标出各市的坐标，如图5-4a所示。

四市相对坐标如下：南通（95，50）、苏州（100，10）、淮安（50，100）、连云港（45，140）。

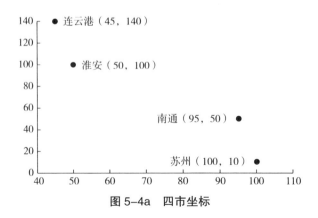

图5-4a　四市坐标

第三步，计算重心位置的坐标，根据下式求得重心坐标：

$$x^* = \frac{\sum_i l_i x_i}{l_i} \qquad y^* = \frac{\sum_i l_i y_i}{\sum l_i}$$

$$x^* = \sum_i l_i x_i = \frac{95 \times 3000 + 100 \times 2000 + 50 \times 2000 + 45 \times 3000}{3000 + 2000 + 2000 + 3000} \approx 72$$

$$y^* = \frac{\sum_i l_i y_i}{\sum l_i} = \frac{50 \times 3000 + 10 \times 2000 + 100 \times 2000 + 140 \times 3000}{3000 + 2000 + 2000 + 3000} \approx 79$$

其中，$i = 1, 2, \cdots, n$，x^* 表示重心的横坐标；y^* 表示重心的纵坐标；x_i 表示第 i 个目的地的横坐标；y_i 表示第 i 个目的地的纵坐标；l_i 表示向第 i 个目的地配送的经济量。

根据计算得出的重心坐标，绘制重心坐标图，如图 5-4b 所示。

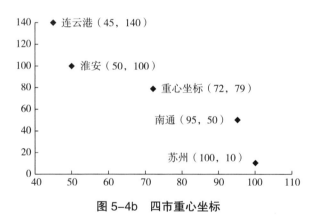

图 5-4b 四市重心坐标

根据图 5-5b 中各地点的相对位置，利用欧氏距离法求重心位置到四个城市的负荷，即加权距离。

$$L_{南通} = 3000 \sqrt{(72 - 95)^2 + (79 - 50)^2} \approx 111040$$

$$L_{苏州} = 2000 \sqrt{(72 - 100)^2 + (79 - 10)^2} \approx 148930$$

$$L_{淮安} = 2000 \sqrt{(72 - 50)^2 + (79 - 100)^2} \approx 60830$$

$$L_{连云港} = 3000 \sqrt{(72 - 45)^2 + (79 - 140)^2} \approx 200130$$

于是，重心位置的总负荷为：

$$L_{重心位置} = 111040 + 148930 + 60830 + 200130 = 520930$$

根据总负荷和单位距离的运输费用就可以求得从重心位置向四个分公司配送药品的总费用。

需要指出的是，欧氏距离法对公路运输特别是市区内短途运输并不可行。这时，可采用直线距离（或称为"折线"距离）。本例中，如果采用直线距离，重心位置到南通的负荷为：

$$L_{南通} = 3000\left(|72-95| + |79-50|\right) = 165000$$

到其余三个城市的负荷及总负荷可用相同的方法求出。

第四步，根据例题中重心位置周边的具体情况，综合考虑其他因素确定仓储中心的位置。

需要指出的是，运用重心法计算出的重心位置，其总负荷并不一定是最小的。例如，以坐标（76，75）为参照，运用欧氏距离法可以计算出该位置的总负荷为509840，比坐标（72，79）的总负荷要小。需要知道的是，虽然重心位置的总负荷不是最小的，但总负荷最小的位置一定在重心附近。

为求出总负荷最小的位置，可以用数学分析中求最值的方法。仍利用上例中的数据，列出计算总负荷的联立方程。

$$\begin{aligned} L_{总负荷} = {}& 3000\sqrt{(x-95)^2 + (y-50)^2} + 2000\sqrt{(x-100)^2 + (y-10)^2} + \\ & 2000\sqrt{(x-50)^2 + (y-100)^2} + 3000\sqrt{(x-45)^2 + (y-140)^2} \end{aligned}$$

令 $\begin{cases} \dfrac{\partial L_{总负荷}}{\partial \overline{x}} = 0 \\ \dfrac{\partial L_{总负荷}}{\partial \overline{y}} = 0 \end{cases}$ 解这个联立方程组，即可求得总负荷最小的位置。

实际操作中存在总负荷最小的位置并不具备建厂条件的情况，重心法则可以快速计算出重心位置，为选址决策提供一个大致的方向或范围。然后，在这个范围内，我们可以选择几个具备建设工厂或服务设施条件的位置作为备选方案。

需要指出的是，负荷距离法还需要综合考虑竞争对手、市场需求变化等其他影响因素，才能更准确地做出设施选址决策。

5.1.3.3　线性规划运输法

运输方法是一种用于解决线性规划问题的常见算法，在供应链管理、物流优化、生产调度等方面发挥着重要作用。其核心目标在于确定货物从生产地到消费地的最佳分配方案，以实现运输成本的最小化或满足特定的需求和约束条件。

运输方法解决的典型问题是如何把某种产品从若干个产地配送到若干个销地才能使总的运输费用最低。解决这类问题的前提条件是每个产地的供应量、每个销地的需求量以及各地之间的单位运输费用已知。这个典型问题主要目标为：使 n 个单位的产品运到 m 个目的地的成本最小，或者使 n 个单位的产品运到 m 个目的地的利润最大。

运输方法是一种特殊的线性规划方法，由以下三个部分组成。

（1）决策变量。假设有 n 个产地、m 个销地，其决策变量为 X_{ij}（$i=1, 2, \cdots, n$；$j=1, 2, \cdots, m$），X_{ij} 表示从第 i 个产地配送到第 j 个销地的物资量。

（2）目标函数。假设从第 i 个产地配送到第 j 个销地的单位费用为 C_{ij}（$i=1, 2, \cdots, n$；$j=1, 2, \cdots, m$），则运输模型的目标函数为 $\min F = \sum\limits_{i=1}^{n}\sum\limits_{j=1}^{m}C_{ij}X_{ij}$

（3）约束条件。假设第 i 个产地的供应量为 S_i，第 j 个销地的需求量为 D_j，则运输方法的约束条件为：

$$\text{s.t.}\begin{cases} \sum\limits_{i=1}^{n}X_{ij}=D_j\,(j=1,\ 2,\ \cdots,\ m) \\ \sum\limits_{j=1}^{m}X_{ij}=S_i\,(i=1,\ 2,\ \cdots,\ n) \\ X_{ij}\geqslant 0\,(i=1,\ 2,\ \cdots,\ n;\ j=1,\ 2,\ \cdots,\ m) \end{cases} \tag{5-1}$$

例 5-4：

假定乌市某制药公司有三个工厂为三个主要的销地提供供应，现在需为这些销地每个月的供应制订出一个成本最低的运输计划，工厂供应、销地需求和药品的单位运输费用如表 5-4 所示。

表 5-4　乌市某制药公司运输问题的数据　　　　　　　　　　单位：元

工厂＼销地	D	E	F	工厂供货量
A	58	40	45	16
B	30	48	50	15
C	52	46	40	22
销地需求量	19	14	20	53

在本例中，每个工厂的供应量在表格最右侧一列，销地需求量在最后一行，运输的单位费用由剩下的行和列给出。如从 A 工厂到 D 销地的单位运输成本为

58 元。

解:

该问题可用 Microsoft Excel Solver 的功能来求解,具体求解步骤(见图 5-5)。

	A	B	C	D	E	F	G
1							
2	from/to	D	E	F	Factory Supply		
3	A	58	40	45	16		
4	B	30	48	50	15		
5	C	52	46	40	22		
6	Requirements	19	14	20	53		
7							
8	Candidate Solution				Total Shipped		
9	A	0	14	2	16		
10	B	15	0	0	15		
11	C	4	0	18	22		
12	Total Supplied	19	14	20			
13							
14	Cost Caculations						
15	A	0	560	90			
16	B	450	0	0			
17	C	208	0	720			
18				total cost	2028		
19							
20							

图 5-5　Microsoft Excel Solver 求解示例

图 5-5 显示了运用 Microsoft Excel Solver 求解该问题的结果,为了求解这个问题,需要进入 Microsoft Excel Solver。以 Office 365 为例:

第一步,将题目所给信息输入至表格中,如 A2:E6 所示。

第二步,如 A8:E12 所示,在 Microsoft Excel Slover 中构建销地需求量与工厂供货量求解单元格,其中单元格 B9~D11 是问题的解,这些单元格在建立电子数据表时置空。单元格 E9~E11 是其对应每一行的值的和,这些值表示在候选解各个工厂的实际生产量(Total Shipped),以 E9 为例,在 E9 中输入 "=B9+C9+D9",即可得到 A 工厂的供货量;单元格 B12~D12 是候选解中运到各个销地的实际收货量(Total Supplied),以 B12 为例,在 B12 中输入 "=B9+B10+B11",即可得到 D 销地的需求量。

第三步,如 A14:E18 所示,在 Microsoft Excel Slover 中构建费用求解单元格。将候选解的运输费用在单元格 B15:D17 中计算出来,即将相应候选解中各个工厂的实际生产量与单位运送费用相乘得到的。以单元格 B15 为例,具体操作为在单元格 B15 中输入 "=B9*B3",同理可得单元格 B15:D17 所对应的运输费用。其中单元格 E18 为最低总费用值,具体操作为在单元格 E18 中输入 "sum(B15:D17)"。

第四步,使用 Solver 计算问题的解。

第一，点击文件（左上角）—选项（左上角）—加载项—分析工具库（非活动应用程序加载项）—转到—勾选"规划求解加载项"—确定。点击数据（上方）—规划求解（最右边）—设置目标选为单元格 E18—选择最小值（求解总费用最低）—可变单元格选为 B9：D11。

　　第二，加约束。第一组约束：对于运输问题，要保证各个药品销地需求得到满足且不能超过工厂生产能力的限制，使各个销地的实际收货量等于需求量。具体操作为：点击"添加"按钮—添加约束"B12=B6""C12=C6""D12=D6"。第二组约束：要保证各个工厂的实际生产量不能超过工厂的生产能力，使各个工厂的实际生产量小于等于（≤）各个工厂的生产能力。具体操作为：点击"添加"按钮—添加约束"E9 ≤ E3""E10 ≤ E4""E11 ≤ E5"，如图 5-6 所示。

图 5-6　求解约束示例

　　第三，求解。在运输问题中，负的运输量是没有意义的，各个工厂的实际生产量与各个销地的实际收货量都为正整数，所以勾选"使无约束变量为非负数"。勾选"采用线性模型"告诉 Solver 在电子数据表中没有非线性的计算。然后点击"确定"返回 Solver 主对话框，点击"求解"来解这个问题。

　　如果问题有解，Solver 会显示解，并提示保存。点击"确定"返回主电子数据表。结果显示在单元格 B9：E12 中。根据前面的计算公式，所求得的最低费用就显示在单元格 E18 中。

微案例：CEC 的北海产业园选址与运营战略

2017 年，中国电子信息产业集团（以下简称中电集团）高层领导决定扩大战略布局，随即中电集团的陈总经理到广西北海市进行考察，开始了与北海市政府相关领导进行了持续数月的磋商与调研。

北海地处广西壮族自治区南端，比邻海南、广州和越南，是我国最早的对外通商口岸和海上"丝绸之路"起点之一。在调研考察过程中，陈总经理了解到，北海市的电子信息行业发展远远落后于省会桂林，但北海市地势平坦广阔，拥有优越的资源条件。集团的王董事长深知目前在北海市进行投资建设，可以抓住建设中国—东盟自贸区的机遇。但北海市的电信行业经验和行业专业人才稀少，成为北部湾信息港建设的拦路虎。不过，广西政府和北海市政府也拿出了十二分的诚意，为即将落户北海市的中电北部湾信息港提供了大量优惠和补贴政策。

就这样，产业园初期的招商工作顺利进行，但初期落户产业园区的企业规模和影响力较小，所以王董事长决定从中电集团内部入手，在 2018 年末，一个由中电集团内部企业组成的考察团来到北海市。但北海市的产业园建设却给了考察团当头一棒，面对简陋的厂房和崎岖不平的道路，考察团露出了失望的神色。此后，王董事长才清楚地明白，要想让企业尽快搬迁入园，就必须加快产业园建设，开发商业配套设施增加人气，同时调整招商策略，并利用北部湾的政策和税收优势有针对性地吸引企业。就在王董事长一筹莫展之时，陈总经理的一番话让王董事长豁然开朗，他提出，北部湾的电子信息产业可以以提供电子信息服务为主导，从而避开厂房情况的约束。而且目前北海市高端电信服务还存在较大空白，如果能通过政策优势和政府补贴把相关的电信服务行业的企业以产业链的形式成批引入形成信息服务聚集区，再以聚集区作为整体产业网络与北海市政府谈合作以及与各个企业谈投资，或许更能吸引到电信服务企业，也更能争取到北海市政府更多的优惠补贴。

随后王董事长回到深圳总部，带着集团内部各类企业的资料信息总览，找到了在招商引资方面经验丰富的中电科技开发有限公司李董，向他请教了自己的招商思路。李董对王董事长的招商思路表示了肯定，两人也结合中电集团内部的企业情况，就高端信息服务类的企业发展情况和投资北海的可能性进行了评估预测，最后大致圈定了数十家目标企业，并决定先了解一下这些企业的情况并将它们作为此行的重点突破对象。随后，王董事长和他的助理便开始整理分析选定企业的基本情况，并与他们的投资发展部门保持密切的联系，了解他们的主要诉求。在详细了解北部湾信息港的情况后，有数家企业被北海的战略政策优势和中电集团与当地政府的园区优惠吸引，也对开拓北海电信服务产业充满了兴趣。

同一时间段，北海市政府也表示会大力支持电信服务产业这种低污染、高产出的绿色行业的发展建设，并且鉴于北海天气炎热、机房散热耗电高，市政府还为入园企业提供了电价补贴优惠；开设专项绿色通道，简化招商过程中的各类审批和落户手续。同时还提供了企业固定资产投资的补贴以及电信从业人员前几年每月 1000 元的补贴。与此同时，办公厂房也基本改造完成，各类基础设施和配套建设项目也在年后陆续开工。2019 年春季，北部湾信息港的建筑如雨后春笋般拔地而起，招商工作也成果喜人。

（资料来源：中国管理案例共享中心，案例编号：OM-0278。）

5.2　设施布置决策

5.2.1　设施布置的基本原则

5.2.1.1　作业方便原则

设施布置应根据作业要求进行规划，将有密切生产联系和协作关系的设备或车间靠近设置，简化作业步骤，提高生产效率。

5.2.1.2　人机协调原则

设施布置应考虑工作人员和生产设备的协调性，以提高人员的工作效率和生产率。

5.2.1.3　流程优化原则

基于生产总流程进行规划，合理安排生产设备和工作区域，从而满足生产（业务）过程的需要，减少不必要的物料搬运和加工时间，提高生产效率。

5.2.1.4　空间利用原则

合理划分大区，确保生产设备和工作区域的布置合理，最大化利用可用空间，降低制造成本。

5.2.1.5　安全性原则

设施布置应符合安全生产的要求，确保设备和工作区域的布置符合相关安全标准，为员工提供良好的工作环境。

5.2.1.6　灵活性原则

设施布置应具有一定的灵活性，要能够充分应用城市的现有运输条件，以适应未来生产需求的变化。

5.2.1.7　维护便利原则

设施布置应确保设备维修人员能够方便地进行设备维护和保养，从而提高设备的利用系数。

5.2.1.8　可持续性原则

设施布置应考虑环保和可持续性因素，采取措施减少污染排放和资源消耗，并为今后的扩建、改建留有余地。

以上原则在实际应用中有时会出现一定的冲突，如作业方便和安全原则，空间利用和可持续性原则等，企业要准确判断诸原则的优先级，善于做取舍和平衡。

5.2.2　设施布置的方法

5.2.2.1　作业相关图法

作业相关图法是一种用于确定企业各部门之间活动关系密切程度，并据此布置其相互位置的方法。作业相关图法的运用步骤如下。

第一步，将各部门间的关系密切程度划分为 A、E、I、O、U、X 六个等级，六个等级具体意义如表 5–5 所示。

表 5–5　关系密切程度等级及分类

等级代号	等级意义
A	绝对重要
E	特别重要
I	重要
O	一般
U	不重要
X	不予考虑

第二步，通过综合分析列出导致各部门间关系密切程度不同的原因，如表 5-6 所示。

表 5–6　关系密切程度不同的原因

序号	关系密切程度不同的原因
1	使用共同的原始记录

续表

序号	关系密切程度不同的原因
2	部门间共用人员
3	部门间共用场地
4	部门间人员接触频繁
5	部门间文件交换频繁
6	部门间工作流程连续
7	部门间工作内容、形式等类似
8	部门间共用设备
9	其他

第三步，基于关系密切程度等级及分类表（见表 5-5）和关系密切程度不同的原因表（见表 5-6），确定各待布置的部门之间的相互关系及其密切程度。再根据确定好的关系密切程度，按照关系密切程度在同一个等级相邻布置的原则，从高到低进行布置，从而安排出合理的布置方案。

下面举例说明作业相关图法的具体操作方法。

例 5-5：

某化工厂欲布置其生产设施。该化工厂共分为 6 个部分，计划布置在 2×3 的区域内，已知这六个部门的关系密切程度如图 5-7 所示，试着为化工厂做出一个较为合理的布置方案。

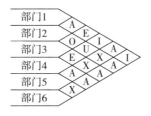

图 5-7　关系密切程度

图 5-7 表示了每个部门与其他 5 个部门的关系密切程度，每个部门与其他部门的关系通过这两个部门所在的四条平行线相交成菱形中的字母表示。如部门 1 与部门 2 相交成菱形，其中的字母为 A，表示两个部门间的关系是特别重要。

第一步，根据图 5-7 列出各部门的关系密切程度表，如表 5-7 所示。

表 5-7 各部门的关系密切程度表

A	E	I	O	U	X
1-2	1-3	1-4	2-3	2-4	2-5
1-5	3-4	1-6			3-5
2-6					5-6
3-6					
4-6					
4-5					

第二步，根据表 5-7 中的 A 等级编制主联系簇，如图 5-8 所示。编制主联系簇的原则是从"A"出现最多的部门开始，根据表 5-7 可知，"A"中出现最多的部门是 6，因此先确定部门 6，然后再将与部门 6 的关系密切程度为"A"的部门联系起来。

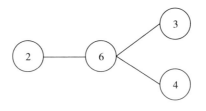

图 5-8 主联系簇

第三步，将与部门 6 的关系密切程度不是"A"，但与其他部门的关系密切程度为"A"的部门单独绘制出来，并形成子联系簇。然后将子联系簇加到主联系簇上，绘制成联系簇。在本书的例题中，所有的部门都能添加到主联系簇上（见图 5-9）。

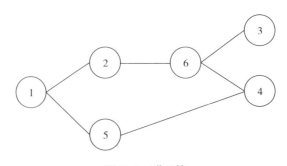

图 5-9 联系簇

第四步，画出关于"X"的关系联系图，如图 5-10 所示。

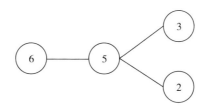

图 5-10　"X"关系

第五步，根据联系簇图和"X"关系图确定相邻各部门的位置，如图 5-11 所示。

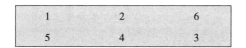

图 5-11　各部门安置示意

5.2.2.2　从—至表法

从—至表法常用于生产和服务设施布置，它是一种逐步寻找不同零件、机器或设备之间最短加权移动距离的设施布置方法。其核心思想是以对角线元素为基准，计算不同设施之间的相对距离，以实现整体运输距离或成本的最小化。

从—至表法需要满足各相邻设施之间的距离相等（设为一个单位条件）和不考虑零件的重量与数量差异两个基本假设条件。然而，这两个条件在现实中并不总是成立的，这时可以通过增加权数来实施计算。从—至表法适用于设施数量较少、多品种和小批量生产的情况。其具体运用步骤如下：

第一步，选择典型零件，绘制零件工艺路线图，确定所用机床设备。

第二步，制定设备布置的初始方案，统计出各设备之间的移动距离，基于此编制初始零件从—至表，确定出零件在设备之间的移动次数和单位运量成本。

第三步，分析并改进初始零件从—至表，并计算出总的移动量。

第四步，用实验法确定最满意的布置方案。

例 5-6：

某车间加工 5 种零件，零件的生产工艺流程路线图如图 5-12 所示，根据工艺流程图绘制出初始从—至表，并且假设相邻两个设备之间的距离相等。试确定车间内各设备的最佳布置方案。

零件	工艺流程：锯床→磨床→冲床→钻床→车床→插床
001	锯床→磨床→钻床→冲床→插床
002	锯床→磨床→冲床→插床→钻床
003	磨床→锯床→冲床→钻床→插床
004	磨床→冲床→锯床→车床→钻床→插床
005	锯床→车床→磨床→冲床→插床

图 5-12 各零件生产流程

解：

第一步，根据工艺流程图，绘制各零件经过各设备的顺序图，如图 5-13 所示。

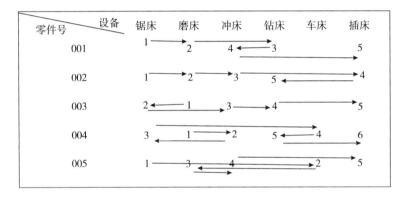

图 5-13 各零件经过各设备的顺序

第二步，根据加工顺序图，编制初始从—至表，如表 5-8 所示。

表 5-8 初始从—至表

	锯床	磨床	冲床	钻床	车床	插床	小计
锯床		2	2		8		12
磨床	1		3	2			6
冲床		2		1		9	12
钻床			1			4	5
车床		3		1			4
插床				2			2
小计	1	7	6	6	8	13	41

表中数据解释：以锯床和车床的 8 为例，在图 5-12 中示例出了基本的工艺流程和不同零件的工艺流程，生产不同的零件，其工艺流程不同，但所有的工艺流程在目前的假定下遵循基本的工艺流程，所以根据图 5-13 从锯床到车床的搬运次数是 4，上例中零件 004 和零件 005 均出现了锯床直接到车床的工艺流程，所以搬运次数之和是 8。

在初始从—至表中，列为起始工序，行为终止工序，对角线右上方数字表示按箭头前进的搬运次数之和，对角线左下方数字表示按箭头后退的搬运次数之和。在从—至表中格子越靠近对角线，格子中所填从—至数的运输距离越短；反之越长。因此，在从—至数一定（受产品工艺路线约束）的条件下，最优的设备布置方案是使较大的从—至数向对角线靠近，而较小的从—至数向从—至表的左下角和右上角分散。因而不能一次求得最佳方案，要通过多次试算比较、调整才能找到较优的方案。从至—表法是一种按工艺专业化布置的方法，工艺专业化布置的方法缺点是运输路线长、物流效率低，因此，它适合于多品种、小批量生产类型的布置。

根据初始从—至表数据算初始方案的移动距离。

对角线右上方为正向从至，可根据离开对角线的个数乘以次数之和获得：

$(2+3+1) \times 1 + (2+2+4) \times 2 + 9 \times 3 + 8 \times 4 = 81$

对角线左下方为负向从至，可根据离开对角线的个数乘以次数之和获得：

$(1+2+1+1) \times 1 + 2 \times 2 + 3 \times 3 = 18$

则初始方案的移动距离为 99。

第三步，分析并进一步改进初始从—至表，减少总移动距离。

①初始从—至表的改进，如表 5-9a 所示。

表 5-9a　改进从—至表

	锯床	插床	车床	冲床	磨床	钻床
锯床			8	2	2	
插床						2
车床					3	1
冲床		9			2	1
磨床	1			3		2
钻床		4		1		

正向从至：$(2+2)\times1+(8+3+1)\times2+(2+1)\times3+(2+2)\times4=53$

负向从至：$3\times1+(9+1)\times2+(1+4)\times4=43$

则改进后的总移动距离为96。

②从至—表的再改进，如表5-9b所示。

表5-9b　再改进从—至表

	车床	锯床	磨床	冲床	钻床	插床
车床			3		1	
锯床	8		2	2		
磨床		1		3	2	
冲床			2		1	9
钻床				1		4
插床					2	

正向从至：$(2+3+1+4)\times1+(3+2+2+9)\times2+1\times4=46$

负向从至：$(8+1+2+1+2)\times1=14$

则改进后的总移动距离为60。

③从—至表的第三次改进，如表5-9c所示。

表5-9c　再次改进从—至表

	车床	锯床	磨床	冲床	插床	钻床
车床			3			1
锯床	8		2	2		
磨床		1		3		2
冲床			2		9	1
插床						2
钻床					1	4

正向从至：$(2+3+9+2)\times1+(3+2+1)\times2+2\times3+1\times5=39$

负向从至：$(8+1+2+4)\times1+1\times2=17$

则改进后的总移动距离为56。

从初始表的三次改进可以看出，第三次改进将总移动距离降到56，是目前最合理的布置方案，因此根据初始从—至表的第三次改进，可以初步确定这个六个设备的位置，即应将插床和冲床相邻布置，车床和锯床相邻布置，插床和钻床相邻布置，冲床和磨床相邻布置，磨床和锯床或车床和磨床相邻布置，最后的布置方案如图 5-14 所示。

| 插床 | 冲床 | 磨床 |
| 钻床 | 车床 | 锯床 |

图 5-14　设备布置方案

5.2.2.3　物料运量比较法

物料运量比较法是一种比较不同物料在生产过程中的运输量的方法，通常根据各生产单位或设备之间的运量大小及运输次数来确定布置方案，相互之间运量大的生产单位或设备相邻布置。

物料运量比较法的一般步骤如下：

第一步，确定运输物料，首先确定需要比较的物料包括哪些，以及相关的生产流程范围。

第二步，收集数据，记录每种物料在生产过程中的运输量数据，包括原材料运输、半成品运输和成品运输等。

第三步，计算运量，按照重量、体积或数量等指标计算每种物料在生产过程中的总运量。

第四步，比较分析，将计算出的不同物料的运输量进行比较，同时分析其差异性、影响因素，并确定可能的改进措施。

第五步，优化设施布置决策，根据以上分析结果，确定可以降低运输成本、提高运输效率的物料运输优化方案，从而提高生产效率和经济效益。

例 5-7：

某工厂内设有五个生产车间（01、02、03、04、05），各生产车间之间的物料运量如表 5-10 所示。试确定工厂内各生产厂房合理的位置安排。

解：

（1）根据产品制造工艺流程统计出各个方向的各个生产单位之间的物料流量，绘制物料运量表，即物料从—至表，表中的数据单位需要根据实际情况选择便于度量的单位，如重量、运输次数、货币单位等，但一定要采用统一的单位，如表 5-10 所示。

表 5-10　各生产车间之间的物料运量

	01	02	03	04	05	合计
01		2	5		7	14
02	1			4	3	8
03		3		2		5
04	3		3		1	7
05	6			2		8
合计	10	5	8	8	11	

（2）统计各生产车间之间的物料运量，将两个生产单位之间的物料运量相加（即两个生产单位之间的物料运量不分方向，直接求和）。表 5-11 为按对角线对称的物料运量相加结果。

表 5-11　各生产车间之间的总物料运量

	01	02	03	04	05
01		3	5	3	13
02			3	4	3
03				5	
04					3
05					

（3）对各生产单位之间的物料运量排序，并对运量分等级，如表 5-12 所示。

表 5-12　各生产车间之间的物料运量排序

生产单位之间	物料运量	级别	生产单位之间	物料运量	级别
1–2	1＋2＝3	4	2–4	4	3
1–3	5	2	2–5	3	5
1–4	3	5	3–4	3＋2＝5	2
1–5	6＋7＝13	1	3–5		
2–3	3	5	4–5	2＋1＝3	5

（4）根据各车间物料运量等级，从高到低，优先安排运量最大的厂房，然后将与它流量最大厂房相邻布置，即首先看等级，然后看物料运量，物料运量大的相邻布置，以此类推。绘制出各车间邻近关系图，如图 5-15 所示。

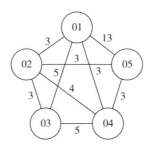

图 5-15　各车间邻近关系

（5）根据各车间邻近关系图、各车间所需面积大小及形状要求，以及场地形状等实际情况进行调整，便可以进行工厂总平面布置，如图 5-16 所示。

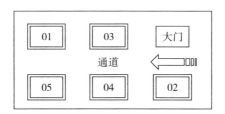

图 5-16　工厂各车间分布

📋 微案例：大连富士冰山的车间布局优化

富士冰山的生产车间主要由钣金加工区、顺送冲压区、组焊区、涂装区、部件（出货装置：货道、冷却单元、外门、小门）、本体组装区、出厂检查区、包装区组成，其中本体组装区作为最关键的生产过程，对其他过程起到拉动的作用，直接反映和决定整个车间的生产能力高低。

富士冰山自动售货机在生产制造过程中的物流过程是将从供应商处采购而来的零部件原材料运送到原材料仓库进行入库暂存，当各个车间有生产需要时，再运输至车间生产现场。产品由原材料零部件到成品的生产过程中，被加工的零部件会不断地由一个车间搬运到另一个车间继续加工或个别进入暂存区等待；由装配车间出品半成品、成品，半成品运送到总装配车间继续装配，成品将运输到成品仓库储存或出库销售，一期的车间生产规划布置如图5-17所示。

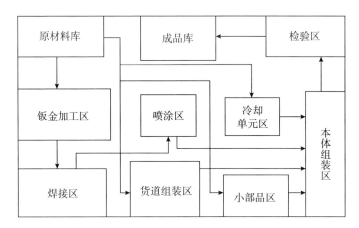

图5-17 一期车间生产规划布置

经验丰富的M部长由于长期关注车间的布置问题，他知道一期车间生产布置规划长此以往一定会影响公司的总体效益。果然，随着产品需求和订单数量的增加，各部门需要更加紧密迅速地衔接，在生产面积有限的情况下，如何提高生产率和增加库存场地面积成为必须解决的课题。因此，公司高层召集M部长团队以及生产车间的几名骨干员工召开紧急会议，共同商议和分析现在公司生产车间面临的主要问题。经过会议讨论，最终确定一期车间生产布置规划主要存在以下两个问题：①各作业区域凭借经验主义进行设施布置，缺乏科学性，物流交叉、迂回问题，物流活动集中在一侧，缺乏均衡性，使生产过程中存在作业等待现象。②部分作业区域面积已无法满足生产需求的扩大，导致半成品积压，过道、区域门口堵塞杂乱现象。在确定问题后，公司高层十分重视，当即决定对车间进行重新布局，并安排M部长主要负责设施布局方案的规划。

但牵一发而动全身，生产车间的布局整改，涉及停产的成本和收效的风险。M部长和团队经过激烈的讨论，提出两种不同的解决方案：一是维持现状，等到问题集中爆发再进行整改；二是顶住压力，谋求升级改造车间。管理层经过反复论证，并综合多方意见，最终决定在保持一期车间的主体业务的同时着手进行二期车间的改造升级工程。

M部长及其小组成员先是达成了此次升级改造的总体目标，然后通过讨论最终确定运用系统布置设计SLP方法进行车间布置的改造升级。M部长及其小组成员首先明确了自动售货机的生产流程，如图5-18所示。

图 5-18 自动售货机的生产流程

然后为了满足公司的生产需求，M 部长及其小组成员为二期车间的占地面积规划出约 30000 平方米的空间，主要用于生产和装配自动售货机。并将车间分为 10 个作业区域，根据公司多品种、多频次、少批量的生产方式、扩展后的销量计划以及产品的生产工艺流程图，确定了各个单位所需要的面积。在物流搬运方面，根据公司的生产计划和电瓶叉车、大型卡车等搬运工具的体积、重量预留了 3.5 米左右的通道。在初始物流量信息的获得方面，M 部长及其小组成员通过分析各个作业区域之间具体的物流量运转关系，绘制了如下从—至表（物料在工序流动过程中的损耗忽略不计）（见表 5-13）。

表 5-13　物料搬运从一至表　　　　　　　　　　　　单位：吨

区域	1	2	3	4	5	6	7	8	9	10
原材料库（1）		0.25			0.15	0.02	0.08			
钣金加工区（2）			0.25							
焊接区（3）				0.25						
喷涂区（4）								0.25		
货道组装区（5）								0.15		
冷却单元组装区（6）								0.02		
小部品组装区（7）								0.08		
本体组装区（8）									0.5	
检验区（9）										0.5
成品区（10）										

在解决好作业单位之间的物流关系后，M 部长的团队通过长时期的工作及观察，总结出影响车间布置的非物流因素主要有以下八方面：工作流程的连续性、生产服务、物料搬运、管理方便、安全及污染、共用设备和辅助动力源、振动以及人员关系。根据这八方面，M 部长进行了车间各作业单位之间非物流关系的影响因素和相应强度等级的具体分析，最终确定了车间各个作业单位的物流强度，并绘制了各个作业单位的物流相关图，如图 5-19 所示。

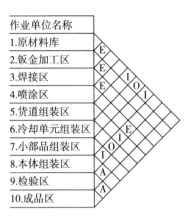

图 5-19 各作业单位的物流相关

最终，M 部长团队给出了车间二期改造工程的最终示意图，如图 5-20 所示。最终自动售货机生产车间通过升级改造后，提高了整个车间生产效率，生产性提高了 27.7%；日产能提高了 2.4 倍。并且在参与活动的过程中，参与人员的能力也得到了提升，公司管理水平取得了显著的进步。

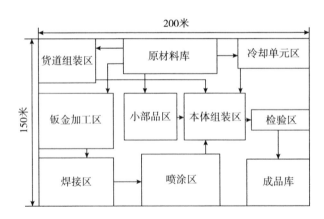

图 5-20 二期改造工程车间生产规划

（资料来源：中国管理案例共享中心，案例编号：OM-0146。）

习 题

1. 结合微案例"CEC 的北海产业园选址与运营战略"，说明其设施选址的主要考虑因素。

2. 随着科学技术、市场经济、消费者需求等的快速变化，企业产品多样化、针对化已成为普遍现象，这会给设施布置带来什么样的新挑战。请举例说明。

3. 某奢侈品店拟在南京和成都两大城市间做出选择，新开一家分店，请先基于 PEST+ 模型设计指标体系，然后运用因素评分法进行选址决策。

4. 试运用科学方法，评估某超市内部布置的合理性，并试图提出优化建议。

5. 请做下面的 2 个小实验，看看你是否能通关？

基于覆盖问题的生鲜配送网点选址小实验：

http://121.40.226.140:80/mobile_main.html#/quicklystart/6.

制造业设施设备规划仿真小实验：

http://121.40.226.140:80/mobile_main.html#/quicklystart/14.

第6章　企业运营流程设计

学习目标

1. 理解企业运营流程设计需要考虑的主要因素。
2. 掌握各运营流程设计方法的特点及做法。
3. 掌握不同制造工艺组合形成的典型制造流程及特征。
4. 熟练掌握并能运用工艺流程分析工具：产品—流程矩阵。
5. 掌握工件在制造流程中三种移动方式及特征。
6. 掌握并能运用服务运营流程设计的主要方法。
7. 理解运营流程优化中的绿色低碳与以人为本的理念。

关于企业运营流程设计的知识图谱

（详见网址：http://t.zhihuishu.com/DqKeM8pa）

主案例导入

船舶建造中的内业车间主要负责钢板和大件的下料、切割、加工的工作，以及主船体分段和配套的工作。在下料切割中为了减少废料，往往采取套料工艺，即在排料时，对于不好排或空缺的地方套出一些不同形状的小料，从而减少废料、提高材料利用率，也能减少生产过程中的误差。

公司的制造本部长至今都清晰地记得，在企业引入精益生产之前，套料方式是将所有零部件的套料信息都被整合在同一套料图纸中，这种做法是为了简化套料图纸的管理，却带来一系列后续管理问题。首先，由于复杂的分段结构，很多切割出来的零部件在当前阶段并不需要使用，但按照集中套料的规则，这些零部件仍然被切割出来，并堆放在 NC 场地上，占用了宝贵的场地资源，还造成大量零部件积压。其次，工人们为了找到所需的零部件，不得不频繁地在 NC 场地上翻料、找料，这不仅花费了较多的人力、物力，还影响了生产进度。零部件的积压和频繁翻料还使得内业车间的场地管理变得更加困难。此外，复杂零乱的现场还严重影响到车间的整洁度和安全性，不利于一线员工的身心健康。这些均成为 J 公司下定决心引入先进现场管理来彻底改变现状的重要原因。

在中国船企全面转型升级、提质增效的过程中，J 公司虽已投入大量资金和技术力量，但内业车间的产能瓶颈依然难以突破。在一次企业季度内审汇报会议中，制造本部长毫不留情指出内业车间三大“顽疾”：一是月度生产计划推进问题，生产进度总是因设计图纸不完整、原材料供应不及时、设备运行不稳定等原因，使得生产计划频繁调整。二是生产设备时常在空闲状态下等待生产任务，不仅造成了资源的浪费，还增加了设备的维护成本。三是前后道计划的不匹配，且前后道工序之间的信息传递不畅，常常出现生产流程断裂或重复劳动的情况。这也让高层痛下决心进行对车间的数字化改造，彻底解决业内车间的“瓶颈”问题。

讨论题

1. J 公司业内车间的现场管理出现了哪些问题？这些问题的根源是什么？

2. J 公司业内车间的数字化改造应优先解决哪些问题？

相关概念

作业（Operation）

在制造业中，作业通常指的是按照一定的生产计划和工艺要求，对原材料、半成品或零部件进行加工、组装、检测等操作，以完成最终产品或零部件的生产过程。具体来说，制造业的作业可能涉及物料采购、设备操作、生产线管理、质量控制等多个方面。例如，生产线上的工人可能会负责操作机器、装配零件、检查产品质量等工作，而生产管理人员则负责协调生产进度、优化生产流程、确保生产安全等。

随着制造业的数字化转型和智能化升级，现代制造业的作业方式也在发生变革。例如，通过引入物联网、大数据、人工智能等先进技术，制造业可以实现生产过程的自动化、智能化和精益化，提高生产效率、降低成本，并提升产品质量和客户满意度。

在服务业中，作业通常指的是为客户提供服务的一系列活动或任务，旨在满足客户的特定需求或解决客户的问题。服务业的作业范围广泛，包括但不限于咨询、教育、医疗、金融、旅游、餐饮、零售、运输、仓储、广告、通信等多个领域。在这些领域中，作业可能涉及与客户沟通、提供服务、解决问题、处理事务、维护关系等各种活动。

同样，随着科技的进步和社会的发展，服务业的作业方式也在不断变革和创新。例如，互联网和数字化技术的普及使得在线服务、远程服务、智能服务等新型服务业态不断涌现，为服务业的作业提供了更多的可能性和机遇。

检验（Inspection）

检验是通过特定的技术手段和标准比对，对作业或操作的成果进行审查和确认，并为后续流程提供指导和选择。根据不同标准，检验还可分为多种类别：

按检验内容不同，可分为质量检验和数量检验。其中，质量检验又可细分为外观质量检验和内在质量检验。外观质量检验关注加工对象的外表特征（如损坏、污渍、生锈等）或服务的表现（如服务态度、举止是否规范），以判断其是否达到了既定的标准；内在质量检验则评估加工对象的物理（如尺寸、强度等）和化学属性（如成分、可燃性、稳定性等），或评价服务的准确性、及时性、安全性、舒适度和文明程度，以确认它们是否满足标准。

按检验执行者不同，可分为自检（作业或操作人员自行进行）和他检（由其他个体或团队执行）。

按检验时间点不同，又可分为首件检验（针对第一次作业或操作结果）、中途检验（对非首次结果进行，常用于批量操作中的质量控制）和成品检验（产品或服务最终完成后的检验）。

按检验数量不同，可以分为全面检验和抽样检验。

依据检验地点，还分为现场检验和送站检验，以及集中检验与巡回检验。

可见，运营管理中的检验是一个综合性的过程，它涵盖了质量检查、过程监控、数据分析等多个方面，旨在确保产品和服务的质量达到预期标准，实现企业经营管理的目标。

停滞（Stagnate）

停滞通常体现为库存增加，意味着在生产或服务流程中，作业（操作）对象在其状态、形状或位置上无显著变化，仅时间在推进。在服务行业中，这种现象常表现为服务对象的等候时间延长。

停滞的原因可能是生产能力与产品或服务需求之间的不匹配，或是作业、检验和运输环节之间的协调不当，或各工序间能力的不均衡。虽然停滞能够为生产流程提供稳定性和时间上的缓冲作用，但同时它也可能引致操作时间增长、资金和仓储成本上升，进而影响整体成本效率。

运营流程（Operational Process）

企业运营流程是企业为实现其经营目标和业务战略而进行的一系列有计划、有组织的活动集合。

对于制造型企业，运营流程包括对产品设计、原材料采购、生产过程控制、成品质检、包装、物流配送以及售后服务等与产品生产和交付的过程。这些流程共同构成了制造业企业的运营体系，确保了企业日常运营的顺畅进行和产品的顺利交付。总体来看，企业运营流程设计与优化的整体目标是提升企业的市场竞争力，具体包括：

◎提高生产效率：通过优化运营流程、引入先进技术和设备、提高员工技能等方式，降低生产各类成本。

◎提高产品质量：通过加强成品质检、优化生产工艺、提高原材料质量等方式，确保产品质量的稳定性和可靠性。

◎降低库存成本：通过优化供应链管理、实施精益生产等方式，降低库存积压和浪费。

◎提高物流配送效率：通过优化物流配送网络、提高物流信息化水平等方式，缩短产品交付周期。

◎实现可持续发展：通过绿色制造、节能减排等措施，推动企业向可持续方向发展。

对于服务型企业，运营流程涵盖了从客户接触、服务提供到服务后评价的全过程，包括服务设计、服务提供、客户沟通、员工管理、资源调配、质量控制等多个重要环节。企业需要以客户需求为中心，结合市场变化和技术发展，不断地优化服务流程、提高服务质量和效率，以提升客户满意度和企业竞争力。

值得注意的是，具体运营流程目标在特定时期会出现一定的矛盾与冲突，需要企业管理者在不同时期评估各个目标的紧急性和重要性，并进行优先级排序，有时需要对某些短期目标进行调整或取舍，以支持更长期或更核心的战略目标。

设计研发出顾客满意的产品或服务是一种艺术，而将这些产品或服务生产出来并供应给市场则是一门科学。这个从产品设计到为顾客提供所需产品或服务的过程，确保其稳定供应给市场，就是运营流程管理的核心。ISO9000系列标准把流程定义为一系列相互关联或相互作用的活动，这些活动将输入转化为输出。运营流程是组织内将输入物转化为增值输出的各个环节的总和，这些环节称为工艺阶段，而构成工艺阶段的单个活动称为工序。在简单的运营流程中，工序可能直接构成整个流程；在更复杂的情况下，相似的工序组合成工艺阶段，工艺阶段内部可能进一步分为不同的步骤或工步。观察任何企业，通过其工艺阶段或工序的分析，可以直观地理解其运营流程。规划和设计运营流程并对其进行分析和改进，构成了企业运营管理的关键要素，这是一个持续性的挑战。

6.1　运营流程设计

运营流程的设计是一个将信息从输入到转化再到输出的过程。这里的输入信息涵盖了产品或服务的细节、运营流程的特点以及运营战略的方向，输出阶段则展现了流程设计的成果，明确指出企业如何进行产品生产或服务提供，包括对运营资源配置和利用、运营过程以及采取的方法和措施的具体要求。运营流程的设计就是要构建一个既符合企业现状又能满足市场需求和产品技术标准的高效、优质且资源消耗低的完整流程。

6.1.1　运营流程设计的影响因素

6.1.1.1　产品 / 服务的需求性质

运营流程的设计目的是为了生产产品或提供服务，满足顾客的需求，所以企业需要针对不同产品或服务的特性，考虑市场需求的多样性、规模和变化性，选择或设计出匹配的运营流程。这包括考量产品的生命周期、市场反应速度、定制化程度和技术复杂性等因素，确保流程设计既能有效地响应市场变化又能保持运营效率和质量，从而在满足顾客需求的同时，实现企业的经济效益和长远发展。

6.1.1.2　自制—外购决策

在企业经营中常常需要在自制和外购之间做出选择。在专业化协作普遍的背景下，多数企业采用外包扩展运营边界，但可能会降低对质量和时间的控制；反之，自制方式可以增强运营过程的控制，但可能会导致资源投入过多和流程灵活性降低。自制—外购决策需考虑质量、成本、周期、能力、控制及供应商等多种因素，因而设计的运营流程差异很大。一般地，自制件范围和数量的决策影响流程规模和响应能力，通常是围绕核心部件构建流程，非核心部分则进行外包，以优化资源投入和提高效率。

6.1.1.3　产品 / 服务质量水平

在企业运营流程的设计中，产品或服务的质量标准起着决定性的作用。这一点体现在运营流程的每一个环节上，从原材料的采购、生产过程的控制，到最终产品的交付和售后服务，每一步都必须遵循既定的质量标准。这些标准不仅指导着企业选择适当的技术装备和工艺方法，还决定了监控和改进流程的策略。高质量要求促使企业采用先进的技术装备和精细化的工艺流程，并且涵盖产品生命周期的各个阶段。

6.1.1.4　运营柔性

运营柔性的不同需求将直接影响企业在运营流程设计时的设备选择和人员配置。例如，如果企业追求高度的品种柔性，可能会倾向于采用多功能的通用设备，并且需要员工具备较高的技能水平以适应多变的生产任务。相反，如果柔性需求不高，企业则可能会选择专用设备，这时对员工的技能要求可能不会那么高。运营柔性是企业在不断变化的市场环境中维持竞争力、满足客户需求，并实现可持续发展的关键因素。企业需要综合考虑市场需求、自身能力以及成本效益，合理规划运营流程，以提高其适应性和响应市场变化的速度。

6.1.1.5　顾客个性需求程度

当客户的直接参与是服务交付的核心时，企业必须将客户的体验和参与作为设计运营流程的关键因素，这意味着运营场所和设备的布局要以便利客户参与为首要考虑，同时确保流程能够灵活适应顾客的个性化需求，例如，在理发店、医疗机构或心理咨询中心。相对地，在银行、快餐店或公共交通服务等领域，由于客户对服务的个性化需求较低，这些服务更多依赖于标准化流程，以实现高效率和成本效益，在这些情况下，运营流程的设计侧重于标准化、效率、简化流程以及成本控制，目的是通过统一的服务标准来满足广大顾客的基本需求。

6.1.2　运营流程设计的主要方法

企业运营流程设计的方法多种多样，旨在确保流程的高效性、灵活性和适应性，以下是常见的方法：

6.1.2.1　基于业务需求分析的方法

从企业的战略目标和业务需求出发，拆解业务过程，明确所需开展的活动和任务。基于这些业务活动的特点和要求，设计与之匹配的运营流程，确保流程能够直接服务于业务需求，实现业务目标。

6.1.2.2　基于参考模型的方法

借鉴同行业或通用流程架构的参考模型，了解业界最佳实践和常见流程模式。结合企业的实际情况，对参考模型进行适应性调整和优化，形成符合企业特点的运营流程。

6.1.2.3　流程优化与重组方法

对现有流程进行全面分析，识别瓶颈、浪费和低效环节。采用流程优化技术，如简化、自动化和标准化，提升流程效率。在必要时进行流程重组，打破原有的流程框架，重新设计更加高效和灵活的新流程。

6.1.2.4　基于信息技术的方法

利用信息技术工具，如业务流程管理（BPM）系统、企业资源规划（ERP）系统等，辅助运营流程的设计和实施。通过信息系统集成和数据共享，实现流程的自动化和智能化，提高流程执行效率和准确性。

6.1.2.5　跨部门协同设计方法

鼓励不同部门之间的沟通和协作，共同参与运营流程的设计过程。通过跨部门协同，打破部门壁垒，实现流程的顺畅衔接和高效协同。

6.1.2.6　实验与迭代方法

采用敏捷管理思想，快速设计并试验运营流程的初步方案。根据实验结果收集反馈，对流程进行迭代和优化，逐渐逼近最佳实践。

6.1.2.7　引入专家咨询

邀请具有丰富经验和专业知识的流程管理专家参与流程设计过程。利用专家的意见和建议，指导流程设计，确保流程的科学性和有效性。

在实际应用中，企业可以根据自身特点和需求，选择合适的流程设计方法或综合运用多种方法，形成符合企业实际情况的运营流程设计方案。同时，随着市场环境和业务需求的变化，企业还需要对运营流程进行持续的分析和改进，以适应不断变化的市场需求和企业发展需求。

微案例：自制—外购决策对企业运营流程的影响

某企业 A，作为方便面行业的领军企业，年销售额超过 10 亿元，主要从事方便面的生产和销售。在 20 世纪 90 年代初期，该企业面临了一系列的供应链问题，这些问题对其业务产生了重大影响。具体来说，在碗面生产过程中，由于外部供应商供货不稳定，导致该企业的生产线在一年内因缺货而停工的时间累计达到了 60 天，直接经济损失超过 500 万元。类似的问题也出现在包装材料、调味包和物流等方面，其中包装材料的供货延迟率达到了 20%，调味包的缺货成本占总成本的 5%，而物流延迟则导致了客户满意度下降了 10 个百分点。

为了解决这些问题，企业决策者选择了自制策略，相继成立了碗面工厂、包装材料印刷公司、脱水蔬菜生产制造基地等。这一决策要求企业 A 重新组织运营流程，为此，企业 A 投入了超过 2 亿元用于购置生产设备、招聘和培训人员以及建立新的管理系统。这些投入使得企业 A 的运营成本在短期内上升了 15%。然而，自制策略的优势也很快显现：企业 A 对外部供应商的依赖度降低了 30%，因供货不稳定导致的缺货成本和时间成本分别减少了 40% 和 20%；通过建立严格的质量管理体系，企业 A 对方便面的生产过程进行了全程监控和检测，使产品的合格率从 95% 提升到了 99%，大大提高了产品的稳定性和一致性，满足了消费者对产品质量的高要求；此外，自制策略还增强了企业的市场响应能力，企业 A 可以根据市场需求快速地调整生产计划和产品规格，产品种类从原来的 10 种增加到了 30 种，满足了消费者的多样化需求。

进入 21 世纪后，市场环境发生了巨大变化。国内包装行业迅速发展，涌现出了一批具有国际知名度的包装企业，这些企业在质量、技术、成本、时效等方面都展现出了强大的竞争力。此时，企业 A 自己的包装公司和外部包装商相比，在质量上的优势从原来的 5% 下降到了 1%，技术上的优势也不再明显，成本上甚至高出了 5%，而时效上的优势也因为物流行业的发展而被削弱。因此，企业 A 开始调整自制—外购策略，逐步将部分非核心业务如包装材料的生产、物流运输等外包给外部供应商。与自制不同的是，外购决策能够精简企业 A 的方便面产品的运营流程，将资源集中在核心业务上，每年可节省非核心业务投入的资金超过 5000 万元。然而，由于是外购，企业 A 对方便面产品的质量进行全过程监控和检测的难度增加，这对企业 A 的供应商管理能力提出了更高的要求。为此，企业 A 投入了大量资源提升供应商管理能力，包括建立供应商评估体系、加强供应商培训和合作等，以确保产品质量和供应链的稳定。

（资料来源：笔者整理所得。）

6.2　制造流程设计

6.2.1　制造业典型工艺及流程

6.2.1.1　制造业中典型工艺

（1）制造。制造过程涉及转变物理属性，通过加工原料制作出具体的物品。这一过程将原始材料转换成实用的产品。不仅要求对原材料的物理特性有深入的了解，还需要运用一系列的工艺技术和机械设备来实现形态的转换，确保最终产品符合预定的规格和功能要求。在这一阶段，产品的设计理念变为现实，原材料通过切割、雕刻、成型等多种方式被精确地转换成用户所需的具体物品，展现出制造过程的创造性和技术性。

（2）转化。通过改变物质的化学属性或能量状态来产生全新的物质或能量形式。这一过程在许多工业和科技领域中至关重要，涉及复杂的化学反应和能量转换机制。例如，在冶金工业中，铁矿石通过一系列复杂的化学变化被转化为钢材；在石油工业中，原油经过精炼过程转变为汽油、柴油等多种燃料；在能源领域，水能、太阳能、核能等能源被转换成电能，等等。通过不断优化转化技术，提高转化效率和降低成本，可以有效地利用资源，减少废弃物和污染，为可持续发展做出贡献。

（3）装配。装配过程涉及将各种零部件精确地组合在一起，可以形成完整的产品。这一步骤在产品制造中占据着核心的位置，要求高度的精确性和技术专长。例如，在汽车制造过程中，将雨刮器安装到汽车上是一个看似简单但至关重要的环节，它不仅要求雨刮器与汽车的接口匹配，还要确保其功能性和耐用性；在饮料生产线上，将饮料灌装入瓶中是一个高效率且需要符合严格卫生标准的过程，涉及流体动力学、容器设计以及密封技术。随着技术的进步，许多装配过程已经实现自动化，提高了生产效率和产品质量，同时降低了劳动强度。

（4）测试。测试环节是评估产品是否符合既定标准和规格的关键过程，它在制造、转化、装配等各个阶段都发挥着至关重要的作用。这一过程不仅确保了产品的质量和安全性，还是监测和改进生产流程的重要手段。例如，在钢铁行业，测试钢材的机械性能和化学成分是确保其符合工程和安全标准的必要步骤。同样对啤酒等食品和饮料进行成分分析和质量检测，不仅能确保产品符合健康和安全规范，还能保证其风味和品质符合消费者期望。随着技术的发展，测试方法和设备变得更加先进和自动化，提高了测试的准确性和效率。

6.2.1.2 主要制造流程

以上四种制造工艺的不同组合，就形成了以下几个典型制造流程：

（1）工艺专业化生产。企业需要专注于特定的工艺或任务，每个产品或项目可能需要一整套独特的工艺过程或顺序。这种方法特别适用于单件生产或多品种小批量生产，常见于那些需要高度定制化和复杂工艺的领域。例如，在非标准化的专用重型机械制造中，每一台机械的制造都需要遵循一套特定的、针对其功能和应用定制的工艺流程。同样地，汽车模具设计和制造中，每个模具都需要经过精确的设计、制作和测试流程，以确保最终产品的质量和性能。

工艺专业化生产允许企业灵活地适应不同产品的具体要求，提高生产的灵活性和产品的定制化水平。这种生产方式虽然可能不如大规模标准化生产那样效率高，但它在保证产品质量、满足特定客户需求以及增强市场竞争力方面具有明显优势，更适用于追求高度个性化和高品质的产品市场。

📋 微案例：某汽车零部件制造商面临的制造问题

某汽车零部件制造商，其产品线的特征显著地表现为多品种小批量，这一特性深刻反映了当前汽车市场需求的多样化趋势。具体来说，该制造商需要生产超过500种不同型号、不同规格的零部件，以精准对接不同汽车制造商和车型的个性化需求。在这种生产模式下，每种零部件的平均生产数量约为500件，但整个产品线上的零部件种类总数却高达数千种，这无疑对生产线的灵活性和适应性提出了极高的要求。

然而，在早期的生产阶段，这种多品种小批量的生产模式给物料管理带来了前所未有的挑战。由于零部件种类繁多，物料管理的复杂性显著增加，物料清单（BOM）的维护成本也随之上升，每年因此产生的额外管理成本高达数百万元。加之物料需求预测的准确性不足，库存积压和缺料停产的情况时有发生，据统计，库存积压率曾一度高达20%，而因缺料导致的停产时间每年累计超过100小时，直接经济损失超过数百万元。

此外，不同零部件的生产周期、工艺流程和所需资源各不相同，这进一步加剧了生产过程中的冲突和延误。例如，某些零部件的生产周期长达数周，而另一些零部件则只需数小时即可完成，这种不均衡的生产周期使得生产计划难以协调，生产调度人员需要花费大量时间进行手工调整，每年因此产生的人工成本超过数十万元。同时，由于生产过程中的不确定性，生产计划的完成率曾一度下降至80%，严重影响了客户的交货期和满意度。

更为严重的是，生产设备在这种多品种小批量的生产模式下经常需要频繁更换和调整，导致设备利用率低下。据统计，设备的平均利用率仅为60%，远低于行业平均水平。这不仅增加了生产成本，还缩短了设备的使用寿命。为了解决这一问题，制造商不得不增加设备投资和维护成本，每年因此产生的额外支出超过数百万元。

（资料来源：笔者整理所得。）

（2）批量生产。批量生产是一种标准化的生产模式，通过周期性生产来应对订单或满足库存需求。这种生产方式在效率和规模经济方面具有明显的优势，特别是当市场对某类产品的需求较大且持续的时候。例如，在通用标准化重型机械制造领域，虽然每台机械的功能可能不尽相同，但许多制造过程可以标准化，使得批量生产成为可能。电子元器件和化学产品的生产也经常采用这种模式，因为这些产品通常需要在保持高度一致性和质量标准的同时，以较大的规模进行生产。

在这种模式下，运营流程可以根据需要采用工艺专业化或对象专业化的方式进行设置。这种生产方式通常适用于产品种类多样但相对稳定，并且每种产品的制造过程大体相同的情况。企业需要专注于每个流程单位的特定制造步骤或技术，精细地规划生产计划，优化工艺流程，并通过持续的改进和技术创新，提升生产效率和产品质量。

（3）装配线生产。这种生产方式是各个运营单元专门负责流水线上的特定任务或工艺，产品在这些单元之间按照固定的顺序和控制的速率移动，逐步被组装成最终形态。装配线生产适用于大批量且标准化的生产，因为它能够通过标准化操作和高效协调来实现大规模的产量，同时保持一致的产品质量。例如，在玩具和家用电器的制造中，各个部件在流水线上经过装配、检验和包装等一系列流程，最终形成完整的产品。在汽车制造业，装配线生产尤为关键，各种部件如发动机、座椅、车身等在流水线上按照严格的工艺顺序进行组装和检测。

装配线生产的效率和成本效益让它成为大规模生产中不可或缺的方法。然而，这种方法也要求高度的组织和协调，以及对生产流程的精确控制，以确保产品质量和生产效率。随着自动化和智能化技术的发展，装配线的效率和灵活性正在不断提高，进一步推动制造业的发展。

（4）连续流程。连续流程生产是一种高度自动化的生产方式，主要适用于将均质原材料（如石油、天然气等）通过连续且稳定的过程转化为成品或进行深度加工的情况。一般地，整个生产线需要 24 小时不停运转，这有助于最大化生产效率，同时避免因停机和重新启动而产生的高昂成本。这种生产方式对于那些产品类型较少但需求量大并且相对稳定的企业尤为适合，典型的应用领域包括化学品、石油炼制、天然气处理以及某些食品和饮料的生产。

在连续流程生产中，高度的自动化和精细的过程控制是必不可少的，这不仅有助于维持生产的连续性和稳定性，还能确保产品质量的一致性。此外，这种生产方式也有助于优化资源利用，减少能源消耗和降低生产成本。然而，它也要求企业进行高投资，包括先进的控制系统和设备，以及高水平的维护和技术支持，以确保生产流程的平稳运行。

6.2.2 产品—流程矩阵

在制造业中，决定工艺流程是一项至关重要的任务，因为它直接关联到产品的质量、生产效率以及市场竞争力。工艺流程核心原则是将产品或服务的市场需求特征与合适的工艺流程相匹配，确保产品高质量的同时实现最佳的成本效率。

海雅斯（Hayes）和威尔怀特（Wheelwright）的产品—流程矩阵（Product-Process Matrix，PPM）是在这一领域的开创性工作。该矩阵深入探讨了工艺流程与市场需求特征之间的关系，提供了一个系统化的分析框架，帮助制造企业在多变的市场环境中做出明智的工艺流程决策。

PPM 将产品生命周期分为不同阶段，从定制单件生产到大规模标准化生产，同时将工艺流程从灵活多变的项目型流程到高度规范化的连续流程进行分类。通过矩阵，管理者可以识别当前产品所处的生命周期阶段，并选择与之匹配的工艺流程，以优化生产效率和产品质量。

PPM 还强调了动态适应的重要性。随着市场需求的变化和产品生命周期的演进，企业可能需要调整其工艺流程，以适应新的生产需求。这要求制造企业不仅要有高效的流程管理能力，还需要具备前瞻性，以预测市场变化并相应地调整工艺流程。

产品—流程矩阵不仅是一个分析工具，更是一个指导制造企业在不断变化的市场环境中做出有效决策的战略框架。通过深入理解和应用这一框架，企业能够更好地将产品开发与生产流程相结合，实现经济效益和竞争优势的双重目标。产品—流程矩阵示意如图 6-1 所示。

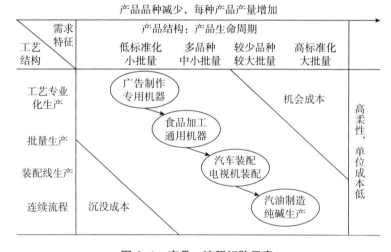

图 6-1　产品—流程矩阵示意

下面通过一个实际案例来解释这个矩阵是如何应用的。

假设有一家公司生产定制家具，这个公司在产品—流程矩阵中处于"工作车间"阶段。在这个阶段，每件产品都是根据顾客的具体需求定制的，产品种类多样，生产量相对较小，需要高度的灵活性和定制化。在这种情况下，生产流程需要能够适应各种不同的生产需求，以及频繁的生产切换。

随着时间的推移，如果市场需求增加，公司可能会转向"批量生产"阶段。在这个阶段，公司开始生产一些标准化产品，这些产品虽然仍然可以根据客户需求进行一定程度的定制，但已经有了一定的标准化和规模化，生产效率相对较高。

如果公司继续发展，可能会进一步转向"装配线"生产阶段。在这个阶段，产品高度标准化，生产过程中的每个步骤都被细化并优化，以实现更高的生产效率和较低的单位成本。

最终，公司可能发展到"连续流程"生产阶段，这是最高效的生产模式适用于需求量大、产品高度标准化的情况。在这个阶段，生产流程高度自动化，几乎不需要人工干预。

通过这个案例，可以看到，产品—流程矩阵不仅帮助企业识别当前的生产阶段，还指导企业如何随着市场需求的变化和企业自身能力的提升，逐步优化和调整生产流程，以提高生产效率和市场竞争力。

6.2.3　制造流程的时间组织

在制造流程中，时间组织的关键是确保流程的及时性和缩短产品生产周期。这涉及选择适当的工件（产品或零部件）在各工序间的移动方式，以提高生产效率和降低生产成本。工件在流程中的移动方式主要有以下三种：

（1）顺序移动：或称批处理式移动，是指在一个工序完成后，整批工件才统一移至下一工序。这种方式简化了运营管理，减少了频繁的运输和设备调整，从而提升了设备利用率。然而，它也带来了较长的加工周期和较多的在制品存量，可能导致资源利用不均和生产灵活性降低。例如，在金属加工厂中，所有的金属板需要先切割完成，然后统一移动到下一步的折弯工序。

（2）平行移动：或称件处理式移动，允许每个工件在完成前道工序后立即移至下一工序。这样的交叉作业方式缩短了总加工时间，减少了在制品，提高了设备利用效率。但它也要求更高的生产管理复杂度和设备间的良好协调。例如，在装配线上，一部手机的电路板加工完成后，可以直接移至下一步的装配工序，而不需等待整批完成。

（3）平行顺序移动：要求工序尽量连续进行，同时尽可能实现工序间的平行操作。它结合了上述两种方式的优点，旨在平衡生产效率和灵活性，适用于复杂且需求多变的生产环境。例如，在飞机制造中，机翼的组装可能需要顺序进行，而机身的不同部分则可以在不同工位平行加工，最终合流到总装线。

这三种移动方式各有优缺点，适用于不同的生产场景。选择合适的移动方式可以帮助企业更有效地管理生产流程、提升效率、降低成本。

6.3 服务流程设计

服务流程设计与以产品为核心的制造流程设计不同，必须将人放在中心位置来考虑。这种设计理念源自服务的固有属性，即服务的不可分割性、即时性和以顾客为焦点的特性。

6.3.1 服务流程设计步骤

服务流程设计是一个系统的规划过程，确保服务的有效和高效交付，同时提升顾客满意度。以下是服务流程设计的步骤：

第一步，定义服务目标和客户需求。首先要明确服务的目标和预期结果，其次通过市场调研、顾客反馈等方式深入理解客户的需求和期望。

第二步，分析当前服务流程。企业需先评估现有服务流程的效率和效果，识别流程中的瓶颈、冗余步骤或潜在的改进点。

第三步，设计服务流程。设计新的或改进的服务流程，创建流程图，明确各个步骤、责任分配和流程顺序，确保流程各环节紧密协作。

第四步，开发服务蓝图。以客户需求中心的服务蓝图应包括客户行动、前台活动、后台活动、支持过程和物理证据等元素，需详细描述服务交付过程中的每个接触点、后台活动和支持系统。

第五步，确定资源需求。根据设计的流程确定所需的人力、技术和物质资源，包括员工培训、设备采购、技术支持等方面。

第六步，实施服务流程。将设计的流程付诸实践，包括员工培训、设施布置、技术部署等。确保所有团队成员了解其角色和责任，以及如何执行新流程。

第七步，监控和评估流程表现。定期监控服务流程的表现，包括客户满意度、流程效率、员工表现等指标，收集反馈，识别改进机会。

第八步，持续改进。基于监控和评估结果持续优化服务流程。鼓励员工提出改进建议，确保服务流程能够适应变化的市场和客户需求。

通过以上一系列步骤，服务流程设计不仅有助于提升服务质量和效率，还能增强客户的满意度和忠诚度，从而为企业带来持续的竞争优势。

🗒 微案例：星巴克服务流程设计

星巴克是一家全球知名的咖啡连锁品牌，以其高品质的咖啡、舒适的用餐环境和卓越的顾客体验而闻名于世。始于1971年的星巴克致力于为顾客提供优质的咖啡和各类饮品，同时通过独特的店内设计、悠扬的音乐和友好的服务，打造了一个让人愿意驻足、放松身心的社交场所。星巴克不仅是一家咖啡店，更是一个为人们提供社交、休闲和工作空间的文化品牌，其服务流程主要如下：

（1）顾客点单：顾客进入星巴克店铺后，被迎接并引导至前台。前台人员问候顾客，提供菜单并解释菜单中的咖啡和其他饮品选项。顾客选择饮品后，在POS系统中下单，结账并支付。

（2）制作订单：收银员收到订单后，在系统中输入订单详情。咖啡师根据订单准备咖啡，确保按照顾客的要求制作。

（3）交付饮品与食品：前台人员核对订单，确保订单准确无误。将饮品和食品送至顾客座位，或者提供外卖服务。

（4）顾客服务与体验：确保店内环境整洁、音乐轻柔。提供友好、高效的服务，确保顾客满意度。定期巡视，保持设施和卫生的标准。

（5）回访与关怀：鼓励顾客加入星巴克会员计划，享受会员专属优惠和礼遇。定期发送优惠券、活动通知等促销信息，促进顾客回头消费。

（6）问题解决与反馈：为顾客提供温馨的用餐环境，确保顾客的用餐体验。鼓励顾客提出反馈和建议，及时处理投诉和问题，改进服务质量。

星巴克的服务流程设计注重提供高品质的咖啡和舒适的用餐环境，同时强调顾客体验感和满意度。通过精心设计的服务流程，星巴克努力为顾客营造愉悦的用餐体验，并建立长期的顾客忠诚度。

（资料来源：笔者整理所得。）

6.3.2　服务流程设计方法

服务运营流程的主要设计方法有生产线法、自助服务法和个体维护法三种，每种方法都有其独特的特点和适用场景。

6.3.2.1　生产线法（Production Line Approach）

生产线法借鉴了制造业的流水线概念，将服务流程标准化和系统化，目的是提高效率和一致性。在这种方法中，服务被拆分成一系列标准化的任务，每个任务由特定的员工在特定的时间和地点完成。这种方法适用于高度标准化的服务场景，如快餐店、银行柜员服务等，可以大幅提升服务速度和减少人为错误。但它也可能限制了个性化服务的提供，可能不适用于需要高度定制化的服务场景。

6.3.2.2　自助服务法（Self-Service Approach）

自助服务法使客户在服务过程中扮演着更积极的角色，客户自己完成部分或全部服务活动。这种方法的优势在于能显著降低人力成本，提高服务效率，同时赋予客户更多的自主性。典型的例子包括自助结账、在线银行服务、自助餐厅等。然而，自助服务法要求客户具备一定的能力和意愿，否则可能导致客户体验下降。

6.3.2.3 个体维护法（Personal Attention Approach）

个体维护法强调为客户提供高度个性化和定制化的服务，服务提供者通常需要对客户有深入的了解。这种方法在奢侈品零售、高端酒店服务、私人银行服务等领域尤为常见。个体维护法可以极大地提升客户满意度和忠诚度，但相应地，其成本也较高，且对服务人员的技能和素质要求较高。在这种模式下，服务提供者需要能够灵活应对各种客户需求，提供高度定制化的解决方案。

📋 微案例：个体维护法在亚马逊公司中的实际应用

亚马逊（Amazon）是全球最大的电子商务和云计算公司之一，成立于1994年，亚马逊以其庞大的产品种类、便捷的购物体验和强大的物流网络而闻名于世。除了在线零售业务，亚马逊还拥有亚马逊云计算（AWS）等业务部门，提供云端计算、人工智能和物联网等服务。作为一家以客户至上的公司，亚马逊不断创新，为用户提供更加便捷、个性化的购物体验，并致力于成为地球上最注重顾客满意度的公司之一。

在亚马逊公司中，个体维护法主要通过其个性化推荐系统进行具体应用。亚马逊的个性化推荐系统利用大数据和机器学习技术，根据用户的个体偏好和行为历史，为其提供个性化的产品推荐和购物体验。以下是个体维护法在亚马逊公司中的具体应用：

1. 个性化推荐产品

亚马逊根据用户的浏览历史、购买记录、收藏夹和搜索行为等数据，分析用户的个体偏好和兴趣。基于这些数据，亚马逊的推荐系统可以向用户推荐与其兴趣相关的产品，包括商品、书籍、音乐、视频等。

2. 智能推荐算法

亚马逊的个性化推荐系统采用了多种推荐算法，包括协同过滤、内容过滤、深度学习等技术。这些算法能够根据用户的行为和偏好动态调整推荐结果，提高推荐的准确性和用户满意度。

3. 实时更新推荐结果

个性化推荐系统能够实时更新用户的推荐结果，根据用户的行为和偏好动态调整推荐策略。当用户浏览或购买了新的产品，系统会立即更新推荐结果，确保推荐的内容与用户的兴趣保持一致。

4. 个性化页面定制

亚马逊的个性化推荐系统还可以根据用户的兴趣定制个性化的网页内容和页面布局。每个用户登录亚马逊网站时，都会看到与其兴趣相关的推荐产品和内容，提高了用户的浏览和购物体验。

通过个体维护法在个性化推荐系统中的应用，亚马逊能够为每个用户提供定制化、个性化的购物体验，提高用户的满意度和忠诚度，同时也促进了销售额的增长。

（资料来源：笔者整理所得。）

习 题

1. 试分别用一个成功案例或失败案例，分析运营流程设计时考虑某影响因素的重要性。

2. 低标准化小批量的产品是否可以用连续流程进行生产？并说明其理由。

3. 高标准化大批量的产品是否可以采用工艺专业化进行生产？并说明其理由。

4. 请举例说明你对工件在制造流程中的不同移动方式的理解。

5. 举例说明制造业与服务业运营流程设计的区别。

6. 请描述你所熟悉的某组织（如企业、学校或医院）运营流程，分析其现存问题，并试图提出优化建议。

7. 假设你是一家多元化制造企业的战略规划经理，该企业涵盖了从高端电子产品到环保材料的多个产品线。随着市场竞争的加剧和消费者需求的快速变化，公司决定通过优化生产流程以提高效率、降低成本并增强市场竞争力。请运用产品—流程矩阵作为分析工具，识别不同产品线与生产流程之间的最佳匹配，设计并实施一个基于产品—流程矩阵的企业优化策略。

8. 请做下面的2个小实验，看看你是否能通关？

工作研究—程序分析（综合）小实验：

http://121.40.226.140:80/mobile_main.html#/quicklystart/44.

程序分析（生产线优化）小实验：

http://121.40.226.140:80/mobile_main.html#/quicklystart/56.

第7章 工作设计与工作测量

关于工作设计与工作测量的知识图谱

（详见网址：http://t.zhihuishu.com/R47eoAzn）

主案例导入

又到了校招大学生集中入职培训时间。按惯例，J公司人力资源部李部长要把企业生产历史和现状、造船业基本生产特点等向新员工做全面介绍。然后，生产部门各科室负责人将船企多年"蹚过的雷、踩过的坑"毫不隐晦地列举出来，以激发新员工们尽心尽责、精益求精、进取创新的责任和担当。以下是四种有关工作设计和测量的典型案例：

1. 三合一确认缺失导致的切割错误

在切割板材前，对图纸、切割指令和切割板材进行三合一确认是确保切割准确性的关键步骤。这一步骤要求操作人员仔细核对图纸中的尺寸、形状、材质等信息，确认切割指令中的切割参数（如切割线位置、切割顺序等）是否与图纸一致，并检查待切割板材的标识、规格是否与指令和图纸相符。然而，这一步骤往往被忽视或简化，导致 A 板的指令错误地应用到 B 板上，造成割错板材的现象。产生这一问题的根源在于工作设计环节中。一方面，切割作业指导书可能缺乏明确的操作规范和检查要求，导致操作人员对三合一确认的重要性认识不足；另一方面，生产现场缺乏有效的监督和反馈机制，使得操作人员在执行过程中缺乏足够的动力和责任感去严格遵守这一步骤。此外，工作测量方面的不足也使得这一问题难以被及时发现和纠正。例如，缺乏对切割准确率的定期统计和分析，导致问题长期存在而未得到根本解决。

2. 条状材料切割中的自由边缺陷

在条状材料的切割过程中，自由边的处理是一个容易被忽视的环节。自由边是指切割后板材边缘未受约束的部分，由于材料本身的刚性和切割过程中的热应力等因素，自由边往往容易发生变形或产生裂纹等缺陷。为了预防这些问题，操作人员需要在切割前对自由边进行充分的认知和规划，合理设置防变形留点位置。然而，由于对自由边认知的不足和防变形留点位置的不规范，往往容易造成自由边缺陷，增加修补工时和成本。这一问题同样与工作设计和工作测量密切相关。在工作设计方面，切割作业指导书可能缺乏对自由边处理的详细指导和要求，导致操作人员对自由边缺陷的预防和修复方法了解不足。同时，生产现场可能缺乏必要的辅助工具和设备来支持自由边的处理过程。在工作测量方面，缺乏对自由边缺陷的统计和分析，导致问题难以被及时发现和定位，进而影响了后续改进措施的制定和实施。

3. 小部材批量开坡口时的检查流程不足

在船舶制造和钢结构加工中，坡口的开设是连接和焊接两个部件的重要环节。对于小部材的批量开坡口作业，操作人员需要在调整坡口角度后，根据图纸要求优化正反角度的材料分解，并严格按照分解结果进行作业。然而，由于检查流程的不足和操作人员习惯性的影响，往往会造成坡口正反辨别不足、坡口开设错误等问题。在工作设计方面，切割作业指导书可能缺乏对坡口开设过程的详细指导和检查要求，导致操作人员对坡口开设的重要性和规范性认识不足。同时，生产现场可能缺乏有效的标识和记录手段来支持坡口开设过程的跟踪和验证。在工作测量方面，缺乏对坡口开设准确率的统计和分析，导致问题难以被及时发现和纠正。此外，操作人员习惯于随机吊运或拿取材料，也增加了坡口开设错误的风险。

4. 材料分解与集配错误

在切割板材作业中，材料分解和集配是两个紧密相连的环节。先根据图纸和明细表将原材料切割成所需形状和尺寸，然后将分解后的材料按照生产计划和工艺流程进行整理和配送。然而，由于材料分解和集配过程中的信息不一致或传递错误，往往容易造成集配错误，增加翻找甚至补料成本。在工作设计方面，切割作业指导书可能缺乏对材料分解和集配过程的详细指导和要求，导致操作人员对这两个环节的重要性和规范性认识不足。同时，生产现场可能缺乏有效的信息传递和反馈机制来支持材料分解和集配过程的顺利进行。在工作测量方面，缺乏对材料分解和集配准确率的统计和分析，导致问题难以被及时发现和纠正。此外，图纸上缺乏特定标识和优化措施也增加了集配错误的风险。

自 2017 年公司引入精益管理以来，以上这些问题逐一得到显著改善。

讨论题

1.结合 J 公司资料，谈谈企业在工作设计和测量方面曾存在哪些问题。

2.试思考如何解决这些工作设计和测量方面的问题。

相关概念

工作设计（Job Design）

工作设计是指在考虑组织目标、工作流程和员工需求的基础上，对工作任务和职责的系统规划和安排，目的是创造出一个良好的工作环境，既能提高生产效率和服务质量，又能增强员工的满意度和参与感。

工作设计的概念最早可以追溯到工业革命时期，当时的重点是简化任务和提高效率，20 世纪初，泰勒的科学管理理论进一步推动了工作设计的发展，强调用科学方法优化工作过程和提高生产效率。随后，随着人本主义心理学的兴起，工作设计开始重视员工的心理和社会需求，如赫兹伯格的双因素理论、哈克曼和奥尔德姆的工作特征模型等。工作设计的内容包括：

◎任务设计：详细分析每个岗位或角色的具体职责和任务，明确各项工作所需的资源，如在一个生产线上，工作设计可能需要分析每个工位的工作内容、所需时间、操作难度等，以便合理安排员工和工作流程。

◎工作流程设计：设计或优化工作流程，确保工作的连续性和高效性，减少浪费和不必要的环节，如在电商公司的订单处理流程中，可以通过引入自动化工具来优化订单处理流程，减少人工操作，提高处理速度。

◎职责划分：明确各个岗位和个人的责任和权限。如在供应链管理职责中，供应链经理负责整个供应链的规划和协调，确保供应链的高效运作；采购团队负责供应商的开发和管理，以及原材料和物资的采购；仓储管理团队负责仓库的货物管理、库存控制和物流配送。

◎工作环境设计：涉及工作场所的物理布局、设施配备、技术支持以及工作氛围的营造等多个方面，以提高员工的工作效率和满意度。

◎技能和培训：根据工作设计的要求，确定员工所需的技能和知识，并安排相应的培训和发展计划。

工作测量（Work Measurement）

工作测量是指对工作或任务所需的时间、努力、技能和其他相关因素进行量化评估，以便有效地进行工作计划、资源分配和成本控制。常见的工作测量方法包括：

◎测时法（Time Study）：这是对工作过程进行详细观察和分析，以确定完成特定任务所需的时间。

◎预定时间标准（Predetermined Time Standards，PTS）：这是一种基于预设动作时间和标准来确定工作时间的方法。

◎工作抽样（Work Sampling）：这是一种通过随机抽取观察样本来估计整体工作效率的方法。

◎效率评级（Efficiency Rating）：这是一种通过比较实际工作时间和标准时间来评估工作效率的方法。

通过准确的工作测量，企业可以制定更加合理的生产计划和劳动力配置，提高企业的生产率和竞争力。

标准工作时间（Standard Working Time）

标准工作时间也称为工时定额，是劳动定额的一种形式。劳动定额定义了在特定生产技术和组织条件下，生产特定数量产品所需的时间，或在规定时间内应生产的合格产品数量，包括工时定额、产量定额、监督定额和服务定额等多种类型。

这一概念源于泰勒提出的"公平的一天工作量"理论，意味着在优化的操作条件和方法下，一个经过适当训练的普通熟练工人以正常的工作速度完成标准任务所需的时间。其中"优化的操作条件"涉及合理设置的工作场所和环境，"最优的方法"指的是经过标准化的工作程序，"普通熟练工人"是指接受过训练的合格员工，"正常速度"则是指标准的工作效率。因此，制定标准工作时间需以方法研究和工作标准化为基础。

标准工作时间的特点包括客观性、可测性和广泛的适用性，其确定对企业运营管理至关重要。它不仅是决定所需人员和设备数量、规划管理、生产控制、进行经济核算和成本管理的关键，也是实施计件工资制、确定绩效薪酬以及合理安排劳动力、改进工作方法、提升劳动效率的基础。

工作设计、工作测量与运营流程设计一道共同构成企业运营管理的核心内容。工作设计是以任务结构为中心的组织开发技术，旨在实现人员、工作、环境的最佳配合。通过工作测量，可以对工作设计结果进行量化评估，据此来进一步优化工作流程和运营流程，提高工作效率。

7.1　工作设计

7.1.1　工作设计中的工效学应用

工效学也称为人因工程学或人机工程学，综合运用生理学、心理学、卫生学、人体测量等知识，研究生产系统中人、机器和环境之间的相互作用。工效学在工作设计应用中主要包括人体尺寸与工作空间设计、人机界面设计、环境改善、组织工效学四个方面。

人体尺寸与工作空间设计：工效学考虑人体的多样性，设计符合人体工程学的工作站、设备和工具。这包括调整工作台高度、椅子和设备的位置，以及确保工作区域有足够的空间，以减少劳动者的不适和避免职业伤害。

人机界面设计：工效学强调设计直观、易于使用的人机界面。这涉及控制面板的布局、显示屏的可读性和操作过程的简便性，旨在提高工作效率，减少操作错误。

环境改善：工作环境中的光照、色彩、噪音、温度与湿度、空气质量等都会影响员工的健康和工作效率。工效学通过改善这些环境因素，创建一个有利于员工健康和生产效率的环境。

组织工效学：这涉及工作流程、班次安排、工作内容的多样性和工作团队的构建等方面，目的是优化工作组织结构，提高工作满意度和生产效率。

📋 微案例：基于工效学的工作设计方法

一家制造公司引入了新的生产线机器，但工人在操作过程中经常出现误操作和疲劳的问题。为了改善这种情况，公司可以采用基于工效学的工作设计方法。

首先，对工人进行人体工效学评估，了解他们的身体机能和对界面设计的需求。其次，根据评估结果，对机器界面进行改进，使其更符合工人的操作习惯和身体结构。例如，优化按钮的布局和大小，减少信息过载和界面复杂度，提高界面的可用性。同时，还可以调整作业流程，减少不必要的动作和等待时间，降低工人的疲劳程度。通过这些改进措施，可以大幅减少工人的误操作率，提高工作效率，并改善工人的工作体验。

（资料来源：笔者整理所得。）

7.1.2　工作设计中的社会技术理论应用

社会技术理论是由英国的 Eric Trist 团队提出的，强调在工作设计时要同时考虑技术和人的因素。工作设计中社会技术理论的应用主要体现在以下几个方面：

首先，它强调了在设计工作时，需要充分考虑社会因素，如员工之间的关系、团队合作、沟通机制等。这些因素对于工作设计的成功至关重要，因为它们直接影响到员工的工作满意度、工作效率和整体绩效。

其次，社会技术理论也关注技术因素在工作设计中的作用。这包括对工作所使用的工具、设备、软件等的分析和优化，以确保它们能够支持员工高效地完成工作。同时，也需要考虑技术更新和变革对工作设计的影响，以便及时调整和优化设计方案。

最后，社会技术理论还提倡工作设计应促进员工的个人发展和实现自我实现，认为员工不仅是生产要素，也是创新和进步的源泉。这种理念促使组织更加关注员工的职业生涯规划、持续学习和个人成长，以此激发员工的创造力和提升团队协作。

此外，随着技术的快速发展，社会技术理论也强调适应性和灵活性，在不断变化的市场和技术环境中，工作设计需要灵活调整以适应新的挑战和机遇。因此，社会技术理论的应用有助于构建更加人性化、高效和可持续的工作环境。

微案例：基于社会技术理论的员工激励应用

某制造业公司（以下简称 B 公司）面临生产效率低下和员工满意度不高的问题。经过深入分析，公司管理层发现，问题根源在于生产线布局不合理、设备老化以及员工之间的沟通不畅和缺乏参与感。为了解决这些问题，B 公司决定引入社会技术理论，对员工激励和生产流程进行全面优化。

B 公司首先根据社会技术理论，对生产线布局进行了重新规划。通过引入先进的生产线布局理念，如精益生产，减少了物料搬运和等待时间，提高了生产效率。同时，公司对老化设备进行了升级换代，引入自动化和智能化技术，降低了员工的劳动强度，提高了工作安全性。

其次建立了跨部门的沟通机制，鼓励员工提出改进建议和创新想法。通过定期召开员工大会和设立意见箱等方式，收集员工的反馈和建议，增强了员工的参与感和归属感。公司还实施了团队建设活动，如户外拓展、技能培训等，增强了员工之间的沟通和协作能力，提高了团队凝聚力。

再次根据员工的需求和期望，建立了一套多元化的激励机制。除了传统的物质激励（如奖金、福利等）外，公司还注重非物质激励的应用，如表彰优秀员工、提供晋升机会、赋予更多自主权等。公司还引入了员工股权激励计划，让员工成为公司的股东之一，共享公司的发展成果，进一步激发了员工的积极性和创造力。

最后建立了持续改进的机制，定期对生产流程和员工激励措施进行评估和调整。通过收集员工的反馈和建议，不断地优化生产流程和改进激励措施，确保它们能够持续有效地发挥作用。

（资料来源：笔者整理所得。）

7.1.3   工作设计中的行为理论应用

在行为理论中，探究工作动机是核心内容之一，这一理论对于优化工作设计具有极其重要的指导意义。当工作内容单一或者过于专业化时，员工往往感到自己对工作的控制力下降，难以体验到成就和满足感。这种情况常见于流水线作业，这种高度重复、高度专业化的工作容易引发工作倦怠，导致员工对工作的兴趣下降，最终影响工作效果和生产质量。

工作设计中行为理论的应用主要体现在以下三个方面：

7.1.3.1   工作轮换（Job Rotation）

允许员工定期更换职位，但不涉及改变工作的本质结构。这种方法让员工周期性地从一个职位转换到另一个职位，提供了机会让他们适应整个组织的工作流程，并增强了对工作成果的整体理解。通过这种方式，员工从原本只精通单一任务的专家转变为具备多项技能的通才，增强了他们的适应性和面对工作挑战的能力。

7.1.3.2   工作扩大化（Job Enlargement）

增加工作任务的数目或变化性，改善常规性、重复性、简单工作造成的单调乏味状况。通过扩大化，工作任务变得更加多元化，使员工有机会负责完成一项任务的大部分流程，这不仅赋予他们感受工作价值和挑战的机会，还能激发他们对工作的热情和积极性。

7.1.3.3   工作丰富化（Job Enrichment）

给予员工更多的责任，以及更多地参与决策和管理的机会。例如，将生产线工人的职责范围扩展到规划作业、监控生产进度、检验产品以及决策设备的保养和维修等，以此满足员工的个人成长和自我实现需求。工作丰富化旨在提供成就感、责任感和被认可的满足感，相较于工作轮换和工作扩大化，它更侧重于提升工作的深度和质量，满足员工的更高阶需求。

微案例：行为理论在工作设计中的应用

TY 公司为了提高员工的工作积极性和对职业的满意度，决定对工作进行丰富化调整。公司建立了基层小组，小组成员可以布置工作、规定工间休息，甚至决定成员的工资调整（工资不分等级，视工人能掌握多少工种来决定工资的高低）。工作丰富化后，员工的工作积极性和对职业的满意度显著提高。生产效率得到了提升，产量上升，浪费减少，缺勤和流动率都下降。然而，几年后，由于缺乏持续的激励和更新，生产效率以及产品质量出现下滑，因此公司需要不断调整和优化工作丰富化的具体措施，以保持其长期效果。

（资料来源：笔者整理所得。）

7.1.4　工作设计中的团队工作方式

团队工作方式的核心价值在于促进成员之间的互动和协作，通过集体智慧解决问题，激发成员的创造力和积极性，从而达到优化工作效率、提升产品或服务质量、控制成本的目标。在工作设计中，团队工作方式强调设计工作流程时应考虑团队协作的元素，以此激发团队成员的潜能，提高整体工作效能。团队工作方式主要包括问题解决型团队、特定目标型团队、跨职能型团队、自我管理型团队四种形式。

7.1.4.1　问题解决型团队（Problem-solving Teams）

问题解决型团队是一种非正式小组。这样的团队通常由 5~12 名成员组成，成员们可能来自同一部门的不同小组或团队，他们自发组织，目的是协作探讨和解决工作中的具体问题。这些问题包括质量控制、流程优化、设备和工具的改进等。每个成员根据自己的专长和能力承担不同的任务。问题解决型团队工作优势在于促进了团队成员之间的互补和协同，激发员工的创造力和参与感，并针对特定问题开展深入研究。然而，这种团队的局限性在于其非正式性质和建议性角色，如果管理层对团队建议的采纳率低，可能会影响团队的士气和持续性。总的来说，这种团队能够更好地应对复杂问题，提高工作效率和质量。

7.1.4.2　特定目标型团队（Special-purpose Teams）

特定目标型团队或称为专项目标团队，是应对特定挑战或实现明确目标的临时性团队。这些挑战或目标可能包括新产品的研发、新技术的评估和引进，或是解决复杂的劳资关系等关键问题。该团队的成员构成多样，既包括基层员工，也包括具有决策能力的管理人员，这些管理人员不仅能够在团队内部做出关键决策，还能将团队的建议或成果直接上报给公司的高级管理层。特定目标型团队的优点在于能够迅速集中专业知识和资源，直接针对复杂问题或关键项目进行专注和高效的工作，并且能够促进了不同层级员工之间的直接沟通，使得基层员工能够直接对决策过程做出贡献，增加了决策的透明度和员工的参与感。这不仅有助于快速有效地解决问题，也能增强员工对公司目标的认同感和归属感。

📋 微案例：美国开利公司压缩机厂的特定目标式团队

开利公司压缩机厂的产品开发组由一名项目经理、一名市场经理、一名财务经理、一名设计师、一名工艺工程师和 6 名不同工种的工人组成。市场经理与客户签订供货合同，在合同中详细规定所要开发的压缩机的性能要求和质量要求。设计方案要经过小组讨论并利用计算机辅助设计，确定最佳方案。每个人都在其中承担责任：设计师根据各方面的意见使方案更符合客户要求和更切实可行；工艺工程师想办法开发出实用的工艺；工人们根据自己的丰富经验来协助工艺工程师，甚至开发出更合适的工夹具；而市场经理和财务经理则时刻分析所有这些改变是否符合客户和企业利润的要求。项目经理在这里不是拍板者，拍板者是客户要求和企业利润这两个原则。

以往，设计、工艺、生产分别在不同的部门进行，设计师一开始做出的设计方案往往不符合工艺要求，或者即便能达到，也会使生产成本昂贵，不符合财务要求。因此，在设计方案、工艺要求和财务要求甚至材料要求之间，需要有一个反复"磨合"的过程。这个过程的做法是，方案以文本形式在不同部门之间传递，除了当事人要对方案进行修改和提出意见外，文件还需经过本部门负责人（有时可能是两级负责人）的审查和办事小组的传递。在这些修改和审查中，所依据的原则可能根本不是顾客和企业整体的利益，而只是本部门或个人的利益。这个过程可能需要反复传递好几次，时间被拖长一年至几年，甚至不了了之。组成团队式产品开发组后，部门负责人没有了，部门利益也相应地不存在了。项目经理在小组中的角色类似于"教练"，其关注点是把大家的努力引向正确的方向，并不断给这个磨合加点儿润滑油。所有这些都是同步和面对面进行的，借助计算机，小组可以在最短的时间内把开发设计中的各个单项任务集成为一个完整的程序，产品开发时间从过去的两年缩短为几个月。

（资料来源：刘丽文.生产与运作管理（第五版）[M].北京：清华大学出版社，2016.）

7.1.4.3　跨职能型团队（Cross-functional Teams）

跨职能型团队亦称为多功能型团队，汇集了来自组织内不同专业领域或职能部门的员工，他们通常拥有相似的职级结构，协同工作以达成共同的任务和目标。跨职能型团队的建立并非一帆风顺，尤其在初期，其形成过程可能相对缓慢且耗时，因为团队成员必须适应与来自不同背景和专业领域的同事合作，并学习处理多元化的工作内容。由于成员具有不同的专业背景、经验和观点，团队内部可能出现观点和方法上的差异，这就需要有效的沟通和协调机制来管理和解决冲突。跨职能型团队的优势在于能够综合不同领域的专业知识和技能，促进创新和全面的问题解决方案的生成。这种团队促进了跨部门协作，有助于加速知识传递和创新。然而，要充分发挥跨职能型团队的潜力，关键在于建立有效的团队管理和沟通策略，确保团队成员能够在尊重和理解的基础上协同工作，共同推动项目向前发展。

7.1.4.4　自我管理型团队（Self-managing Teams）

自我管理型团队是一种高度自治的团队组织形式，它的出现旨在弥补传统团队管理模式的一些局限性。作为一种正式且持续存在的组织结构，自我管理型团队通常由 10~15 名成员组成，他们一起承担一项较为完整的任务或项目，享有广泛的自主权和决策权。在自我管理型团队中，成员不仅一起开发和实施解决方案，还负责对最终结果承担全责。团队内部无须传统意义上的监督者，成员们自主决定任务分配、工作轮换、进度安排和工作方法等。此外，团队还负责一些通常由管理层承担的职责，如预算管理、采购计划、人员调配和绩效评估等。自我管理型团队的优势不仅能够激发成员的参与感和责任感，还能够提高团队的灵活性和响应速度。然而，这种团队模式也需要成员具备高度的自律性、良好的沟通能力和团队协作精神。因此，为了确保自我管理型团队的成功，组织需要为团队提供必要的资源和支持，并培养一个基于信任和尊重的文化环境。

 微案例：自我管理式团队在制造业和非制造业企业的应用

制造业的一个例子是 IBM 的一个制作微机上的集成电路板的工厂。采用团队方式后，发生的变化是：生产线由 2400 米缩短为 200 米，生产率提高了170%，库存减少了 60%，间接部门的人员从 1100 人减为 414 人，缺勤率减少65%。他们的做法是把工厂分割成块，每块称为一个"block"，每个 block 有 300人左右，为一个大团队，这个大团队采用独立核算制。每个 block 内再分成若干个小组，每组五六人，每人可同时参加几个小组，block 自己决定生产目标，目标又分至每个小组，报酬与工作结果挂钩。

非制造业的一个例子是 AT&T 的一个设备租赁公司。原先 AT&T 的设备租赁业务是交由一家银行去做的，该银行采用一种工作专业化程度较高的方式，即把业务分成三个部分：①处理租赁申请书和审查信用度；②负责签订租赁合同；③处理款项支付业务。这三部分分别在三个不同的部门做。在这种情况下，没有一个部门或一个职员为整个业务负责，他们也看不到他们这部分工作对全局的意义，因此效率低下，平均每项租赁业务的处理时间（即作出最后决策）需要五六天。为了改变这种情况，AT&T 成立了一个租赁公司，这个公司改工作方式为团队工作方式，将员工划分为 10~15 人的小组，每个小组都负责包括上述三部分的完整工作，小组内每个成员都有权利处理一项完整业务，解决一个完整的问题（从接受申请、信用度审查直至合同签订、收回款项）。他们的口号是："谁接电话、谁负责"，这是对他们工作的最概括描述。采用这种方式后，效率提高了近 1 倍，一项决策所需的周期缩短为 1~2 天，他们的年利润额也增加了 40%~50%。

（资料来源：刘丽文．生产与运作管理（第五版）[M]．北京：清华大学出版社，2016．）

7.2　工作测量

工作测量是运营管理中的重要工具，有助于企业优化生产流程、提高工作效率、降低成本，并增强员工满意度。工作测量工作包括以下两个方面：一是确定标准工作时间；二是选择合理的工作测量方法。

7.2.1　标准工作时间的构成

标准工作时间由操作员的观测时间、评价因素和放宽时间三部分构成。

通过直接观察操作员的工作流程来评估标准工作时间是一种常用的方法。然而，仅仅依赖直接观测得到的数据往往是不完整的，还要对观察到的时间数据进行调整和修正，以确保计算出的标准工作时间更加准确、公正和实用。这是因为在实际的工作环境中，许多外部因素和内部变量都可能影响操作员的工作效率和过程的流畅性。例如，新手和经验丰富的操作员在执行相同任务时所需的时间可能会有显著差异；工作环境中的各种干扰，如设备故障、物料短缺或环境噪音，也可能影响操作员的工作效率；操作员长时间的工作会导致疲劳积累，进而影响工作效率。此外，操作员的心理压力、动机和态度等心理因素也会对工作表现产生重要影响。

因此，在确定标准工作时间时，应从多个维度进行综合考量和分析，包括对原始观察数据的统计分析，以及对操作员工作条件、心理状态和任务复杂度等多方面因素的考量。通过这种综合分析，可以更准确地确定标准工作时间，为生产管理和效率优化提供更为可靠的数据支持，如图 7-1 所示。

图 7-1　标准工作时间构成

关于评价因素，其目的是将观察到的实际操作时间调整为一个普通熟练工人在正常工作速度下的时间。这一过程涉及的调整结果通常以评价系数的形式表现，该系数反映了工作时间从实际观察值到标准值的转换比例。

在评价系数测定的方法中，非常著名的是美国西屋电气公司在 20 世纪 30 年代首创的工作评比方法——平准化法（Leveling Method），也被称为西屋法。平准化法主要基于四个关键评比因素：熟练度、努力度、工作环境和作业一致性。每个因素都有六个评级级别，分别是超佳（或理想）、优、良、平均、可、欠佳，每个级别都对应一个具体的评价系数值。在应用这个方法时，观察员需要根据实际观测到的工作情况，对每个评价因素进行等级划分，并确定相应的评价系数。然后，通过综合这些评价系数，计算出一个总的评价系数值，以此来调整观察到的实际操作时间，使其反映一个普通熟练工人在正常速度下的工作时间。

这种评价的设立不仅有助于识别和消除工作中的浪费和非效率因素，在更广泛的应用中，评价因素研究还可以发现人员培训和工作改进的潜在机会，支持工作设计、人力资源管理和绩效评估等多方面的决策制定。

关于宽放研究，主要确定合适的宽放时间或宽放率，以确保工作流程的顺利进行，同时照顾到工作人员的健康和福利。宽放时间是除了直接工作时间之外分配给特定任务的额外时间，用于补偿个体差异、疲劳、个人需要等非工作相关的活动。宽放研究不仅有助于提高工作效率和流程的连续性，还对维护员工的健康和提高工作满意度至关重要。

不同的产品或服务专业化程度和运营流程类型会导致宽放时间的构成存在差异。例如，在那些重复性高、作业量大的流水线作业中，宽放时间主要是为布置工作场地和满足工作人员的休息与生理需要分配的时间，准备和结束阶段所需的时间相对较少，有时甚至可以忽略不计。在成批运营流程和单件运营流程中，宽放时间的构成更为复杂，除了布置工作场地的时间和满足休息及生理需求的时间外，还必须考虑每个批次开始前的准备时间和批次结束后的收尾时间。这些流程通常涉及更多的变动和不确定性，因此需要更多的宽放时间来确保流程的灵活性和效率。

考虑宽放后，标准工作时间调整和修正为：

标准工作时间 = 正常工作时间 + 宽放时间

　　　　　　 = 观测时间 × 评价系数 + 宽放时间

　　　　　　 = 观测时间 × 评价系数 × （1+ 宽放率）　　　　　　（7-1）

7.2.2　工作测量方法

7.2.2.1　测时法

测时法也被称为直接时间研究，一般通过使用秒表或其他计时工具直接测量完成工作任务所需的实际时间。以下是测时法的步骤：

第一步，选择观测对象：这位操作者应该具备适宜的体质、智力和教育背景，他 / 她应该能够使用标准的工作方法、设备、程序、动作和工具，在一个标准的工作环境中以平均速度完成工作。选择的操作者应该具有平均的熟练程度，以避免极端的非熟练或过度熟练情况影响数据。此外，选定的操作者需要能够与观测者协同工作，确保观测过程中心理和操作不受外部因素干扰。

第二步，明确操作方法和工作条件：确定和记录操作方法、使用的材料规格、工艺设备，以及工作环境的各种因素，如温度、照明和噪声等级。

第三步，划分作业操作要素：将整个工作任务细分为基本操作要素，并为每个要素制定详细的测时记录表。

第四步，实施观察并记录时间：在实际工作环境中观察并记录完成每个操作要素所需的时间，通过重复观测，收集数据并剔除明显的异常值，确保数据的准确性和可靠性。

第五步，计算作业的观测时间：对收集的时间数据进行分析，计算出每个作业要素的平均时间，从而得到整个作业的观测时间。

第六步，确定评价系数并计算正常工作时间：根据观测到的工作效率和条件，确定适当的评价系数，用以将观测时间调整至正常工作时间。

第七步，计算标准工作时间：在确定正常工作时间的基础上，进一步确定适宜的宽放时间或宽放率。宽放时间包括为个人需要、疲劳以及其他非生产性活动预留的时间。通过加入宽放时间，计算出最终的作业标准工作时间。

例 7-1：

观测某手机组装的标准工作时间。观测中将该作业分解为五个作业要素进行观测，每个作业要素的观测时间平均值如表 7-1 所示。评价系数为 1.15，个人生理需要时间占正常时间的 4%，疲劳时间占正常时间的 5%，不可避免的耽搁时间占正常时间的 3%。试求该工作的标准作业时间。

表 7-1　某车床加工零件测时记录　　　　　单位：分

工作要素	观测时间平均值	工作要素	观测时间平均值
1. 屏幕装配	2	4. 检验	2.5
2. 电池安装	1.5	5. 包装	1
3. 后盖装配	1		

解：

（1）计算作业观测时间：

作业观测时间 $= 2 + 1.5 + 1 + 2.5 + 1 = 8$（分钟）

（2）计算正常工作时间：

正常工作时间 = 观测时间 × 评价系数 $= 8 × 1.15 = 9.2$（分钟）

（3）计算作业标准工作时间：

标准工作时间 = 观测时间 × 评价系数 ×（1+ 宽放率）

　　　　　　　$= 10.304$（分钟）

7.2.2.2　预定时间标准法系统

预定时间标准法系统（Predetermined Time Standard，PTS）是通过预先设定不同动作的时间标准来规定达到一定效能水平的作业时间，即提前确定完成特定任务所需的时间。与实际观测相比，PTS 是一种更为细致和系统的方法，能为设计工作位置和确定工作方法提供重要依据。

常见的 PTS 系统包括：第一，方法时间测量（Methods–Time Measurement，MTM），它是一种预定时间系统，将任何手工操作分解为更小的基本动作，每个基本动作都有一个预定的时间标准，这些时间值基于大量的运动研究和数据分析得出；第二，工作因素系统（Work–Factor System），这是另一种 PTS 系统，它考虑了动作的控制程度、力量、距离等因素来预订时间，与 MTM 类似，它也通过分析基本动作来确定任务的时间标准；第三，基本动作时间研究（Basic Motion Time Study，BMTS），它是一个相对简化的系统，提供了一组基本动作的标准时间，用于快速估计简单任务的时间需求。

PTS 的应用步骤包括：第一步，分解任务，将待分析的工作任务分解成一系列基本动作或元素；第二步，选择时间标准，即根据分解后的动作选择对应的预定时间值，这些值通常来源于 PTS 系统的标准数据表；第三步，计算时间，将所有相关动作的预定时间值相加，得到完成整个任务所需的总时间；第四步，添加宽放时间，即根据工作条件和操作者的特点，加入适当的宽放时间来确定最终的标准时间。

PTS 方法的优点：提供一种快速、准确的时间测定方法，无须等待实际操作的完成，有助于提前规划和成本控制；有助于标准化操作流程，减少作业方法的差异。该方法也存在局限性：需要专业知识来准确应用不同的 PTS 系统，对于非标准化或高度创新的任务，可能难以找到匹配的预定时间标准，也可能不如实际时间研究那样灵活，难以适应现场的具体变化。

7.2.2.3　模特法

模特法通常用于工业工程和人因工程领域，是一种通过模拟或示范来研究和分析工作方法及操作时间的技术。在这种方法中，一个经验丰富的模特（通常是一名熟练工人或专家）会执行特定的任务，而研究人员则观察、记录并分析这些任务来发现改进的机会或确定任务的标准时间。模特法的主要步骤如下：

第一步，任务选择和准备：选择要分析的任务，并确保模特对所执行的任务充分了解，准备所有必要的工具和设备。

第二步，模拟或演示：模特在实际工作环境中模拟或演示任务。这应在正常的工作条件下进行，以确保数据的真实性和可靠性。

第三步，观察和记录：研究人员仔细观察模特的工作过程，记录关键的操作步骤、时间、使用的工具和设备，以及可能影响效率和效果的任何因素。

第四步，分析和评估：分析记录的数据，评估操作方法的效率，识别任何可能的浪费或非价值添加活动，并探索潜在的改进机会。

第五步，时间测定：根据观察和分析结果，确定任务的标准时间。这可能包括对模特演示时间的直接测量或使用预定时间标准法（PTS）进行估算。

第六步，验证和调整：对改进后的方法进行验证，确保它们可行且效果良好。必要时进行调整，以进一步优化工作流程。

模特法不仅限于传统的制造或生产环境，还广泛应用于服务业、医疗保健和其他领域。该方法的优点在于：提供直观的操作方法分析，有助于识别不必要的动作和改进机会；利用经验丰富的操作者可以确保分析的准确性和实用性。其局限性在于：对模特的依赖性较高，如果模特的选择不当，可能会影响结果的准确性和通用性；在一些情况下，模特可能会知道自己被观察从而改变自然的工作方式，影响数据的真实性；不太适用于高度自动化或机器人化的环境，因为这些环境中人的直接参与较少。

7.2.2.4　工作抽样法

工作抽样法（Work Sampling Method）也称为活动抽样或随机观察法，是一种用于评估工作过程、员工效率、机器使用率等的统计技术。这种方法不需要连续观察，而是在随机选定的时刻对工作场所或工作人员进行观察和记录，从而推断整个工作周期的工作特性和性能指标。工作抽样法的基本步骤包括：

第一步，定义目标和活动类别：明确要观察的工作或活动，定义并分类不同的工作活动或状态（如工作中、休息、等待材料、机器故障等）。

第二步，确定抽样计划：基于研究目标和所需精度确定抽样的频率和总次数，在观察期内随机确定抽样时刻。

第三步，实施抽样：在预定的抽样时刻对指定的工作站或人员进行观察，记录当前进行的活动或状态。

第四步，数据分析：根据收集的数据，计算各类活动的比例，并推断整个观察期内的活动分布，可以通过统计方法进行，以提供工作效率、设备利用率等指标的估计值。

第五步，报告和应用：分析结果用于识别改进的机会，提高工作流程的效率，优化资源配置，或改善工作条件。

工作抽样法可以应用于多种类型的工作和作业环境，包括生产线、办公室、服务行业等。抽样法的优点：不需要连续观察，节省了大量时间和资源；可以同时对多个工作站或员工进行评估；随机抽样减少了偏见和误差，提高了数据的代表性和可靠性。该方法的缺点：抽样法得到的是平均结果，无法反映个别差异或特殊情况。例如，对于某些需要精确测量时间或效率的工作，工作抽样法可能无法提供足够的细节信息。

例7-2：

某公司主营业务为高性能发动机和其他机械组件的生产。该公司在生产线上使用了多台关键机器，这些机器的高效运转对于保持生产效率和满足订单需求至关重要。近期，公司注意到其中一台被称为"主加工中心"的关键机器存在频繁停工的问题，这直接影响了生产线的整体效率。

为了精确评估这台机器的停工问题，并制订相应的维护计划，公司决定采用工作抽样法来监测和分析机器的停工率。他们原先的估计是该机器的停工率约为30%。为确保所得数据的准确性和可靠性，公司设定了要求结果的相对误差必须在10%以内，并希望达到95%的置信水平。根据这些要求，统计团队预先计算确定需要至少进行1500次观测。

然而，在实际监测过程中，为了增强结果的可靠性，公司进行了1800次观测。观测结果显示，这台机器在这1800次观测中有500次处于停工状态，计算得出的停工率约为28%。

当前的任务是，分析这一实际观测结果是否满足最初设定的误差要求，即检查实际停工率的置信区间是否能够保持在原估计停工率（30%）的±10%的范围内，从而为公司提供是否需要调整维护策略的数据支持。

解： 根据题意，停工率为 $P=0.28$，运作率为 $1-P=0.72$，实际观测的次数为 $n=1800$，根据相对误差公式得：

$$S = 2\sqrt{\frac{1-p}{np}} = 2 \times 2\sqrt{\frac{0.72}{1800 \times 0.28}} = 0.075 < 10\%$$

因此满足预订的要求。

如可靠度为 95%，要求相对误差在 5% 以内。当进行工作抽样时，先做 100 次的预备观测以调查机器的空闲率 P，结果发现有 25 次停止，求需要观测多少次？

解： 根据题意，停工率为 $P=0.25$，运作率为 $1-P=0.75$，误差为 $S=5\%$，则有：

$$n = \frac{4(1-p)}{pS^2} = \frac{4 \times 0.75}{0.25 \times 0.05^2} = 4800 \text{（次）}$$

习　题

1. 运用真实企业案例，说明工作设计中的相关理论应用，并试图提出优化建议。

2. 如何理解工作设计中不同团队工作方式，请分别说明其优势和实施条件。

3. 请结合第 3 章主案例导入，分析其采用团队工作方式的原因。

4. 如何测算标准工作时间，请运用真实案例来说明。

5. 分别举例说明各种工作衡量方法是如何实施的，并指出各存在哪些不足。

6. 通过测时法已获得某工序的实测作业时间为 2.8 分钟，工作评价系数为 105%。另外从标准资料中获得该工序的作业宽放率为 12%，个人需要宽放率为 4%，工序的准备与结束时间为 20 分钟，该工序的加工批量为 20 件。试计算该工序单件时间及一批零件的时间定额。

7. 某车间用工作抽样法观测某班组的工作情况。该班组有 8 名员工，工作比率为 80%，规定的可靠度为 95%，绝对精度为 ±2%，准备每天观测 9 次。计算实际的观测次数和所需要的观测天数。

8. 请做下面的 2 个小实验，看看你是否能通关？

工作研究—程序分析（记录）小实验：

http://121.40.226.140:80/mobile_main.html#/quicklystart/42.

工作研究—程序分析（优化）小实验：

http://121.40.226.140:80/mobile_main.html#/quicklystart/43.

第

3

篇

运营系统运行与控制

第8章 生产计划

🎯 **学习目标**

1. 理解企业生产计划体系层次和内在逻辑。
2. 熟练掌握并能运用制造型企业制订综合生产计划的主要策略和方法。
3. 掌握企业主生产计划的计算方法。
4. 了解企业制订物料需求计划的步骤。
5. 理解企业制订生产作业计划的主要方法。
6. 掌握并能运用服务型企业生产计划制订方法。
7. 理解生产计划中诚信守责的职业素养与精益管理的工匠精神。

📖 **关于生产计划的知识图谱**

（详见网址：http://t.zhihuishu.com/Ey2eM0NN）

🔍 **主案例导入**

J公司制造本部负责生产计划的蔡主管在任职期间，常常处于高度紧张状态，一些突发状况会严重干扰生产节奏。

在一次关键船体分段焊接作业中，一台大型自动化焊接设备突发故障，尽管企业迅速组织了专业维修团队进行抢修，但设备故障导致了一周的生产空白期，而且焊接作业处于关键生产路线上，此次设备故障造成后续作业包括焊接质量检测、补焊在内的工作被迫推迟，差点影响产品的按约交付。

2015年在一艘集装箱船的建造过程中，原计划于年初开始船体结构的焊接工作，因国际物流运输受阻的传导效应，原定于第一季度到厂的船体结构用钢材，直到第二季度末才陆续到货。这一原材料的严重拖延直接导致了后续焊接、组装等工序的延后，整个生产线的节奏被打乱，原计划的生产进度被迫大幅调整。

船舶制造是一个高度依赖专业技能和团队协作的行业，有一次由于企业内部的人员调整，原本负责关键工序的技术团队被部分替换，新团队在熟悉生产流程、掌握技术细节方面需要时间，这不仅降低了生产效率，还增加了质量风险。此外，人员变动还导致了团队沟通成本的增加，甚至影响了生产计划的顺利执行。

经历了生产中的多次危机与教训，J公司核心领导层充分认识到完善生产计划管理的迫切性，携手行业巨擘川崎重工，启动了生产计划的全面革新。首先收集并分析各道工序的实际生产能力，其中包括设备的工作效率、工人的技能水平以及特定工艺条件下的生产周期等。在此基础上，根据产品设计图纸，明确各工序之间的先后次序和依赖关系，确保生产流程的连贯性和高效性。然后根据下游工序或最终交付的需求时间，采用逆向推理的方法，即"倒排"生产计划，从最终产品的交付日期开始，逐步向前推算出每一道工序的起始时间和完成时间，从而形成一个既符合逻辑又紧密相连的生产计划网络。

之后企业对于各道工序的能力和周期的认知日益精确，对后道需求时间的预测也相对更加稳定。这种基于数据和事实的决策方式，极大地提高了生产计划的准确性和可执行性。此外，J公司投资建成"船舶建造生产管控平台"，实现了生产信息的实时监控和共享，为生产计划的制定和执行提供了有力支持。凭借对蓝海市场的敏锐洞察与勇于开拓的先锋精神，J公司逐渐在国内船舶制造领域建立了稳固的市场地位，随后企业便踏上开拓国际市场的新征程。

讨论题

1. 结合J公司资料，谈谈影响企业生产计划推进的主要因素。
2. 请思考制订生产计划可能存在哪些关键点？

相关概念

综合生产计划（Integrated Production Planning）

综合生产计划是指企业在充分考虑各种资源（如原材料、生产能力、人力资源、设备调配等）的情况下，对产品或服务进行规划、安排和控制的过程。这种计划主要关注总体的产出内容、预期的产出量、所需劳动力、设备调配、原材料采购及库存投资等，但不涉及具体产品的生产数量、具体的生产时间，或是分配给每个车间和个别员工的详细任务。

综合生产计划的核心目的是在给定的计划期内（通常为 1 年或更长时间），以最少的成本实现企业的能力资源和市场需求之间的平衡。这要求企业不仅需要考虑市场需求和产能，还需要关注成本控制、生产效率、客户满意度以及供应链的正常运作。

主生产计划（Master Production Schedule）

主生产计划是企业生产管理中的核心和关键部分，它定义了在特定时间段内需要生产产品的类型、数量以及生产时间表，即详细规定了生产什么、生产多少、什么时段产出。主生产计划是一种先期生产计划，它给出了特定的项目或产品在每个计划周期的生产数量。这是一个实际的详细制造计划，力图考虑各种可能的制造要求。它根据客户合同和预测，把销售与运作规划中的产品系列具体化，确定出厂产品，使之成为展开 MRP（物料需求计划）与 CRP（细能力计划）运算的主要依据。

对比来看，综合生产计划更侧重于长期的、宏观的生产规划，而主生产计划则更侧重于短期的、具体的生产安排。

物料需求计划（Material Requirements Planning）

物料需求计划是基于市场需求预测和顾客订单制订产品的生产计划，然后基于产品生成进度计划，组成产品的材料结构表和库存状况。通过计算机的计算，MRP 可以确定所需物资的需求量和需求时间，从而确定材料的加工进度和订货日程。

MRP 主要内容包括客户需求管理、产品生产计划、原材料计划以及库存记录。其中客户需求管理是结合实际的客户订单数与科学的客户需求预测，可以得出客户需要什么以及需求多少。合理的 MRP 能保证生产所需的所有物料能够按时到达生产线，确保企业准时交付产品，同时，通过精确计算物料需求，可以帮助企业进行批量采购决策，避免过度购买或频繁下单。

生产作业计划（Production Scheduling）

生产作业计划是基于主生产计划进一步细化，通常涉及短期内的生产执行计划，协调企业日常生产活动的中心环节，主要任务包括生产作业准备的检查、制定期量标准、生产能力的细致核算与平衡等。

生产作业计划具有以下三个方面的显著特点：

第一，计划期短。生产计划的计划期常常表现为季、月，而生产作业计划详细规定月、旬、日、小时的工作任务。

第二，计划内容具体。生产计划是全厂的计划，而生产作业计划则把生产任务落实到车间、工段、班组、工人。

第三，计划单位小。生产计划一般只规定完整产品的生产进度，而生产作业计划则详细规定各零部件，甚至工序的进度安排。

生产作业计划的作用在于，一方面联系各个生产环节，组织日常生产活动，落实企业内部经济责任制；另一方面建立正常生产秩序，保证均衡生产，取得良好经济效益。

服务能力（Service Capacity）

服务能力是指服务型企业在特定时间段内，利用现有资源（如人力、设备、空间等）所能提供的最大服务量。其核心是平衡供需关系，确保在需求波动下高效利用资源，同时避免能力过剩或不足。例如，医院的服务能力表现为床位数量、手术室排期、医生接诊量，航空公司的服务能力表现为航班座位数、机组人员配置、行李处理能力，教育机构的服务能力表现为教室容量、教师课时安排、在线课程并发量。

服务能力测量常见的指标有：

◎物理容量（Physical Capacity）：是基于物理设施或空间的服务承载能力，又可用静态容量和动态容量来测量。静态容量直接统计物理设施数量，如酒店房间数、餐厅座位数。动态容量：结合周转率计算单位时间内的服务量，公式：动态服务量 = 物理容量 × 单位时间周转次数。

◎时间容量（Time Capacity）：是基于时间资源的服务能力，即单位时间内可完成的服务次数，公式：时间容量 = 单次服务耗时 / 可用服务时间，比如，医生每日可接诊的患者数。

收入管理（Revenue Management）

收入管理最初被称为收益管理（Yield Management），是指通过对不同时间段内不同顾客群体采取差异化的产品或服务定价，来实现收入或利润最大化。收益管理是一种复杂的计划策略，这种管理策略的起源可以追溯到 20 世纪 70 年代末和 80 年代初，当时美国政府撤销了对机票价格的控制，允许航空公司自主定价。在这种新的市场环境中，收益管理系统开始发挥关键作用。

美国的航空公司纷纷引入了先进的售票系统，这些系统会实时监测机票的预订情况和市场需求，使得航空公司能够根据市场需求的实时变化调整票价和飞行路线。这样的实时价格调整机制使航空公司能够在保证上座率的同时，实现利润最大化。通过这种方式，航空公司不仅能够更有效地管理收入，还能更灵活地应对市场的波动和变化。

可见，收入管理有三大核心目标：

◎优化资源配置，在固定资源下实现收益最大化；

◎平衡供需关系，通过价格调整平滑需求波动；

◎提升顾客价值，通过差异化定价满足不同顾客群体的需求。

8.1 制造业生产计划

生产计划能够帮助企业合理安排人力、原料、机器等资源的使用，减少无谓的工序延误和避免资源浪费。同时有效的生产计划还可以使企业能快速响应市场变化，根据需求增加或减少时能迅速调整产量，确保产品质量和准时交付。

从完整意义上讲，企业生产计划体系由运营能力规划、需求预测、综合生产计划、主生产计划、物料需求计划、作业计划等构成，是以生产过程中的信息反馈为基础的具有一定层次的复杂系统，如图 8-1 所示。企业首先根据市场需求和科技开发产品并选择工艺，其次根据所开发的产品要求对企业运营能力作出规划，再次结合需求管理和资源管理编制综合生产计划，最后把综合生产计划分解为主生产计划，在库存管理基础上制订物料需求计划，并把物料需求计划分解为作业计划。

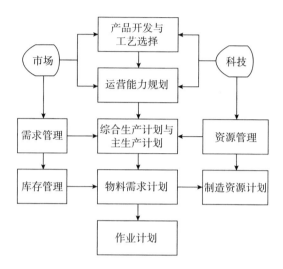

图8-1　生产计划的层次关系

生产计划是企业资源计划（Enterprise Resource Planning，ERP）的重要组成部分。ERP是为生产计划的制订、执行和监控提供了强大的支持。它不仅仅是一个软件，更重要的是一个管理思想，为企业决策层及员工提供决策运行手段的管理平台。ERP涵盖了财务、销售、采购、库存、生产、人力资源等企业生产中的各个方面，实现了企业内部资源和相关外部资源的整合。在ERP中，生产计划控制系统（MPS）占据了相当重要的地位，它主要是帮助企业规划业务和生产相关过程的一种系统。MPS是ERP中运营的一个分支，让企业在满足客户需求和企业利益的前提下更好地管理自己的流程和资源。

8.1.1　综合生产计划

8.1.1.1　编制综合生产计划的策略

（1）追随需求策略。这种策略的目标是直接响应市场需求变化，通过调整生产量来匹配需求。通常适用于需求波动大或产品生命周期短的行业。例如，快时尚品牌使用追随需求策略来响应快速变化的时尚趋势和消费者偏好。通过其高度灵活的供应链，能够在几周内设计、生产并上架新款服装，从而确保生产与实际需求紧密对应，减少库存积压。

（2）稳定生产策略。此策略旨在保持生产活动的一致性，无论需求如何变化，生产量都保持恒定。这有助于优化生产运营和降低成本。巧克力等大型食品公司往往采用稳定生产策略，因为他们的产品需求相对稳定，通过平稳生产可以最大化生产效率，保持持续的生产线运行，降低单位产品成本。

（3）混合策略。结合追随需求和稳定生产策略的优点，根据市场需求的季节性或其他因素调整生产量。大型家电制造商在一年中的不同时间可能会采用不同的生产策略。例如，在需求高峰期（如假日前后），可能采用追随需求策略增加生产，而在需求稳定时采用稳定生产策略。

（4）应对非均匀需求策略。第一，库存策略调整：采用先进的库存管理技术，如安全库存、动态再订货点策略或周期性审查策略，来确保在需求变化时，库存水平能够满足客户需求而不致过剩。第二，灵活的人力资源管理：调整工作班次、引入临时工或采用多技能员工战略，以便在需求高峰期增加生产能力，在低需求期则减少资源浪费。第三，价格策略：利用动态定价策略来调节需求，如在需求高峰期提高价格，在需求低谷期降低价格或提供促销活动。第四，产品和服务多样化：通过提供多样化的产品或服务来平衡需求，吸引不同的客户群体，降低单一市场需求波动的影响。第五，容量调整：在可行的情况下，调整生产设施或服务容量以适应需求波动，如增加额外的生产线或扩展服务设施。第六，外包和资源共享：在需求高峰期，通过外包或与其他企业共享资源来满足额外的需求，同时避免长期资源过剩。

8.1.1.2　编制综合生产计划的方法

（1）盈亏平衡法。盈亏平衡分析又称为保本点分析或量本利分析法，是根据产品的业务量（产量或销量）、成本、利润之间的相互关系的综合分析，寻找使销售收入能覆盖生产经营成本所必需的最低生产或销售水平，即盈亏平衡点。主要的计算公式如下：

1）盈亏平衡点的产量。

通过总收入 = 总成本，可得：

$$PQ = F + CQ \tag{8-1}$$

则盈亏平衡点的产量为：

$$Q^* = F / (P - C) \tag{8-2}$$

2）盈利时（利润 L）的产量。

通过总收入 = 总成本 + 利润，可得：

$$PQ = L + F + CQ \tag{8-3}$$

则盈利时（利润 L）的产量为：

$$Q' = (F + L) / (P - C) \tag{8-4}$$

其中，Q 为产品的生产数量；P 为产品销售价格；F 为产品固定成本；C 为产品单位变动成本；L 为产品的利润。

例8-1：

某企业计划明年生产某产品，销售单价为 2 元／件，单位产品的变动费用为 1.5 元。全年固定费用为 2000 元。确定该批产品的产量达到多少时才不会亏损？如果明年目标利润为 500000 元，产量指标应确立为多少？

解：

（1）盈亏平衡点的产量 = 固定费用／（产品单价－单位产品变动费用）

$$= 2000 / (2-1.5)$$
$$= 4000（件）$$

即明年计划产量应当达到 4000 件，企业才不会亏损。

（2）目标产量 =（利润＋固定费用）／（产品单价－单位产品变动费用）

$$=（500000+2000）/（2-1.5）$$
$$= 1004000（件）$$

如果明年目标利润为 500000 元，产量指标应确立为 1004000 件。

（2）线性规划法。线性规划是一种优化方法，适用于资源受限的条件下，帮助企业在多个生产选择之间做出最优决策。它能够考虑多种限制因素，如原材料、人力、生产能力等，以达到最大化利润或最小化成本的目标。

典型的线性规划模型为：

目标函数：$(\min)\max Z = c_1 x_1 + c_2 x_2 + \cdots + c_n x_n$

约束条件：
$$\begin{cases} a_{11}x_1 + a_{12}x_2 + \cdots + a_{1n}x_n \leqslant (=, \geqslant) b_1 \\ a_{21}x_1 + a_{22}x_2 + \cdots + a_{2n}x_n \leqslant (=, \geqslant) b_2 \\ \cdots\cdots \\ a_{m1}x_1 + a_{m2}x_2 + \cdots + a_{mn}x_n \leqslant (=, \geqslant) b_m \\ x_1, x_2, \cdots, x_n \geqslant 0 \end{cases}$$

模型主要由目标函数与约束条件两部分构成。根据现实情况，目标可以为求利润最大化（max）或者求成本最小化（min）。其中，$c_j (j = 1, 2, \cdots, n)$ 为价值系数，$b_j (j = 1, 2, \cdots, m)$ 为资源系数，$a_j (j = 1, 2, \cdots, n)$ 为技术系数，$x_j (j = 1, 2, \cdots, n)$ 为需要求解的变量。下面以例题说明线性规划法的应用。

例8-2：

某工厂在计划期内安排生产Ⅰ、Ⅱ两种产品，已知生产单位产品所占用的设备 A、设备 B 的加工时间、原材料的消耗及两种产品每件可获利润如表 8-1 所示。工厂想获得最大利润，请问两种产品应该生产多少。

表 8-1　每件产品可获利润表

指标	Ⅰ型号产品	Ⅱ型号产品	资源总量
设备 A（小时）	1	2	27
设备 B（小时）	0	2	24
原材料（千克）	4	2	60
利润（元）	60	80	

解：（1）设Ⅰ、Ⅱ两种产品的数量分别为 x_1 和 x_2；

（2）由于是求利润最大化，因此目标函数为：

$\max Z = 60x_1 + 80x_2$

（3）根据资源的信息，得出约束条件为：

$$\begin{cases} x_1 + 2x_2 \leqslant 27 \\ 2x_2 \leqslant 24 \\ 4x_1 + 2x_2 \leqslant 60 \\ x_1, x_2 \geqslant 0 \end{cases}$$

（4）由于仅有两个变量，因此利用图解法对上述问题进行求解。

（5）从图 8-2 可以看出，最优解为（11，8），则最大利润为 1300 元。

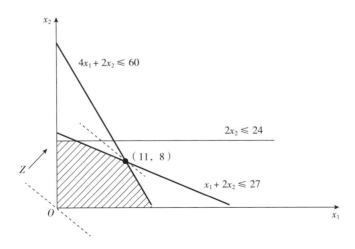

图 8-2　图解法示意图

8.1.2　主生产计划（MPS）

8.1.2.1　制定 MPS 程序

制定 MPS 程序通常涉及多个步骤，以下是一个典型的制订主生产计划的程序：

第一，收集需求信息和数据：收集销售订单、预测需求、市场趋势等信息，了解未来一段时间内产品的需求情况。获取物料需求计划（MRP）和资源可用性信息，包括原材料、零部件、人力、设备等资源的可用性和供应情况。

第二，分析需求和资源：对需求数据和资源情况进行分析，评估生产能力和资源瓶颈。确定产品的优先级和关键约束，考虑客户优先订单、库存策略等因素。

第三，制订初始计划：根据需求分析和资源评估，制订初始的主生产计划，确定每种产品在每个生产周期内的生产数量和时间安排。考虑生产批量、生产周期、生产线平衡等因素，平衡生产能力和需求之间的关系。

第四，评审和调整：将初始计划提交给相关部门进行评审，包括销售、生产、采购、物流等部门。根据评审结果和反馈，调整主生产计划，确保各方面的可行性和协调性。

第五，确定最终计划：在评审和调整的基础上确定最终的主生产计划，并获得相关部门的批准和确认。确定生产周期、生产数量、生产时间表等详细信息，并进行最终确认。

第六，实施和监控：根据最终的主生产计划，启动生产活动，监控生产进度和生产效率。不断地收集生产数据和反馈信息，及时调整主生产计划，以应对生产过程中的变化和挑战。

第七，定期审查和更新：定期审查主生产计划的执行情况和效果，分析生产绩效和效率。根据审查结果和市场变化，及时更新主生产计划，以保持适应性和灵活性。

通过以上步骤，企业可以制定出符合实际情况的主生产计划，有效地组织和管理生产活动，满足市场需求，提高生产效率和竞争力。

8.1.2.2　MPS 的输入和输出

当制定 MPS 时，通常需要考虑以下输入、计算和输出，输入的主要内容如下：

（1）销售订单和需求预测：从销售部门获取的实际销售订单和市场需求预测，这些信息提供了产品的实际需求量和未来预期销售量。

（2）MRP：MRP 系统生成的物料需求计划，包括各种原材料和零部件的需求计划，指导主生产计划中所需物料的数量和时机。

（3）生产资源情况：包括生产设备的容量、人力资源、工时、生产线平衡等信息，这些资源的可用性对主生产计划的制订具有重要影响。

（4）生产策略和约束条件：如生产批量、库存策略、交货时间、客户优先级等，这些约束条件影响着主生产计划的制订和调整。

输出的内容主要包括：

（1）主生产计划表。包括每种产品在每个生产周期内的生产数量、生产时间表、生产顺序等详细信息。

（2）生产指令。根据主生产计划，生成具体的生产指令，包括工单、作业指导书、生产任务单等，指导生产现场进行实际生产活动。

（3）资源需求计划。根据主生产计划，生成相应的资源需求计划，包括对原材料、零部件、人力、设备等资源的需求量和时机。

（4）生产进度跟踪和监控。主生产计划还提供了生产进度跟踪和监控的依据，可以随时了解生产活动的执行情况，及时调整和优化生产计划。

8.1.2.3 MPS 的计算方法

MPS 主要涉及生产量计算、生产时间安排、资源分配和调度等。对于生产量、资源分配和调度的分析，使用较为广泛的是盈亏平衡分析法以及线性规划法，前文已经作了介绍。这里主要介绍 Johson 规则，一种分析产品生产时间安排的有效方法。

Johson 规则是一种进行作业排序的技术，用于解决多种零件在两台设备上加工的排序问题，使得总加工时间最短。主要步骤如下：

第一步，从加工时间中找出最短的加工时间。

第二步，如果最短时间出现在第一个设备中，则零件优先排序；如果出现在第二个设备中，则零件靠后加工。

第三步，重复第一步骤和第二步骤，对剩下的零件进行排序。

下面通过例题说明 Johson 规则的具体应用。

例 8-3：

设有六种零件在 A、B 两个机床上加工，工艺顺序均为 A → B，各机床仅有一个。各零件在各个机床上加工的时间如表 8-2 所示，怎样安排加工顺序使总流程时间最短？计算最短总流程时间。

表 8-2 各零件在 A、B 机床上的加工时间

指标	J1	J2	J3	J4	J5
t_A	5	1	8	7	4
t_B	7	2	2	6	7

解：

按照 Johson 规则，首先确定各零件的加工顺序，如表 8-3 所示。

表 8-3　各零件在 A、B 机床上的加工顺序

指标	J2	J5	J1	J4	J3
t_A	1	4	5	7	8
t_B	2	7	7	6	2

其次，将完工时间标记在每个加工时间的右上角，如表 8-4 所示。

表 8-4　各零件在 A、B 机床上的完工时间

指标	J2	J5	J1	J4	J3
t_A	1^1	4^5	5^{10}	7^{17}	8^{25}
t_B	2^3	7^{12}	7^{19}	6^{25}	2^{27}

最后，算出加工的总时间为 27。

8.1.3　物料需求计划

企业运营管理中编制物料需求计划（MRP）主要包括以下几个步骤：

第一步，分析产品结构。通过物料清单（Bill of Materials）了解产品由哪些零部件、原材料所构成，以及它们之间的关系和需求量。物料清单详细列出了制造产品所需的所有材料、零部件和组件，以及它们之间的数量关系。

第二步，检查库存。根据库存记录，了解生产产品所需物料的现有库存量。这包括原材料、半成品和成品等。

第三步，计算物料需求。根据主生产计划和物料清单，计算出所需物料的需求量。这通常涉及将产品需求量转化为零部件和原材料的需求量，并考虑库存水平、安全库存、在途物料等因素。

第四步，制订采购计划。根据物料需求和库存情况，制订采购计划。这包括确定采购时间、数量、供应商等。采购计划应确保物料在需要时能够及时供应，同时避免过多的库存积压。

第五步，监控和调整。在实施物料需求计划过程中，需要实时监控生产进度、库存变化等因素，并根据实际情况对计划进行调整。例如，当市场需求发生

变化时，可能需要调整主生产计划，从而相应地调整物料需求计划。

MRP 系统是一个计算机辅助的生产计划和物料控制系统，旨在帮助企业准确预测和管理物料需求，实现生产计划和库存的有效控制。MRP 系统还可以协助企业优化采购和供应管理流程，根据实际需求量和交货时间合理安排采购和供应活动，降低采购成本和提高供应效率。同时，通过与供应商、分销商和其他相关方的信息共享和沟通，确保各方对物料需求的准确理解，避免误解和误操作。

微案例：MRP 系统的应用

福特汽车公司，MRP 系统是核心的生产工具。考虑到汽车制造需要大量的组件和复杂的组装工序，MRP 系统可以帮助企业精确控制从小螺丝到复杂发动机的每一项物料需求，确保生产流程顺畅，并降低由于物料短缺或过剩导致的成本浪费。

苹果公司在生产如 iPhone 或 MacBook 等产品时，利用 MRP 系统来管理数千种不同的电子组件。MRP 系统帮助苹果精确预测每一款产品的物料需求，调整生产计划以适应新产品发布和旧产品淘汰的周期性变化。

大型食品生产公司，如可口可乐使用 MRP 系统来确保瓶装和包装材料按时供应，特别是在需求高峰期如夏季或节假日前。MRP 系统帮助可口可乐维护足够的库存水平，同时避免过期食品和原料的浪费。

（资料来源：笔者整理所得。）

8.1.4 生产作业计划

生产作业计划的方法主要包括以下几种：

8.1.4.1 标准计划法

主要适用于大量流水生产和稳定成批生产类型的班组。在大量流水生产中，流水线上每天的生产任务，车间下达的月、旬（周）生产作业计划已有明确规定，并编制成标准计划，可重复使用，不需要编制班组的工作计划。对于稳定成批生产类型的班组，其工作计划也可采用标准计划法进行确定。

8.1.4.2 定期计划法

主要适用于生产任务不稳定的大量生产和成批生产类型的班组。每隔一定时间（月、旬或周）规定一次工程内容的工序作业进度或零件的工序加工进度和设备的负荷进度。所隔时间长短取决于生产稳定程度、复杂程度和施工内容各个环节的衔接配合程度。

8.1.4.3 临时派工法

根据生产任务、生产准备情况及各工作地的负荷情况，随时把生产任务下达给各个工作地。这种方法更适用于生产任务灵活、变化大的情况。

8.1.4.4　看板生产法

看板生产法又称为看板法或拉动系统（Pull System）。通过使用看板（通常是卡片或电子标签）来传达生产指令和物料需求信息。看板系统确保在正确的时间将正确数量和正确种类的物料送达正确的地点。它有助于减少库存和浪费，同时提高生产效率。

8.1.4.5　在制品定额法

根据生产计划的要求将预先制定的在制品定额与预计可能结存的在制品数量作比较，使期末在制品数量保持在规定的定额水平上，并据此来规定各车间的生产任务。这种方法适用于大批量生产的企业。

8.1.4.6　提前期法

提前期法又称累计编号法，根据生产计划的要求和预先制订的提前期来规定各车间的某种产品的装配生产提前完成的产量。它通常用累计编号来表示投入出产的产量任务。这种方法通常用于多品种成批生产的企业。

8.1.4.7　生产周期法

根据产品的生产周期来安排生产计划。生产周期是指从原材料投入生产开始，到产品完工入库为止的全部日历时间。

选择哪种生产作业计划方法取决于企业的生产类型、生产稳定性、生产复杂性、产品多样性等因素。在实际应用中，可能需要结合多种方法来满足企业的生产需求。

8.2　服务业生产计划

8.2.1　服务业生产计划的特点

服务型企业制订的生产能力计划又称为服务计划，与制造企业制订生产计划的基本原理相似，但服务计划对时间和空间存在显著的依赖。

时间依赖是指提供服务必须是即时的，比如酒店今天客满，它就无法利用昨天未使用的空房来接待更多的客人，这些未利用的空间资源就成了无法挽回的损失；空间依赖性是指服务通常需要在顾客附近提供，这意味着服务设施的地理位置至关重要，比如一个城市的医院如果人满为患，而另一个城市的医院即使有大量的空余医疗设施也不能为远处的病人提供帮助。

服务的个性化特性和顾客需求的高度不确定性要求服务提供者能够迅速适应变化，有时候甚至需要在短短半小时内调整服务计划，这种需求的波动性使得服务能力规划变得更加复杂和挑战性。现在服务型企业往往通过培训，使员工成为多面手来提高劳动力柔性，灵活应对不断变化的市场需求。服务业与制造业生产计划的特点差异见表 8-5。

表 8-5　服务业与制造业生产计划的特点对比

维度	制造业生产计划	服务业生产计划
核心资源	设备、原材料、库存	人力、时间、空间
计划重点	物料需求、生产周期	服务能力、顾客体验
库存管理	实物库存优化	能力储备、即时匹配
柔性策略	多品种小批量生产	弹性排班、动态定价

8.2.2　服务蓝图设计与优化

8.2.2.1　服务蓝图与目标

服务蓝图（Service Blueprint）是通过图形化的方式展示服务交付的全过程，帮助企业识别关键接触点、优化服务流程并提升顾客体验。服务蓝图有以下四个目标：一是让服务流程可视化，清晰展示服务从开始到结束的各个环节；二是进行问题诊断，识别服务中的瓶颈、冗余和潜在失误点；三是促进多部门协同，确保服务流程的高效性与一致性；四是提升顾客体验感，这是终极目标，通过优化关键接触点，提高顾客体验的满意度。

8.2.2.2　服务能力优化方法

第一，峰谷平衡。调整需求分布，减少高峰期压力与低谷期资源闲置。主要方法有分时定价和预约制。其中，分时定价的主要案例如电影院非高峰时段票价打折、网约车高峰期加价，通过引导顾客错峰消费来平滑需求曲线；预约制比如医院分时段挂号、餐厅线上预约排号，目的是通过分散服务需求，避免集中排队。

第二，资源共享。跨区域或跨组织协作，提高资源利用率。主要方法有跨区域调配和共享经济模式。其中，跨区域调配比如多家医院共享高端医疗设备（如MRI 机），按需分配使用时段，其优势是降低采购成本，避免设备闲置；共享经济模式的主要案例如酒店与会议中心共享停车场，白天供会议使用，夜间供住客使用，目的是最大化空间利用率，减少资源浪费。

8.2.3　服务业的收入管理

收入管理是一种利用数据分析和市场预测来制定产品或服务的定价和可用性，从而实现收入和利润的最大化，它通常涉及需求预测、定价优化、库存控制和销售渠道管理等方面，尤其适用于服务行业，其中包括航空、酒店、租车、广告和娱乐等领域。

8.2.3.1　实施收入管理的条件

（1）产品的易逝性。收入管理通常适用于那些具有易逝性特征的产品或服务，例如，酒店房间、航空座位等。这些产品或服务在未被使用时会失去价值，因此通过合理的定价策略来最大化其收益尤为重要。

（2）产品的可预售性。产品或服务需要在消费前进行销售，这样企业才能根据市场需求和预测来调整价格策略。预售性使得企业能够提前锁定收益，并根据市场反馈来调整生产或服务计划。

（3）需求变化大。市场需求的变化对于收入管理至关重要。如果市场需求稳定，那么价格策略可能相对固定；但如果市场需求变化大，企业就需要根据市场情况灵活调整价格策略，以吸引不同需求的顾客。

（4）生产或服务能力相对固定。企业的生产或服务能力在短期内不易发生变化，因此需要通过合理的定价策略来优化资源配置，确保在成本不变的情况下使收益机会最大化。

（5）市场细分与差别定价。市场可以根据消费者的需求偏好进行细分，这是实行差别定价的前提。通过对不同细分市场的顾客采取不同的定价策略，企业可以最大化整体收益。

另外，企业在进行收入管理时，也要树立正确的价值观和社会责任意识。企业在实施收入管理时，应遵守相关法律法规，按照规定的比例分配收入，合理使用收入，并关注社会公益事业，为社会做出贡献。这有助于企业树立良好的社会形象，增强品牌影响力。

8.2.3.2　实施收入管理的方法

第一，动态定价。根据实时供需关系调整价格。具体实施方法包括：一是分时定价，高峰时段提价，低谷时段降价，如网约车高峰期加价；二是需求预测定价，基于历史数据与市场趋势调整价格，如酒店节假日涨价。

第二，库存控制。通过优化库存分配实现收益最大化。具体实施方法包括：一是超额预订，预防顾客取消预订导致的资源浪费，如航空公司超额售票；二是库存分层，将库存分配给高价值顾客，如酒店保留部分房间留给 VIP 客户。

第三，需求预测。利用历史数据与市场分析预测未来需求。具体实施方法包括，一是时间序列分析，基于过去数据预测未来趋势，如酒店淡旺季需求；二是机器学习模型，通过回归分析、神经网络预测复杂需求模式。

第四，市场细分与差别定价。根据不同顾客群体的支付意愿与需求特点，制定差异化价格。具体实施方法包括：一是会员制定价，通过会员等级提供专属价格，如健身房年卡优惠；二是捆绑销售，将多种产品或服务打包销售，如酒店"住宿 + 早餐"套餐。

举例说明：航空公司通过分析不同时间和航线的乘客需求数据来调整票价，如假期临近时，热门航线的票价会上涨，而非高峰时段的票价可能会降低以吸引更多乘客。酒店根据季节、节假日或大型活动来调整房价。在旅游旺季或重大活动期间，房价上调以最大化收益；在需求低的时候，通过降价促销吸引顾客。在线广告平台利用收入管理策略来优化广告位的定价，根据广告的点击率或展示率动态调整价格，从而最大化广告收入。

例 8-4：

某酒店有 100 间客房，2024 年 5 月 1 日收入为 50000 元，出租房间 60 间。假设每间客房的边际成本为 200 元。请问：

（1）平均房价和客房收益为多少？

（2）当天出租率为多少？

（3）如果把平均房价提高到 850 元，需达到多少出租率才能实现同等收入？

（4）如果把平均房价降到 800 元，需达到多少出租率才能实现同等收入？

（5）如果出租率要达到 50%，需要多少平均房价才能实现同等收入？

（6）如果出租率要达到 80%，需要多少平均房价才能实现同等收入？

解：

（1）平均房价 = 客房收入 / 出租客房数量 = 50000/60 = 833（元）

客房收益 = 客房收入 / 客房总数 = 50000/100 = 500（元）

（2）出租率 = 60/100 = 60%

（3）等同出租率 = 现出租率 ×【（现平均房价 – 边际成本）/（目标平均房价 – 边际成本）】= 0.6 ×［（833 – 200）/（850 – 200）］× 100% = 58.4%

（4）等同出租率 = 0.6 ×［（833 – 200）/（800 – 200）］× 100% = 63.3%

（5）等同平均房价 = 现收入 /（房价总数 × 目标出租率）= 50000/（100 × 50%）= 1000（元）

（6）等同平均房价 = 50000/（100 × 80%）= 625（元）

微案例：某航空公司的收入管理情况分析

某航空公司的收入管理过程如下：

1. 预订和票务管理

航空公司的收入管理过程始于客户的预订。这包括对航班座位的管理和票价的制定。航空公司需要根据需求预测和市场条件来决定票价的设定，以确保最大化收入。

2. 客户分析和定价策略

航空公司需要进行客户分析，了解不同客户群体的需求和行为。基于这些分析，航空公司可以制定不同的定价策略，包括差异化定价、促销活动等，以最大化收入。

3. 座位管理

航空公司需要有效地管理航班座位，确保每个航班都能实现最大化的座位利用率。这可能涉及动态定价、座位分配和预留、升舱等策略。

4. 收入识别和会计处理

航空公司必须遵循适用的会计准则，如航空行业的收入识别准则。这包括根据航班执行情况和票务销售情况确认收入，确保收入被准确地记录和报告。

航空公司目前面临的问题主要有：

1. 需求波动

航空业受到季节性和市场变化的影响，需求波动较大。这可能导致座位过剩或供不应求的情况，影响收入。

2. 竞争压力

航空市场竞争激烈，航空公司需要与竞争对手竞争，同时保持盈利能力。竞争可能导致价格下降，影响收入。

3. 运营成本

航空公司面临高昂的运营成本，包括燃油成本、人力成本等。有效管理运营成本对于维持盈利至关重要。

解决措施：

1. 动态定价策略

航空公司可以实施动态定价策略，根据需求和市场情况调整票价，以最大化收入。这可能涉及使用预测模型和数据分析来预测需求，并相应调整票价。

2. 座位管理和优化

航空公司可以通过座位分配和预留、提供升舱服务等方式优化座位利用率，以确保每个航班都能实现收入最大化。

3. 创新营销和产品策略

航空公司可以通过创新营销和产品策略来吸引客户和提高收入。这可能包括推出促销活动、增加航班频次、提供附加服务等。

4. 成本控制和效率提升

航空公司需要积极控制运营成本，并提升效率，以确保盈利能力。这可能包括优化航班网络、减少燃油消耗、提高员工生产力等。

通过以上解决措施，航空公司可以有效地应对收入管理过程中面临的问题，最大化收入并提高盈利能力。

（资料来源：笔者整理所得。）

习　题

1. 某公司生产甲、乙两种产品，生产所需原材料、工时和零件等有关数据如下：

指标	甲	乙	可用量
原材料（吨/件）	3	2.5	2000
工时（工时/件）	6	4	3000
零件（套/件）	2	1	600
产品利润（元/件）	7	5	

两种产品应该生产多少可使利润最大？

2. 某公司计划生产某型号产品，该产品的销售单价为 4 元/件，单位产品的变动费用为 2 元，固定费用为 2600 元。问公司应该生产多少该型号产品才不会亏损？若利润定为 100000 元，则产量应该怎么确定？

3. 某车间准备加工 7 种零件，每种零件首先都在甲机床加工，然后再到乙机床加工，各零件的加工时间如下表所示。请问如何加工可以使得总加工时间最少？最少的时间为多少？

指标	J1	J2	J3	J4	J5	J6	J7
$t_甲$	8	1	6	4	5	9	2
$t_乙$	3	5	4	1	7	3	4

4. 酒店有 70 间客房，2024 年 6 月 10 日收入为 33600 元，出租房间 40 间。

假设每间客房的边际成本为 160 元。试回答本章例题 8-4 的问题。

5. 假如你是一家生产多种精密机械零件的制造商，面临客户需求多样化且订单量不一的挑战。请设计一个生产计划方案，考虑如何平衡不同产品的生产周期、原材料库存、设备利用率以及人力资源配置，以最小化生产成本并满足客户的交货期要求。

要求：详细阐述你的生产计划制定流程，包括需求预测、生产排程、库存控制策略、设备调度及人员安排等方面的具体措施。

6. 在全球供应链背景下，你的制造业企业面临上游供应商交货延迟和下游客户需求变动的双重压力。请设计一个生产计划调整策略，以确保生产连续性和市场响应速度。

要求：分析供应链中的关键风险点，提出采用信息技术（如 ERP、SCM 系统）加强信息共享与协同的方法，以及建立灵活的生产计划和应急响应机制的具体措施。

7. 假如你是一家知名连锁酒店的市场部经理，你需要针对即将到来的旅游旺季制定服务容量规划与优化方案，以应对游客数量的激增。

要求：分析历史数据预测游客流量，制定客房预订策略、餐饮服务能力调整、员工排班计划及客户服务流程优化等方案，确保服务质量不下降的同时最大化利润。

8. 为了提高患者满意度和医疗资源的有效利用，某大型医院需要优化其预约挂号系统。请设计一个综合性的优化方案。

要求：考虑患者需求多样性（如紧急程度、特定医生偏好）、医生工作负荷平衡、检查设备利用率等因素，提出线上预约平台的改进建议、患者分流策略、医生排班优化算法以及应急处理机制，确保医疗服务的高效性与公平性。

9. 请做下面的 3 个小实验，看看你是否能通关？

综合生产计划小实验：

http://121.40.226.140:80/mobile_main.html#/quicklystart/32.

能力需求计划小实验：

http://121.40.226.140:80/mobile_main.html#/quicklystart/47.

主生产计划小实验：

http://121.40.226.140:80/mobile_main.html#/quicklystart/45.

第9章 制造业的作业计划与控制

关于制造业的作业计划与控制的知识图谱

（详见网址：http://t.zhihuishu.com/YV3eOqJe）

主案例导入

作为一家大型造船企业，J 公司面临着生产周期长、各阶段波动大、同船型多艘并行、不同船型同时或交叉推进的复杂生产环境，因此在制定和执行生产作业计划方面面临巨大挑战。公司确定引入制造执行系统（Manufacturing Execution System，MES），通过智能化管理平台，优化生产作业计划和零部件加工排序，确保各生产环节高效衔接。在流水车间，MES 系统通过自动分析工艺路线，合理安排船体分段制造、焊接、电气系统安装等各项工作。系统根据设备状态和资源的可用性，自动调整每个零部件的加工顺序。通过优化排序，有效减少了各工序之间的等待时间，确保每个生产环节按计划进行。

在 2022 年 700TEU 纯电池动力集装箱船项目加入总生产计划后，在生产管理部洪部长领导技术组进行日夜攻关，用期 1 个月完成了对原有的 MES 系统的优化升级，使得船体结构和电池舱的制造过程得到了合理的排序优化，避免了与原有工序的生产冲突。特别针对电池推进系统的集成生产车间，MES 系统能够对每个独立部件进行更细致的排程优化，而且可以监控实时的生产数据，合理安排工序的优先级，确保紧急作业得到优先处理。比如，在电池组件的安装过程中，MES 系统优先安排与电力系统直接相关的部件，然后是组件之间的关联作业。当出现生产瓶颈或延误风险时，系统自动调整生产计划，比如在一次生产设备检修时，一个关键零件意外出现延迟两个月到货，MES 系统及时调整了生产任务，优先安排不受影响的作业提前进行，有效化解了产品交付延误的危机。

在生产作业控制过程中，J 公司采用多种控制方法保证质量和成本的可控度。对于一个全新的新能源集装箱船建造项目，在生产现场大量运用甘特图，直观地展示了 700TEU 集装箱船项目各工序的起止时间和依赖关系，方便生产管理人员和作业人员及时了解各任务的进度，并根据实际生产情况进行调整，特别是在船体结构和电池推进系统的安装过程中，甘特图帮助管理团队有效协调各个工序的衔接。公司的建造部还负责项目的成本控制，在确保质量达标的同时，严密监控生产过程中资源的投入与产出，减少不必要的浪费。在生产负荷管理中，公司采用"漏斗"模型来监控在制品的流动情况。通过控制每个工序的投料量，公司能够有效管理生产负荷，避免因投料过多而导致生产线拥堵。这些生产控制的方法有效促进了企业生产的连贯性和高效率。

讨论题

1.请结合案例内容，讨论 J 公司制造执行系统 MES 系统有哪些优越性？

2.试比较分析制造业的作业计划和作业控制的工作侧重点。

相关概念

工件（Workpiece）

工件是指在机械制造或加工过程中，需要被加工或正在被加工的物体或部件。它可以是单个零件，也可以是固定在一起的几个零件的组合体。在机械加工领域，工件通常作为加工的对象，其尺寸、形状和位置关系决定了加工后产品的具体形态及所要求的精度和性能。

工件的加工方式多种多样，包括车削、铣削、刨削、磨削、铸造、锻造等。加工方式的选择取决于工件的形状、材料和加工要求。工件是机械制造和加工过程中的核心要素之一，其质量和精度直接影响到最终产品的性能和使用寿命。因此，在运营管理中，对工件的质量控制、加工过程的优化以及与其他生产环节的协调都是至关重要的。

作业计划（Operational Scheduling）

作业计划详细阐述了工件的处理流程，不仅安排加工的先后顺序，还具体规定每项工件在机器上的开始和完成时间，避免"工件等待"或"机器空闲"。生产计划通常关注于整个产品的生产进度，而作业计划则更细致地涉及各个零部件和工序的具体安排，可见，作业计划是生产计划的延伸。

编制作业计划的核心任务是确定工件在不同机器上的处理顺序，以确保能够按照最早的可能时间开始加工，或完成加工。一旦工件的处理顺序被确定，作业计划也随之明确。因此，一般而言，"排序"和"编制作业计划"往往会被视为相同的概念。因此，本章主要使用"排序"这一术语，除非有必要作特别地区分。

此外，本章中提到的"工作地""机器""人员"等是对提供服务的实体的抽象描述；同样地，"工作""工件""顾客"等词汇则代表接受服务的对象，其具体含义取决于所应用的场景。

作业排序（Operational Sequencing）

作业排序就是为工件的生产安排一个合理的加工顺序，旨在减少不必要的等待和空闲时间，提高生产效率。作业排序可分为两大类：第一类是劳动力作业排序，它侧重于决定员工的工作时间表；第二类是生产作业排序，关注的是如何有效地将工件分配到相应的设备上，或者如何为不同的任务分配合适的人员。在实际运营中，企业可能会同时面临这两种排序问题，因此需要识别并优先处理最主要的问题。

关于劳动力作业排序的重要性，制造业和服务业存在较大差异，制造业企业的作业排序是否合理往往与准时交付、生产周期时长、库存控制和成本控制等生产关键指标息息相关，但是，除非企业大量依赖非全职员工或需要每周7天连续运营，其中的劳动力作业排序通常被视为次要问题；而在服务业，劳动力作业排序的重要性更为突出，因为服务的即时性是提升企业竞争力的关键，顾客的等待时间、服务排队的长度、资源（设备或人员）的使用效率、运营成本以及服务质量等绩效指标，都与服务提供的速度紧密相关。

根据工件加工路径的不同，作业排序可分为流水车间排序和单件车间排序两类。在流水车间排序中，所有工件都遵循相同的加工路径，这使得作业计划可以更加标准化，重点在于优化整个流程的效率；而在单件车间排序中，每个工件可能遵循独特的加工路径，这要求作业计划能够灵活适应每个工件的特定需求。

根据工件进入生产车间的时间模式不同，作业排序可分为静态排序和动态排序两类。静态排序问题指的是所有待加工的工件在排序时已经全部可用，允许一次性对所有工件进行排序安排；而动态排序问题则涉及工件陆续到达车间的情况，这要求作业计划能够适应不断变化的情况，实时地安排每个新到达工件的加工顺序。

作业排序问题的分类还可以基于所追求的目标函数的特性。例如，在处理单台机器的排序时，最小化平均流程时间目标与减少延迟完成的工件数量目标面临两种不同的排序挑战。此外，根据目标函数是单一的还是多个的，排序问题可以进一步细分为单目标排序和多目标排序，单目标排序问题关注一个特定的优化目标，而多目标排序问题则需要在多个优化目标之间寻找平衡，这些目标可能包括流程时间、延迟完成的工件数以及其他生产效率指标。综上可见，机器、工件和目标函数的不同特征以及其他因素的差别，构成了多种多样的排序问题及相应的排序方法。

生产作业控制（Production Operation Control）

生产作业控制是指在生产作业计划执行过程中，对生产进度、产品质量、资源利用等进行的监督、检查、调整等一系列管理活动。这是确保生产计划和作业计划得以实现的重要管理职能。尽管企业做了详尽和具体的生产作业计划，但是执行时依然会出现偏差，主要原因包括：

◎加工时间的不确定性：在实际操作中，加工时间可能会因为多种因素而与计划中的估计有所出入。

◎随机事件的影响：如设备故障、员工缺勤或原材料供应问题等突发事件都可能会干扰生产进度。

◎工作能力的差异：员工技能和效率的差异可能导致生产成果与预期计划不符。

◎企业环境的动态性：市场需求的变化、技术更新、政策调整等外部因素可能要求生产计划进行相应的调整。

因此，生产作业控制是企业适应变化、维持生产效率和质量的关键环节。通过有效的控制机制，企业能够及时发现问题、分析原因并采取必要的措施，因此，生产作业控制是实现生产效率和经济效益双重目标的重要手段。

在制造业的快速发展中，企业不断追求更高的生产效率和更好的产品质量，来满足日益激烈的市场竞争和不断变化的客户需求。制造业生产技术领域的三大突出进展彻底改变了传统的生产模式，它们分别是：第一，精益生产理念的普及，强调通过消除浪费来提高生产效率；第二，先进生产计划和控制技术的应用，如 ERP 和 APS 系统，它们通过精确的数据分析和资源调度来优化生产计划；第三，智能制造和自动化技术的应用，它们通过自动化设备和智能系统来提高生产过程的灵活性和响应速度。

尽管这些进展在提高生产效率和降低成本方面取得了显著成效，但它们并未完全解决车间作业计划和排序的问题。车间作业计划和排序是生产管理中的关键环节，它们决定了生产任务的执行顺序和时间，直接影响到生产效率和交货时间。为了进一步提升生产管理水平，全球的制造业研究单位和企业正在积极探索更加高效和灵活的作业计划与排序方法，以实现生产过程的最大化优化。这包括采用更加智能的算法和模型，以及利用大数据和人工智能技术来预测市场需求和优化生产调度。通过这些努力，制造业有望实现更加精准和快速的生产响应，从而在激烈的市场竞争中保持领先地位。

9.1　大批量生产流水车间的作业排序

流水线是流水作业车间（Flow Shop）的典型配置，其核心特点是所有零件按照相同的顺序依次通过一系列机器进行加工的。大量大批生产类型的作业计划问题实际上是流水车间的作业计划问题。这种设置适用于大规模的生产环境，因为它能够确保作业计划的连贯性和一致性。为了实现高效生产，在设计流水线时要进行线平衡（Line Balancing），确保各个工序能够同步进行，从而使得整个流程顺畅无阻。此外，流水线的维护和优化包括多个方面，如产品和工艺设计的标准化、预防性维修的实施以减少生产线中断、不合格品的减少以及原材料供应的保障。在流水线上，由于机器通常在设计阶段就被指定用于特定的加工任务，因此作业计划中的任务分配问题相对简化。然而，当流水线需要适应生产多种产品时，确定各产品的最佳加工顺序成为一项挑战。例如，对于三种产品 A、产品 B和产品 C，存在多种可能的加工顺序，而选择最佳的顺序对于缩短整体加工周期至关重要。这就需要对不同的加工顺序进行评估和优化，以形成一个高效的循环作业计划（Cyclic Schedule），从而实现流水作业车间作业计划的目标。

9.1.1　加工周期的计算

所谓加工周期也称为最长流程时间，是指从批次中的第一个零件开始在第一台机器上加工的那一刻起，直到最后一个零件在最后一台机器上加工完成的那一刻止，整个批次所经历的总时间。为了最大化生产效率，需要对 n 个不同零件按相同的加工路线通过 m 台机器的加工过程进行优化，以缩短整个批次的加工周期。假设所有零件的到达时间为零（$r_i = 0, i = 1, 2, \cdots, n$），则最长流程时间 $F_{\max}$ 等于最后完成的零件在生产车间内的总停留时间，也就是整个批次零件完成加工所需的最长时间 $C_{\max}$。

设 n 个零件的加工顺序为 $S = (S_1, S_2, \cdots, S_n)$，其中，$S_i$ 为排第 i 位加工的零件的代号。以 C_{kS_i} 为零件 S_i 在机器 M_k 上的完工时间，$P_{S_{i_k}}^k$ 为零件 S_i 在 M_k 上的加工时间，$k = 1, 2, \cdots, m$；$i = 1, 2, \cdots, n$，则 C_{kS_i} 可以按以下公式计算：

$$C_{1S_i} = C_{1S_{i-1}} + P_{S_{i_1}}$$

$$C_{kS_i} = \max \left\{ C_{(k-1)S_i}, C_{kS_{i-1}} \right\} + P_{S_{i_k}} \tag{9-1}$$

$k = 2, 3, \cdots, m$；$i = 1, 2, \cdots, n$

式（9-1）是一个递推公式。当 $r_i = 0, i = 1, 2, \cdots, n$ 时，由式（9-1）得出 C_{mS_n} 时，最长流程时间 $F_{\max}$ 就可以得到。

$$F_{\max} = C_{mS_n} \tag{9-2}$$

在熟悉以上计算公式后，可直接在加工时间矩阵上从左向右计算完工时间。

例 9-1：

现有 6 个工件，4 台机器的流水作业排序问题，目标是最小化最大完工时间，即 6/4/P/$F_{\max}$ 问题，其加工时间如表 9–1 所示。当按顺序 S = (6, 1, 5, 2, 4, 3) 加工时，求 $F_{\max}$。

表 9–1　加工时间矩阵

i	1	2	3	4	5	6
P_{i1}	4	2	3	1	4	2
P_{i2}	4	5	6	7	4	5
P_{i3}	5	8	7	5	5	5
P_{i4}	4	2	4	3	3	1

解：

按顺序 S = (6, 1, 5, 2, 4, 3) 列出加工时间矩阵，如表 9–2 所示。按式（9–1）进行递推，将每个零件的完工时间标在其加工时间的右上角。对于第一行第一列元素，只需把加工时间的数值作为完工时间标在加工时间的右上角。对于第一行的其他元素，只需从左到右依次将前一列右上角的数字加上计算列的加工时间，将结果填在计算列加工时间的右上角。如 2 + 4 = 6，将 6 写在加工时间 4 的右上角。同样，6 + 4 = 10，10 + 2 = 12，12 + 1 = 13，13 + 3 = 16，将这些数字写在相应加工时间的右上角。对于从第二行到第 m 行，第一列的算法与第一行的算法类似，只要把上一行右上角的数字和本行的加工时间相加，将结果填在本行加工时间的右上角。如 2 + 5 = 7，7 + 5 = 12，12 + 1 = 13。从第 2 列到第 n 列，则要从本行前一列右上角和本列上一行的右上角数字中取大者，再和本列加工时间相加，将结果填在本列加工时间的右上角。如 7 比 6 大，7 + 4 = 11，11 比 10 大，11 + 4 = 15，等等。这样计算下去，最后一行的最后一列右上角数字，即为加工周期，也是 $F_{\max}$ 计算结果。本例这批零件的加工周期为 46。

表 9–2　顺序 S 下的加工时间矩阵

i	6	1	5	2	4	3
P_{i1}	2^2	4^6	4^{10}	2^{12}	1^{13}	3^{16}
P_{i2}	5^7	4^{11}	4^{15}	5^{20}	7^{27}	6^{33}
P_{i3}	5^{12}	5^{17}	5^{22}	8^{30}	5^{35}	7^{42}
P_{i4}	1^{13}	4^{21}	3^{25}	2^{32}	3^{38}	4^{46}

9.1.2　两台机器排序问题的最优算法

n 种零部件在两台机器上加工的流水作业排序问题。约翰逊和贝尔曼于 1954

年提出了 Johnson 规则，它是一种针对工作中心作业规划的有效技术，主要用于优化两台设备上的多任务（零件）排序问题。该规则的目的在于最小化总流程时间，即减少从开始加工第一批工件到全部工件加工完成所需的总时间。当涉及的工作中心超过两个小时，可以通过应用 Johnson 规则的扩展规则来处理更为复杂的情况。

要成功运用 Johnson 规则进行排序，需要满足一些基本条件：所有工件在各设备上的加工顺序必须相同，并且每个工件在每台设备上的加工时间应当是已知的。在这些条件下，Johnson 规则能够提供一个有效的排序方案，以实现流程时间的最小化。这种方法在生产管理和作业调度中被广泛应用，特别是在需要减少生产时间和提高效率的场景中。

Johnson 规则操作步骤如下：

第一步，从加工时间矩阵中找出最短的加工时间（如果最短加工时间有多个，则任选一个）。

第二步，如果最短加工时间是第一台设备产生的，则对应的零件优先排序：如果最短加工时间是第二台设备产生的，对应零件靠后安排加工。

第三步，将已安排的零件除去。

第四步，重复前面的三步，直到零件全部安排完。

例 9-2：

设有五种零件，都需要先在车床 A 上加工，再到磨床 B 上加工，车床与磨床各 1 台，各零件在各台机床上加工的时间如表 9-3 所示，如何安排加工顺序使总流程时间最短？计算最短总流程时间。

表 9-3　各零件在各台机床上加工的时间

车床	J1	J2	J3	J4	J5
t_{iA}	11	9	3	5	6
t_{iB}	7	8	2	10	4

按 Johnson 规则确定的加工顺序是 J4-J2-J1-J5-J3。

对于已排定的加工顺序，列出加工时间矩阵，见表 9-4，将每个工件的完工时间标在其加工时间的右上角，求得总流程时间为 38。

表 9-4　加工时间矩阵

车床	J4	J2	J1	J5	J3
t_{iA}	5^5	9^{14}	11^{25}	6^{31}	3^{34}
t_{iB}	10^{15}	8^{23}	7^{32}	4^{36}	2^{38}

9.1.3　三台机器排序问题的最优算法

对于这类问题的排序，可以用 Johnson 规则扩展方法来求解。

设有 A、B、C 三台加工设备，在符合 $\min t_{iA}(=7) \geqslant \max t_{kB}(=6)$ 或 $\min t_{iC} \geqslant \max t_{kB}$ 的情况下，可将三台设备变换为两台假想设备 G 与 H，且存在如下关系式：

$$t_{iG} = t_{iA} + t_{iB}$$
$$t_{iH} = t_{iB} + t_{iC}$$

（9-3）

通过将三台设备的加工问题简化为两台设备的情境，可以利用 Johnson 规则来确定工件的加工顺序。这种方法在面对复杂的三台设备加工情况时，即使不能达到严格的最优解，也能够找到一个接近最优的解决方案。

例 9-3：

设有四种零件在 A、B、C 三台机床上加工，工艺顺序均为 A–B–C，各机床均只有 1 台。各零件在各台机床上加工的时间如表 9-5 所示。如何安排加工顺序使加工总流程时间最短？求最短总流程时间。

表 9-5　各零件在各台机床上加工的时间

机床	J1	J2	J3	J4
t_{iA}	15	7	8	10
t_{iB}	2	1	4	6
t_{iC}	6	12	5	8

解：

$$\min t_{iA}(=7) \geqslant \max t_{kB}(=6)$$

因此，可以把三台设备转换成两台假想设备 G、设备 H，求出各零件在两台假想设备上的加工时间，如表 9-6 所示。

表 9-6　各零件在两台假想设备上的加工时间

设备	J1	J2	J3	J4
t_{iG}	17	8	12	16
t_{iH}	8	13	9	14

按 Johnson 规则确定加工顺序为 J2–J4–J3–J1。采用矩阵表法求得最短加工时间为 48。

对于实际生产中规模较大的问题，计算量相当大，以致连电子计算机也无法求解三台机器排序问题。人们提出了各种启发式算法，其可以以小的计算量得到足够好的结果，十分实用。如帕尔玛（Palmer）法和关键工件法，具体的计算步骤可以参考相关书籍。

9.1.4　相同零件、不同移动方式下加工周期的计算

排序问题针对的是不同零件，如果 n 个相同零件，则没有排序问题。但对于相同零件、不同的移动方式同样值得研究。从生产流程的角度来看，一件产品通常需要经历设计、工艺规划、制造和物流配送等关键步骤，最终才能交付到消费者手中。为了减少对消费者需求的响应延迟，可以采用并行工程的策略。并行工程的核心思想是打破传统串行活动的界限，允许各个环节同步推进。相比之下，串行则类似于后续讨论的顺序移动方式，而并行则类似于平行移动方式。零件在加工过程中采取不同的移动方式，会导致一批零件不同的加工周期。因此，有必要计算零件在不同移动方式下的加工周期。

零件在加工过程中可以采用三种典型的移动方式，即顺序移动、平行移动和平行顺序移动。

9.1.4.1　顺序移动

顺序移动方式涉及在一道工序的所有工件完全加工结束之后，整个批次才会一起移动到下一个工序。这种批量处理的移动策略简化了运营组织，因为减少了工件的运输频次和设备调整的需求，从而提升了设备使用的效率。尽管如此，这种移动方式也导致了较长的加工周期和较大的在制品库存。在顺序移动的情况下，一批工件的加工周期可以通过特定的计算公式来确定：

$$T_{顺} = n\sum_{t=1}^{m}t_i \qquad (9-4)$$

式中，$T_{顺}$ 表示顺序移动加工周期；n 表示工件加工批量；t_i 表示第 i 工序的单件加工时间；i 表示工件加工的工序数。

例 9-4：

如图 9-1 所示，四件工件顺序经过四道工序 M_1、M_2、M_3、M_4 进行加工，每道工序的单件加工时间分别为 $t_1=10$ 分钟、$t_2=5$ 分钟、$t_3=15$ 分钟、$t_4=10$ 分钟，试计算该批工件采用顺序移动方式的加工周期。

解：

$$T_{顺} = n\sum_{t=1}^{m}t_i = 4\times\left(10+5+15+10\right) = 160 （分钟）$$

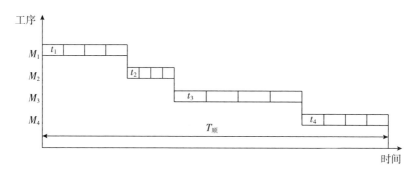

图 9-1 顺序移动方式

9.1.4.2 平行移动

平行移动方式允许每个工件在完成前一工序后，立即单独转移到下一个工序进行加工，从而实现工序间的重叠作业。如图 9-2 所示。这种方式的优点在于它能显著缩短单个工件的加工周期，提高设备的使用效率，并减少在制品的存量。然而，它也带来了一些挑战，比如增加了工件的运输次数，对设备间的能力匹配提出了更高要求，并且使得生产组织管理变得更加复杂。对于采用平行移动的工件批次，其加工周期可以通过以下公式来估算：

$$T_{平} = n\sum_{t=1}^{m}t_i + \left(n-1\right)t_L \qquad\qquad （9-5）$$

式中，$T_{平}$表示平行移动加工周期；t_L表示最长的单件工序时间；其余符号含义同式（9-4）。

例 9-5：

根据例 9-4 的数据，如图 9-2 所示，试采用平行移动方式计算该批工件的加工周期。

解：

$$T_{平} = n\sum_{t=1}^{m}t_i + \left(n-1\right)t_L = \left(10+5+15+10\right) + \left(4-1\right)\times 15 = 85 （分钟）$$

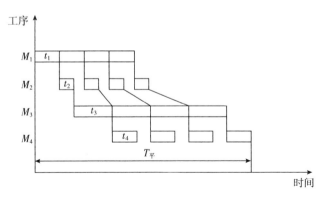

图 9-2 平行移动方式

9.1.4.3 平行顺序移动

平行顺序移动方式是一种融合了顺序移动和平行移动特点的工件搬运策略。这种方法具有两种优势：一方面，它保持了工序之间的连续性，确保每个工序能够无间断地进行；另一方面，它也追求工序之间的并行性，尽可能让多个工序同时开展。通过这种方式，生产流程能够在保证效率的同时，减少整体的加工周期，如图 9-3 所示。

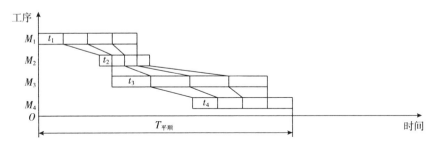

图 9-3 平行顺序移动方式

注：绘制图形的时候把 $T_{平顺}$ 放在横坐标的上方，和前面图形保持一致。

在平行顺序移动中，工件的搬运策略根据工序间的加工时间差异来确定：

（1）当 $t_i < t_{i+1}$ 时，采用平行移动，即每完成一个工件的加工，立即将其转移到下一工序，实现工序间的无缝对接。

（2）当 $t_i \geqslant t_{i+1}$ 时，以第 i 工序最后一个完成的工件的结束时间为起点，减去（$n-1$）倍的下一工序加工时间（t_{i+1}），以此作为工件在下一工序（$i+1$）开始加工时间。在这种情况下，完成的工件会积累到一定数量后，再统一转移到下一工序，以保证下一工序能够连续进行加工。

采用平行顺序移动方式，一批工件的加工周期计算公式为：

$$T_{平顺} = n\sum_{t=1}^{m}t_i - (n-1)\sum_{t=1}^{m-1}\min(t_i, t_{i+1}) \tag{9-6}$$

式中，$T_{平顺}$表示平行顺序移动加工周期，t_{i+1}表示i工序紧后工序的单件作业时间；其余符号含义同式（9-4）。

平行顺序移动各工序开始作业时间计算公式为：

$$T_{j始} = \begin{cases} t_i & （当 t_j \geq t_i 时） \\ nt_i - (n-1)t_j & （当 t_j < t_i 时） \end{cases} \tag{9-7}$$

式中，$T_{j始}$表示后工序比前工序迟开始作业的时间；t_i表示j工序紧前工序的单件作业时间；t_j表示j工序紧后工序的单件作业时间。

例 9-6：

根据例 9-4 的数据，试采用平行顺序移动方式计算该批工件的加工周期，并计算平行顺序移动各工序开始作业时间。

$$T_{平顺} = n\sum_{t=1}^{m}t_i - (n-1)\sum_{t=1}^{m-1}\min(t_i, t_{i+1})$$

$$= 4 \times （10+5+15+10） - （4-1） \times （5+5+10）$$

$$= 100（分钟）$$

$T_1 = 0$

$T_2 = nt_1 - (n-1)t_2 = 4 \times 10 - (4-1) \times 5 = 25$（当 $t_2 < t_1$ 时）

$T_3 = t_2 = 5$（当 $t_3 \geq t_2$ 时）

$T_4 = nt_3 - (n-1)t_4 = 4 \times 15 - (4-1) \times 10 = 30$（当 $t_4 < t_3$ 时）

解：

三种工件移动方式各有优缺点，它们之间的对比如表9-7所示。

表 9-7　三种工件移动方式的比较

比较项目	顺序移动	平行移动	平行顺序移动
生产周期	长	短	中
运输次数	少	多	中
设备利用	好	差	好
在制品量	大	小	较小
组织管理	简单	中等	复杂

9.2　定制化小批量生产车间作业计划

单件小批生产类型的典型作业计划是单件作业排序问题。单件车间作业计划问题是一种十分复杂的作业计划问题，它不仅涉及排序问题，还涵盖任务分配问题，任务分配本质上是指生产负荷分配。只有在生产任务分配明确之后，才能考虑每台机器上零件的加工顺序问题。目前，学术界也有研究将任务分配和排序同时考虑的问题，以期达到更优的生产效率。

9.2.1　任务分配问题

无论是将零件分配给工人或机器加工，还是将特定区域指派给销售人员，或是将出技术问题的设备分配给维修团队，这些都是任务分配问题。处理任务分配问题的核心目的在于任务与可用资源之间的最佳匹配。通过运用线性规划的数学模型，可以求出最优任务和资源分配。

例 9-7：

有 4 个零件可以分配给 4 台机器加工，其所需加工时间如表 9-8 所示。即零件 1 分配给机器 1 加工，需要 9 个时间单位，分配给机器 2 加工，需要 7 个时间单位，分配给机器 3 加工，需要 3 个时间单位，分配给机器 4 加工，需要 5 个时间单位，等等。

表 9-8　零件加工的分配问题

	M_1	M_2	M_3	M_4
J_1	9	7	3	5
J_2	7	8	12	11
J_3	4	6	8	7
J_4	6	11	13	10

如果有 n 个零件要分配给 n 台机器加工，则有 $n!$ 种不同的分配方案，难以找到最优解。但是，通过匈牙利算法可以较方便地找到最优分配方案。

匈牙利算法的步骤是：

（1）从加工时间（费用）矩阵每一行所有元素减去该行最小的元素，使每行至少出现一个零元素。

（2）从实施第 1 步得到的矩阵中的每一列所有元素减去该列最小的元素，使每列至少出现一个零元素。

（3）从实施第2步得到的矩阵中，划出能覆盖尽可能多的零元素的直线，如果线条数等于矩阵的行数，则已找到最优矩阵，转第6步，否则，转第4步。

（4）从矩阵中未被线条穿过的元素中减去这些元素中的最小数，并将这个最小数加到直线交叉的元素上，其余元素不变。

（5）重复第3步和第4步，直到获得最优矩阵。

（6）从仅有一个零的行或列开始，找出零元素对应的分配方案，每行和每列仅能确定一个元素，最后使每行和每列都有一个零元素。零元素对应的就是最优分配方案。

对于例9-7的求解过程如表9-9所示。

表9-9　用匈牙利法求分配问题最优解过程

(a)	M_1	M_2	M_3	M_4	每行最小数	(d)	M_1	M_2	M_3	M_4
J_1	9	7	3	5	3	J_1	7	3	0	0
J_2	7	8	12	11	7	J_2	1	0	5	2
J_3	4	6	8	7	4	J_3	0	0	3	0
J_4	6	11	13	10	6	J_4	0	3	6	1

(b)	M_1	M_2	M_3	M_4	每列最小数	(e)	M_1	M_2	M_3	M_4
J_1	6	4	0	2		J_1	7	3	0	0
J_2	0	1	5	4	1	J_2	1	0	5	2
J_3	0	2	4	3	0	J_3	0	0	3	0
J_4	0	5	7	4	2	J_4	0	3	6	1

(c)	M_1	M_2	M_3	M_4	(f)	M_1	M_2	M_3	M_4
J_1	6	3	0	0	J_1	7	3	⓪	0
J_2	0	0	5	2	J_2	1	⓪	5	2
J_3	0	1	4	1	J_3	0	0	3	⓪
J_4	0	4	7	2	J_4	⓪	3	6	1

表9-9（a）列出了矩阵中每行的最小数；表9-9（b）为按第1步得到的矩阵，并列出每列的最小数；表9-9（c）为第2步的结果；对表9-9（c）实行第

3 步，发现用 3 条直线就能覆盖所有零元素，则转第 4 步；未被直线覆盖的最小元素为 1，将未被直线覆盖的元素均减 1，将交叉点 6 和 0 均加 1，得到表 9-9（d）；对表 9-9（d）实行第 3 步，得到表 9-9（e），发现用 4 条（等于矩阵的行数）直线才能覆盖所有零元素，能够找出最优分配。表 9-9（f）的结果是零件 1 由机器 M3 加工，零件 2 由机器 M2 加工，零件 3 由机器 M4 加工，零件 4 由机器 M1 加工，可使总加工时间最少。

9.2.2　作业排序问题

单件小批量生产类型中，单件作业排序问题是典型的作业计划问题。在一般单件作业排序场景下，每个工件都具备独特的加工流程，工件不存在固定流向。对比流水作业排序问题（第 k 道工序始终在 M_k 上加工，无须区分工序号与机器号），一般单件作业排序问题中，描述一道工序需借助三个参数：i、j、k。其中，i 代表工件代号，j 表示工序号，k 指完成工件 i 第 j 道工序的机器代号。因此，可用（i，j，k）表示工件 i 的第 j 道工序于机器 k 上执行这一事项，进而通过加工描述矩阵呈现所有工件的加工情况。

加工矩阵 D 中，每一行对应一个工件的加工过程，每一列的工序序号保持统一。例如，矩阵第一行呈现工件 C_1 的加工流程，第二行展示工件 C_2 的加工流程。以下矩阵 D 表明：工件 1 的第 1 道工序在机器 M_1 进行，第 2 道工序在机器 M_3 进行，第 3 道工序在机器 M_2 进行；工件 C_2 的第 1 道工序在机器 M_3 进行，第 2 道工序在机器 M_1 进行，第 3 道工序在机器 M_2 进行。

$$D = \begin{pmatrix} C_1, 1, M_1 & C_1, 2, M_3 & C_1, 3, M_2 \\ C_2, 1, M_3 & C_2, 2, M_1 & C_2, 3, M_2 \end{pmatrix} \tag{9-8}$$

9.3　作业排序的优先规则

合理的作业排序对确保产品能否按时交付、控制在制品库存量以及提高设备使用效率等方面都有着直接的影响。当众多零件等待在同一工作中心进行加工时，作业排序的关键问题是决定首先加工哪个零件。至今，人们已经提出超过 100 种优先级规则，每一种都有其独特的属性和适用场景。企业应根据自身追求的具体目标来选择适合的规则。目前普遍采用的规则主要包括以下四种：

第一种，"先到先服务"原则（First Come First Served，FCFS），根据任务到达的顺序来安排加工，先到的任务先加工。这种规则在制造业和服务行业都有广泛应用，如商场的收银台或火车站的售票窗口。

第二种，"最短加工时间"原则（Shortest Processing Time，SPT），根据加工时间的长短来排序，优先处理加工时间较短的任务。当可以忽略准备时间时，此规则与最短作业时间规则（SOT）相同，后者将作业时间视为准备时间与加工时间的总和。

第三种，"最早交货期"原则（Earliest Due Date，EDD）规则，根据交货期限的先后来排序，优先安排截止日期最早的任务。

第四种，"最长加工时间"原则（Longest Processing Time，LPT）规则，优先选择加工时间最长的工件进行加工。

下面举例来体现这四种方法的应用差别。

例9-8：

有五套建筑图准备交给 Ajax，Tarney and Barnes 建筑设计公司来完成，完成工作所需的时间和规定的交图日期如表9-10所示。表中根据每套图纸交给设计人员的先后次序，给每项任务分配了一个不同的字母代号。请分别根据以下原则确定完成工作的先后次序：①先到先服务（FCFS）；②最短加工时间（SPT）；③最早完工期限（EDD）；④最长加工时间（LPT）。根据每套图纸交给设计人员的先后次序，给每项任务分配了一个不同的字母代号。

表9-10 各任务加工所需时间和规定交图时间   单位：天

任务	加工所需时间	规定交图时间
A	6	8
B	2	6
C	8	18
D	3	15
E	9	23

解：

（1）FCFS次序。FCFS的次序就是发出图纸的次序，即A–B–C–D–E。这种次序的"流程时间"就是每种任务的等待时间加上加工时间。例如，任务B要在任务A完成后才能开始，于是任务B等待时间为6天，已知其加工时间为2天，因此，完成任务B共需要8天，比规定时间晚2天，如表9-11所示。

表 9-11　FCFS 次序下的加工时间、流程时间、规定交图时间和延迟时间　单位：天

任务次序	加工时间	流程时间	规定交图时间	延迟时间
A	6	6	8	0
B	2	8	6	2
C	8	16	18	0
D	3	19	15	4
E	9	28	23	5
	28	77		11

按照先到先服务的方法，可以得到下列结果：

a. 平均完成时间 $= \dfrac{累计流程时间}{任务数} = \dfrac{77}{5} = 15.4$（天）

b. 利用率 $= \dfrac{累计加工时间}{累计流程时间} = \dfrac{28}{77} = 36.4\%$

c. 系统中平均作业数量 $= \dfrac{累计流程时间}{累计加工时间} = \dfrac{77}{28} = 2.75$（件任务）

d. 任务平均延迟时间 $= \dfrac{延迟时间总和}{任务数} = \dfrac{11}{5} = 2.2$（天）

（2）SPT 准则。根据 SPT 准则，任务的先后次序是 B-D-A-C-E，如表 9-12 所示。

表 9-12　SPT 次序下的加工时间、流程时间、规定交图时间和延迟时间

单位：天

任务次序	加工时间	流程时间	规定交图时间	延迟时间
B	2	2	6	0
D	3	5	15	0
A	6	11	8	3
C	8	19	18	1
E	9	28	23	5
	28	65		9

按照最短加工时间方法，可以得到下列结果：

a. 平均完成时间 $= \dfrac{累计流程时间}{任务数} = \dfrac{65}{5} = 13（天）$

b. 利用率 $= \dfrac{累计加工时间}{累计流程时间} = \dfrac{28}{65} = 43.1\%$

c. 系统中平均作业数量 $= \dfrac{累计流程时间}{累计加工时间} = \dfrac{65}{28} = 2.32（件任务）$

d. 任务平均延迟时间 $= \dfrac{延迟时间总和}{任务数} = \dfrac{9}{5} = 1.8（天）$

（3）EDD 准则。根据 EDD，处理任务的先后次序是 B-A-D-C-E，如表 9-13 所示。处理任务的次序是根据最早交图时间来确定的，交图时间最早的任务最先处理。

表 9-13　EDD 次序下的加工时间、流程时间、规定交图时间和延迟时间

单位：天

任务次序	加工时间	流程时间	规定交图时间	延迟时间
B	2	2	6	0
A	6	8	8	0
D	3	11	15	0
C	8	19	18	1
E	9	28	23	5
	28	68		6

按照最早完工期限方法，可以得到下列结果：

a. 平均完成时间 $= \dfrac{累计流程时间}{任务数} = \dfrac{68}{5} = 13.6（天）$

b. 利用率 $= \dfrac{累计加工时间}{累计流程时间} = \dfrac{28}{68} = 41.2\%$

c. 系统中平均作业数量 $= \dfrac{累计流程时间}{累计加工时间} = \dfrac{68}{28} = 2.43（件任务）$

d. 任务平均延迟时间 $= \dfrac{延迟时间总和}{任务数} = \dfrac{6}{5} = 1.2（天）$

（4）LPT 准则。根据 LPT，处理任务的先后次序是 E-C-A-D-B，如表 9-14 所示。

表 9-14　LPT 次序下的加工时间、流程时间、规定交图时间和延迟时间

单位：天

任务次序	加工时间	流程时间	规定交图时间	延迟时间
E	9	9	23	0
C	8	17	18	0
A	6	23	8	15
D	3	26	15	11
B	2	28	6	22
	28	103		48

按照最长加工时间方法，可以得到下列结果：

a.平均完成时间 $= \dfrac{累计流程时间}{任务数} = \dfrac{103}{5} = 20.6$（天）

b.利用率 $= \dfrac{累计加工时间}{累计流程时间} = \dfrac{28}{103} = 27.2\%$

c.系统中平均作业数量 $= \dfrac{累计流程时间}{累计加工时间} = \dfrac{103}{28} = 3.68$（件任务）

d.任务平均延迟时间 $= \dfrac{延迟时间总和}{任务数} = \dfrac{48}{5} = 9.6$（天）

对以上四种方法的小结如表 9-15 所示。

表 9-15　四种方法对比

方法	平均完成时间（天）	利用率（%）	平均作业数量（件任务）	平均延迟时间（天）
FCFS	15.4	36.4	2.75	2.2
SPT	13.0	43.1	2.32	1.8
EDD	13.6	41.2	2.43	1.2
LPT	20.6	27.2	3.68	9.6

根据对比结果，Ajax，Tarney and Barnes 建筑设计公司采用最长加工时间（LPT）排序方法的效率最低。相反，最短加工时间（SPT）排序方法在提高效率方面表现更佳，超越了其他三种方法。而最早交货期（EDD）排序方法则在减少平均延迟时间方面最为有效。这些发现在实际生产环境中也得到了验证。

可见，在实际应用中，没有任何一种排序方法能够全面占优，根据经验，有以下结论：

第一，最短加工时间（SPT）方法倾向于减少工件的整体流程时间，可能降低系统中工件的平均数量，但它可能导致加工时间较长的任务被不断推迟，从而引起顾客的不满。因此，这种方法需要定期对加工时间进行调整，以保持顾客满意度。

第二，先到先服务（FCFS）方法通常不会带来显著的优势，但也不会出现太大的不足。这种方法的优势在于为顾客提供了一种公平感，在提供顾客服务时尤为重要。

第三，最早完工期限方法通过确保任务尽可能早地完成，最小化了平均延迟时间。在那些延期交货可能导致重大经济损失的情况下，显得尤为重要。如果交货时间的延误是一个关键问题，那么采用最早完工期限方法将是较好的选择。

📋 微案例：集工业软件齐发力，启协同制造开新篇

LN船厂是国内具有行业代表性的造船企业之一，船舶制造涉及设计、材料采购、生产组装、焊接、涂装和质量检验等多个环节。由于各部门和工序的复杂性，生产作业计划面临着巨大挑战。为此，LN船厂引入了先进的生产调度系统，该系统通过分析订单需求、交货时间和生产能力，为每个生产任务设定优先级，从而确保关键任务能够优先处理，减少交货延误的风险。

在生产任务排程的过程中，系统实时评估设备、材料和人力资源的可用性，避免资源冲突和闲置。此外，系统优化各工序之间的衔接，确保前一工序完成后，后续工序能够及时启动，减少等待时间。例如，焊接工序完成后，系统会自动安排涂装工序的开始时间。生产调度系统提供的直观可视化界面，使管理人员能轻松查看当前的生产任务安排和进度，从而快速识别问题并进行调整。这使未来的排程决策更加科学，能够持续改进生产效率。LN船厂还建立了动态生产计划，利用先进的信息系统实时收集生产进度、设备状态和员工工作情况的数据，帮助管理层迅速识别瓶颈和延误，及时调整生产计划。公司通过历史数据和市场趋势进行需求预测，并制订初步生产计划。同时，建立灵活的调整机制，根据实际订单和客户反馈动态修改生产优先级。定期召开跨部门的生产协调会议，涉及设计、采购、生产和销售等部门，确保信息畅通，以快速响应市场变化，实现资源的合理调配。

通过模块化设计，船舶制造过程被划分为多个独立模块，使各模块能够并行生产，这样在某一模块进度延迟时，可以通过调整其他模块的生产计划来减少整体影响。根据动态生产计划的调整，及时配置人力和设备资源，同时实施多技能

培训，确保员工能够灵活调动，提升生产线的适应能力。此外，建立的反馈机制通过绩效评估，及时获取生产计划实施效果的信息，确保根据评估结果持续优化生产计划和调度流程。

（资料来源：中国管理案例共享中心，案例编号：OM-0202。）

9.4　生产作业控制

9.4.1　实行生产作业控制的条件

首先，要有明确的标准，即生产计划和作业计划，它们是衡量实际生产是否偏离计划的基准；其次，要获取实际生产进度与计划偏差的信息，通常通过计算机辅助的生产管理信息系统来实现，以监控每个零部件的加工进度和每台机床的负荷情况；最后，需要有能力采取行动纠正偏差，这通常通过调度来完成，以确保生产活动能够按照计划或新的要求进行。

9.4.2　生产作业控制的过程

生产作业控制的过程如图9-4所示，其核心是对生产作业过程进行监控和管理，以确保实际生产活动能够达到主生产计划和生产作业计划设定的目标。尽管企业对日常生产活动已有详尽的安排，但在执行过程中仍可能遇到未预见的情况和问题，这些被称为"干扰因素"。

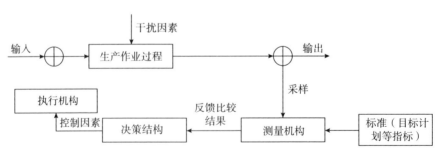

图9-4　生产作业控制的过程

为了确保生产计划的顺利实施，生产作业控制涉及以下几个关键步骤：

第一步，制定标准。这是控制过程的基础，涉及对生产过程中的人力、物力、财力、产品质量、生产数量和进度等方面的规定。

第二步，测量比较。通过在输出端设置测量机构，对生产结果进行检测，并将实际结果与预定目标进行比较，以识别是否存在偏差。

第三步，控制决策。当检测到偏差时，决策机构会分析偏差的原因，并制定相应的纠正措施。

第四步，实施执行。执行机构根据决策机构的指示采取具体行动，以纠正偏差，确保生产活动能够按照计划或调整后的目标进行。

这个过程确保了生产作业的连续性和灵活性，使企业能够有效应对生产过程中的各种变化和挑战。通过这四个基本环节的循环运作，生产作业控制提高了生产效率和产品质量，确保了企业目标的实现。

9.4.3　生产作业控制的方法

9.4.3.1　甘特图

甘特图最早是由 Henry L. Gantt 于 1917 年提出的。它是以图示的方式通过活动列表和时间刻度形象地表示出任何特定项目的活动顺序与持续时间。这种方法是基于作业排序的目的，将活动与时间联系起来。作业进度甘特图是甘特图的基本形式之一，它反映了一项工作的计划开始日期、计划完成日期以及现在的进度，许多企业利用它来跟踪计划的完成情况。

例如，假设某公司正在生产 A、B、C 三种产品。图 9-5 是该公司铣工工段的作业进度甘特图。从图 9-5 中可以掌握 A、B、C 三种产品在铣工工序上的预定计划和完成情况。在当前日期（以记号标出的 4 月 21 日），这张甘特图显示出，A 的完成情况滞后于计划，B 在按计划完成，C 的完成情况则超前于计划。有了这张作业进度甘特图，生产管理者就有了生产控制的依据，需要加快 A 产品在铣工工段的生产，适当减缓 C 产品在该工段的生产速度。

图 9-5　某公司铣工工段作业进度甘特图

9.4.3.2　投入 / 产出控制方法

当某一工序的投入量过大，即待处理的工件数量过多时，可能会导致后续生产环节出现拥堵，进而引发生产停滞和生产周期的延长。反之，如果某一工序的投入量不足，将导致工作的资源未被充分利用。投入 / 产出控制方法专注于监控和调节生产过程中的工作流，保持投入和产出之间的平衡，避免上述问题，确保生产流程的连续性和稳定性。投入 / 产出控制方法主要关注两个方面：

（1）投入量控制：通过比较实际投入量与计划投入量，确保每个工序的零部件投入数量得到有效管理。

（2）产出量控制：通过比较实际产出量与计划产出量，控制每个工序的零件流出数量。

这些控制措施的目的是及时发现并纠正偏差，以实现各工序的投入和产出之间的平衡。值得注意的是，不同工序的"投入"可能有不同的含义。对于第一个工序来说，投入控制是直接的；但对于后续工序而言，"投入"实际上是前一工序的产出。因此，实际上投入 / 产出控制是关于如何调节每个工序的输出，以确保整个生产系统的协调运作。

9.4.3.3　漏斗模型

20 世纪 80 年代，德国汉诺威大学的贝特（Bechte）和温那多（Wiendall）等学者基于库存控制理念，提出了一种创新的模型，即漏斗模型（Funnel Model）。该模型使用漏斗这一形象化的比喻来描述生产系统，无论是单个机床、班组、车间还是整个工厂，任何规模的生产单元都可以被视为一个漏斗。在漏斗模型中，漏斗的顶部代表生产单元的输入，可能包括来自前一工序的加工任务或客户订单；而漏斗的底部则代表生产单元的输出，可能是完成的工序或最终制造的产品。漏斗中的"液体"水平象征着生产单元中累积的任务量或在制品的库存量。通过这种方式，漏斗模型提供了一个直观的方法来分析和控制生产过程中的工作量和库存水平，帮助管理者优化生产流程和提高效率，如图 9-6 所示。

漏斗模型是一种以负荷为导向的作业控制理论和方法，通过对生产单元的在制品占用量和通过时间的分析，实现了对生产过程的全局和动态控制，克服了传统方法只关注单个工作地产量和设备利用率的局限。对于多品种、中小批量的生产系统，这种模型通常可以在几周内提供足够的信息；而对于长周期生产，则需要更长的时间来观察和分析。在模型的描述中（见图 9-6（a）），漏斗的开口宽度象征着生产能力，可以根据实际情况进行调整；而漏斗内的液面高度则反映了系统中累积任务的量。通过调整输入和生产能力，可以动态地控制液面高度和输出数量。在图 9-6（b）的输入输出图中，横轴代表时间（通常以天为单位），纵轴代表工作负荷（通常以小时计）。图中的垂直线段表示在一定时间内到达或完成的工件所包含的工作量，水平线段表示相邻两个任务之间的时间间隔。输入曲线和输出曲线分别表示在一定时间段内生产单元任务的到达和完成的累积情况，反映了从过去某一天开始到现在的输入和输出状态。当工序间的运输时间固定时，输入曲线与前一工序的输出曲线相对应。

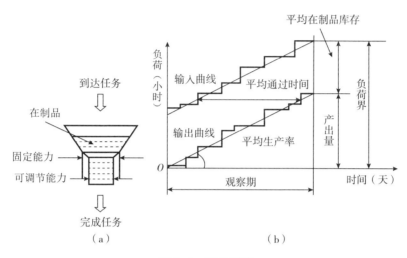

图 9-6 漏斗模型

通过调整生产负荷和监控产出时间，可以计算出输出曲线的斜率，从而为生产提供指导和调整，防止出现积压或闲置。在稳定工作条件下，输入和输出曲线的平均斜率将显示出两条基本平行的直线，其斜率等于平均在制品库存除以平均通过时间的比值。另外，利用"漏斗模型"，生产管理人员可以根据上一期的输入和输出曲线斜率来调整下一计划期的输入，以适应生产需求。

习 题

1. 为了使生产线连续流畅地进行，且最小化设备的调整时间，以及最小化在制品库存，在实际生产中应做好哪些计划工作？

2. 在什么样的生产运作流程中，作业排序问题很重要？在什么样的生产运作流程中，作业排序问题并不重要？请举例说明。

3. 试举例说明单件车间作业 FCFS、SPT、EDD 和 LPT 四种排序准则的不同之处。

4. 请各选择一个合适案例，说明三种主要作业控制方法运行的完整过程。

5. 某公司有 A、B、C、D、E 5 种工件需要加工，请分别用 FCFS、SPT 和

EDD 3 种排序准则来确定工件加工的先后顺序。5 个工件的加工时间和交货日期如表 9-16 所示。

表 9-16　工件加工时间和交货日期　　　　　单位：天

工件	加工时间	交货日期
A	3	5
B	4	6
C	2	7
D	6	9
E	1	2

6. 求如表 9-17 所示的 $6/2/F/F_{max}$ 问题的最优解。

表 9-17　加工时间矩阵

i	1	2	3	4	5	6
M_1	5	1	8	5	3	4
M_2	7	2	2	4	7	4

7. 设有五种零件在三台机床上加工，工艺顺序相同，均为 A → B → C，各机床只有一台，各零件在各台机床上的加工时间如表 9-18 所示。如何安排加工顺序使加工总流程时间最短？并求出最短总流程时间。

表 9-18　各零件在 A、B、C 机床上的加工时间

机床	J1	J2	J3	J4	J5
t_{iA}	9	4	10	10	2
t_{iB}	3	2	2	1	5
t_{iC}	8	12	6	9	10

8. 有 5 件任务都需要两步操作（先 1 后 2）来完成，表 9-19 给出了相应的加工时间。

表 9-19 加工时间 单位：小时

任务	操作 1 所需时间	操作 2 所需时间
A	3.0	1.2
B	2.0	2.5
C	1.0	1.6
D	3.0	3.0
E	3.5	1.5

（1）根据 Johnson 算法安排工作顺序。

（2）用甘特图表示出任务的进行情况。

第 10 章　项目计划管理

关于项目计划管理的知识图谱

（详见网址：http://t.zhihuishu.com/vL2Roqa4）

主案例导入

2022 年 5 月，J 公司与 Safe Bulkers Inc. 签署了两艘 8.25 万吨散货船的建造合同，这属于新一代低碳、节能、环保的散货船型，达到国际海事组织的最新标准，并具有完全的自主知识产权。该项目不仅展现了 J 公司的研发实力，也显示出公司在散货船建造领域的技术优势。

在签订合同后，公司立即与 Safe Bulkers Inc. 成立了专门工作组，确保在设计、采购、建造过程中公司和船东之间沟通顺畅。紧接着工作组对项目需求进行了详细分析，明确了船东的技术要求和国际标准，如 HCSR 共同规范、TIER III 排放标准以及 EEDI PHASE III 能效指标。然后项目团队详细评估了船型的复杂性，识别各种可能影响进度的风险点，如供应链风险等，随后在工作组内专门设置了风险管理团队，定期评估项目中的风险，并提出了多套解决方案予以应对。

在总体施工计划中，公司设立了多个关键里程碑，如船体分段完成、主机安装以及环保系统的调试时间点。每个阶段的计划都经过了严格的评估，以确保资源的合理分配和任务的顺利衔接。J 公司采用的是工作分解结构（WBS）方法，将项目逐层分解为小的工作包。每个工作包都设有明确的交付成果、责任人和完成时间，并通过定期检查确保各环节按计划推进。

为了确保按期交付，工作组提前运用关键路径管理技术，确定了船舶建造的关键路径，主要从船体建造、节能设备安装到环保系统调试，这些均可以决定总工期的关键任务。在项目实施过程中，公司通过资源优化、工艺改进和加大技术投入，有效地压缩了关键任务的工期。例如，公司在船体分段和焊接环节，新增了自动化生产设备，大大提高了生产效率。项目团队还对关键路径上的任务进行持续监控，一旦发现进度偏差，立即进行调整。由于项目的环保系统使用的是全新技术，系统安装时出现进度滞缓，工作组及时增加了人员投入，同时进行 24 小时不间断作业，确保了该关键任务按时完成。

最终于 2024 年 10 月，J 公司顺利按期交付了两艘 82500 吨散货船。此次项目的成功不仅体现了公司在自主研发和技术创新方面的实力，也证明了公司具备了应对复杂项目的管理能力和技术实力。

讨论题

1. 案例中 J 公司的项目计划管理包括哪些主要工作？
2. 试思考如何确定项目计划管理中的生产关键路径。

相关概念

项目（Project）

项目是为实现特定目标、在一定资源和时间约束下进行的一次性活动。项目的实施通常受到各种资源的约束，包括人力、物力、财力等，这些约束条件需要项目管理者在项目实施过程中进行合理的分配和调整，以确保项目的顺利进行以实现预期目标。

项目类型多种多样，涵盖了各个行业和领域，常见的项目类型有：

建筑项目：这类项目涉及建筑设计、施工和装饰，如住宅、商业建筑、公共设施等。

IT项目：主要涉及软件开发、系统集成、网络建设等，如应用开发、网站建设、信息系统实施。

市场营销项目：这类项目聚焦品牌推广、市场调研、广告宣传等，旨在提升品牌知名度和产品市场份额。

研发项目：涉及新产品、新技术的研发和创新，包括医药研发、科技创新等。

教育项目：如教育培训、课程开发和学校建设，旨在提升教育质量和效果。

此外，还有环保项目、农业项目、医疗项目、金融项目、运输物流项目、社会公益项目、体育健身项目、房地产项目、航空航天项目以及旅游项目等，此外会议、晚会、球赛等也可以视为特定的项目。这些项目类型都各具特点，需要根据实际情况进行定制化的管理和实施。

项目管理（Project Management）

项目管理就是计划、组织、协调、指导各类项目资源，以确保项目在有限的时间和预算范围内达成预定目标。项目管理通常围绕三个核心目标展开：质量、成本和进度。项目管理的总体目标是质量保证、成本可控和交付及时。

◎项目质量，是指项目完成后达到既定技术标准或服务水平要求的程度。质量管理必须贯穿于全方位、全过程和全体人员中。全方位涵盖项目的每一部分、每个子项目、每个具体任务的质量保证；全过程是指从项目启动、可行性分析、决策、设计、采购、施工、调试到试运行、正式运营的每个阶段的质量控制；全体人员是指项目团队中每位成员对各自岗位工作的质量负责。

◎项目成本，项目生命周期内的总成本包括研发费用、建设费用和运营费用，从经验看，三个部分的费用比例大约为 1∶3∶6。理想的成本控制是使三者总和最小化，即整个生命周期内的项目总成本最低。

◎项目进度管理，是通过控制每个具体活动的进度，确保整个工程按期完成。任何大型项目都需遵循科学的程序来阶段性实施，在项目生命周期内，严格按科学程序办事，并在预定期限内完工。

需要指出的是，项目的质量、进度和费用有时也是会发生冲突的，在处理三者关系时，要以质量为中心，通过计划统筹，实现三者的优化组合。

计划评审技术（Program Evaluation and Review Technique，PERT）是项目管理的重要工具，用于项目规划和监控。PERT 基本原理是通过识别项目中的关键路径，利用三点估算法（乐观时间、悲观时间和最可能时间）来评估项目时间，并管理项目风险。PERT 技术能帮助项目经理确定哪些任务对项目完成时间有直接影响，有效协调整个项目计划的各道工序，合理安排人力、物力、时间、资金，以达到用最少的时间和资源消耗来完成预定目标。

项目计划管理（Project Planning Management）

项目计划管理关注的是单个项目的具体实施，包括项目的目标、范围、时间线、预算、资源分配、风险管理、质量保证等因素的详细规划。相较于项目管理侧重整个项目管理过程的全面规划，项目计划管理的范围相对较小，主要集中在项目的具体目标和任务上，通常在较低的决策层次上进行，侧重于日常操作层面。

常用的项目计划编制方法主要有：

◎关键日期法也称为里程碑系统，是一种简单的进度计划方法，主要列出关键活动和关键日期，包括项目结束日期、主要工作环节的完成日期、关键决策日期等。这一方法适用于小型或简单的项目，或者只需要关注项目中几个关键节点的情况。

◎甘特图法又称为线条图或横道图，通过在纵坐标上标识工作环节，在横坐标上标识时间，用条形表示任务的起止时间。这一方法适用于中等复杂度的项目，能够直观地展示项目进度和时间安排，便于团队成员理解和跟踪。

◎网络计划技术或称为网络计划方法，利用网络图展示任务进度安排和活动间的关系，通过网络分析计算时间值，确定关键路径，利用时差不断优化计划，实现工期、资源和成本的最优化。这一方法适用于大型、复杂的项目，尤其是需要精确控制时间和资源分配的项目。鉴于该方法提供信息全面和适用广泛的特点，本章重点介绍这一方法。

网络计划方法是项目管理 PERT 技术的基础和核心。PERT 技术本质上是一种特殊的网络计划方法，它利用网络图来展示项目中的各项活动及其相互关系。PERT 技术为网络计划方法提供了具体的实施手段，通过估算任务时间、确定任务逻辑关系等步骤，使网络计划更加具体和可操作。

在当今快速变化的商业环境中，项目的成功不仅取决于创新的想法和强大的执行力，还严重依赖于有效的项目计划管理。长期以来，项目管理领域面临着一系列挑战，这些挑战包括如何确保项目按时完成、如何在预算范围内控制成本、如何保持项目质量、如何有效管理项目团队以及如何应对项目过程中的变更和风险。为了应对这些挑战，项目管理实践中出现了许多重要的进展和创新。其中最为突出的成果包括：第一，项目管理知识体系（PMBOK）的建立，它为项目管理人员提供了一套全面的指导原则和最佳实践；第二，敏捷项目管理方法的兴起，它强调适应性和灵活性，以快速响应项目需求的变化；第三，项目风险管理技术的发展，它可以帮助项目经理识别、评估和缓解潜在的项目风险。

尽管这些方法和技术在提高项目成功率方面取得了显著成效，但并未完全解决项目计划管理中的所有问题。项目计划管理仍然是项目管理中的一个关键环节，涉及到项目目标的设定、时间表的制定、资源的分配以及进度的监控和控制。传统的生产进度与控制一直使用甘特图，但甘特图只能反映作业的起始时间和结束时间，无法反映哪些作业是主要的或是关键的。

网络计划技术克服了甘特图的不足，特别在项目技术复杂的情况下，网络计划技术不仅能通过图形化的方式清晰地展示项目中各个任务之间的逻辑关系，而且能指明对项目总工期有直接影响的任务序列，有助于项目管理者重点关注那些对项目成功至关重要的任务。因此，本章重点介绍网络计划法在项目计划管理中的应用。

10.1　网络计划技术

网络计划技术作为项目计划管理中的一项关键技术，起源于 20 世纪 50 年代的美国，旨在协助管理者为大型且复杂的项目制订详细的进度计划，并监控项目的实施情况。1957 年，雷明顿—兰德公司的 J.E. 凯利与杜邦公司的 M.R. 沃克合作，共同研发出了一种创新的计划管理方法——关键路线法（Critical Path Method，

CPM），该方法最初被应用于杜邦公司的化工厂建设和维护，仅在第一年就节省了超过 100 万美元的开支，这一节省的数额是研究发展 CPM 所投入费用的 5 倍以上。紧接着，1958 年，博思艾伦咨询公司为美国海军开发了另一种计划管理技术——计划评审技术（Program Evaluation and Review Technique，PERT）。美国海军武器局特别规划室在北极星导弹潜艇的研发过程中应用了 PERT，结果使该潜艇的完成时间比原计划提前了两年。尽管 CPM 和 PERT 是分别独立发展起来的计划方法，但它们之间存在极大的相似性，因此被统称为网络计划技术。

网络计划技术通过构建网络图来反映和表达项目的计划安排，通过对网络的分析、计算和优化，寻找实现预定目标的最优化方案，是一种科学的管理方法。网络计划技术的核心在于识别项目中的关键路径，即那些直接影响项目总时长的活动序列。通过优化关键路径上的活动，可以有效地缩短整个项目的完成时间。同时，这一方法还考虑了活动的时间不确定性，引入了最乐观、最可能和最悲观的估计时间，从而提高了项目计划的灵活性和适应性。网络计划技术的应用范围广泛，不局限于大型复杂项目，它同样适用于中小规模的项目。

10.1.1 网络图的组成和绘制规则

网络图是一种由活动、事件和路线三要素组成的图体模型。网络图有两种形式：一种是以箭线表示活动的箭线式网络图（Activity-On-Arrow，AOA）；另一种是以节点表示活动的节点式网络图（Activity-On-Node，AON）。本书主要介绍箭线式网络图。图 10-1 就是一种箭线式网络图。

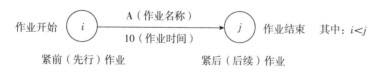

图 10-1　箭线式网络图

10.1.1.1　网络图的组成要素

（1）活动。活动是指一个工作任务或工序，它需要投入一定的资源（如人力、物力、财力）以及时间来完成。在箭线式网络图中，活动通常用一条带箭头的线来表示，箭头的起点（箭尾）代表活动的起始点，箭头的终点（箭头）代表活动的结束点。箭线上方通常会标注活动的名称，箭线下方则会标注该活动预计所需的时间。在不包含时间坐标的网络图中，箭线的长度并不代表活动的持续时间。为了更准确地表示活动之间的逻辑关系，有时需要引入不消耗资源和时间的虚活动，这种虚活动通过虚线箭头来表示，仅用于展示活动间的逻辑连接。

（2）事件。事件指的是活动开始或结束的那一特定时刻，它既不消耗资源也不占用时间。在网络图中，事件用一个圆圈来表示，并作为多个箭线的交汇点，也被称作节点。网络图中的第一个事件称为始点事件或源点，标志着整个任务的开始；第二个事件称为终点事件或汇点，标志着任务的结束。位于始点和终点之间的事件被称为中间事件，它标志着一个活动的结束和另一个活动的开始。

（3）路线。路线是指从网络图的始点事件出发，顺着箭线方向前进，直至到达终点事件的一系列连续的路径。一条路线由多个连续连接的节点和箭线组成。路线的总时间是构成该路线的所有活动的持续时间之和。关键路线是指总时间最长的路径，即没有时间余量的路线。关键路线的识别对于项目时间管理和进度控制至关重要，它决定了项目的最短完成时间。

10.1.1.2　网络图的绘制规则

（1）网络图是一种定向图形，遵循严格的方向性，图中严禁出现循环回路。这意味着网络图中的任何路径都不应形成闭环，以确保项目活动的逻辑顺序和清晰性。

（2）活动与箭头线之间存在一对一的关系。在网络图中，每一项活动都必须用一条箭头线来表示，且只能用一条箭头线来表示，这条箭头线连接着两个节点。这样的表示方法确保了活动的单一性和连贯性，使每项活动都能在网络图中清晰地展示其起点和终点。

（3）在网络图中，任何两个相邻的节点之间只能通过一条箭头线直接连接。这样做是为了维持网络图的规范性和一致性，避免出现重复或混淆的路径。如果存在可以同时进行的平行活动，可以通过引入虚线来表示，这样做既保持了规则的不变性，又能够清晰地表达活动的并行关系（见图 10-2）。通过这种方式，网络图能够准确地反映项目活动的顺序和相互依赖性，为项目管理提供有效的视觉支持。

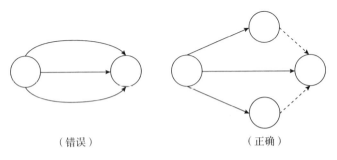

（错误）　　　　　　　　　　　（正确）

图 10-2　平行活动的表示法

（4）箭头线必须起始于一个节点，并终结于另一个节点，不允许从中间分支出另一条箭头线。这样的规则确保了网络图中每项活动都有明确的起点和终点，维护了项目活动的连续性和顺序性。

（5）网络图中必须存在且仅存在一个起始点（源点）和一个终止点（汇点）。这意味着网络中的所有活动都必须有一个明确的开始和结束，不允许出现既没有前置活动也没有后续活动的情况。如果在项目实施过程中出现了这样的中间活动，应当通过引入虚线箭头来调整网络图，使这些活动与网络的起始点或终止点相连。具体做法是，使用虚线箭头将没有前置活动的节点与起始点相连，也将没有后续活动的节点与终止点相连，如图 10-3 所示。

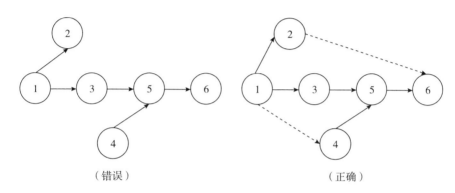

图 10-3　网络图中保证只有一个源点一个汇点的绘图方法

例 10-1：

某项目的施工计划如表 10-1 所示，试绘制网络图。

表 10-1　某项目施工计划　　　　　　　　单位：天

工序	紧前工序	紧后工序	作业时间
A	—	B、C	2
B	A	D、E	4
C	A	F、H	3
D	B	G	4
E	B	F、H	2
F	C、E	G	3
G	D、F	—	3
H	C、E	—	2

解：

绘制的网络图如图 10-4 所示。

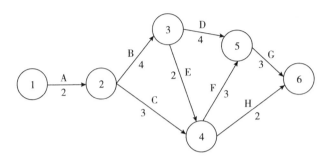

图 10-4　某项目的施工网络图

10.1.2　网络计划技术的步骤

网络计划技术一般包括准备阶段、网络图的绘制、网络时间的计算、网络图的优化、项目控制五个步骤。

10.1.2.1　准备阶段

首先，需要明确网络计划的目标，可能包括时间、资源目标或成本目标等；其次，对项目任务进行分解，即将项目按照其逻辑、层次和结构拆分成多个活动（作业、任务、工序），并编制出所有活动的详细清单，在分解过程中，可以采用工作分解结构法（Work Breakdown Structure，WBS），这也适用于复杂产品结构的分解。WBS 通过逐层分解项目，形成独立、单一内容、便于管理和执行的工作单元，如图 10-5 所示。

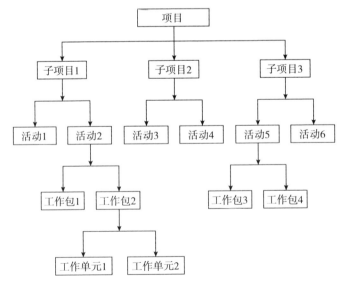

图 10-5　工作分解结构

在进行 WBS 时，应注意以下几点：

（1）根据项目的规模和复杂性确定分解的深度。

（2）为了方便管理和信息交流，可以对任务进行编码，用编码代表任务名称。

（3）在分解时不需要考虑任务的执行顺序。

（4）分解后的任务应是易于管理和检查的独立单元。

10.1.2.2　网络图的绘制

将项目分解为各项作业后，首先，需要明确作业间的逻辑顺序，确定哪些作业必须在当前作业开始前完成、哪些作业可以平行交叉进行、哪些作业应在当前作业完成后开始；其次，根据作业间的逻辑关系绘制网络图。网络图绘制方法主要有以下两种：第一，顺推法，从网络图的起始节点出发，逐步确定每项作业的后续作业，直至到达结束节点；第二，逆推法，从网络图的结束节点出发，逐步确定每项作业的前置作业，直至回到起始节点。

10.1.2.3　网络时间的计算

这里要确定每项作业的时间。作业时间是在特定技术组织条件下完成一项活动所需的时间，应根据项目的具体情况确定。确定作业时间有以下两种常用的方法：

（1）单一时间估算法。该方法适用于活动时间较为确定或有可参照时间计算的情况，做法是为每项活动确定一个最可能的时间值。

（2）三点时间估算法。适用于活动时间具有不确定性的情况，通过估计三个时间值（最乐观 t_o、最可能 t_m、最悲观 t_p），这三个时间值都是基于对设计规范机器设备、操作人员水平、技术条件、工作环境等因素综合分析之后做出的估计。

然而影响作业时间的因素很多，其变动幅度往往遵循概率法则，不能完全由人来控制，所以常利用概率方法计算活动的平均时间和方差。根据统计，网络图中各项作业时间服从 β 分布规律。β 分布通常用来描述时间估计中的偏差，分布可能对称也可能偏左或偏右，视具体作业的性质而确定。概率分析的重点之一是估计每个作业的期望时间和时间偏差。3 个时间的加权平均值即为作业平均时间 $T(i, j)$，表示从 i 节点到 j 节点活动的时间（时间单位可以是小时、天、周、月等）。计算公式为：

$$T(i, j) = \frac{t_o + 4t_m + t_p}{6} \tag{10-1}$$

每个作业平均时间的标准差 σ_i 以悲观时间和乐观时间之差的 1/6 来估计，因为几乎所有的正态分布区域都在（±3）个标准差之内，其 1/6 即为 1 个标准差，即：

$$\sigma_i = \frac{t_p - t_o}{6}$$

（10-2）

在确定了每项活动的工作时间之后，接下来需要对网络时间参数进行计算。这一过程首先计算节点时间参数，其次依据这些节点时间参数来计算活动的持续时间，最后得出时差。那些时差为零的关键节点构成了关键路径，而关键路径是决定项目总工期的关键路线。

10.1.2.4　网络图的优化

在资源限制的条件下，根据特定的评价指标（如时间、成本、资源等）寻找最佳方案，确保在规定的时间内以最少的资源投入实现项目目标；在资源有限的情况下，寻求最短的项目完成时间表。

10.1.2.5　项目控制

项目控制是在执行计划的过程中，持续进行信息的收集、传递和分析，并根据项目进度的实际情况及时进行计划的调整和优化。

10.2　网络时间参数的计算

网络时间参数的计算主要包括节点时间、活动时间以及时差的计算，并求出关键路线。

10.2.1　节点时间参数的计算

节点本身并不代表时间的消耗，它仅仅标志着某项任务的开始或结束。因此，每个节点都对应着两个时间点：最早的开始时机和最晚的完成时刻。

10.2.1.1　节点最早开始时间

最早开始时间是指从某一节点开始的活动最早能够启动的时间点，基于到达该节点的所有最长路径上的任务累积时间来确定。计算这一时间时，从网络图的起点节点着手，沿着箭头指示的方向逐个节点推进计算，直至达到网络的终点节点。在通常情况下，起点节点的最早开始时间默认为零，即假设 $T_E(1) = 0$，其余任意节点 i 的最早开始时间（记为 $T_E(j)$）计算有以下两种情形：

（1）当进入 j 节点的箭线（活动）只有一条时，节点 i 的最早开始时间为：

$$T_E(j) = T_E(i) + T(i,j) \tag{10-3}$$

（2）当进入 j 节点的箭线（活动）有 k 条时，该节点的最早开始时间表示从始节点到该节点 j 的各条路径（假设有 k 条）中所有最长路径上的任务累积时间，即取其时间值最大者，计算公式如下，

$$T_E(j) = \max\{T_E(i_k) + T(i_k, j)\} \tag{10-4}$$

式中，$T_E(j)$ 为节点 j 最早开始时间；$T_E(i)$ 为节点 i 最早开始时间；$T_E(i_k)$ 为节点 j 的紧前节点 i_k 的最早开始时间；$T(i,j)$ 为活动 $i \rightarrow j$ 的作业时间。

例 10-2：

如图 10-6 所示，计算节点最早开始时间。

解：

始节点 $T_E(1)=0$，其余节点由公式（10-3）和公式（10-4）计算如下：

$T_E(2) = T_E(1) + T_E(1,2) = 0 + 2 = 2$

$T_E(3) = T_E(2) + T_E(2,3) = 2 + 4 = 6$

$T_E(4) = \max\{T_E(2) + T_E(2,4), T_E(3) + T_E(3,4)\}$

$\quad\quad = \max\{2 + 3, 6 + 2\} = \max\{5, 8\} = 8$

$T_E(5) = \max\{T_E(3) + T_E(3,5), T_E(4) + T_E(4,5)\}$

$\quad\quad = \max\{6 + 4, 8 + 3\} = \max\{10, 11\} = 11$

$T_E(6) = \max\{T_E(4) + T_E(4,6), T_E(5) + T_E(5,6)\}$

$\quad\quad = \max\{8 + 2, 11 + 3\} = \max\{10, 14\} = 14$

计算结果填入节点附近的方框 "□" 内，如图 10-6 所示。

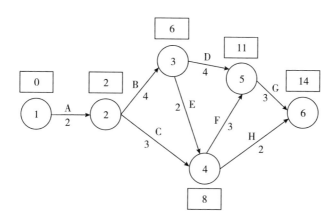

图 10-6　某项目的施工网络图

10.2.1.2 节点最迟结束时间

最迟结束时间是指为了保证后续活动能够按时开始，各项任务进入某一节点的最晚时间点。如果未能在这个时间之前完成，就可能对后续活动的正常开展造成影响，进而导致整个项目延期。计算最迟完成时间时，应从网络图的终点节点开始，沿着箭头的反方向，即逆时针方向，逐个节点向前推算，直到达到网络图的起点节点。通常情况下，假设终点节点的最迟结束时间与其最早开始时间是一致的，即 $T_L(n) = T_E(n)$，其余任意节点 i 的最迟结束时间（记为 $T_L(i)$）分以下两种情形：

（1）当节点 i 后面流出箭线（活动）只有一条时，节点 i 的最迟结束时间为：

$$T_L(i) = T_L(j) - T_L(i,j) \tag{10-5}$$

（2）当节点 i 后面流出箭线（活动）有 k 条时，则需对每条箭头所指向的节点 j_k，计算其最迟完成时间减去相应的作业时长，选取最小值作为节点 i 的最迟结束时间，计算公式如下：

$$T_L(i) = \min\{T_L(j_k) - T(i,j)\} \tag{10-6}$$

式中，$T_L(i)$ 为节点 i 的最迟结束时间；$T_L(j)$ 为节点 j 的最迟结束时间；$T_L(j_k)$ 为节点 i 的紧后节点 j_k 的最迟结束时间；$T(i,j)$ 为活动 $i \to j$ 的作业时间。

例 10-3：

如图 10-7 所示，计算节点最迟结束时间。

解：

由例 10-2 得 $T_L(6) = T_E(6) = 14$，其余节点由公式（10-5）和公式（10-6）计算如下：

$$T_L(5) = T_L(6) - T_L(5,6) = 14 - 3 = 11$$
$$T_L(4) = \min\{T_L(5) - T_L(4,5), T_L(6) - T_L(4,6)\}$$
$$\qquad = \min\{11 - 3, 14 - 2\} = \min\{8, 12\} = 8$$
$$T_L(3) = \min\{T_L(4) - T_L(3,4), T_L(5) - T_L(3,5)\}$$
$$\qquad = \min\{8 - 2, 11 - 4\} = \min\{6, 7\} = 6$$
$$T_L(2) = \min\{T_L(3) - T_L(2,3), T_L(4) - T_L(2,4)\}$$
$$\qquad = \min\{6 - 4, 8 - 3\} = \min\{2, 5\} = 2$$
$$T_L(1) = T_L(2) - T_L(1,2) = 2 - 2 = 0$$

计算结果填入节点附近的三角形"△"内，如图 10-7 所示。

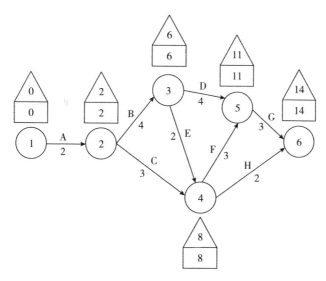

图 10-7　某项目的施工网络图

10.2.2　活动时间参数的计算

10.2.2.1　活动的最早开始时间

活动（i,j）的最早开始时间用 $T_{ES}(i,j)$ 表示，是指该活动最早可能开始的时间。任何作业必须在其所有的紧前活动作业都完成之后才能开始，因此活动（i,j）的最早开始时间 $T_{ES}(i,j)$ 等于代表该活动的箭头线的箭尾节点的最早实现时间，即节点 i 的最早开始时间，其计算公式为：

$$T_{ES}(i,j) = T_E(i) \tag{10-7}$$

10.2.2.2　活动的最早结束时间

活动（i,j）的最早结束时间用 $T_{EF}(i,j)$ 表示，指该活动可能完工的最早时间。显然，最早结束时间是指该活动的最早开始时间加上其作业时间，其计算公式为：

$$T_{EF}(i,j) = T_{ES}(i,j) + T(i,j) = T_E(i) + T(i,j) \tag{10-8}$$

10.2.2.3　活动的最迟结束时间

活动（i,j）的最迟结束时间用 $T_{LF}(i,j)$ 表示，是该活动的最迟开始时间与其作业之和，也就是该项活动（i,j）箭头节点 j 的最迟结束时间，其计算公式为：

$$T_{LF}(i,j) = T_L(j) \tag{10-9}$$

10.2.2.4　活动的最迟开始时间

活动 (i, j) 的最迟开始时间用 $T_{LS}(i, j)$ 表示，是指为了不影响紧后作业的如期开工，最迟必须开工的时间可通过箭头节点 j 的最迟结束时间减去该作业时间而得到，其计算公式为：

$$T_{LS}(i, j) = T_{LF}(i, j) - T(i, j) = T_L(j) - T(i, j) \qquad (10\text{--}10)$$

例 10–4：

已知活动编号及活动时间如表 10–2 第 1 列和第 2 列所示，活动的时间参数计算结果如表 10–2 第 3~8 列所示。

表 10–2　活动的时间参数计算

活动编号	$T(i, j)$	$T_E(i)$	$T_L(j)$	$T_{ES}(i, j)$	$T_{EF}(i, j)$	$T_{LS}(i, j)$	$T_{LF}(i, j)$
①	②	③	④	⑤ = ③	⑥ = ⑤ + ②	⑦ = ④ − ②	⑧ = ④
1 → 2	4	0	4	0	4	0	4
2 → 3	8	4	12	4	12	4	12
2 → 4	2	4	11	4	6	9	11
3 → 5	5	12	17	12	17	12	17
3 → 6	3	12	28	12	15	25	28
4 → 5	6	6	17	6	12	11	17
4 → 7	8	6	26	6	14	18	26
5 → 8	15	17	32	17	32	17	32
6 → 8	4	15	32	15	19	28	32
7 → 8	6	14	32	14	20	26	32

10.2.3　时差的计算

时差也称为缓冲时间或宽裕时间，是指在不影响项目整体完成期限的前提下，某项活动在开始时刻上可以灵活调整的一段时间。时差的存在为进度计划的制定提供了一定的灵活性，时差越大，意味着可调整的余地越多，从而可挖掘的潜力也越大。通过时差的运用，可以对项目计划和资源配置进行优化。时差分为三种类型：节点时差、活动总时差和路线时差。

10.2.3.1　节点时差的计算

节点时差即节点的可调整时间，也称作松弛时间，通过计算节点的最迟结束时间与最早开始时间之间的时间差得出。节点 i 的时差用 $R(i)$ 表示，其计算公式为：

$$R(i) = T_L(i) - T_E(i) \qquad (10\text{--}11)$$

时差为零的节点称为关键节点。由关键节点组成的路线为关键路线。

10.2.3.2　活动总时差的计算

活动总时差也被称作"宽裕时间"或"富裕时间"，反映了在不影响整个项目按期完成的情况下，某项活动可以推迟开始的时间长度。某项活动 (i, j) 的总时差用 $R(i, j)$ 表示，活动总时差等于该活动的最迟开工时间与最早开工时间之差，计算公式为：

$$\begin{aligned}
R(i, j) &= T_{LF}(i, j) - T_{EF}(i, j) = T_{LS}(i, j) - T_{ES}(i, j) \\
&= T_L(j) - T_E(i) - T(i, j) \\
&= T_L(j) - T(i, j) - T_E(i)
\end{aligned} \qquad (10\text{--}12)$$

如果活动 (i, j) 的总时差为正，那么不仅可以推迟活动 (i, j) 的开始或结束时间，还可以推迟该活动所在路线上其他非关键活动的开始或结束时间，但需要注意，一旦某些活动已经使用了总时差，其他活动就无法再利用这部分时间。总时差为零的活动被称作关键活动，而由关键活动串联起来的路线则被称为关键路线。

10.2.3.3　路线时差的计算

路线时差是指网络图中关键路线与其他非关键路线的持续时间差异，通常用 L 表示。

10.2.4　关键路线的确定

关键路线对网络计划的管理至关重要。在关键路线上的任务，如果完成时间提前或延后，将直接影响整个项目的完成时间。因此，为了减少项目的总时长，关键在于缩短关键路线的耗时。在具有固定作业时间的网络中，关键路线是指网络图中所需时间最长的路径，或者是由关键任务组成的路径。而在作业时间不确定的网络中，关键路线是指在给定的完成时间内，按时完成项目的概率最低的路径。

确定关键路线可以采用三种方式：第一，最长路径法。从网络图的起始节点开始，沿着箭头方向直到结束节点，找出持续时间最长的路径作为关键路线。第二，关键节点法。通过连接所有节点时差为零的关键节点来确定关键路线。第三，活动时差法。关键路线是由那些总时差为零的关键任务所构成的路径。

关键路线的确定可以通过人工计算或电子计算机辅助计算。对于规模较小的项目计划，通常采用人工计算的方式。人工计算主要采用时差为零的路径来识别关键路线，具体方法又分为图上计算法和表格计算法两种。

（1）图上计算法，是在网络图上直接进行节点时差，即松弛时间的计算，并把计算结果标注在网络图上，从而找出节点时差为零的节点。

（2）表格计算法，是将作业项目、节点编号、作业时间、活动时间参数和活动总时差等列在一张表上，找出松弛时间，即活动总时差为零的作业。

例 10-5：

已知某工程项目各项作业时间及作业间的关系如表 10-3 所示。

表 10-3　某工程项目作业时间及作业间的关系

作业代号	作业时间（天）	紧前活动	作业代号	作业时间（天）	紧前活动
A	2	—	F	5	D
B	4	A	G	4	D
C	4	A	H	2	C, E, F
D	3	A	I	6	C, F
E	5	B	J	1	G

（1）试绘制网络图。

（2）计算活动时间参数。

（3）确定关键路线。

解：

（1）根据表 10-3 绘制网络图，并计算出节点时间参数，如图 10-8 所示。

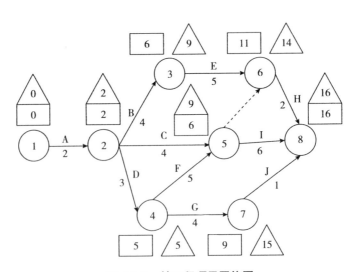

图 10-8　某工程项目网络图

（2）采用列表法计算活动时间参数及时差。

注意表中活动的顺序应按照节点编号从小到大排列。各项作业的最早开始时间、最早结束时间、最迟开始时间、最迟结束时间及时差的计算结果如表 10-4 所示。

表 10-4　某工程项目活动时间参数计算

作业代号	节点编号 $i \to j$	$T(i, j)$	$T_{ES}(i, j)$	$T_{EF}(i, j)$	$T_{LS}(i, j)$	$T_{LF}(i, j)$	$R(i, j)$	关键活动
A	$1 \to 2$	2	0	2	0	2	0	√
B	$2 \to 3$	4	2	6	5	9	3	
D	$2 \to 4$	3	2	5	2	5	0	√
C	$2 \to 5$	4	2	6	6	10	4	
E	$3 \to 6$	5	6	11	9	14	3	
F	$4 \to 5$	5	5	10	5	10	0	√
G	$4 \to 7$	4	5	9	11	15	6	
X	$5 \to 6$	0	10	10	14	14	4	
I	$5 \to 8$	6	10	16	10	16	0	√
H	$6 \to 8$	2	11	13	14	16	3	
J	$7 \to 8$	1	9	10	15	16	6	

（3）确定关键路线。这里有图上计算法和表格计算法两种方法。

方法一：图上计算法。

根据图 10-8 所示，由节点时差计算公式 $R(i) = T_L(i) - T_E(i)$ 计算各节点时差，得时差为零的节点，即关键节点为：①、②、④、⑤、⑧。

故关键路线为：①→②→④→⑤→⑧。

所需总工期为：$2 + 3 + 5 + 6 = 16$（天）。

方法二：表格计算法。

首先计算活动时间参数，计算结果如表 10-4 所示。

由计算结果可知关键活动为：A，D，F，I。

所构成的关键路线为：①→②→④→⑤→⑧。

所需总工期为：$2 + 3 + 5 + 6 = 16$（天）。

10.3　网络计划优化

通过构建网络图分析时间参数并识别关键路径，可以形成一个初步的计划。然而，这个初步计划可能无法达到技术经济指标的标准。网络计划的优化过程就是在资源有限的情况下，通过利用浮动时间，持续改进网络计划。这一过程涉及时间优化、时间与成本优化，以及时间与资源优化等方面。

10.3.1　时间优化

在确保人力、财力和物力资源充足的情况下，时间优化的目标是实现投资的快速回报，寻求最短的施工期限。这种方法特别适用于那些任务紧迫且资源充足的情况，如新产品的研发项目，为了快速进入市场并占据目标份额。

由于施工期限受到关键路径上活动时长的影响，缩短工期的关键在于如何减少关键路径上的活动时间。缩短这些活动时长的方法包括：

第一，缩短活动时长，通过技术创新、采用新技术和工艺、加班等手段来减少任务完成的时间；

第二，利用浮动时间，将非关键路径上的资源重新分配到关键路径上，通过调整人力和物力资源，减少关键路径上的活动时间；

第三，调整网络结构，分解活动，并改变活动间的联系，尽可能地安排并行作业，提升工作效率。

然而，需要注意的是，过分追求最短工期而忽略资源消耗的做法是不合理的。随着关键路径数量的增加，缩短工期所需付出的成本也会相应地提高，因此在资源使用和工期缩短之间需要做出合理的权衡。

10.3.2　时间—成本优化

时间—成本优化的目标是在尽可能缩短工期的同时，也尽量减少成本。这种优化之所以可行，是因为工程的总成本可以划分为直接成本和间接成本两个部分。直接成本 C_N 是指可以直接归属于成本计算对象的费用，如直接支付给工人的工资、购买原材料的费用等。与正常成本相对应的工期被称为正常工期，用 T_N 表示。当工期缩短到一定程度，即使继续增加直接成本，工期也无法进一步缩短，这时的工期被称为极限工期，用 T_M 表示，与此相对应的成本则称为极限成本，用 C_M 表示。间接成本是指与整个项目相关联，但不宜或无法直接分配到特定活动的费用，包括项目管理费、延期罚款、提前完成的奖励、资金占用的利息等。工期越长，间接成本越高；工期越短，间接成本越低。通常，间接成本与工期的关系被视为线性关系。这两部分成本随着工期的变化趋势是相反的，因此，在进行时间—成本优化时，需要平衡直接成本和间接成本，以实现工期和成本的最佳组合。直接费用和间接费用与工期的关系如图 10-9 所示。

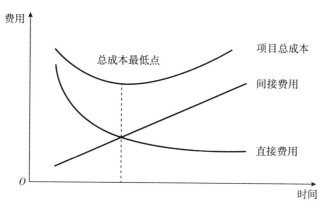

图 10-9　费用关系

从图 10-10 可以观察到，直接成本与工程活动紧密相连，表现为随着工程时间的延长而逐步降低的曲线。间接成本与工程活动没有直接的联系，仅与工程持续的时间长短相关，呈现出随着时间的延长而逐步上升的趋势。工程的最佳持续时间是指使总成本达到最低的时间点。

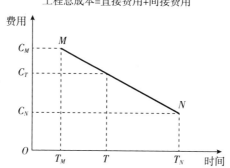

图 10-10　直接费用变动示意图

工期的延长对直接费用的影响较为显著，而间接费用则相对影响不大。因此，在网络图分析中，应重点关注直接费用与工期之间的联系。为了简化分析，假设直接费用与工期之间存在线性关系，如图 10-10 所示的直线 MN，直线上的

点 M 代表极限作业状态，而点 N 则代表正常作业状态。

其中，C_M 为极限费用，C_N 为正常费用，C_r 为对应工期 T 所需的直接费用，T_M 为极限工期，T_N 为正常工期。

由此可得，某项活动单位时间直接费用变动率 K（也可称为赶工率）的计算公式为：

$$K = \frac{C_M - C_N}{T_N - T_M} \qquad (10\text{--}13)$$

该公式也可表示为：

$$赶工费用率 = \frac{赶工工序直接费用 - 正常工序直接费用}{正常工序作业时间 - 赶工工序作业时间}$$

某项活动在正常工期基础上作业时间压缩 T 单位，所增加的直接费用 C 的计算公式为：

$$C = KT \qquad (10\text{--}14)$$

活动直接费用变动率 K 越大，意味着减少工期所需的额外直接费用也越多，因此，在执行时间—成本优化的过程中，应当优先考虑那些 K 值较低的关键路线上的活动来缩短作业时间，这样可以在减少工期的同时，尽量降低增加的成本。依次压缩活动的作业时间以不超过赶工时间为限。

例 10-6：

某工程技术改造项目，项目的间接费用为1000元/周，直接费用等有关资料如表10-5所示。试求成本最低的工期安排。

表 10-5　工程项目的有关资料

活动代号	紧前活动	正常作业		赶工作业		赶工费用率（元/周）⑤=（④-②）/（①-③）
		时间（周）①	费用（元）②	时间（周）②	费用（元）④	
A	—	6	5000	5	7000	2000
B	A	3	4000	1	5000	500
C	A	8	6000	4	9000	750
D	B	4	3000	3	5000	2000
E	B	5	8000	3	11000	1500
F	C、D	7	10000	4	12000	667
G	E、F	2	4000	1	6000	2000
合计			40000			

解：

（1）绘制网络图，如图 10-11 所示。

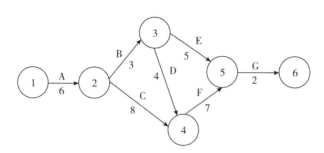

图 10-11　某工程的施工网络图

（2）由图 10-11 可以计算出最长的路线即关键路线为 $A \rightarrow C \rightarrow F \rightarrow G$。
项目总工期 $= 6 + 8 + 7 + 2 = 23$（周）。

（3）计算正常时间下的总成本。

总成本 = 正常直接费用 + 赶工直接费用 + 间接费用
　　　　$= 40000 + 0 + 1000 \times 23 = 63000$（元）。

（4）计算各活动赶工费用率 K，计算结果已表示在表 10-5 最后一列上。

（5）压缩关键路线上赶工费用率最小的活动作业时间。

首先压缩活动 F 的作业时间 3 周，关键路线仍为 $A \rightarrow C \rightarrow F \rightarrow G$，总工期为 20 周，则赶工后总成本 $= 40000 + (667 \times 3) + (1000 \times 20) = 62001$（元）。

如果将赶工率较低的 C 作业压缩 1 周，就又得到一条关键路线为 $A \rightarrow B \rightarrow D \rightarrow F \rightarrow G$，与 $A \rightarrow C \rightarrow F \rightarrow G$ 为并列共存型关键路线。对关键路线 $A \rightarrow B \rightarrow D \rightarrow F \rightarrow G$ 再压缩赶工费用率最低的 B 作业时间，进一步优化。

（6）通过重复以上步骤，反复试算，一旦发现最终任一作业再压缩都会引起总成本上升，就说明工期不能再压缩了，在此之前的最低时间—成本组合为最优方案。

本例的进一步优化留给读者思考。

10.3.3　时间—资源优化

时间—资源优化主要包含两个方面的内容：一是在资源受限的情况下，如何调整网络计划以达到最短的工期；二是在工期已定的条件下，如何调整网络计划以实现资源的最有效利用。前者被称为资源限制下的工期最短化问题，后者则是工期确定下的资源优化问题。

10.3.3.1　资源限制下的工期最短化问题

（1）关注关键路径：通过减少关键活动的持续时间来缩短工期，可以采取的技术措施包括改进工作方法、优化生产工艺、合理分配工作任务、升级工艺设备等。

（2）实施组织措施：在条件允许的情况下，对关键活动实施并行或交叉作业，合理分配工程技术人员和生产工人，尽量减少各项活动的持续时间。

（3）充分利用浮动时间：通过调动非关键路径上的人力和物力资源来支持关键路径上的活动，利用这些资源的浮动时间来缩短关键活动和整个关键路径的持续时间。

10.3.3.2　工期确定下的资源优化问题

在工期已经确定的情况下，通过资源的合理配置来找到工期和资源的最佳平衡点。根据既定的工期和工作量制订资源需求计划，确保关键活动获得必要的资源，并尽量保持资源投入的均衡和连续性。

微案例：风电场建设工程项目进度计划的编制及改进

浙江省以其丰富的风能资源而闻名，近年来在风电建设领域取得了显著成就。在国家政策的推动下，浙江省某岛风电场建设工程项目应运而生，该项目计划安装 30 台单机容量 1.5 兆瓦的风力发电机组，总装机容量达到 45 兆瓦，总投资超过 4 亿元。作为省内首个单机容量突破兆瓦级的山区风电场，该项目不仅技术难度大，而且工期紧张，面临着诸多挑战。

在项目初期，业主单位采用节点计划表方法编制了一级和二级进度节点计划。一级节点计划涵盖了风电机基础、升压站 / 中控楼、送出线路等关键阶段，而二级节点计划则进一步细化了各个阶段的具体任务和时间安排。然而，项目经理陈某发现，现有的进度计划存在诸多问题：计划过于简单，缺乏对二级节点的进一步细化；没有进行工作结构分解和资源规划；子工程间的逻辑关系不明确；未使用网络计划技术进行优化。

面对这些问题，项目经理陈某提出了改进措施，采用网络计划方法，对项目进行更细致的分解，明确各子工程间的逻辑关系。例如，项目团队对项目进行了一级和二级工作分解，明确了各子项目和工作包；确定了各工作之间的紧前关系和搭接关系，为网络图的绘制提供了基础；利用计划评审技术（Program/Project Evaluation and Review Technique，PERT）技术，计算了各项工作的期望工期，为进度计划的制定提供了依据；根据逻辑关系和期望工期，绘制了项目的网络图，明确了关键路径和关键工作；计算了项目的总浮动时间、最早开始和最晚结束时间等时间参数，为项目进度控制提供了参考。

通过改进措施的实施，项目团队成功地对原有的进度计划进行了优化。新的进度计划更加科学、合理，为项目的顺利实施提供了保障。同时，项目团队也认识到，项目计划管理是一个动态的过程，需要根据项目实际情况不断地调整和优化。

浙江省风电场建设工程项目案例表明，有效的项目计划管理对于确保项目按时完成、控制成本和提高项目成功率至关重要。通过采用分层网络计划和 PERT 技术，项目团队能够更好地把握项目进度、优化资源配置、降低项目风险，从而提高项目管理的效率和效果。

（资料来源：中国管理案例共享中心，案例编号：PJMT-0035。）

习　题

1. 某一修理项目，其工程所需完成的活动及活动之间的关系如表 10-6 所示。①绘制该修理工程的箭线式网络图。②计算节点时间。③计算活动时间。④确定关键路线。⑤计算总工期。

表 10-6　某修理工程各项活动之间的关系　　　　单位：周

活动名称	活动代号	紧前活动	活动时间
整机解体	A		2
检查电路	B	A	2
检查传动装置	C	A	1
修复电路	D	B	6
更换电源	E	C	4
装机	F	D, E	4

2. 某厂生产的产品共有七道工序，其工序流程及每道工序所需要的时间如表 10-7 所示，试计算各工序时间参数。

表 10-7　工序时间表　　　　单位：天

工序名称	A	B	C	D	E	F	G
紧前工序	—	A	A	B	B	C, D	E, F
时间	1	8	5	3	7	3	1

3. 某项目的网络图如图 10-12 所示。该项目的各项活动的正常时间、正常直

接费用、赶工时间和赶工直接费用列于表10-8中。该项目单位时间的间接费用为4500元，按合同要求，工期为18周，每超过1周，罚款5000元。请为该项目确定最少成本下的工期。

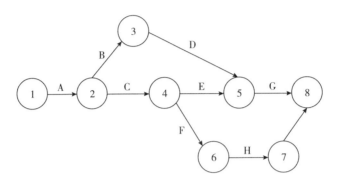

图 10-12 某项目的网络图

表 10-8 正常情况和赶工情况

活动	正常情况		赶工情况		直接费用变化率（元 / 周）
	时间（周）	直接费用（元）	时间（周）	直接费用（元）	
A	4	20000	3	24000	4000
B	2	18000	1	23000	5000
C	5	15000	4	22000	7000
D	6	24000	4	32000	4000
E	5	22000	4	29000	7000
F	6	25000	4	33000	4000
G	4	16000	3	20000	4000
H	5	20000	4	26000	7000
I	2	15000	—	—	—

4.请选择一个已进行中的项目，假设你是项目经理，按照网络计划技术的要求和步骤，绘制出该项目的完整网络计划图。

5.追踪这个项目，试图利用浮动时间来持续改进网络计划。

第 11 章　质量管理与控制

🎯 **学习目标**

1. 理解全面质量管理的"螺旋曲线"方法。
2. 熟练掌握并能运用全面质量管理的戴明 PDCA 循环。
3. 掌握并能应用常用质量管理统计方法。
4. 理解并能科学选择质量管理中的抽样调查方案。
5. 理解树立质量强国责任意识与诚信为本职业准则的重要性。

📖 **关于质量管理与控制的知识图谱**

（详见网址：http://t.zhihuishu.com/bGZKe1by）

🔍 **主案例导入**

J 公司于 2009 年初步建立了质量管理体系，但随着中国造船业扩张，许多没有造船经验的工人涌入船厂从事船舶制造工作，这对施工质量管理产生了巨大的压力。"质量即是生命线"，高层痛下决心做 ISO 质量管理体系认证，推动船舶建造质量管理的全面优化升级。

已是公司"元老级"的高层管理万部长领命打响了公司质量管理的攻坚战，组建了包含管理体系认证专家、船舶工程技术专家、安全与环保专家、质量审核与评估专家、法规与标准专家、培训与宣传专家在内的专家工作组，并采取了三大关键举措：第一，制定严格的管理文件和作业指导书，明确每个生产环节的操作标准和质量检验标准，确保所有施工人员按照统一的规范进行操作。第二，开展大量的技能提升活动，针对焊接等关键工序进行定期专项培训，显著降低焊接缺陷的发生频率。公司还不定期举行技能竞赛，激发工人不断提升操作技能的热情。第三，开展定期质量审查与问题分析，对每个生产环节逐一整改，确保每一项改进措施都得到落实并且效果追踪。这些措施不但确保了产品制造和检查标准的统一，还极大地提升了施工人员的操作水平与质量意识。经过全员1年多的努力，公司于2010年6月12日通过了ISO质量管理体系认证，一次报验合格率从86%提升至98.5%以上，实现了质的飞跃。

J公司在通过质量体系认证后，并未止步于此，而是持续维护和优化该体系。公司采用了内审、外审、管理评审以及月度质量数据监察等方式，确保质量管理体系的有效运转。不久之后公司引入了基于卓越绩效模式的全面质量管理（TQM），致力于通过全员参与的方式提高产品质量。在实施全面质量管理的过程中，公司也遇到了一些挑战，如不同部门间质量管理评估标准的不统一，品质保证部在高层授权下，定期召开跨部门质量评估会议，成功实现了不同产线之间的质量标准对接，进一步推动了产品质量的持续改进。

公司在推行全面质量管理的同时，还大力开展了质量控制（QC）活动，设立多个专门的QC小组进行质量改进。公司QC小组广泛应用了排列图、因果图、管理图和简易图表等工具，系统分析各类生产问题并制定解决方案。例如，一个QC小组通过因果图分析发现，涂装工序中油漆脱落问题的根本原因在于环境湿度未能有效控制，随后提出了加装湿度监测系统的解决方案，大幅减少了返工率。公司共有22个QC小组，每年每个小组都会针对不同的质量问题选定一个课题开展活动，课题覆盖了船体焊接、涂装、设备安装等关键工序。通过广泛的事前研讨、事中总结和事后反省，公司生产流程不断优化，这些QC小组不仅解决了生产中的实际问题，还为公司带来了显著的降本增效效果。

此外，公司QC小组还多次获得行业内外的荣誉，如全国质量管理小组二等成果奖、江苏省QC小组技术成果一等奖、船舶建造集团QC小组成果一等奖，这些成就充分展示了公司在质量管理方面的卓越表现。J公司从初步建立质量管理体系到全面推行QC活动，确保了产品的稳定性和高质量交付，公司还将持续推动质量管理创新，力争在未来取得更大突破。

讨论题

1. 请结合案例材料说明，J公司是如何不断优化提升质量管理工作的？

2. 如何理解质量管理不是一个部门的专项工作，需要全员参与。

相关概念

质量（Quality）

质量是产品或服务满足规定或潜在需要的特性总和。人们对质量内涵的认识大致经历以下四个发展阶段：

◎客观质量（Objective Quality）阶段：最早使用的质量概念是通过设定规格（Specification）来定义的，即"满足规格（落入设计公差内）要求的产品为合格产品，不满足规格要求的为不合格产品"。实际上，该定义源自工程领域，从生产者视角来定义，而未全面反映顾客和市场的需求。

◎主观质量（Subjective Quality）阶段：随着市场竞争使顾客成为市场主体，美国著名质量专家戴明（W.E.Deming）于 20 世纪 50 年代初期在日本进行培训时提出主观质量的概念，即用户通过基础感知手段，如看、摸、闻、听等，对产品或服务做出的自发性评价。

◎动态质量（Dynamic Quality）阶段：科技进步和市场竞争使人们对产品的期望不断提升，动态质量概念强调的是企业在运营管理过程中，需要持续关注和适应市场、客户、竞争环境等外部因素的变化，以确保产品或服务的质量能够持续满足或超越客户的期望。

◎全面质量（Total Quality）阶段：为持续满足顾客需求，需要高质量与合理定价相结合。企业在保持合理价格的同时要降低成本、减少质量损耗以保障利润和成长。全面质量是在低投入下获得高质量，不仅涉及产品全生命周期各阶段质量，更强调经济性和现代质量管理理念。它强调在企业的整个运营过程中，需要全面关注并提升产品或服务的质量，所以全面质量管理不仅仅局限于生产环节，而是涉及从产品设计、原材料采购、生产制造、销售服务到售后反馈等各个环节。

质量管理（Quality Management）

根据 ISO8402-1994 定义，质量管理是确定质量的方针、目标、职责，实施质量策划、质量控制、质量保证、质量改进等的一系列管理活动。实施质量管理必须由高层推动，各级管理者各司其职，以及全体成员共同参与。从历史来看，质量管理经历了产品的质量检验、统计过程控制和全面质量管理三个阶段：

◎质量检验阶段。在早期质量管理中，工人兼任加工与检查，称为"操作者质量管理"。进入20世纪初，最早在美国企业出现了流水作业等生产方式，提高了对质量检验的要求，科学管理要求"计划与执行分离"，形成"工长的质量管理"。在生产扩大后，企业建立专职计划、执行、检查体系，即"检验员质量管理"。这个阶段质量管理重点在于事后筛选合格与不合格产品，防止不合格品流入市场，但忽视检验成本和预防废品，导致全面检验增加成本且无法挽回已产生费用，由此实现检验经济性成为质量管理的挑战。

◎统计过程控制阶段。统计过程控制的形成于20世纪四五十年代，主要源于二战后科学技术发展和军工生产大幅提高的客观需要。其主要代表人物包括美国贝尔研究所的工程师休哈特、道奇和罗米格等。它用数理统计从产品质量波动中找规律，排除异常，确保生产环节正常，经济生产合格产品。此时质量管理重点在于结合统计技术和过程控制，以预防为核心，推动质量管理从产品检验到过程控制，支持质量标准化，提升管理水平。

◎全面质量管理阶段。由于工业生产技术手段越来越现代化、产品更新换代也起来越频繁，单纯靠统计质量控制已无法满足要求，再加上行为科学在质量管理的应用，人的积极性和能动性得到广泛重视，美国通用电气公司的费根堡姆（Feigenbaum）首先提出了全面质量管理思想，1961年出版了《全面质量管理》一书。书中提出应在组织管理工作中对生产全过程进行质量管理，并强调企业全体人员都应具有质量意识和承担质量的责任。费根堡姆和朱兰等著名质量管理专家建议，用全面质量管理代替统计质量管理，统计质量管理着重于应用统计方法来控制生产过程的质量，强调预防性管理的作用；而全面质量管理适应现代化生产对管理的整体性和综合性要求，从局部性管理走向全面性、系统性的管理，可以灵活应对生产力、科技和市场经济出现的新情况。经过多年的探索与实践，现今全面质量管理理论日益完善，在实践中也取得了很大成功。

全面质量管理（Total Quality Management）

20世纪60年代，费根鲍姆提出全面质量管理（TQM），定义为在经济水平上满足顾客要求，整合市场调研、产品设置、生产、销售及售后等活动，构建有效质量管理体系。全面质量管理的核心为追求顾客满意和持续质量改进，特点为全面性、全程性、全员参与和多样性。全面质量管理强调以顾客为中心，不断超越期望，持续改进，涉及组织全体成员。

◎持续改进：追求投入产出过程中的所有因素都持续不断地得到改善。

◎树立榜样：这是将在某一方面表现最出色的组织作为自己的榜样，学习其经验，以提升自身的经营管理水平。

◎授权给职员：让一线员工承担一定的质量改进责任，并赋予其为完成改进任务采取必要行动的权力。

◎发扬团队精神：在组织内部要最大限度地实现目标和行动的一致。

◎基于事实的决策：强调在做出决策时需要依据事实而不是个人的主观判断，管理的任务之一就是收集和分析数据及资料，并依此做出决策。

◎活学活用质量管理工具：要求对组织的成员尤其是管理人员进行质量管理技术培训，使之在质量管理实践中能运用科学的质量管理技术。

◎供应商的质量保证：质量管理应延伸至供应商，选择实行质量保证并追求改进的组织，确保及时生产符合要求的零部件或原材料。

◎强化"源头质量"观念：让组织的每一位成员一方面把工作做好，另一方面如果出现偏差能够及时发现并主动纠正。

质量管理与控制是确保产品和服务满足既定标准和顾客需求的关键过程，它涉及一系列的管理策略、技术方法和工具。本章首先描述全面质量管理的主要工作内容以及常用方法，其次针对全面质量管理中的统计质量控制，介绍常用的质量管理统计方法和抽样检验。

11.1　全面质量管理

11.1.1　全面质量管理的主要工作内容

全面质量管理涵盖了生产经营活动的全过程质量管理，需要控制影响产品质量的所有因素，需要重点关注市场调查、产品设计、采购、制造、检验、销售、服务等环节，具体如下：

（1）市场调查。目的是掌握用户需求与产品反馈，指导后续工作。

（2）产品设计。产品设计是质量的起点和关键，需设定技术标准，通过经济分析确定最佳质量水平，确保质量先进合理。

（3）采购。因为原材料、协作件、外购标准件的质量对产品质量影响显著，需要从供应单位的产品质量、价格和履行合同的能力等方面来选择供应厂家。

（4）制造。该过程是产品形成的关键，质量管理通过控制操作技能、设备、材料、方法、检测和环境等质量影响因素来确保产品品质。

（5）检验。制造过程中的检验负责把关、预防和预报，即筛选不合格品，防止其进入后续工序或市场，并通过反馈信息支持质量决策。检验同时需要考虑降低成本、缩短时间。

（6）销售。销售是产品质量实现的重要环节，在销售过程中，需实事求是地向用户介绍产品的性能、用途和优点，防止夸大产品质量，影响企业的信誉。

（7）服务。服务包括提供技术培训、编制产品说明书、开展咨询活动、解决用户的疑难问题以及及时处理质量事故。

11.1.2　全面质量管理的基本方法

11.1.2.1　朱兰的"螺旋曲线"

美国质量管理专家朱兰（J. M. Juran）博士从顾客的角度出发，提出了一条螺旋曲线来描述质量的形成过程，即朱兰质量螺旋曲线。产品质量的形成包括市场研发、产品开发（研制）、设计、产品规格制定、工艺制定、采购、仪器仪表与设备装置、生产、过程控制、检验、测试、销售和服务等13个环节。这些环节相互关联，形成一个不断上升、不断提高的过程，如图11-1所示。

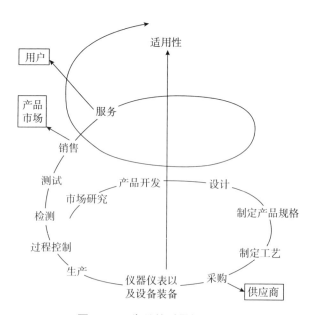

图 11-1　朱兰的质量螺旋示意

11.1.2.2　戴明的 PDCA 循环

PDCA 循环也称为戴明环或质量控制循环，是一种普遍应用与持续改进和质量控制的策略框架。它是由美国统计学家沃尔特·休哈特（Walter A. Shewhart）于 20 世纪 20 年代提出的，并由威廉·爱德华兹·戴明（W. Edwards Deming）于 50 年代在日本推广和普及。PDCA 循环的核心理念是通过不断循环的四个阶段，即 PDCA 循环（又称戴明环），其中，P（Plan）是计划阶段，D（Do）是执行阶段，C（Check）是检查阶段，A（Action）是处理阶段，其结果是将成功的经验纳入标准、将不成功的问题纳入下一循环来解决。

（1）PDCA 循环的实施步骤。

P（计划）阶段具体包括以下四个步骤：第一，分析现状，找出所存在的质量问题。对找到的问题要问三个问题：①这个问题可不可以解决？②这个问题可不可以与其他工作结合起来解决？③这个问题能不能用最简单的方法解决而又能达到预期的效果？第二，找出产生问题的原因（或影响因素）。第三，找出原因（影响因素）中的主要原因（影响因素）。第四，针对主要原因制定解决问题的措施计划。措施计划需阐述原因（Why）、目标（What）、地点（Where）、执行者（Who）、时间（When）及方法（How），即 5W1H。

D（执行）阶段则按制订的计划认真执行。在 PDCA 循环中，执行阶段是至关重要的一环，它关乎将计划转化为实际的操作。在此阶段，必须分配适当的资源以保障计划的顺畅执行。此外，需要对进度进行监控，并迅速处理实施过程中遇到的问题，以保障计划的连续性和有效性。实施阶段的目的是确保计划中的措施和方法得到恰当的执行，并为接下来的检查阶段提供实际的数据和反馈信息。

C（检查）阶段是检查措施执行的效果。检查阶段是 PDCA 循环中的反馈环节，需要将实际执行情况与原定计划进行比较，以评估实施的效果。此阶段的目的在于发现计划执行中的成就与不足，收集执行过程中的数据，如进度、成本和质量等，并通过数据分析来评价计划的执行成效。同时，要找出执行过程中的问题和潜在的改进机会，为接下来的行动阶段提供明确的改进目标。

A（处理）阶段，必须根据检查阶段的发现进行适当的调整和改进。成功的经验应该被确认并转化为标准或规范；对于失败的原因，则需要进行深入分析，从中学习，并制定具体的纠正措施。实施这些纠正措施时，要确保其有效性，并重新启动 PDCA 循环，以提高效率、质量和客户满意度。

（2）PDCA 循环的特点。

第一，PDCA 循环构成闭环，四个阶段循环进行，如图 11-2 所示。

第二，大环套小环，互相促进。如果企业的工作作为一个大 PDCA 循环，各部门、小组有自己的小 PDCA 循环，相互带动，大环指导小环，小环推动大环，形成有机运作体系，如图 11-3（a）所示。

第三，循环上升。PDCA 循环不是到 A 阶段结束就算完结，而是又要回到 P 阶段开始新的循环，就这样不断旋转。PDCA 循环的转动不是在原地转动，而是每转一圈都有新的计划和目标，这犹如爬楼梯一样逐步上升，使质量水平不断提高，如图 11-3（b）所示。

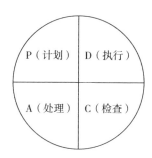

图 11-2　PDCA 循环

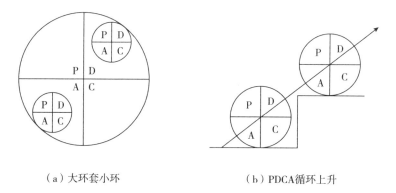

（a）大环套小环　　　　　　　　（b）PDCA循环上升

图 11-3　PDCA 循环的特点

PDCA 循环是强逻辑、有效的工作程序，作为质量管理核心方法，其四个过程需要持续循环。每轮循环解决一些问题，可能产生新问题，需要启动新循环。因此解决问题的过程中通常需多次 PDCA 循环。问题的本质是现状与标准之间的差距。每轮循环后需要评估现状，并根据需要修订或提升标准，识别新的改进差距。持续循环促进质量提升，坚持循环带来新成果。

微案例：老有所养，养有所依——PDCA 循环推动"锦欣福星"养老服务标准化

成都锦欣福星康养产业集团股份有限公司（以下简称锦欣福星）在养老服务领域取得显著成就，被国家标准化管理委员会评为"2022 年度国家级服务业

标准化试点项目"。杨主任负责锦欣福星标准化办公室工作，自公司启动标准化服务体系建设以来，带领团队从零基础出发，逐步建立起 660 余项企业标准，覆盖国家标准、行业标准和地方标准。杨主任做的第一件事就是现状调查，她发现锦欣福星处于"标准化"的初级探索阶段，经过严格评估，选定了三位专家指导锦欣福星的标准化工作。在三位专家的帮助和团队成员的不懈努力下，公司对四大体系的服务类别进行了系统梳理，拟定了包括 4 个服务类别、14 个标准领域、38 个功能版块、660 余项标准的标准目录，为接下来的标准起草工作提供了明确框架。个性化照护计划标准流程制作完成后，杨主任及其团队成员们对服务标准的起草有了清晰的认识，总结出了"制作→试行→修改→再试行→再修改（……）→发布"的循环工作法，并在工作小组内进行了示范和推广，让团队成员们对标准起草过程有了更多感性认知和借鉴。2021 年 4 月 21 日，涵盖了 600 余项标准的锦欣福星标准化服务资料初版在公司内部出版。2022 年 9 月 22 日，锦欣福星顺利通过评审，成为国家级服务业标准化试点项目。锦欣福星通过 PDCA 循环实现服务质量的提升和运营效率的优化。计划（Plan）：锦欣福星确立了建立标准化体系的目标，杨主任和团队开始规划如何从无到有构建标准化流程。执行（Do）：团队开始实施计划，将标准化概念融入实际工作中，还逐步建立起一套企业标准体系。检查（Check）：通过内部评审和外部专家的评估，检查标准化实施的效果，确保符合国家标准。行动（Act）：根据检查结果，团队不断调整和优化标准，以适应不断变化的需求"锦欣福星"的标准化之路。锦欣福星的案例展示了 PDCA 循环在养老服务标准化中的有效应用。同时，面对标准化带来的挑战，公司需要不断创新和探索，以满足老年人多样化的需求，实现"老有所养，养有所依"的目标。

（资料来源：中国管理案例共享中心，案例编号：OM-0295。）

11.2　质量管理统计方法

统计质量控制方法以 1924 年美国的休哈特提出的控制图为起点，近一个世纪以来有了很大的发展，涵盖了许多种方法。这些方法大致可分为以下三类：

第一类，常用的统计管理方法又称为初级统计管理方法，主要包括控制图、因果图、相关图、排列图、直方图等所谓的"QC 七种工具"，用于系统收集和分析质量数据，绘制图表，发现质量变化规律，实现对质量的控制。

第二类，中级统计管理方法包括抽样调查方法、抽样检验方法、官能检查方法、试验计划法等。这些方法不一定需要企业的所有员工都掌握，主要是供相关技术人员和质量管理部门的人员使用。

第三类，高级统计管理方法包括高级试验计划法和多变量解析法。这些方法主要用于复杂的工程解析和质量解析，通常需要借助计算机进行操作，因此通常只由专业人员使用。

这里重点介绍常用的质量管理统计方法"老七种工具"和"新七种工具"，以及中级统计管理方法中的抽样检验。

11.2.1　常用的质量管理统计方法

11.2.1.1　老七种工具

质量管理的"老七种工具"是在 20 世纪 60 年代由日本著名的质量管理专家石川馨根据日本常用的质量控制方法总结而形成的。这七种工具包括调查表、分层法、因果图、排列图、直方图、散点图、控制图。这些工具主要用于数据收集、整理、分析，以解决现场质量管理存在的问题。图 11-4 展示了应用这 7 种质量工具的逻辑顺序。

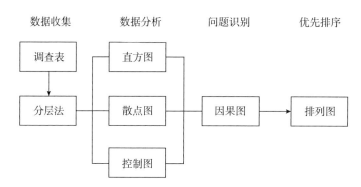

图 11-4　老七种质量改进工具逻辑顺序

（1）调查表。又称为检查表，是一种用于规范化收集和整理质量原始数据的表格。调查表主要包括过程分布、不合格项目、缺陷位置、不合格原因、特性、操作和对策等类型。

1）过程分布调查表。用于记录质量特性出现的频率，标记测量数据，展现数据分布。主要整理实际数据分布状态和实际数据与标准数据的关系，并进行分类统计。

2）不合格项目调查表。调查产品中不能满足质量要求的项目，以及它们所占的比率。

3）缺陷位置调查表。用于调查产品各部位的缺陷情况，可以在表格上绘制该产品的草图或展开图，然后使用不同的符号或颜色标记不同类型的缺陷。这种调查表通常用于调查产品表面的外伤、油漆脱落、铸锻件表面缺陷等。

4）不合格原因调查表。可以依照人、机、料、法、环、测（5M1E）进行分层调查，对导致不合格的原因进行分类，如原材料问题、设备故障、操作失误、工艺不当等，记录问题发生的频率和位置，用图表进行可视化展示，直观地了解不合格情况。

5）特性检查表。用于检查质量特性是否符合要求。特别是在检查项目较多且容易遗漏的情况下，以避免错误和重复检查。

6）操作检查表。用于确保操作人员严格遵守操作规程，以保证工作质量。在重要或大批量的工作过程中，可以逐一按照列出的检查项目进行落实，由操作人员自检并填写表格。调查表举例如表 11-1 所示。

表 11-1　门拉手检验

种类（项目）	检查结果	累计次数
表面伤痕	正正正正正正下	33
气孔	正正正正	20
加工不良	正正正正正正正下	37
外形不良	正正正正正	24
电镀不良	正正正下	18
其他	正正下	13

7）对策检查表。在利用其他工具和方法，通过集思广益找出问题后，为了迅速有步骤地解决问题，可使用对策表来明确对策措施、标准要求，并制定具体的实施人员和实施时间。对策表的特点是简单明确、责任分明，便于实施推行。

（2）分层法。也称为分类法或分组法，是一种将质量数据进行归类整理的统计分析方法。通过按数据来源分类后分析，揭示质量问题的原因和规律。分层法是整理数据的基本工具，通过分类明确主要矛盾和关键质量影响因素，便于采取措施。可与分层排列图、分层相关图等工具进行结合，提升分析效率。确定分层依据时，应确保同层数据性质差异小、层间差异大。

在分析质量的影响因素时，分层法通常按照以下标志将数据进行分层，具体如表 11-2 所示。

表 11-2　分层法的常见标志

标志类型	常见的标志
操作人员	新老员工、男女工人，技术等级
操作方法	操作条件、速度、温度、压力、流量等
使用设备	设备种类、型号、精度等级、工装夹具等
原材料	不同的供应商、产地、尺寸、批号、型号等
时间	早、中、晚班，日、周、旬、月、季度等
检验手段	测量者身份、所用仪器、抽样方法等
操作环境	清洁程度、采光、运输形式等
其他标志	合作单位、过程、故障项目等

例 11-1：

某发动机装配车间在汽缸体与汽缸盖装配后经常发现漏油问题。通过调查发现，漏油的主要原因是密封不好。该装配过程由甲、乙、丙 3 名工人各自完成，漏油的主要原因是 3 名工人涂抹黏结剂的方法不同，所使用的汽缸垫来自 A 和 B 两个供应商。调查的数据结果显示，共有 50 次调查，其中有 19 次漏油，漏油发生率为 38%。表 11-3 和表 11-4 分别提供了按照操作者和供应商分层收集整理的数据。

表 11-3　按操作者分层数据

操作者	漏油数（次）	不漏油数（次）	漏油发生率（%）
甲	6	13	32
乙	3	9	25
丙	10	9	53
合计	19	31	38

表 11-4　按供应商分层数据

供应商	漏油数（次）	不漏油数（次）	漏油发生率（%）
A	9	14	39
B	10	17	27
合计	19	31	38

分析表 11-3 和表 11-4 后发现，操作者乙的漏油发生率最低，供应商 B 提供的汽缸垫漏油发生率也较低。因此，建议采用乙的操作方法，并选用供应商 B 的产品。然而，结果却与期望相悖，漏油发生率反而增加了。经研究发现，失败的原因在于未考虑操作方法与汽缸垫之间的关系，应重新进行分层，进一步考虑操作者与供应商联合分层结果如表 11-5 所示。

表 11-5　操作者与供应商联合分层数据　　　　　　　　单位：次

			供应商		合计
			A	B	
操作者	甲	漏油	6	0	6
		不漏油	2	1	3
	乙	漏油	0	3	3
		不漏油	5	4	9
	丙	漏油	3	7	10
		不漏油	7	2	9
合计		漏油	9	10	19
		不漏油	14	17	31
总计			23	27	50

根据表 11-5 的结果可知，使用供应商 B 提供的气缸垫时应采用甲的操作方法，而在使用供应商 A 提供的气缸垫时应采用乙的操作方法。采取上述对策后，该发动机的漏油问题得到圆满解决。

（3）因果图。又称为鱼骨图，是由日本著名的质量管理专家石川馨先生于 1953 年提出的，也称为石川图。因果图用于识别问题的多种因素，以及分类分析，并在图中用箭头表示因果关系，系统展现这些联系。主要用于分析质量特性与影响因素间的因果关系，以促进问题解决。

在实际应用中，大部分问题的原因可归结为 6 大类，即人（Man）、机（Machine）、料（Material）、法（Method）、环（Environment）、测（Murement），简称 5M1E。图 11-5 提供了某企业生产的电动机存在间隙不稳问题的因果图。

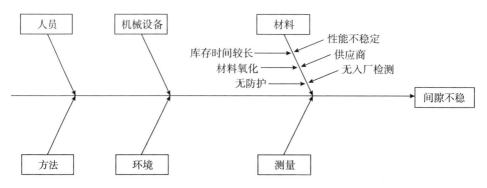

图 11-5 电动机存在间隙不稳问题的因果图

因果图的绘制步骤：明确质量问题（结果）—画出问题与主干，分析并选取影响结果的原因—标记重要原因—记录因果图标记及有关事项。

因果图绘制的注意事项：第一，问题要具体；第二，应明确目的是为了改变（变动均值）还是改进（减小波动）；第三，集思广益，充分发表意见；第四，问题的原因难以确定时则改变思路；第五，确保一个问题一张因果图，不能将几个问题放在同一张因果图中。

（4）排列图。又称为主次因素分析图或帕累托（Pareto）图，可以帮助质量管理者快速地从众多影响因素中找出主要因素。排列图最早由意大利经济学家帕累托提出，他在分析社会财富分布状态时，发现少数人占有了绝大多数的财富，从而总结出"关键的少数，次要的多数"这一客观规律，即"20/80 原则"。

排列图用于比较各种原因对质量缺陷的影响，筛选出优先改进项目，定义问题或机会，确定关键变量或主因。

例 11-2：

试用排列图分析某企业测量仪器发生故障的主要影响因素。

（1）收集数据。通常是收集影响因素与频数的数据。本例中收集的故障数据如表 11-6 所示。

表 11-6 测量仪器故障数据统计

序号	因素	频数（次）	累计频数（次）	百分比（%）	累计百分比（%）
1	早期故障	54	54	41.9	41.9
2	操作失误	35	89	27.1	69.0
3	耗损故障	22	111	17.0	86.0
4	其他	18	129	14.0	100
合计		129		100	

（2）频数排序。将测量仪器发生故障的各影响因素按频数从大到小的顺序进行排列，并计算各因素所占的频率和累计频率，结果填入表 11-6 中。

（3）作直方图。按频数大小从左到右绘制直方图，使图形呈逐个下降的趋势，"其他"项无论量值多大，均应排在最右端。

（4）描线。依次将表示各影响因素的直方连成折线，如图 11-6 所示。

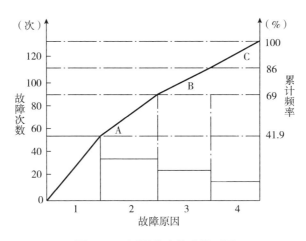

图 11-6　测量仪表故障排列图

从图 11-6 可知，测量仪器发生故障的 A 类因素是早期故障和操作失误；B 类因素是损耗。A 类因素是质量改进重点考虑的因素，应首先解决。

例 11-3：

以下是公司 1 周内某产品不良的记录，根据统计的数据，运用排列图进行分析（见表 11-7）。

表 11-7　某公司不良记录表　　　　　　　　　　　　　　单位：次

项目	周一	周二	周三	周四	周五	合计
作业员技术不足	10	11	8	12	9	50
作业员常不在	15	18	16	14	17	80
原料品质欠佳	4	5	5	6	2	22
机械故障	4	4	3	4	3	18
作业流程不当	3	2	2	3	4	14
其他	3	3	4	3	3	16
不良数	39	43	38	42	38	200
检查数	800	800	800	800	800	800

步骤一：按发生次数的顺序（由大至小，有其他项者无论是否为最小，一律置放于最后）将项目及次数记入不良分析表中（见表11-8）。

表 11-8 不良分析表

单位：次

项目	不良数
作业员常不在	80
作业员技术不足	50
原料品质欠佳	22
机械故障	18
作业流程不当	14
其他	16
合计	200

步骤二：计算累计不良数（累计次数、累计损失额）、百分比及累计百分率（见表11-9）。

表 11-9 排列图分析

项目	不良数（次）	累计不良数（次）	百分比（%）	累计百分比（%）
作业员常不在	80	80	40	40
作业员技术不足	50	130	25	65
原料品质不佳	22	152	11	76
机械故障	18	170	9	85
作业流程不当	14	184	7	92
其他	15	200	8	100
合计	200		100	

步骤三：建立坐标轴，以左纵轴表示不良数，右纵轴表示百分比，横坐标轴表示不良项目，根据累计不良数绘制成柱形图，将累计的不良数或百分率以直线连接，以上可绘制成排列图（见图11-7）。

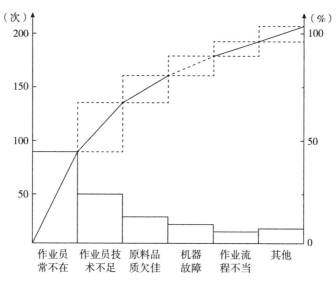

图 11-7　排列图

（5）直方图。绘制直方图的目的是为了研究过程质量的分布状况，判断过程是否处于正常状态。在正常生产条件下，所绘制的直方图应该呈现正态分布，否则，就要分析原因，采取相应的措施。图 11-8 给出了实践中几种常见直方图的形状。

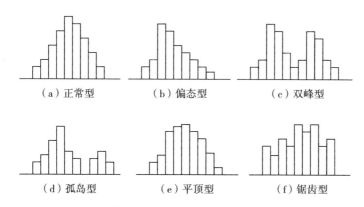

图 11-8　几种常见的直方图

1）正常型（见图 11-8（a））：正常型直方图具有"中间高，两边低，左右对称"的特征。

2）偏态型（见图 11-8（b））：直方图的图形偏向一侧，有时偏左，有时偏右，形成不对称的图形。由于某种原因使下限或上限受到限制时，容易发生"偏左型"或"偏右型"。

3）双峰型（见图 11-8（c））：双峰型直方图是指在直方图中有左右两个峰，出现双峰型直方图，是由于观测值来自两个总体、两种分布，数据混在一起。

4）孤岛型（见图 11-8（d））：在主体直方图的左侧或右侧出现孤立的小直方图，像一个孤立的小岛。造成的原因通常是工艺条件，如人、机、料、法、环、测等条件发生突变。

5）平顶型（见图 11-8（e））：直方图的顶部呈现较大范围的平顶状，没有突出的顶峰。出现这种情况，通常是由于过程中有缓慢变化的异常因素在起作用，或者是多种分布混在一起造成的。

6）锯齿形（见图 11-8（f））：锯齿型直方图是指各组长方形出现参差不齐的形状。出现这种情况，一般是由于分组过多或测量方法、工具上的差异过大、读数存在问题所造成的。

（6）散布图。散布图又称为相关图，判断两种质量特性或两种数据之间的相关关系及相关程度。典型的散布图有六种类型，如图 11-9 所示。

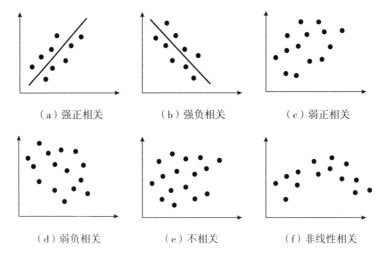

（a）强正相关　　　（b）强负相关　　　（c）弱正相关

（d）弱负相关　　　（e）不相关　　　（f）非线性相关

图 11-9　几种典型的散布图

在图 11-9 中，（a）为强正相关，当 x 增大时，y 也增大，两者关系明显；（b）为强负相关，当 x 增大时，y 随之显著减小；（c）弱正相关，当 x 增大时，y 也有增大的趋势，但该趋势并不明显，说明还存在其他不可忽略的影响因素；（d）为弱负相关，当 x 增大时，y 有减小的趋势，但这种趋势并不是特别明显；（e）为不相关，当 x 增大时，y 的变化很不明显，呈现随机状态；（f）为非线性相关，当 x 增大时，y 以某种曲线的形式随之变化，说明还存在其他不可忽略的影响因素。

例 11-4：

某型号冰箱重量规格为（110±8）千克，今天抽验 50 台冰箱称重数据如表 11-10 所示。

表 11-10　冰箱称重数据 单位：千克

108	117	106	114	108
115	106	102	111	107
105	110	109	105	104
110	116	107	103	118
109	112	107	105	117
112	115	105	116	109
113	107	117	115	120
111	110	110	111	114
104	109	109	109	110
109	116	116	112	118

（1）确定基本内容：$N=50$。

（2）组数：$K=7$（参考经验价值）。

（3）最大值 $L=120$，最小值 $S=102$，全距 $R=120-102=18$。

（4）计算组距 H，$H=R/K\ 18÷7=2.5$，取 H 为 3（为测定值最小单位的整数倍）。

（5）第一组下限值 $=S-$ 测定最小位数 $/2=102-0.5=101.5$，第一组上限值 $=$ 第一组下限值 $+$ 组距。

（6）计算各组中心值 $=$（上组界 $+$ 下组界）$/2$。

（7）作次数分配表（见表 11-11）。

（8）做直方图（见图 11-10）。

表 11-11　次数分配

组号	租界	中心值	标记	F（次）
1	101.5~104.5	103	正	4
2	104.5~107.5	106	正正	10
3	107.5~110.5	109	正正下	13
4	110.5~113.5	112	正正	9
5	113.5~116.5	115	正下	8
6	116.5~119.5	118	正	5
7	119.5~122.5	121	一	1

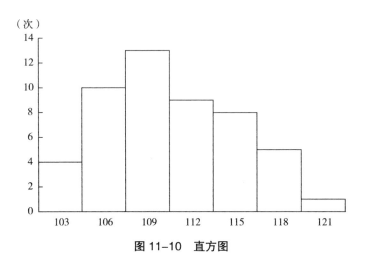

图 11-10　直方图

（7）控制图。控制图又称为管理图。如图 11-11 所示，控制图是带控制界限的图表，区分质量波动偶然性或系统性，评估过程控制。根据其用途可以分两类：一类是组号分析控制图，用来监控质量变化，确认工序稳定；另一类是管理控制图，用来识别异常，预防不合格品。控制图通常以样本平均值为中心线，以上下取 3 倍的标准差（Z+3σ）为控制界，因此，用这样的控制界限绘成的控制图叫作 3σ 控制图。

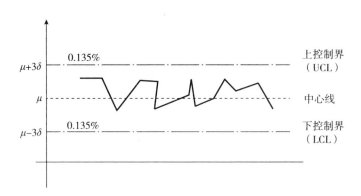

图 11-11　控制图的基本形状

根据数据的种类不同，控制图可以分为两大类：计量值控制图和计数值控制图。计量值控制图一般适用于以长度、强度、纯度等为控制对象的场合，有单值控制图、平均值和极差控制图、中位数和极差控制图等；计数值控制图以计数值数据的质量特性为控制对象，有不合格品率控制图（P 控制图）、缺陷数控制图（c 控制图）和单位缺陷数控制图（u 控制图）等。

11.2.1.2　新七种工具

20 世纪 70 年代全面质量管理在日本企业全面推广应用。为了满足新要求，日本人研发了质量管理的"新七种工具"，并从 1977 年底开始推广应用。新七种工具是以分析为主的质量管理方法，主要应用于 PDCA 循环的计划（P）阶段。新七种工具包括关联图、树形图、亲和图、矩阵图、矩阵数据分析法、网络图、过程决策程序图（PDPC）。新七种工具是老七种工具的补充，二者相辅相成，不能相互替代。由于"新七种工具"中的一种工具可为另一种工具提供输入信息，因此建议采用循环的方式。逻辑关系图如图 11-12 所示。

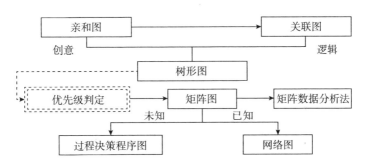

图 11-12　质量管理新七种工具的逻辑关系

（1）关联图法。关联图是用带箭头的连线表示事物因果关系的图示方法。利用关联图可以整理、分析事物各因素之间原因与结果、目的与手段等方面的复杂关系，从而找到解决主要问题的方法。关联图广泛应用于质量方针和计划制订、目标管理、问题识别、QC 活动规划、产品设计质量展开、索赔分析等。

关联图的应用程序：第一步确定选题，明确要解决的问题；第二步成立小组，开会讨论；第三步提出主要原因，并用简单而通俗的语言表示其主要原因；第四步用箭头表示主要原因之间和主要原因与问题之间的关系；第五步掌握全貌，查漏补缺；第六步在绘制的关联图上标出重点项目；第七步制订解决问题的措施和计划；第八步不断地修订完善关联图。

关联图优点包括：整理混乱问题以明确要点，促进质量改进；明确部门间关系，有助于协调；确定问题的关键与根源；快速整合新信息与现有因素关系；快速清晰阐述情况，易于展现因果关系。关联图局限性在于：自由发言导致不同小组对同一问题做出不同的关联图；主要原因若不清晰，箭头连接可能造成误解；

如果图形过于复杂，可能掩盖问题，忽视关键因素；看似简单，实际操作可能困难。

（2）树形图。又称为系统图，通过树状结构系统地展开，将要实现的目标与所需的手段或措施逐步绘制成一系列方块图，以清晰地表示目标与手段之间的关系。通过对树形图进行分析，可以明确问题的重点，找出实现目标的最佳方法和手段。树形图可应用于解决以下问题：在产品开发中展开设计质量；用于组织方针目标的展开和管理；进行质量职能的展开和管理；正确处理质量、成本和产量之间的关系；用于企业的组织机构管理。

树形图的应用程序：第一步，确定具体的目的或目标；第二步，提出手段和措施；第三步，评价手段和方法，确定可行性；第四步，绘制系统图；第五步，验证手段，确认目的；第六步，制订实施计划。

例 11-5：

某企业是一家专业的塑料制品生产厂家，其中注塑成型是一项关键的生产工艺。然而，该工艺在操作过程中面临变形、脆裂等不合格问题。为了减少不合格品的产生，质量改进小组绘制了一个系统图，将减少注塑成型过程中的不合格品作为目标，并将目标分解为四个子过程。然后，根据"目的—手段"展开的原则，构建了系统图，如图 11-13 所示。通过对末端措施进行详细评价，确定了具体的实施方法，从而取得了较好的解决效果。

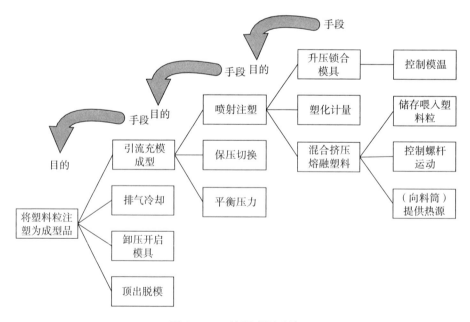

图 11-13 注塑成型系统

（3）亲和图。亲和图法是由日本质量管理专家川喜田二郎（Kawakita Jiko）提出的，又称为 KJ 法或 A 型图解法。该方法用于将杂乱无章的语言文字资料，按其内在相互关系（亲和性）进行整理，制作成一张归类合并图，以帮助理清思路、抓住问题的本质，并找出解决问题的新途径和方法。例如，在产品开发阶段，可以采用亲和图方法来收集用户的需求和反馈，将相似或相关的反馈归纳为一组，以此指导产品的设计与优化。

亲和图法的应用程序：第一步，确定目的和要解决的核心问题；第二步，收集资料，运用访谈、问卷调查、文献研究等，确保信息全面、准确；第三步，制作资料卡片，将收集到的信息进行分类，整理成不同的卡片；第四步，整理卡片，在每个卡片上，对信息进行进一步的归纳，形成简洁、明了的结论；第五步，绘制亲和图，亲和图的一般形式如图 11-14 所示，图中 A、B、……分别是内容相近的一组卡片，各组中还可进一步细分成更小的卡片组，各卡片组之间的关系可以用箭头表示；第六步，对亲和图的信息进行讨论，进一步确定问题的关键和解决方案。

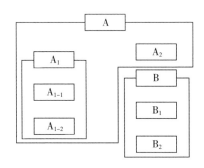

图 11-14 亲和图的一般形式

（4）矩阵图。矩阵图法是将与问题相关的各个因素以矩阵的形式进行排列，如图 11-15 所示。在对矩阵分析时，对应因素的交叉点上用符号表示相互关系程度，通常用"◎"表示关系密切，用"○"表示有关系，用"△"表示可能有关系。找到问题的"着重点"，并将矩阵中的"着重点"作为分析和解决问题的焦点，从而解决问题。

矩阵图的主要作用包括：新产品开发和老产品改进的关键点；原材料应用领域探索；质量保证体系关键环节的查找；产品质量的主要原因分析；市场与产品的关联性分析；产品战略的制定；工程实施技术问题的关联分析；产品质量与操作、管理活动关系的核实。

		因素A				
		A_1	A_2	...	A_i	...	A_n
因素B	B_1					
	B_2					
	...					
	B_j				●	
	...					
	B_m					

着重点

图 11-15 矩阵图法示意

（5）矩阵数据分析法。矩阵数据分析法作为新七工具中唯一用数据分析的方法，其结构仍以图形表示，其分析过程较复杂，常需用计算机辅助以提高效率。该方法主要应用于市场调研、产品的策划与开发和过程分析等方面，能够分析大量数据的复杂因素，如分析试验数据，综合评价产品寿命周期的质量问题等，特别适合 PDCA 循环的计划（P）和执行（D）阶段的质量管理工具。

在构建矩阵数据分析图的过程中，首先需要收集并整理相关数据，创建一个包含多个变量和观测值的矩阵表。其次，应用数学技术对矩阵进行计算和分析，例如，计算特征值、特征向量、主成分等。最后，基于计算结果进行深入分析和解释，以提取有价值的信息和特征。例如，在财务分析领域，可以通过矩阵数据分析方法来评估企业的财务健康状况和运营效率，为投资者和决策者提供决策支持。

（6）网络图。又称为箭头图法或箭线图法，它将计划评审技术（PERT）和关键路径法（CPM）应用到质量管理中，用以制订质量管理日程计划，明确管理的关键并进行进度控制的方法。网络图由活动（箭头表示）、节点（圆表示）、路径（起点至终点的连接）组成，活动需资源和时间，节点标志工序起止，路径则有多条。图 11-16 展示了网络图的基本形式。

网络图主要优点：可以从全局出发，统筹安排各种要素，抓住影响质量的关键路线，集中精力按时或提前完成工作计划。

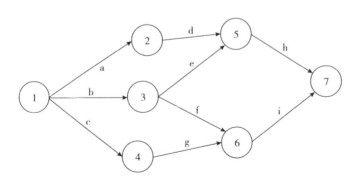

图 11-16 网络图的基本形式

（7）过程决策程序图（Process Decision Program Chart，PDPC）。PDPC 图法是用于在制订行动计划或进行方案设计时，预测可能出现的问题和结果，并相应地提出多种应变计划。PDPC 方法要求计划时预测各种情况并准备对策，以便执行中根据实际情况灵活调整，确保目标达成，增强了计划的预见性和适应性。PDPC 主要用途表现如下：制订方针目标管理中的实施计划，确保项目或活动按照预定的目标和方向进行；在系统设计阶段，PDPC 法可以帮助预测整个系统的潜在故障；能够提前预测制造过程可能出现的异常和误操作；能够预测那些通常很少发生的重大事故，并在设计阶段预先制定出应对措施和办法。

PDPC 解决质量问题通常分为两个阶段：一是初始计划阶段，结合过去的经验或技术资料等分析趋势，预测潜在问题并制定解决方案；二是应变计划阶段，当计划实施中出现新问题，而导致原方案不完全适用，则根据新信息制定新措施，并加入原措施中，以便快速达到理想状态。可见，PDPC 法在解决问题的各阶段都要考虑是否有新方案来应对突发事件，这促使管理者全局思考，激励参与者提出创意方案。

11.2.2　抽样检验

11.2.2.1　全数检验

全数检验是对所有产品逐个测定判断合格性的方法，又称为全面检验或 100% 检验。它确保批次质量，提供详细质量信息。当检验成本低、鉴别简单时适用，现代化检测推动全数检验。但现代化生产中存在一些问题：

（1）不适应现代化生产数量多、速度快、要求高的情况。

（2）人力有限时，全检导致检验时间缩短或项目减少，降低产品质量的保证程度。

（3）全检存在错检、漏检，平均检出率约为 70%，受批量、不合格率、技术水平和责任心影响。

（4）不适用于破坏性检验或者高成本的试验。

（5）低价值、大批量产品全检不经济。

全数检验适用情况：单件小批量、检查项目简单；检验容易、可靠且检验费用低的产品（如灯泡的点亮试验）；可自动化检验的产品；重要质量特性或高要求产品；不稳定工序，以防不合格品流出。

11.2.2.2　抽样检验

抽样检验是与全数检验相对的方法，不是检验总体中的每个产品，而是按抽样方案随机选取样本进行检验。通过样本测定结果与标准比较，对整批产品做出接受或拒收判定。

抽样检验检验量小、人员需求少、管理简单，能集中关注关键质量，降低费用，经济高效。它适用于破坏性检测，可能成批拒收，促进供货方加强管理。但抽样检验有缺点，如合格批中可能含不合格品、误判风险、需设计抽样方案增加了工作负担，且抽样所提供的质量信息少于全检。

适合采用抽样检验的情况包括：数量大、价值低且允许有不合格品混入的检验；检验项目较多；希望降低检验费用；希望刺激生产方提高质量；督促厂方加强工序管理；作为工序控制的检查。

11.2.2.3　抽样方案的分类

（1）计数抽验。计数抽验方案是从待检产品批中抽取若干"单位产品"组成样本，按检验结果将单位产品分为合格品或不合格品，或者计算单位产品的缺陷数，用计数值作为产品批的合格判断标准。计数方案的要点是确定样本容量 n 和合格判别界限 c，通常用 (n, c) 表示一个计数抽检方案。

计数抽验方案的特点包括：第一，方法简单，计数抽验主要关注不合格品的数量或缺陷数，因此检验过程相对简单明了；第二，所需样本容量大，为了保证检验结果的可靠性，通常需要抽取较大的样本容量；第三，检验结果可靠性相对较差，与计量抽验相比，计数抽验的结果可靠性可能较低，因为它只考虑了不合格品的数量，而没有考虑质量特性的具体数值。

计数抽验方案适用于以下情况：产品仅能被区分为合格品或不合格品；产品的质量特性是离散变化的，如不合格品的数量或缺陷数；不需要预先假定质量特性值的分布规律。

（2）计量抽验方案。计量抽验方案是指用计量值作为产品批质量判别标准的抽检方案。该类方案的要点是确定样本容量 n、验收函数 Y 和验收界限 k。

计量抽验方案的特点包括：第一，所需样本容量小，由于计量抽验考虑了质量特性的具体数值，因此通常只需要抽取较小的样本容量就能得到可靠的检验结果；第二，可靠性好，计量抽验能够提供更详细的质量信息，因此检验结果的可靠性通常较高；第三，方法较烦琐，计量抽验需要测量每个样本的质量特性值，并进行复杂的计算和比较，因此检验过程相对烦琐；第四，需要预先假定质量特性值的分布规律：为了进行准确的计算和比较，通常需要假定质量特性值服从某种分布规律（如正态分布）。

计量抽验方案适用于以下情况：产品的质量特性是连续变化的，如灯管寿命、棉纱拉力等；需要对产品的质量特性进行精确测量和比较；检验费用较高或检验过程具有破坏性时，希望通过减少检验量来降低成本。

综上可见，对一般的成批成品抽验，常采用计数抽验方法；对于那些需做破坏性检验以及检验费用极大的项目，一般采用计量抽验方法。

习　题

1.请参考微案例，另举例说明全面质量管理中 PDCA 方法是如何提升运营效率的。

2. 请说明质量管理统计方法中"老七种工具"和"新七种工具"的内在逻辑和相互关系。

3. 请举例说明如何科学选择质量管理中的抽样调查方案。

4. 日本科技联盟曾就公司开展全面质量管理应从何入手的问题做了调查并得到了以下 13 条意见：①确定方针、目标、计划；②思想上重视质量和质量管理；③开展质量管理教育；④定期监督检查质量与开展质量管理活动的情况；⑤明确管理项目和管理点；⑥明确领导的指导思想；⑦建立质量保证体系；⑧开展标准化工作；⑨明确评价标准尺度；⑩明确责任和权限；⑪加强信息工作；⑫全员参与；⑬研究质量管理的统计方法。请根据以上 13 项意见之间的因果关系，绘制出关联图。

5. 某工程项目需要统筹施工计划，其中各工作如表 11-12 所示，请画出箭头图。

表 11-12 某工程项目的作业 单位：月

作业名称	先行工作	时间
A	—	2
B	A	4
C	B	3
D	B	2
E	D	1
F	B	2
G	B	2
H	B	1
I	F、G、H	2
J	C	2
K	E、I、J	1

6. 某厂生产某零件。技术标准要求公差范围（220±20）毫米，经随机抽样得到 100 个数据，如表 11-13 所示。

表 11-13 随机抽样数据集 单位：毫米

202	204	205	206	206	207	207	208	208	209
209	210	210	210	211	211	211	211	212	212
212	213	213	213	214	214	214	214	215	215

续表

215	216	216	216	217	217	217	217	217	217
217	218	218	219	218	218	218	218	218	218
219	219	219	219	220	220	220	220	220	220
220	220	221	221	221	221	221	222	222	222
222	222	223	224	223	224	224	225	225	225
224	225	225	226	226	227	227	227	227	228
228	228	228	229	229	229	230	232	234	235

（1）进行统计整理作直方图。

（2）计算平均值 X 和标准差 S。

（3）对直方图进行分析。

7. 根据表 11-14 中数据设计不合格品数控制图和不合格品率控制图，并描点判断控制状况（每个样本 100 个产品）。

表 11-14　数据集

样本号	不合格品数（个）	所占比例（%）	样本号	不合格品数（个）	所占比例（%）
1	2	2	16	2	2
2	4	4	17	8	8
3	10	10	18	2	2
4	4	4	19	3	3
5	1	1	20	7	7
6	1	1	21	3	3
7	13	13	22	2	2
8	9	9	23	3	3
9	11	11	24	7	7
10	0	0	25	4	4
11	3	3	26	3	3
12	4	4	27	2	2
13	2	2	28	1	1
14	2	2	29	3	3
15	0	0	30	4	4

8. 请做下面的小实验，看看你是否能通关？

统计质量控制管理小实验：

http://121.40.226.140:80/mobile_main.html#/quicklystart/169。

第 4 篇

运营系统转型与创新

第 12 章　精益生产

学习目标

1. 理解精益生产系统和要素间的关系。
2. 理解并能运用准时制的三大实现条件。
3. 掌握精益企业的联合行动机制的具体做法。
4. 掌握并能应用精益流程设计与优化工具。
5. 理解精益生产中持续改善的常用方法。
6. 理解制造业中精益求精的生产理念和创新求变的进取精神。

关于精益生产的知识图谱

（详见网址：http://t.zhihuishu.com/AyVebpGZ）

主案例导入

自从 2017 年与日本川崎签订了技术支援协议，J 公司全体上下掀起学习精益管理的热潮。虽然公司管理层之前也对精益管理、JIT 准时生产和 5S 这些概念有所了解，但是从未从系统层面学习和应用整套的精益生产和精益管理的方法。

J 公司制造部部长认真系统地学习之后发出感慨：精益管理不是死抠成本，不是打扫卫生，更不是把人变成机器，而是一整套完整的逻辑和方法。其精髓在于为企业发展开启无限循环，让无限循环推动企业不断迭代、持续成长。从精益管理来看，生产成本只有两类：一是实际创造价值的成本，二是浪费。精益管理不是单纯地压缩成本，这可能导致产品质量下降。精益管理的核心逻辑是通过降低成本中不产生实际价值的浪费，最终提升利润。

为了实现持续改善，J公司从以下三方面推进升级改造：第一，强化报、联、商的工作标准，即通过领导带头、强化责任意识、换位思考等方式和技巧，强化报告情况和难题、通过联系沟通商讨解决问题的方法和手段。第二，全面推进5S管理（整理、整顿、清扫、清洁、素质），目的是培养发现问题的眼光，这是启动步骤，启动之后要进入改善提案至提升改进的循环步骤。精益管理下的改善提案一定是鼓励每个员工自己提案，这里改善提案并不是战略级的大建议，而是优化日常工作中的一切小细节。而判断精益管理是否形式主义，就是看提出的建议是否真的为了优化流程、减少浪费。第三，促进质量管理体系等管理体系推动管理规范化、有序化，并通过协同研讨，作成严谨、细致的计划，并以计划为纲推动工作落实。

现在的J公司每位员工对解决问题成瘾，每个月都在思考改进、提出建议、提升改进、不断循环迭代。每天反思、每周复盘，对任何一点微小的改进机会都不放过，这是在增长放缓的微利时代的迭代心法。感悟式学习精益管理从而让企业进化成能无限循环的学习型组织。

J公司在推行施工质量自主管理之后，分段大组执行分阶段在胎报验，降低检验难度，大幅提升一次报验合格率，实现合格中间产品的快速转序，减少分段置场，自实行以来，分段一次报验合格率达99.23%。另外，PE、搭载阶段推行焊前自检，根据检查清单逐一核对并检查、确认，并在现场记录，提升自主检查能力，减少了焊前报验环节，缩减无效等待时间，据统计，自检效率提升约20%。同时，在钢材辊道输送系统的实践中，实施了按LOT批次的使用预定日预处理并配送钢材，大幅减少了钢材的存储量。在大舱肋骨生产线上，生产效率提升30%，节省场地1000平方米，生产周期缩短一半。凭借持续改善和技术创新能力，2024年中国船企拿下全球70%的绿色船舶订单，船舶行业已然成为中国一片广阔的蓝海。

讨论题

1.精益生产和精益管理的核心思想是什么？

2.精益生产对员工和企业管理有哪些具体要求？

相关概念

大量生产（Mass Production）

大量生产又称为批量生产，大量生产的经营逻辑：单一品种（或少数品种）大批量生产→以批量降低成本→成本降低刺激需求扩大→进一步带来批量扩大。20 世纪初，美国福特汽车公司的创始人亨利·福特（Henry Ford）创立了以零部件互换、作业单纯化原理和移动装配法为核心的大量生产方式，引起了制造业的一个根本变革。

以福特制造业为代表的大量生产方式的优点：一是实现了大量并快速地生产；二是基于规模效应，单位产品成本随着生产量扩大而降低。主要缺点：一是把工人当作"会说话的机器"，工人缺乏积极性。由于分工极细，每个工人的专业技能狭窄，他们没有参与设计和管理的权利，只能按图纸生产，按命令干活。二是产品不能迅速适应市场变化，生产缺乏柔性。

准时生产（Just-In-Time）

准时生产（JIT）又称为无库存生产方式（Stockless Production），企业只在需要的时候，按需要的量生产需要的产品，且价格合理。JIT 的前身是 IT（In Time），来源于福特创造的流水生产线，汽车在流水线上不间断地装配直到完成，没有停歇和中断。之后，日本丰田汽车公司将之扩大到生产流水线以外，不仅在生产装配时要准时，各部件加工、外购件和原材料采购供应也要准时，这就形成从供应商到企业生产再到产品实现全过程的准时生产。也就是说，JIT 能经济地"需要一件就生产一件"，不仅零库存、零缺陷，而且尽可能地零调整时间，不同品种之间换产越快，也就能尽快向顾客提供产品和服务。可见，JIT 追求的是，生产全过程的零浪费。

20 世纪 50 年代初，日本汽车工业开始起步，由于日本国内市场规模不是很大，劳动力和资金也短缺，JIT 的创始者们认为，需要采取一种更能灵活适应市场需求的、多品种、小批量，同时不失成本优势的生产方式。在 20 世纪 70 年代的石油危机以后，采用 JIT 生产方式的丰田公司经营绩效与其他汽车企业开始拉开距离，JIT 生产方式的优越性引起人们的关注和研究，进而得到推广和应用。实现 JIT 的一个重要条件，就是需要对员工授权。让所有员工充分承担起日常工作中杜绝浪费的职责，而这原来是管理人员的工作，现在要授权给一线员工来完成，因为没有人比直接从事工作的员工更了解他们的工作。此时企业要鼓励员工脑体结合，面对工作环境不断变化去迎接挑战。

JIT是一项综合性管理，它涉及产品的设计、生产计划的编制、作业计划的均衡、机器的改造、设备的重新布置、工序的同期化、设备的预防维修、生产组织和劳动组织的调整、人员的再培训等各方面的工作。可见，实施JIT几乎要涉及企业的每个部门、每项活动中，而且需要长期的持续改进，日本丰田汽车公司经过了20多年的持续努力，才达到比较完善的地步，现在在新形势下依然在追求不断改进。

精益生产（Lean Production）

精益生产又称为精细生产，是JIT进一步扩展的生产方式。20世纪80年代以后，在世界范围内，一方面资源价格继续飞涨，另一方面市场需求更加迅速地朝着多样化、个性化的方向发展。市场对产品的质量要求变得更高，产品的寿命周期变得更短。这种状况更加促使各个国家、各行各业的企业探索新的经营方式、管理方式和工作方法，因此能够顺应这种变化的JIT生产方式引起了世界企业界和学术界的更加重视。从1985年开始，以美国MIT和英国剑桥大学的教授为首，有50多位专家参加的一个研究小组，对JIT生产方式做了全面的提炼和理论总结，并将其总结的结果命名为"精益生产"。

精益生产不再是单纯的生产方式，而是扩展到生产系统的内部运营和管理方法，而是包括从市场预测、产品研发、生产制造管理（包括生产计划与控制、生产组织、质量管理、设备保全、库存管理、成本控制等多项内容）、零部件供应系统直至营销与售后服务等企业的一系列价值创造活动，还包括人力资源管理、组织管理等其他一些管理方法，这也是它后来又被称为"精益管理"的原因之一，这样精益生产方式不再只是"日本式管理"的一种，而成为企业管理理论中的一个新分支。

大规模定制（Mass Customization）

大规模定制依然需要依靠流水式生产，但因其生产准备工作减少，使定制更为经济，这是源于产品零部件和产品结构的相似性、通用性。利用标准化、模块化方法降低产品内部多样性，增加外部的多样性，通过产品和过程重组将产品定制生产转化为零部件的批量生产，迅速向顾客提供低成本、高质量的定制产品。1987 年，斯坦·戴维斯（Start Davis）在 *Future Perfect* 一书中首次提到这种生产方式，其生产理念的核心是在满足产品品种多样化和定制化的同时，不相应增加产品成本。

大规模定制有两个主要的生产特征：一是产品和生产的模块化、标准化。标准化、模块化要通过减少定制的复杂性来保障生产过程的稳定，实现大规模定制生产的效率与效益。模块化的优点在于它提高了系统的可重组性和可扩展性：当产品类型发生变化时，可通过更换相应的工艺模块来调节系统的适应能力；当产品需求量发生变化时，可通过增加（减少）某些关键模块或提高（降低）系统自动化程度来增加（减少）产量，同时也保证了生产的经济性。二是顾客在产品设计、制造、装配和销售各阶段均可参与，不过，顾客参与定制的阶段越早，产品定制程度越高，其制造成本也就相应越高；反之，顾客参与阶段越晚，则通用零部件越多，定制化程度越低，产品的制造成本也就越低。

敏捷制造（Agile Manufacturing）

敏捷制造是通过建立竞争力强的制造企业，对用户需求做出快速响应，满足个性化要求的生产模式。与大规模定制最大的区别是，敏捷制造除充分利用企业内部资源外，更强调整合其他企业乃至社会资源来组织生产。20 世纪 90 年代，信息技术突飞猛进，美国政府把制造业发展战略目标瞄向 21 世纪，在美国国防部资助下，美国通用汽车等 15 家著名大公司与国防部代表组成了 20 人的核心研究团队，经过 3 年研究，推出《21 世纪制造企业战略》研究报告，正式提出"敏捷制造"这一概念。

敏捷制造是将技术、虚拟组织和员工三类资源集成为一个相互关联且协调运行的系统。与大规模定制相同，敏捷制造需要高度柔性的生产设备和智能设计、制造技术，除此之外，敏捷制造离不开灵活、弹性的虚拟组织，以及具有主动性和创造性的员工。其中，虚拟组织是把企业内部优势与企业外部不同公司的优势集中在一起，组成灵活的经营实体，一般是为了某个项目，企业与供货商、销售商、设计单位，甚至是用户组成一个联合体，或称为动态联盟（Dynamic Alliance），选择合作伙伴的依据是他们的专长、竞争能力和商誉等，企业以最快的速度把各领域的精华力量集中起来，形成单个公司无法比拟的竞争优势，项目一旦完成，虚拟组织即行解体，当出现新任务或市场机会时，再组建新的虚拟组织。此外，在动态竞争的环境中，敏捷制造还有一个关键因素就是员工，这些员工不但消化吸收信息的能力强，而且作出创造性的响应能力以及问题解决能力也非常强。这三类资源的高效整合才能形成真正的敏捷制造有机整体。

精益生产是一个完整的生产系统，是由"一个目标 + 两大支柱 + 一个基础"构成，是以客户价值为出发点，追求实现最佳品质、最低成本和最短提前期交付的生产目标。准时制生产方式（JIT）和自动化是精益生产架构的两大支柱，其中准时制是精益生产的核心，自动化特别强调自动化系统中人的作用。精益生产的实施基础是持续改善，即长期锲而不舍地精进，如图 12-1 所示。五大要素缺一不可，它们之间密切相关且互相强化。

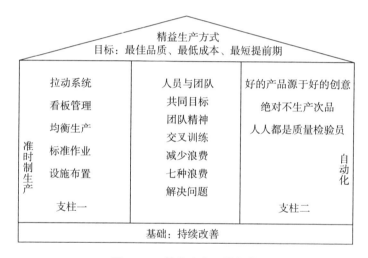

图 12-1　精益生产系统架构

12.1　经营理念：客户价值定位

精益生产的经营理念是以客户价值为出发点来确定经营价值，而非生产者、设计师、工程师这些主体的价值。精益生产强调价值只有在具有特定价格、能在特定时间内满足客户需求的特定产品时才有意义。企业需要先构建一支包含营销人员、设计师、工程师等在内的团队，团队需要在整个生产期间内一直跟踪，与客户深度沟通，关注客户真正需要的产品，综合分析并精确定义价值。确定了客户真正所需要的产品后，最重要的任务就是确定产品的目标成本，要挤掉一切可能的浪费。在丰田生产方式创立者大野耐一的眼里，所有不创造价值的活动或事物都是浪费（Muda）。

所有活动都要以生产现场为中心，现场是直接为顾客提供产品和服务的地方，为现场服务就是为顾客服务的延伸。质量、进度、成本都是现场形成的，加强对现场的管理和服务，就能保证提高质量、降低成本、按期交付。以现场为中心就要以车间主任为首，把驻扎在现场的计划、设计、工艺、设备、动力、质量、后勤等部门的人员组织起来，密切配合、齐心协力、迅速有效地解决现场出现的问题。

12.2　生产方式核心：准时制

准时制就是丰田生产方式，JIT 实现条件包括订单驱动、均衡化生产和可视化管理。

12.2.1　订单驱动

订单驱动又称为拉式生产方式，整个生产过程以需求为牵引力，通过下游拉动上游来实现按需生产的生产方式。拉式生产方式以生产工序的最后一条"组装线"为起点，只将生产计划交给组装线，指示什么时间、生产多少、什么类型的设备。组装线上运送零件的方法是由后道工序根据需要（品种、时间、数量）及时向前道工序领取工件，前道工序只生产后道工序所领取的那部分工件，用这种倒过来的运送管理方法一步一步逆着生产工序向上推进，一直上溯到原材料供应部门，并给以连锁性的同步化衔接，因此能够最大化地减少现场库存。

与拉式生产方式相对应的是推式生产方式，即由上游向下游推送制品或零部件，在推式生产方式下，除了信息的延迟外，还会受到内部绩效考核的影响。所以，即使在信息公开和共享的情况下，推式生产方式也不能实现准时化。可见，要想真正实现准时制，必须实行拉式生产方式。

在汽车生产线上，正在加工或装配的汽车是在下游工序的拉动下移动的。大野耐一将后道工序向前道工序传递需求信息的载体或工具称为看板。看板是生产线的"神经"，生产现场的作业人员根据看板的指示进行作业，判断是否需要加班加点。

拉式生产方式与推式生产方式的比较如图 12-2 所示。

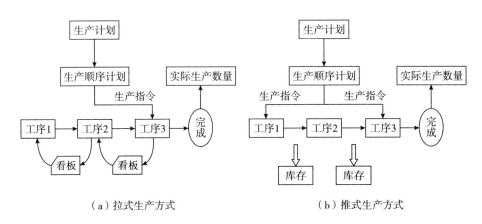

（a）拉式生产方式　　　　　　　　　（b）推式生产方式

图 12-2　拉式生产方式和推式生产方式

从图 12-2 中可以看出：在拉式生产方式中，信息流与物流方向相反，实际生产数量与计划生产数量相一致，没有多余的库存；在推式生产方式中，信息流与物流方向相同，实际生产数量大于计划生产数量，会产生多余的库存。

12.2.2　均衡化生产

均衡化生产是指总装配线在向前工序领取零部件时，均衡地使用各种零部件来生产各种产品，使生产线的产能得到均衡利用，这样可以最大化地减少生产过量或不足，减少浪费和损失。因此，在制订生产计划时就必须考虑生产均衡化，将其体现于产品生产顺序计划之中。

在制造阶段，均衡化通过专用设备通用化和制定标准作业来实现。专用设备通用化，是指通过在专用设备上增加一些工夹具的方法使之能够加工多种不同的产品；标准作业是指将作业节拍内一个作业人员所应承担的一系列作业内容标准化。丰田公司的标准化作业主要是让每位作业员掌握多技能，操作多种不同机床的作业，打破一个工人只能操作一台设备和只做分内事的常规，实行多设备看管，利用工人间的技能差异，让能力强的工人协助他人，采取团队协作的方式来共同完成作业任务。

现实中顾客的需求是多样化的，需求的时间、数量也是不确定的。所以，在实际管理情景下的均衡化的真正含义是：在满足顾客对品种、时间、数量要求的前提下，使设备的负荷达到均衡。例如，一个月工作 20 天，生产 1 万辆汽车，汽车的三种车型具体产量要求为 A 型车 5000 辆，B 型车 2500 辆，C 型车 2500辆，那么，日产量就是 A 型车 250 辆，B 型车和 C 型车各为 125 辆。在生产线上安排传送的顺序是，A 型车每隔 1 辆传送 1 辆，B 型车和 C 型车是每隔 3 辆传送1 辆（即 A、B、A、C、A、B、A、C……的顺序）。这样就能将批量控制在最小状态，将生产不均衡现象（有的产品过量，而有的产品不足）降到最低限度。

均衡化生产的前提条件是生产系统应具备足够的柔性和稳健性。提高生产系统的柔性，需要通过培养多面手来提高人员的柔性，通过专用设备的通用化（如在通用设备上添加可拆卸的工具）来提高设备的柔性；提高生产系统的稳健性，要求人员的技能要高，产品质量的足够稳定性，设备能得到充分维护等。

12.2.3　可视化管理

12.2.3.1　概念

可视化管理也称为目视化管理。通过可视化的方式来呈现生产过程中工人、设备、加工过程等的实时状态，以提高管理效率的生产管理方法。

可视化管理的主要表现形式是标准作业表。标准作业表可以被认为是现在广泛应用的标准操作规程（Standard Operating Procedure，SOP）的雏形。看板、安灯系统、一些防差错设计方案也是可视化管理的具体形式。可视化管理使生产团队中的每一成员都可以实时查看生产状态，使生产程序精确地按节拍时间运行，消除产品工序流动过程中的等待。

12.2.3.2　重要工具：看板系统

看板是传递信号的工具。看板的本质是在需要的时间、按需要的量对所需零部件发出生产指令的一种信息媒介体，看板系统是实现 JIT 的可视化管理的必要条件。随着计算机的普及，成图速度提高，已经越来越多地引入在各工序设置计算机终端，在计算机屏幕上显示看板信息的做法。

（1）看板类型。

1）工序内看板。工序内看板是指某工序进行加工时所用的看板。

2）信号看板。这主要在成批生产的工序中使用。与工序内看板不同，信号看板中必须记载加工批量和基准数。加工批量是指信号看板摘下时一次所应加工的数量；基准数表示从看板取下时算起，必须在多少小时内开始生产的指示。

3）工序间看板。这是工厂内部后工序到前工序领取所需的零部件时使用的看板。

4）对外订货看板。这种看板与工序间看板类似，只是"前工序"不是在本厂内，而是外部的协作厂家。对外订货看板上需记载进货单位的名称和进货进度。

5）临时看板。在设备安全、设备修理、临时任务、需要加班生产时所使用的看板。

（2）看板的功能。

1）生产以及运送的工作指令。在装配线将所使用的零部件上所带的看板取下，以此再去前工序领取。"后工序领取"以及"适时适量生产"就是这样通过看板来实现的。

2）防止过量生产和过量运送。"没有看板不生产，没有看板不运送"，根据这一规则，看板数量减少，则生产量也相应减少，从而防止过量生产以及过量运送。

3）进行"目视管理"的工具。看板必须在"实物上存放""前工序按照看板取下的顺序进行生产"。根据这一规则，作业现场的管理人员对生产的优先顺序能够一目了然，并且只要一看看板，就可知道后工序的作业进展情况、库存情况等。

（3）看板数量的确定。在看板控制的生产系统中，各加工中心的在制品的数量是由投放的看板数量控制的。当容器的容量一定时，在制品的库存量与投入的看板数量同步增减。因此，看板的数量应保证不出现缺货现象，且使生产系统的库存水平最低。

生产批示看板的数量可用以下公式计算：

$$N = DT(1 + \alpha)/C \tag{12-1}$$

式中，N 表示生产批示看板的数量；D 表示每天消耗量；T 表示生产周期，包括容器内全部零件的加工时间、生产过程中的准备和等待时间以及送达下一工序的时间；α 表示安全系数；C 表示容器容量。

例 12-1：

某加工中心的日耗量为 500 个零件，每个标准容器最多可装 25 个零件。每个容器从收到看板开始到被取空的平均时间为 0.1 天。设定 0.20 的安全系数。试计算所需的生产批示看板数量。

解：

根据式（12-1），可得：

$$N = 500 \times 0.1 \times (1 + 0.20)/25 = 2.4 \text{（个）}$$

即所需的生产批示看板数量为 3 个。

12.3　组织形式：精益企业

12.3.1　概念

精益企业是指产品从接收订单、计划生产到将产品交到客户手中的全过程中，去除所有浪费，沿着价值流的所有活动保持高度透明的组织结构。

当精益企业聚焦于制造环节，则称精益工厂。精益工厂有以下两个关键特征：第一，能够将工作任务和责任转移到生产线上的工人们身上；第二，有缺陷检测系统，一旦发现问题，它能够快速追查并找到其根源。

12.3.2　联合行动机制

精益企业的联合行动机制主要表现在同步产品开发、供应链协作、精益客户关系三个方面。

12.3.2.1　同步产品开发

（1）集体协作与信息共享。精益生产方式强调在项目开发初期就投入大量人力，让所有相关专业人员都参与进来，充分发表自己的意见。随着项目的深入，与项目关系不大的部门开始撤离人员。这种方式有助于在项目一开始就将问题暴露并解决，减少总工作量并提高产品质量。此外，精益生产方式还注重同步开发，即多个厂商共同参与产品开发，通过可靠的措施实现并行工作，以缩短开发周期并确保质量。

（2）流程优化与标准化。精益企业重视产品开发流程的前端研究，因为前端的改动空间最大且代价最小。它们努力建立均衡的产品开发流程，并通过标准化降低流程中的变数，从而创建柔性和可预测的产出。这种标准化的流程有助于减少浪费并提高开发效率。

（3）跨功能整合与供应商参与。精益企业强调总工程师负责制，并确保适当的组织结构以平衡各功能部门的技术专长和跨功能部门的整合。此外，它们还积极将供应商整合在产品开发体系中，以实现更好的工作协同和资源共享。

12.3.2.2　供应链协作

（1）共同制订精益生产计划。为了实现协同工作，精益企业会与供应链合作伙伴共同制订详细的生产计划。这有助于确保各个环节之间的衔接和协调，以及资源的有效利用。

（2）信息共享与协同方面。精益企业注重通过信息共享平台实现供应链各环节之间的信息共享与协同。这有助于各方更好地了解彼此的需求和能力，并做出相应的安排，从而提高供应链的运作效率和灵活性。

（3）优化供应链流程方面。为了降低成本、提高效率，精益企业会对供应链流程进行优化。这可能包括简化流程、消除非增值环节、提高流程透明度等。通过优化流程，精益企业能够确保供应链的高效运作。

12.3.2.3　精益客户关系

精益企业注重销售人员的多方面技能，包括产品信息、订单收取、财务保险、数据收集，并随时都能为客户系统解决问题的技能，紧密跟踪客户需求、问题及偏好的变化趋势，快速反馈客户真实需求的信息，给生产商和供应商准确信息，提前做出生产计划，并协调不同产品的合适比例。总之，精准企业通过深入了解客户需求、提供定制化服务和解决方案、优化客户服务流程、建立长期稳定的客户关系等方式，实现了客户满意度的提升和企业运营效率的优化。

12.3.3 改善机制：价值流分析

价值流是产品从概念设计到最终交到客户手中的价值次第传递的状态，包含三项关键的管理任务：从概念设想到投产阶段的产品设计任务，从原材料到制成最终产品的产品生产任务，以及从接订单到产品交客户手中的信息管理任务。

价值流图是一种用于精益流程设计与优化的图形化工具，最早是由丰田汽车公司提出的。价值流图是指用统一的图标，以可视化的方式把产品从最早的原料采购到加工制造，再到产品配送到客户的全部流动过程及信息流描述出来的图形。除加工步骤和物流外，用于计划和控制的信息流也在图中显示出来。此外，在价值流图中还显示人员、每天可用时间、提前期、加工时间、换产时间、停滞时间、平均库存等信息。

图 12-3 给出了 16 种常用的图标。需要说明的是，针对具体的流程还可以增加图标，只是所使用的图标要易懂易记，并且保持一致性。

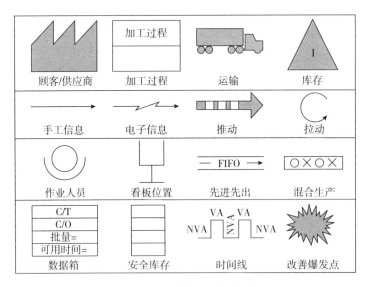

图 12-3　价值流图常用图标

📋 微案例：农机生产的价值流优化

M 公司是一家综合性农牧机械企业，主要生产玉米收获机、耕种机械、农产品加工机械等，由于农机制造行业竞争日益激烈，企业利润被压缩，现运用精益生产理念的价值流图进行改善。

　　企业的订单流程：顾客下单后，由销售处理订单，汇总订单并发送至运营部，根据订单总数及历史销量数据，制订生产计划。采购部核对物资，制订采购计划进行采购；研发部编制产品物料清单（Bill Of Material，BOM）及技术资料，发送至生产部，生产部综合考虑生产计划、产品 BOM、技术资料，制订月和周生产计划并安排生产。订单流程如图 12-4 所示。

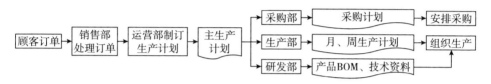

图 12-4　订单流程

　　产品生产流程：厚板件经等离子切割后，将其配送至物料区等待折弯和剪板；使用激光切割薄板件，将其送至物料区等待折弯和剪板；型材完成锯、车、铣后，被送至物料区，与加工成型后的薄板件、厚板件、标准件和外购件组装，再进行检验和动平衡加工，整个加工过程完成。使用秒表测时法，分别记录各工序平均操作时间，车间工艺数据如表 12-1 所示。

表 12-1　车间工艺数据

序号	名称	加工时间（min）	人数（人）	班次	设备（台）
1	等离子切割	100.0	1	2	1
2	激光切割	115.0	3	2	3
3	折弯	114.0	5	2	5
4	剪板	80.0	3	2	3
5	锯床切割	45.0	2	2	2
6	车削	56.0	3	2	3
7	铣削	135.0	2	2	2
8	装配	128.0	2	2	—
9	检验	0.3	1	2	—
10	动平衡	0.3	2	2	2

　　根据 M 公司价值流动及现场收集的数据，按照标准绘制 M 公司加工流程现状价值流图，如图 12-5 所示。

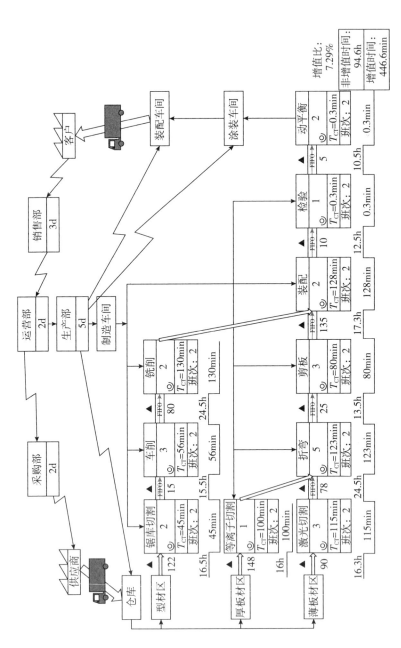

图 12-5　企业价值流现状

图 12-5 中，FIFQ 为先进先出。根据计算价值流图增值时间（Value Added Time, VAT）、非增值时间（Non-value Adding Time, NAT）和增值比（Value Added Ratio, VAR）如下：

$$T_{VAT} = \sum_{k=1}^{n} \left(T_{CT} \right)_k = 446.6 \text{（分钟）} \tag{12-2}$$

$$T_{NAT} = \sum_{k=1}^{n} \left(\overline{T}_{CT} \right)_k = 94.6 \text{（小时）} \tag{12-3}$$

$$T_{VAR} = \frac{T_{VAT}}{T_{VAT} + T_{NAT}} \times 100\% = 7.29\% \tag{12-4}$$

式中，$\left(T_{CT} \right)_k$ 表示第 k 个工序的生产周期时间；$\left(\overline{T}_{CT} \right)_k$ 表示 k 至 $k+1$ 个工序的间隔时间。其中，增值时间为 446 分钟，非增值时间为 94.6 小时，增值比为 7.29%。

分析数据的时间较长，存在人员等待、设备闲置、物料运输等浪费，导致非增值时间过长，从信息流和工艺流角度分析具体原因。计算产线平衡率，5 天交付 50 件产品，生产节拍 $P =$ 每天可用工作时间 / 客户需求节拍 $= (9 \times 2 \times 60 \times 5) / 50 =$ 108 分钟。由于车间作业环境及高强度作业影响，生产节拍宽放系数取 7%，生产线节拍为 [100.115.56] 分钟，则计算产线平衡率 E_R 如下：

$$E_R = \frac{\sum t_i}{n \times T_{CT}} \times 100\% = \frac{773.6}{10 \times 135} = 57.3\% \tag{12-5}$$

式中，t_i 为各工序作业时间；T_{CT} 为瓶颈工序作业时间；n 为工序数。

结合农机供应链理论，从信息流和工艺流两方面分析该企业价值流动存在的问题。

1. 信息流方面的问题

（1）销售部使用 MDS 软件汇总订单信息，运营计划部使用 U8 软件处理业务，2 个软件不能相互转换，造成订单数据需重复上传，产生不必要的浪费。

（2）根据历年数据的预测订单，客户需求具有不确定性，所以预测结果存在较大误差。

（3）运营部一次下达整年计划，后续加单或客户撤销订单情况频发，生产部不能及时调整产能，造成生产过剩或生产不足。

可见，为解决上述问题需调整生产计划下达频率、促进员工业务软件的使用规范，以及提高订单预测准确度。

2. 工艺流方面的问题

（1）产线不平衡，各工序加工时间存在差异，作业量分配不均，生产线平衡率仅为 57.3%，仍有提升空间。

（2）换模时间长，该产品组的生产由 3 种板材加工完成，加工中需多次换模，尤其折弯工序需针对不同板厚及板材型号更换模具，如摆放混乱，易增加作业人员寻找模具时间。

（3）在制品过多，由于预测不准确导致，采购过量堆积在板料区，影响物流运输，同时设备加工不考虑前后工序需求，导致生产过量，在制品堆积。

综上所述，产线不平衡、换模时间过长和在制品积压是该生产车间亟待解决的问题。

基于精益生产理论，使用"5W1H"提问法和快速换模法等方法优化方案。

（1）培养员工业务能力，提高信息传递及预测准确性。将销售部处理订单时间缩短至 2 天，将运营部业务处理时间缩短至 1 天。运营部需考虑细化生产计划，制订年度计划时，综合考虑订单波动对季度和月份生产计划的影响，提高计划制订和下达频率，有利于生产部分解计划，确保按时完成任务。

（2）合理设置库存模式，减少等待浪费。加强库存控制信息化管理，将销售、生产和采购相结合，实时反馈物料流转情况，及时补货和采购。此外，供应商根据生产计划定时送货，避免发生因板材过多阻碍生产，或板材过少影响生产的情况。考虑车间面积，计算库存量，并控制加工数量。库存量 q 的方程式如下：

$$q = z \times \sqrt{\sigma_d^2 \times \mu_1 + \sigma_1^2 \times \mu_d^2} \approx 26 \text{（件）} \tag{12-6}$$

式中，z 表示服务水平系数；μ_d 表示平均提前期；μ_d 表示平均日需求量；σ_d^2 表示日需求量的标准差；σ_1 表示提前期下的标准差。

（3）改善工艺，平衡生产线生产中主要存在的产线不平衡、换模时间过长、在制品堆积等问题。在提升作业熟悉度、确保物料及工具放置的便捷性和加强各部门协作的条件下，调整上述生产路线的 10 道工序。折弯工序需多次换模，使用 SMED 法优化折弯工序，减少换模时间，提高作业效率。锯床切割及车削作业时间过短，且区域距离较近，可将其组合。1 台动平衡机器可满足生产能力，因此取消 1 个动平衡工位，将员工调配至铣削组，减轻作业压力。检验作业较简单，且在装配完成后开始，可重新规划装配及检验人员作业内容，先将检验人员并入装配小组，减轻装配压力，平衡生产线。

（4）实行拉动式生产。农机车间采用推式生产时，生产部将指令发送至各工序，工人按任务加工，不考虑前后工序生产需求。拉动式生产从市场需求出发，借助工序零部件加工，确保在适当的时间加工适当数量的产品。同时在折弯物料区及装配物料区设置超市模式，控制生产，减少等待浪费。

根据优化策略，结合实际情况，绘制未来价值流图，如图 12-6 所示。

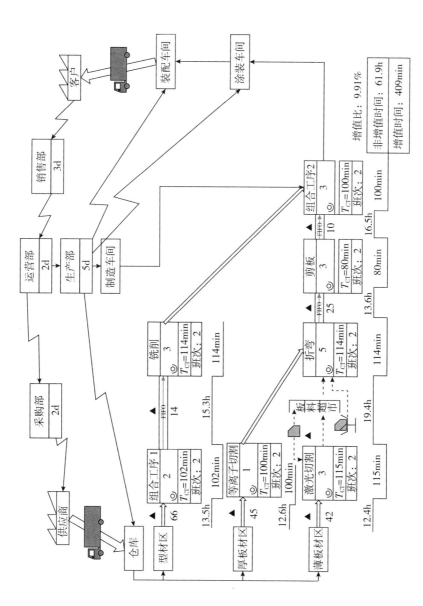

图 12-6　未来价值流

生产中，T_{VAT} = 409 分钟，T_{NAT} = 61.9 小时，T_{VAR} = 9.91%，根据式（12-5）可得 E_R = 90%。生产线优化前后对比如表 12-2 所示。由表可知，生产周期短到了 3.43 天，产线平衡率提高了 32.7%，增值比提高了 2.62%，优化效果明显。

表 12-2　生产线优化前后对比

比较	周期（天）	E_R（%）	人数（人）	T_{NAT}（小时）	T_{VAT}（%）
优化前	5	57.3	24	94.6	7.29
优化后	3.43	90	22	61.9	9.91

利用 Flexsim 软件建立生产线模型，设置模型参数，仿真时间为 5400 分钟，结果输出如表 12-3 所示。

表 12-3　仿真验证

工序名	设备号	设备利用率（%）	输出（件）
等离子切割	1	93.23	50
激光切割	1	83.74	35
	2	83.77	35
	3	86.12	36
折弯	1	81.99	35
	2	81.25	35
	3	61.40	26
	4	65.76	28
	5	59.25	25
剪板	1	80.18	41
	2	80.19	41
	3	80.17	42
组合 1 工序	1	71.88	32
	2	71.38	32
铣削	1	70.63	31
	2	70.59	31
组合 2 工序	1	77.38	36
	2	77.18	36
	3	76.97	36
综合		72	

由表 12-3 可知，优化后 1 周内生产 72 件，满足客户订单需求，加工效率提升了 44%，加工周期为 3.67 天，与未来价值流结果基本一致，保证了价值流图分析方法的客观性。经优化后，可较大地提升生产线的稳定性和连续性，使整体生产系统更流畅。

总结：以农机制造车间生产线为例，将价值流图方法与 Flexsim 仿真技术结合，采用价值流图识别生产中的问题，通过仿真软件模拟运行，验证优化方案的客观性。结合精益生产方法，从信息流和工艺流角度提出改善方案。优化后的生产线周期缩短了 31.4%，生产线平衡率为 32.7%，非增值时间缩短了 34.5%，增值比提高了 2.62%，较大地减少了生产浪费。价值流图能帮助企业确定优化的方向，再结合对应方法提出改善策略。不过，这里所采用精益生产与仿真技术结合的方式，优化生产流程，在日后研究中，可考虑使用智能算法进行改善。

（资料来源：熊宗慧，胡平平，曹东升，何志琪 . 基于价值流图的农机生产流程优化［J］. 中国工程机械学报，2023，5（21）.）

12.4　关键手段：持续改善

持续改善是实现确保精益生产的根基，而完全消除浪费是不可能的，尽善尽美是我们要尽力实现的终极目标。企业主要在生产作业流程、产品设计技术、经营技术等方面，通过减少人力、时间、场地、成本和少犯错误等方式实施改善。持续改善的必要条件是高透明度和积极反馈。高透明度即精益企业中的每一个人都能看到价值链上所有的活动，因而容易发现创造价值的较好方法。积极反馈是指员工做出的改进可以立即获得良性的反馈。

精益生产持续改善常用的工具和方法有：

（1）PDCA 循环：即计划（Plan）、执行（Do）、检查（Check）、调整（Act）的循环，通过反复循环不断优化流程和提高效率。

（2）Kaizen 活动：定期组织改善活动，鼓励员工参与，共同寻找和解决问题，实现快速而持续的改进。

（3）价值流映射：使用价值流映射工具对整个价值流进行分析，找出不必要的步骤和浪费，提出改进措施。

（4）标准化工作：制定和更新标准作业流程，确保每个员工都按照相同的标准进行工作，减少变异，提高质量和效率。

（5）故障树分析：对生产中的故障进行深入的树状分析，找出问题的根本原因，而不仅仅是处理表面症状。

精准生产的目标就是要追求"品质最好、成本最低"的尽善尽美的运营极限，持续改善做法：集中精力挑选两三件重要的事情去改善，设置改善目标和时间表，分派人力、物力去改善。随着科学技术的发展、人员素质的提高，机械化、自动化、信息化程度的提升，很多旧的不合理能得到解决，但同时又会出现新的不合理之处，就像企业规模做大后"大有大的烦恼"，因此持续改善永远在路上。

微案例：持续改善的"追问"方式

为有效实施改善，大野耐一提出了著名的"五个为什么"。"五个为什么"不是问五个方面的问题，而是就某一个问题，采取抽丝剥茧的方式追问五个问题。当然，如果追问四个问题就把造成问题的真正原因找到了，就不需要再追问下去。如果追问五个问题仍然没有找到造成问题的真正原因，就需要接着追问。

这是《丰田生产方式》书中给出的实例。例子是有关机器停止运行的，通过追问"五个为什么"才找到了造成问题的真正原因。

第1个问题：为什么机器停了？答：因为超负荷保险丝断了。

第2个问题：为什么超负荷了？答：因为轴承部分的润滑不够。

第3个问题：为什么润滑不够？答：因为润滑泵吸不上来油。

第4个问题：为什么吸不上来油？答：因为油泵轴磨损松动了。

第5个问题：为什么磨损了？答：因为没有安装过滤器混入了铁屑。

这个例子极具代表性，如果没有问够五个问题，例如，只问到第2个问题。就这次的机器停止运行，给出的解决方案很可能是：加注更多的润滑油。这一解决方案不但不能解决这次机器停止运行的问题，还会造成润滑油的浪费甚至设备的损坏。

微案例：持续改善的"罗盘"方式

BRC公司是维苏威集团全球的镁碳砖和铝镁碳砖生产基地，属于耐火材料行业。公司产品是鞍钢、首钢、包钢、沙钢等国内大型钢企的关键或者是唯一供应商，在全球，是很多大型国外知名钢企的关键供应商或唯一供应商，如SSAB、蒂森克虏伯、TATA、日本JFE等。

为了确保持续精益化管理路线能够持续在BRC工厂实施和制度的自我完善，结合PDCA原则，BRC工厂制定了精益项目持续开展的措施。

1. 结合战略愿景，制定精益罗盘

耐火材料的生产特征是生产流程较离散且联系不紧密，需要将工具和各模块更好地进行逻辑链接来支持战略愿景的实现，公司使用精益罗盘将 BRC 工厂的战略愿景及各模块间关系进行可视化。

通过制作罗盘，可以将集团、事业部、工厂及部门的行动一级一级地串联起来，层级明确、目标统一，并通过统一后的目标，层层向下部署，确保各层级的行动、部署均对目标有所贡献。另外通过关键绩效指标进行跟进和评估，确保目标的实现。

2.制作精益罗盘

第一步，收集集团和事业部关于精益的愿景、目标、KPI，行动计划等所有信息。

第二步，制作第一圈：组织研讨会，将生产、质量、安全、技术、物流等所有与精益有关的部门召集起来，基于集团和事业部关于精益的目标，通过头脑风暴，定义出 BRC 的精益目标，使 BRC 具有精益文化，成为精益公司。

第三步，制作第二圈：考虑需要做什么来实现目标，有哪些关键的因素影响我们实现目标。一起讨论、理解、定义、并一致同意有哪些关键点，通常有 4~6 个关键点，这些关键点是需要重点关注，以实现愿景的关键领域。通常是一些大的话题，应该考虑如下要点：组织、效率、优化、跨职能、系统等。可以通过回头看来确认，看看这些关键点是否有助于支持实现中心的目标。重要的是团队需要共同协作，达成一致的战略关键点，跨职能协作推动关键点实现目标。

第四步，制作第三圈：考虑"做什么"可以推动战略关键点实现目标。有哪些主要的工作包来实现战略关键点。团队协作，关注每个"做什么"工作包内容，了解、制定并同意每项战略关键点需要"做什么"，通常情况每个战略关键点有 3~4 个"做什么"的工作包，每个"做什么"工作包应通过回头看的方式，确认是否是正确的工作包，来支持推动战略关键点实现目标，重要的是团队需要共同协作，达成一致的"做什么"，跨职能协作推动实现这些工作包。

第五步，考虑"怎么做"，需要哪些措施来推动实现"做什么"，有哪些主要措施来实现"做什么"工作包。团队协作，关注每个"做什么"工作包内容，了解、制定并同意需要"怎么做"来实现每项"做什么"工作包，通常情况每个"怎么做"有 3~4 个主要措施，每个措施应通过回头看的方式，确认是否是正确的活动，来支持"做什么"工作包，继而推动战略关键点实现目标，重要的是团队需要共同协作，达成一致的"怎么做"，跨职能协作推动实现这些措施。

第六步，回头看确认每项内容，看能否对最初目标有所贡献，如果跨职能团队中有讨论或不同意见，在活动的时候提出来，确保达成一致意见，然后再开展下一步。

第七步，优先级"怎么做"里的措施。取决于外部力量的稳定性，可以形成短期措施，也可以形成5~10年的长期措施。

第八步，团队达成一致理解，哪些关键指标KPI对于衡量识别出来的措施有效。重要的是不要识别太多，只要识别出最小的所需即可。

3. 制订行动计划

为了提高相应的KPI，需要建立相应的工作小组来实施措施，制订行动计划，需要制订出项目计划，描述"怎么做"的措施的细节，明确需要开展哪些措施，谁负责输出这些措施，什么时候这些措施可以完成，一旦完成，需商定如何回顾。BRC工厂所有行动计划均采用一周内部回顾，每月统一汇报的形式，不断监控和推进项目进行。

（资料来源：王剑屏.基于精益生产的BRC公司生产管理改进研究［D］.大连理工大学硕士学位论文，2022.）

 微案例：道阻且长，行则将至：后疫情时代下X公司的必"精"之路

目前，全球液晶显示屏市场需求激增，特别是大尺寸显示屏的订单量显著增长。X公司，作为领先的液晶显示屏制造商，面临着前所未有的机遇与挑战。尽管市场前景广阔，但X公司的生产能力却未能及时响应市场需求的增长，导致交货延迟和客户满意度下降。为了解决这一问题，X公司决定采用精益生产管理方法，优化作业计划与控制流程，以提高生产效率和产品质量。

X公司首先对新产品C313的生产流程进行了深入分析。通过收集和分析数据，公司发现生产过程中存在多个瓶颈和浪费点。例如，JMC站点的转盘、打包、储存和拆封过程烦琐，导致破片率和耗时增加；CCD站点的操作员需要频繁搬运产品，效率低下；ASSY站点的操作员存在多次等待，导致生产效率不高；WPC站点的一人一机操作模式导致机器和人员的利用率低。

为了改进这些问题，X公司采取了一系列精益生产管理措施。在JMC站点，公司定制了大容量箱子，减少了转盘和打包的次数，有效地降低了破片率和耗时。在CCD站点，引入了定制料车，减少了操作员的搬运次数，提高了搬运效率。在ASSY站点，通过优化作业流程，减少了操作员的等待时间，提高了作业效率。在WPC站点，实施了一人双机操作，减少了机器空闲时间，提高了人员和设备的利用率。

通过这些改进措施，X公司不仅提高了C313产品的产量，还缩短了生产周期，降低了成本，并最终提升了客户满意度。这一案例展示了精益生产管理在制造业作业计划与控制中的实际应用。通过识别和消除浪费，优化生产流程，公司能够更有效地响应市场需求，提高竞争力。

X 公司的案例强调了持续改进的重要性。生产线改善是一个持续的过程，没有最好，只有更好。通过建立标准作业流程，实施持续的监控和改进机制，X 公司能够在不断变化的市场环境中保持竞争力。这一案例为其他制造业企业提供了宝贵的经验，展示了如何通过精益生产管理来提高生产效率和产品质量，从而在激烈的市场竞争中取得成功。

　　在实施精益生产管理的过程中，X 公司还面临了如何平衡生产效率和产品质量的挑战。公司通过引入先进的质量控制体系和持续的员工培训，确保了在提高生产效率的同时，产品质量不受影响。此外，X 公司还重视与供应商的合作，通过优化供应链管理，减少了原材料的浪费和库存成本。

　　X 公司的精益生产管理实践也体现了跨部门协作的重要性。其生产、质量控制、供应链管理等不同部门之间的紧密合作，是实现生产流程优化的关键。通过建立跨部门沟通机制和共享目标，X 公司能够更有效地解决生产过程中的问题，提高整体运营效率。

　　总之，X 公司的案例为制造业提供了一个成功的精益生产管理实践范例。通过持续改进、跨部门协作和供应链优化，X 公司不仅提高了生产效率和产品质量，还增强了市场竞争力。这一案例展示了精益生产管理在现代制造业中的重要性和应用价值，为其他企业提供了宝贵的参考和启示。

　　（资料来源：中国管理案例共享中心，案例编号：OM-0276。）

12.5　从精益生产到精益管理

　　精益生产的理念和方法在各行各业得到了广泛应用，也从专注于改进企业的产品制造系统扩展到企业方方面面的管理工作，由此产生了精益思维、精益流程、精益服务、精益企业等一系列新名词，这些新叫法被统称为"精益管理"。

　　这其中，还值得一提的是"精益服务"概念。20 世纪末 21 世纪初信息革命浪潮也推动了服务业的迅速发展，精益管理所提倡的排除各种浪费、减少非价值活动等思想以及相应的方法，对众多服务业企业都有直接的借鉴意义。比如，医院运用价值流分析方法对现有的医疗服务流程进行全面梳理，分析患者在挂号、检查、取药等环节存在大量的等待时间，以及患者从检查到出院的所有步骤中，哪些增加了等待时间或不必要的活动。再比如，快递公司在配送路线规划方面，利用大数据和人工智能技术，对配送路线进行了优化，通过合理的路线规划和车辆调度，减少了配送过程中的空驶和重复行驶，降低了运输成本，同时也缩短了客户的等待时间。此外，精益服务理念也大量运用于银行和行政服务领域，在提升服务质量、优化服务流程以及增强客户满意度方面呈现出显著效果，充分展示了精益管理理念在服务领域中应用的巨大潜力和广阔前景。

习　题

1. 阐述精益生产的核心理念是什么？它如何帮助企业实现高效、灵活和可持续的生产？

2. 精益生产体系包含哪些关键要素？这些要素之间是如何相互关联和支撑的？

3. 某加工中心每天消耗 800 个零件，每个标准容器最多可装 32 个零件。每个容器从收到看板开始到被取空的平均时间为 0.3 天。设定 0.20 的安全系数。试计算所需的生产批示看板数量。

4. 调查某一作业流程，应用价值流图描述其现状，寻找改善爆发点，绘制未来状态图。在实施精益生产时，企业需要满足哪些基本要求？这些要求如何体现在日常生产和管理活动中？

5. 精益生产强调持续改善，请运用真实案例说明企业是如何进行持续改善的。

6. 在数字化转型的背景下，精益生产的原则如何与现代信息技术（如物联网、大数据、人工智能）相结合，以此提高生产效率和质量，并减少浪费？

第13章　互联网运营

🎯 学习目标

1. 掌握企业互联网运营的完整内容。
2. 掌握用户运营分析模型 AARRR 模型的常用指标。
3. 理解新媒体运营的特点和方式。
4. 理解数据驱动决策中坚守信息安全与隐私保护的伦理底线。

📖 关于互联网运营的知识图谱

（详见网址：http://t.zhihuishu.com/rEx87yre）

🔍 主案例导入

"2024 年 7 月 4 日，公司交付了新一代具有完全自主知识产权 8.25 万吨散货船"，J 公司公众号上发布了这一重磅好消息，这已经不是第一次在公众号上出现产品相关的喜人信息了。J 公司公众号由公司党建相关部门专门负责运营，不定期地发布公司产品开工、交付、命名等一系列信息，也会定期地分享各种线下活动信息，如安全、技能相关的竞赛活动、员工培训、工会福利相关活动，记录各项主题内容。

近年来随着直播方式兴起，公司也开始利用网络营销手段吸引国际流量，2023 年 12 月在上海国际海事展期间以视频直播方式来推介公司。不过，公众号主动发布依然是 J 公司线上传播的主要渠道。值得关注的是，公众号还定期发布企业的可持续发展报告，"我们响应'双碳'战略，绿色低碳全面展开。我们顺应绿色、低碳、智能发展新趋势，坚定不移地推进绿色低碳转型之路。我们研究编制'碳达峰'行动方案、绿色甲醇供应链建设方案，LNG 双燃料原油船启航，长江干线电动集装箱船项目启动，订造甲醇双燃料动力集装箱船，集装箱泊位岸电建设持续加快""我们强化数智赋能，数字化转型提级增速。我们全力推进科技创新和数智化变革，企业发展新动能、新活力不断释放。我们倾力打造的数字化供应链平台包括'一体化的全链路产品与服务、数字化赋能的智能运营、全球化的供应链生态圈'三大核心领域，其中依托区块链技术的'无纸化放货'解决方案、'智能冷箱'一站式前台、'船视宝'平台等，为推动航运业数智化转型升级、提高客户服务能力打下坚实基础""我们坚持共建共享，社会事业稳步发展。我们尊重企业员工自我价值的追求，为员工搭建干事创业的成长舞台和广阔的发展平台，创造丰厚的物质基础和体面的人文环境；携手合作伙伴，协同共建高质量的产业生态圈，实现融合发展与合作共赢；以优秀的发展成果履行社会责任和全球契约，帮扶欠发达地区，参与国际援助，做优秀企业公民，推动企业与社会的协调发展"。

公众号的内容总是那么振奋人心，"站在新起点上，公司将以习近平新时代中国特色社会主义思想为指导，把思想和行动统一到党的二十大精神上来，以永不懈怠的精神状态和一往无前的奋斗姿态，举全集团之力，集全系统之智，兴改革创新之举，走高质量发展之路，用实践书写高质量可持续发展、加快建设世界一流企业的生动答卷，为保障全球产业链供应链畅通、助力全球贸易繁荣发展贡献力量"。

讨论题

1. 请根据案例资料说明 J 公司互联网运营的特色。
2. J 公司的互联网运营的目的是什么？发挥着哪些功能？

相关概念

互联网运营（Internet Operation）

互联网运营既包括互联网公司的运营管理，也包括"互联网＋传统企业"的线上与线下结合运营管理。互联网公司有搜索引擎、数据服务、娱乐休闲、电子商务、综合门户类等类型；互联网＋传统企业是将互联网技术、平台和思维应用于传统企业，包括数字化转型与智能化升级、O2O（线上到线下）服务、供应链管理、客户关系管理（CRM）系统等，以推动其转型升级、提高效率并拓展市场。总的来说，企业互联网运营的目的是通过数字化技术和数据分析，实现生产、管理、销售等各个环节的智能化和精细化管理，提高效率、降低成本、提升服务水平，从而增强企业的竞争力和市场影响力。

新媒体运营（New Media Operation）

新媒体运营是指在各种互联网平台上，根据企业品牌、产品或服务的特点，通过各种数字化手段开展的宣传推广和营销活动。新媒体运营包括四大要素：内容创作与发布、社交互动、用户增长与维护、数据分析与优化。新媒体运营的主要盈利模式是广告收入、付费内容、赞助与代言、独立电商和数据分析等。

新媒体运营是互联网运营的延伸和升级。互联网运营是在互联网上开展网站建设、搜索引擎优化、网络广告投放、电商运营等各种活动，以实现企业的品牌宣传、产品销售、客户服务等目标。而新媒体运营则强调在互联网上开展社交媒体运营、微信公众号运营、移动应用程序运营等活动，以实现更加细致、个性化、人性化的与用户互动和沟通，从而提高用户满意度和品牌忠诚度。可以说，互联网运营是新媒体运营的基础，而新媒体运营则是互联网运营的进一步拓展和深化。

数字化运营（Digital Operation）

数字化运营是指通过应用数字技术和数据分析，对企业的各项业务进行管理和优化，从而提高效率、降低成本、增强竞争力。数字化运营主要包括以下四个方面：

◎业务流程优化：通过数字技术将传统烦琐的流程数字化，实现自动化处理和管理，提高工作效率。

◎数据分析：通过收集、清洗和分析数据，深入了解客户需求和市场趋势，为企业决策提供支持。

◎产品创新：通过数字技术为产品赋能，实现产品升级和差异化，提高产品的竞争力。

◎营销推广：通过数字营销手段和渠道，提高品牌曝光度、用户黏性和转化率，实现商业目标。

互联网运营是数字化运营的一种形式，它主要通过互联网平台来开展企业的各类业务活动，如电子商务、社交媒体、搜索引擎等。互联网运营依靠互联网技术和网络媒介，不仅延伸了企业的业务范围和影响力，还扩大了市场份额。

因此，数字化运营是互联网运营的基础和前提，而互联网运营则是数字化运营的一种手段和方式。数字化运营可以帮助企业实现更高效、更智能和更可持续的业务运作，而互联网运营则可以让企业拓展更广泛的市场，获取更多的用户和利润。两者相辅相成，共同促进企业的发展和壮大。

互联网运营是一个综合性的概念，涵盖了在互联网平台上管理和推广产品或服务的所有工作，主要涉及用户、产品、活动和数据等内容。新媒体运营是互联网运营在新兴媒体平台上的延伸和拓展，通过新兴媒体平台（如社交媒体、微信公众号、短视频平台等）进行品牌推广、内容传播和用户互动。可见，新媒体运营利用互联网运营的理念和方法，通过特定的媒体平台实现品牌推广和用户增长；互联网运营也需要借助新媒体的力量，拓展其运营渠道，提升运营效果。可见，互联网运营主要内容和与新媒体运营的关系，如图13-1所示。

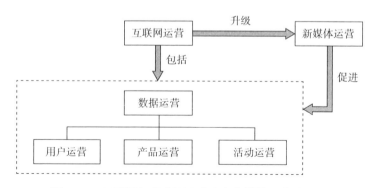

图13-1 互联网运营主要内容和与新媒体运营的关系

用户运营侧重于用户获得、留存和转化，包括用户调研、用户画像、用户分析和用户增长等方面；产品运营侧重于产品的设计、开发和上线，以及产品功能的优化、迭代和推广；活动运营侧重于品牌宣传和市场推广，通过各种促销活动来吸引用户和提高品牌知名度，包括线上和线下活动；数据运营侧重于运用数据分析工具来进行数据挖掘和分析，了解用户行为和需求，优化产品功能和服务，提升用户满意度和忠诚度。数据运营是贯穿用户、产品和活动运营的核心支撑，通过数据驱动实现三者的协同与优化。

13.1 互联网运营的四大要素

用户运营、产品运营、活动运营和数据运营构成了完整的互联网运营生态系统。

13.1.1 用户运营

用户运营（User Operation）是指通过对用户进行管理、维护、分析和提升等一系列活动，以达到吸引、留存、增加用户的目的。其主要目的是提高用户黏性，促进用户转化，增加收益，实现企业商业价值最大化。

微案例：广汽传祺"EV+"的方案

针对新能源汽车的某些短板，如补能焦虑、保值率问题以及始终不如传统4S店模式的服务，广汽传祺借助"EV+"方案，希望能让新能源汽车的使用体验"更上一层楼"。

针对消费者对智能需求的提升，广汽传祺在智电科技 i-GTEC 的基础上，正式发布了传祺智电科技 i-GTEC2.0，确立了以广汽自研、华为智能双路线为驱动的发展路线，推出了双驱智舱智驾，旨在给用户提供超越一般电车的用车体验，超越一般期待的强大智能。

针对用户补能焦虑，广汽传祺 App 上线了充电地图，它覆盖全国 3 万个充电站、40 万个补能终端，可一键直达，并基于传祺新能源可电可油的动力模式，不断优化能源管理模式，让用户既可以享受电车的体验，又可以真正续航 0 焦虑。

针对新能源汽车保值率问题，3 年登顶相关榜单的传祺新能源又首创"传祺新能源 E8 超级保值换购方案"：用户下订即保值，后续升级换购传祺新能源产品，享 5 万元保值基金，极大地提升了产品保值率。

针对新能源用户对服务的更高要求，传祺新能源创新打造了"直连直营直服"服务模式。通过全国近 200 家的传祺新能源体验中心，打造了集展示、体验、下订、交付四大功能于一体的用户之家，让消费者的购车流程更透明、更便捷。

广汽传祺通过"EV+"对技术、市场、服务等要素的再整合，不光解决了问题，还提升了效果。作为一名新能源车主能感受到其中的诚意和智慧，让新能源汽车用户体验"更上一层楼"。

（资料来源：笔者整理所得。）

13.1.1.1　用户运营的分析模型

AARRR 模型（Pirate Metrics）由硅谷的风险投资人戴维·麦克鲁尔提出，是一种经典的用户增长模型，名称来源于每个字母代表的用户生命周期的不同阶段，包括获取用户（获客，Acquisition）、提高用户活跃度（激活，Activation）、提高用户留存率（留存，Retention）、获取收入（Revenue）、传播（推荐，Referral）5 个指标。它强调通过运营核心用户实现用户留存，先获取用户本身的价值，再通过用户去帮我们转化新的用户扩宽市场。

13.1.1.2　用户运营的关键指标

（1）获取用户。这是产品实现增长的初始阶段，是指在定位目标用户的前提下，通过线上线下的各种渠道让用户了解到产品信息，最终由潜在用户转化为实际用户的过程。获取用户阶段需要关注的指标：日新增用户数（DNU），即每日注册并登录的用户数，具有唯一性。

（2）提高用户活跃度。这是运营增长的关键转化点，是指获取用户后通过引导用户完成某些"指定动作"，在消费产品过程中强化体验，使之成为长期的忠实用户。"指定动作"则取决于产品的类型，有的产品只需用户在指定时间内登录就算用户活跃，而有的产品则还须完成指定的操作才算用户活跃。该阶段需关注活跃用户的数量以及用户使用频次、停留时间的数据。活跃用户数量根据时间范围不同，可以分为日活跃用户数、周活跃用户数、月活跃用户数。

$$活跃用户率 = \frac{活跃用户数}{总用户数} \times 100\%$$

（3）提高用户留存率。这是判断用户对产品的依赖度或忠诚度的重要指标。在互联网行业中，在某段时间内开始使用产品，经过一段时间后仍然继续使用该产品的用户被称为留存用户，留存用户数量与同期新增用户数量的比值即为用户留存率。按照时间范围不同，用户留存率可以分为次日留存率、3 日留存率、7 日留存率、30 日留存率等。

$$n\ 日留存率 = \frac{当天新增的用户中，新增日之后的第\ n\ 天还使用的用户数}{当天新增总用户数} \times 100\%$$

例如，某款 App 某日新增 1000 名用户，在随后 30 天中还继续使用该应用的用户只有 200 人，则 30 日留存率为 20%。

（4）获取收入。这对一款产品是否具有可持续性非常重要，收入的来源有很多种，主要包括应用付费、应用内功能付费、广告收入、流量变现等。该阶段主要考核的指标如客单价。主要关注的指标有付费率（付费用户数占活跃用户的比例）、活跃付费用户数（1 个月内成功付费的用户数）、平均每用户收入（1 个月内活跃用户产生的平均收入）、平均每付费用户收入（1 个月内付费用户产生的平均收入）、生命周期价值（用户在生命周期内为创造的收入总和）等。

（5）传播。这是增加用户量的重要方式，也叫推荐或口碑传播。主要考核的指标有转发率、转化率和 K 因子。

$$转发率 = \frac{转发的用户数}{看到该功能的用户数} \times 100\%$$

$$转化率 = \frac{某段时间产生购买行为的用户数}{所有到达店铺的访客人数} \times 100\%$$

K = 每个用户向他的朋友们发出的邀请的数量 × 接收到邀请的人转化为新用户的转化率。

当 $K > 1$ 时，用户群就会像滚雪球一样增大；当 $K \leq 1$ 时，用户群到某个规模时就会停止通过自传播增长。

13.1.2　产品运营

产品运营（Product Operation）是指对产品进行设计、开发、优化和管理，以满足用户需求并提高产品的市场竞争力。产品运营需要从用户角度出发，深入挖掘用户需求，不断进行产品优化和更新，以保持产品的竞争力。产品运营对于提高产品的市场占有率和用户满意度具有重要作用。例如，电商平台上的产品运营可以包括商品页面的布局和设计、商品价格和销售策略等方面的优化，以提高用户的购买转化率。

产品运营的工作内容和功能主要体现在：

第一，确定产品定位：针对不同类型的用户、不同领域的竞争情况，确定产品的核心目标和差异化特点，为后续运营提供基础；

第二，提高产品质量：通过持续优化产品功能、性能、易用性等方面，提高产品的品质和用户满意度，增强市场竞争力；

第三，推广产品营销：通过多渠道的营销手段（包括线上和线下），将产品推向用户，提高曝光度和转化率。

 微案例：小米的产品运营

小米科技有限责任公司正式成立于 2010 年，是一家全球化的移动互联网企业，以创新科技和极致的用户体验为核心竞争力。其产品线丰富，涵盖了智能硬件、电子产品、芯片研发、智能手机、智能电动汽车、通信、金融、互联网电视及智能家居生态链建设等多个领域。

小米产品定位：小米公司的产品定位是"性价比之王"，即所提供的产品拥有高性能、高品质和低价格的特点，通过降低营销成本和采用互联网直销模式，将成本节省下来并转化为更实惠的价格回馈给消费者，以此在市场竞争中获得优势。

产品质量把控：小米对产品质量要求非常严格，从研发、生产、包装到售后服务全过程都有一套完整的质量管理体系。小米投入大量资金建设了自己的质量检测实验室，并与国内外知名的测试机构合作进行多项测试，确保产品符合各种标准和指标，并且具有稳定的品质。此外，小米公司还会根据用户反馈及时对产品进行改进和升级，不断提升产品质量。

产品营销方式：小米的产品营销主要依靠互联网及社交媒体平台上的宣传和推广。小米公司通过社交媒体等渠道与用户沟通，积极收集用户的意见和需求，调整产品结构和设计，并不断地更新发布新产品。此外，小米公司还推出了一系列线下活动，如小米之家、小米授权店等，让消费者可以更加直观地了解和体验产品，提高品牌影响力。另外，小米公司采用抢购、限时促销等方式吸引用户，通过快速扩大用户规模，降低成本，实现盈利增长。

（资料来源：笔者整理所得。）

13.1.3 活动运营

活动运营（Activity Operation）是通过各种线上和线下的活动，来提升企业品牌知名度、用户参与度、促进销售等目标的一系列运营活动。活动运营可以促进用户口碑传播和社交化营销，提高品牌曝光度和用户黏性，因此，活动运营对于企业提升品牌形象和用户参与度来说是非常关键的一部分。例如，在一些移

动应用程序中，可以组织各种签到抽奖、积分兑换等活动，以激励用户参与和
留存。

活动运营的主要内容和作用如下：

第一，活动策划：组织各种线上活动，如抽奖、秒杀、团购等，加强品牌推
广和销售促进；

第二，社交媒体运营：利用社交媒体平台开展宣传推广，增强品牌知名度和
影响力；

第三，营销推广：通过在线展示产品特点、功能和优势等信息，吸引潜在顾
客关注和购买；

第四，用户反馈管理：根据用户反馈及时调整产品、服务和活动，提升用户
体验；

第五，客户关系管理：与用户保持密切联系，及时回应用户需求和反馈，提
升用户忠诚度。

📋 微案例：苹果公司新品发布的活动运营

苹果公司的新品发布活动是一项非常重要的营销策略，因为它能够吸引全球
范围内的媒体、消费者和业内人士来关注苹果公司的最新产品和技术。以下是苹
果公司新品发布活动的宣传策划过程：

1. 确定发布日期和地点

首先，苹果公司需要确定新品发布的日期和地点。日期通常在苹果公司的产
品周期中进行，每年都会有 2~3 次的发布活动。地点通常在美国加州库比蒂诺的
主要办公区域。

2. 制定预热活动

苹果公司会在发布前几周或几个月开始展开一系列预热活动，以激发公众对
即将发布的产品的兴趣。这些预热活动包括在社交媒体上发布神秘的信息、举行
独立的发布会或发布一些小更新等，来让公众保持关注。

3. 组织媒体参与

苹果公司会邀请全球的媒体机构前来参加发布活动，并为他们提供相关的资
讯和资源，以确保其报道的准确性和深度。此外，苹果公司还会提供一个在线的
视频直播服务，以使更多的观众可以观看发布活动。

4. 准备演示实例

苹果公司会在发布活动现场展示新产品的功能和特色，以吸引媒体和观众的
注意力。苹果公司的 CEO 可能会亲自演示新产品，并向观众介绍其功能、设计

和性能。

5.展示产品的广告宣传

苹果公司会在发布活动中展示新产品的广告宣传，以吸引消费者的注意力。这些广告宣传通常具有创新性、简洁和精美的设计，以帮助苹果公司打造品牌形象和增强消费者的购买意愿。

（资料来源：笔者整理所得。）

13.1.4　数据运营

数据运营（Data Operation）是根据因果关系，对数据规划、搜集、整理、分析和应用等一系列运作的过程，目的是为企业决策提供有价值的信息支持。数据运营的基本步骤包括数据规划、数据收集、数据处理和数据分析。

第一步，数据规划。根据业务部门对数据的需求，先搭建数据体系，然后根据数据体系有针对性地进行收集。

第二步，数据收集。对数据进行采集和存储。数据收集的重点是获取与用户需求有关的数据。获取数据的有效方法包括线上与线下相结合的用户访谈、问卷调查、24小时客服、数据埋点等。

第三步，数据处理。对数据进行检索、加工和传输。数据处理的重点是数据加工，即通过加工，模糊的、复杂的数据变得清晰、简约、有意义。

第四步，数据分析。在数据处理的基础上，提取数据所包含的有用信息，分析信息所表达的管理意义。数据分析的重点是有关用户行为的数据分析。数据分析方法包括流量标记、趋势分析、维度拆解、转化漏斗、用户分群、留存分析、用户细察、热力图等。

可见，数据运营工作的最终目标优化产品设计和服务体验，提高用户的满意度和黏性。

13.2　新媒体运营

新媒体运营是互联网运营的最新形式。新媒体是以信息技术为支撑，以网络为传播渠道、以手机等平台作为终端向用户提供信息和服务的传播形态。随着微博、微信、抖音等新媒体应用深入人心，新媒体的传播力和影响力与日俱增，属于新媒体的时代已经到来。

13.2.1　新媒体的优势

数字化技术为新媒体提供了平台，实现海量资讯的共享与传播，具有高度时效性、个性化特点，人们的日常需求都可以通过网络得到满足。

（1）交互性强。新媒体环境中的每个人都是接收者和传播者，这样信息的传播由单向变为多向，能够利用数字化技术更加快捷地实现信息交互。

（2）时效性强。基于互联网的新媒体平台也具备时间优先功能，这使新媒体投放的内容能够快速被用户接收。新媒体宣传覆盖面广泛且成本更低，大幅降低了产品推销的费用。

（3）便捷性高。在互联网环境下，新媒体用户可以随时随地通过手机、平板电脑、LED 屏幕摄取信息，信息传播实现了随身而至。

另外，新媒体运营融合了文字、图片等多种元素，其传播形式处于不断变化的状态，更加有利于吸引消费者的注意力、促进产品的推广。总之，新媒体具有成本低、范围广、多向互动的优势，其有利于大大提高企业产品营销的效率。

13.2.2　新媒体运营的工作内容

13.2.2.1　用户运营

（1）绘制用户画像，为用户运营工作制定基本方向。通过下面用户画像公式，呈现完整的用户特征：

用户标签 = 固定属性 + 用户路径 + 用户场景

其中，固定属性指的是用户的基本特征，这些特征在短时间内不会发生变化，如用户年龄、性别、职业、地区、学历等，这些属性是用户画像的基础，有助于对用户进行初步的分类和定位；用户路径则反映了用户的互联网浏览喜好，包括他们经常访问的网站、使用的应用、购物平台等，通过分析用户路径，可以了解用户的兴趣、需求和行为习惯，从而为他们提供更个性化的服务；用户场景则关注的是用户在特定场合或特定时间的动作，例如，在早上起床、上下班路上、晚上睡前等场景内，用户如何学习、如何娱乐等。这些场景化的信息有助于更深入地理解用户的生活方式和需求，为产品设计和营销策略提供有力支持。

（2）搭建用户体系，打牢用户运营的基础框架。按照 RFM 模型设计管理体系，即最近一次消费（Recency）、消费频率（Frequency）、消费金额（Monetary）三大指标，将用户群体划分为一般保持用户、一般发展用户、一般价值用户、一般挽留用户、重要保持用户、重要发展用户、重要价值用户和重要挽留用户八个级别。对不同用户层级进行差异化管理。

RFM 模型也可用于互联网运营中，以内容型社区为例，R 是指最近一次登录，F 是指一个月内的登陆次数，M 是指一个月内产生内容的数量。

（3）寻找目标用户，提高初级用户的质量。通过分析用户标签得出用户渠道并设计引入形式，给出引入理由，吸引大量初级客户加入。

（4）设计用户激励，提升活跃度并减少用户流失。通过内容、活动、资源、社群、功能、积分、奖励、投入和提醒九大策略，不断巩固用户，将路人变为忠粉，提高留存率。

设计用户激励方法有：价值激励（如特权、头衔、等级身份和优惠等）、情感激励、物质激励（如打赏、积分体系、优惠券等）；资源激励（如获得更多的曝光机会与资源位推介资源）和活动激励等。

微案例：YouTube 高效的用户留存

YouTube 是典型的 UGC 平台，用户的原创精品是网站的核心财富，也是留住用户的关键。那么，平台方如何积极调动用户的生产热情呢？

首先，内容平台善于通过热门推荐给视频分享大户"发糖"，鼓励他们的传播热情。例如，YouTube 专门有一个名为 Popular On YouTube 的频道，实时更新视频热门榜单，能上榜当然是让 UP 主们极为兴奋的一件事情。一边 UP 主们铆足劲制作好内容，另一边也是对他们的正向激励。除了日常性的推荐外，平台还善于发起特别策划来调动用户分享热情，如 YouTube 发起的 Her Voice Is My Voice 妇女节活动，就借用红人的力量完成了一次漂亮的节日营销。每年年终，YouTube 也会发起"年度回顾"，邀请用户分享对过去一年的回顾视频，不断强化"仪式感"。

其次，为了留住创作者，提高普通用户的创作积极性，内容平台花费大力气维护与他们的关系，并提供多样资源支持他们的创作。2016 年，YouTube 发布了 Creator Hub（创作者中心）项目，为创作者提供"一站式"资源支持。YouTube 按照用户的粉丝数，将其分为"石墨级"（0–1k）、"蛋白石级"（1k–10k）、"黄铜级"（1w–10w）和"白银级以上"（10w+）四类，不同等级享受的待遇和福利都有所差异。但共同点是，YouTube 官方提供大量的线上指导课程、创作工具和线下分享等活动，包括使用 YouTube 的线下工作室 YouTube Space 进行拍摄等。终极目的是把创作社区变成一个有趣的分享与进步的专区。

近年来还有一个趋势，平台方联动广告主一同发起在线营销活动。过程中，也引导用户和 UP 主积极分享内容，实现"平台＋品牌""内容＋变现"的匹配。2016 年，YouTube 和巴黎欧莱雅进行美妆战略合作，推出 Beauty TU BE 频道，YouTube 提供视频拍摄制作和频道管理指导，巴黎欧莱雅则帮助参与者提升美妆技术，二者合作，通过网络来选拔和培养法国美妆＋视频人才。双方将拍摄空间定在 YouTube 在巴黎的线下空间，为参与者提供最新的科技装置和设备，优秀学员可以获得双方颁发的 Beauty TU BE 学位证书。此次品牌合作，既增加了品牌曝光量，同时，YouTube 也为自己的美妆视频品类储备了人才。

（资料来源：全媒派《YouTube/Instagram 平台内容攻略：以 UP 主的名义，3 大举措激励内容分享》。）

13.2.2.2　产品运营

新媒体平台上的产品可划分为独立产品、平台产品和入驻产品三大类。

（1）独立产品，即企业独立开发且满足某项独立功能的产品。

（2）平台产品，即平台方开发后邀请企业或个体入驻的产品。独立产品和平台产品都属于需要开发与升级的互联网产品，其运营有大量相似之处，都需要设立用户规则、都需要策划活动并引流。

（3）入驻产品，即入驻平台的产品，又可分为实体类、内容类和应用类三种。实体类入驻产品即通过淘宝、京东等平台销售的各种产品；内容类入驻产品即通过内容平台进行图文销售的产品，如"得到"的专栏、"分答"的课程等；应用类入驻产品即通过应用市场下载的产品，如 App Store 的软件、微信小程序等。

新媒体产品基本都会经历从诞生到衰落的过程，具体可分为"开发、启动、增长、稳定和衰落"五个阶段。开发阶段包括产品模型、内部验证、用户试用和改进；启动阶段包括产品传播和口碑优化；增长阶段包括围绕产品策划相关事件，进一步提升产品知名度，提升人气以及多渠道发力，扩大产品的用户基数；稳定阶段包括促活和提高转化；衰落阶段则需要产品转型，或通过发消息、做活动、发福利、做内容、做排名等进行用户导流。

13.2.2.3　内容运营

在新媒体运营中，内容运营是运营者利用新媒体渠道，用文字、图片或视频等形式将产品或企业的信息呈现在用户面前，并激发用户参与、分享、传播的完整运营过程。与之对应，用户通过手机或计算机上网，通过"看图文、看视频、听音频"等形式了解产品或品牌信息。

（1）内容宣传的推广渠道。内容宣传的推广渠道有微信、抖音、小红书、今日头条、Facebook 等，运营者需要将内容布局在内容渠道，与用户的内容浏览习惯相匹配。内容运营具有提升品牌知名度、提升营销质量和提升用户参与感的作用。内容运营活动的具体环节包括选题规划、内容策划、形式创意、素材整理、内容编辑、内容优化和内容传播。

（2）新媒体的内容来源。来自原创或加工整合两个渠道。新媒体的内容第一来源是原创。互联网时代，内容运营人员与读者身份可以相互转换。运营人员既是内容生产者也是内容消费着，用户既是内容消费者也是内容生产者。主要有以下三种输出方式：用户生成内容（User-Generated Content，UGC）、专业生成内容（Professional Generated Content，PGC）、组织生成内容（Organization-Generated Content，OGC）。UGC 常见于个人自媒体，如以论坛、博客为代表的 Web2.0 和以社交平台、微博为代表的 Web3.0 都得益于这种模式发展的；PGC 是以专家身份贡献具有一定水平和质量的内容，如微博平台的意见领袖、科普作者和政务微博；OGC 是比较专业的运营平台，既有专业的背景，如知乎、微博、百度等；也有以写稿为职业来获取报酬，如媒体平台的记者、编辑。现实中往往会有多种输出方式相结合的原创内容。

新媒体的内容第二来源是加工或整合。根据难易程度不同，具体有三种方式：第一种仅限于做复制、粘贴等简单的工作，大多适用于网络社区、门户类网站等，通常由工程师完成，现已基本被机器取代；第二种是能够根据用户需求挖掘、提炼相对应的内容，并对内容进行深度的二次加工和整合，这类内容大多适用于新媒体，需求量最大；第三种是根据素材、提炼出独特的观点，并能赋予独特创意的内容。

微案例：网易文创的原创内容运营

网易是中国最早的门户网站之一，它给用户提供极具网易特色的新闻阅读、跟帖盖楼、图片浏览、话题投票、要闻推送等内容。网易文创隶属于网易传媒，为顺应内容消费升级大趋势，2017 年初，网易传媒全面启动原创工作室计划，赋予工作室从内容创作到商业推广充分的自主权，激发了无限的创造力。在此过程中，工作室自孵化的新媒体矩阵发展壮大，建立了触达超过 3 亿粉丝的强大影响力。2019 年底，该体系进一步整合、升级，全新内容品牌——网易文创问世。

网易文创是一个全新的内容生产品牌，满足 35 岁以下的年轻人在娱乐休闲、个人成长、社会认知、心灵启迪、生活方式等多元的文化需求，并以富有创造力、想象力的多元形式呈现，让好的内容成为他们追求美好人生的精神力量。

网易文创以高品质原创内容为核心和起点，通过多元内容品牌布局、多圈层差异化特色表达、多平台去中心化传播等手段，打造出辐射全网的多品牌传播矩阵，利用稀缺的文化创意内容生产，最大化传播价值和营销价值，使"网易文创"逐渐成为深受年轻人喜爱的个性化内容消费品牌。

网易文创以哒哒、槽值、谈心社、王三三、城市漫游计划、浪潮工作室、轻松一刻、曲师师、人间等头部 IP 为代表，覆盖短视频、精品图文、趣味条漫、互动 H5 等丰富的内容形态，以"精品原创内容＋热点话题运营"模式打通全网传播链路。

（资料来源：笔者整理所得。）

（3）新媒体的内容审核。新媒体平台对内容进行管理首先要进行内容审核，严格把控内容质量，删除不和谐、不规范的内容，杜绝不符合国家政策方针等方面的内容。内容审核的关键是先确立创建内容的标准、规范和违规制度。

微案例：抖音平台的双重审核机制

抖音对内容的审核分为机器审核和人工审核。

一是机器审核：通过人工智能技术检测，识别视频画面、关键词。

审核标题是否违规，如果疑似存在机器拦截，提示人工注意。为了提高视频质量，审核时抽取视频中的画面，与大数据库中已存在的作品进行匹配消重，内容重复的进行低流量推荐，或者降权推荐。

二是人工审核：针对机器审核筛选出疑似违规作品进行再次审核。

抖音人工进行逐个细致审核，如果确定违规，将根据违规账号进行删除视频、降权通告、封禁账号等处罚。人工审核主要集中审核视频标题、封面截图和视频关键帧。

当新视频作品发布时，抖音通过四个核心指标反馈视频质量：点赞率、评论率、完播率、转发率，在第一轮基础推荐，抖音按照你的账号量级给你分配100~500 名在线用户，根据他们的数据反馈进一步判定视频质量。

（资料来源：《抖音短视频运营学习路线图——揭秘抖音推荐系统算法原理、推荐机制的底层逻辑》。）

（4）新媒体的内容推广。新媒体的内容推广具体包括推送、推荐和扩散三方面工作。

内容推送即消息通知，常见的方式有消息中心、站内信、弹窗、动态、系统横幅、短信等；内容推荐就是对内容进行划分和优化，将优质的内容放在推荐位置上展示给特定用户；内容扩散是指设置一个环节、一个机制，激励粉丝、用户去分享。扩散的渠道常见的有转发并 @ 好友奖励、点赞服务出售、抢红包转发等。

（5）新媒体内容的用户管理。为了避免大量不匹配的内容消费者影响内容生产环境，内容运营需要做好内容贡献用户的维系工作。通常，运营人员采用提高用户准入门槛的方式，通过设置邀请机制、护城河机制、用户分级，让真正需要内容的用户进入并积极参与讨论，同时，通过差异化报酬、荣誉头衔等措施激励内容生产者投入生产，在以上基础上，建立良好的"内容生态系统"，让产品进入持续、良性地运转。针对内容贡献度不同的用户，传统论坛的做法是通过等级、特权进行区隔，一些社区通过积分、权重、赞同、感谢等方式进行区隔，还有个别平台的做法是加 V、认证等。

（6）新媒体内容反馈与评估。新媒体的内容运营特点是信息量小而精，具有三个方面优势：一是针对性强，可以针对客户需求提供高质量、有创意的内容。二是培养粉丝的忠诚度。可以通过富有创意和观赏性的内容打动用户、引起客户的情感共鸣，长期黏住粉丝。三是便于获取私域流量，深耕用户精细化运营。

不过，由于新媒体运营的内容偏碎片化，需要不断调动粉丝的积极性，防止粉丝流失。因此，内容推送后，用户对内容会有一些反馈，运营人员需要对这些用户行为进行监测和数据分析，如浏览数量、UV、点赞量、评论量等。

13.2.2.4　活动运营

活动运营是围绕企业目标系统开展一项或一系列活动，包括阶段计划、目标分析、玩法设计、物料制作、活动预热、活动发布、过程执行、活动结束、后期发酵及效果评估等过程，在短时间内快速提升运营效果。

活动运营不是发布一篇活动文章、撰写一条微博而已，而是包含三个阶段及十大环节，也就是策划阶段（阶段计划、目标分析、玩法设计和物料制作）、执行阶段（活动预热、活动发布、活动执行和活动结束）、收尾阶段（后期发酵和效果评估）。其中包括了四个关键环节：阶段计划、玩法设计、过程执行及效果评估，运营者需要在活动开始前"预埋"监控数据，并在活动结束后汇总活动数据，便于总结与优化。

习　题

1. 请运用案例说明，企业互联网运营的体系架构以及与新媒体运营的关系。

2. 某款 App 某日新增 2000 名用户，在随后 7 天中还继续使用该应用的用户只有 1500 人，则 7 日留存率为多少？

3. 请使用现实企业资料，说明互联网运营是如何有效监测和分析运营数据来指导决策。

4. 请选择一个具体的互联网产品（如社交媒体应用），尝试为其设计一个短期（1 个月内）的运营计划。

5. 利用新媒体为自己心仪的企业或产品作一次活动策划。

第14章 数字孪生与智能制造

📖 **关于数字孪生与智能制造的知识图谱**

（详见网址：http://t.zhihuishu.com/ojxpYOAo）

🔍 **主案例导入**

对于船舶制造而言，各种管道、管件加工与制造是非常重要的。为进一步提升产品质量稳定性，落实精准生产，J公司先后斥资上千万元，对管加工车间进行数字孪生改造。公司王总亲自主抓工程，经过2年技术攻关、数据比对和生产测试，成功设计出与真实车间环境、设备、工艺等高度一致的虚拟模型，在产能验证和工序产能匹配两方面实现了完全的数字孪生。

在产能验证方面，第一阶段，利用数字孪生技术对管加工车间进行虚拟建模，包括车间布局、设备配置、工艺流程等方面的建模。J公司快速组建了跨部门的数据团队，负责整合不同系统的数据，并采用数据清洗和规范化技术，确保数据的准确性和一致性。同时，为车间原有设备均安装了新的传感器和数据采集系统，以获取更全面的数据支持。

第二阶段，在虚拟模型基础上进行仿真模拟，模拟不同生产任务下的车间运行情况，包括设备运行状态、生产进度、产品质量等方面的数据，通过仿真模拟评估车间的实际产能。经过多轮专家论证，公司最终决定与业内顶尖的研究所和软件服务商合作，结合 AI 技术对生产线进行高精度建模。通过不断优化模型参数和算法，确保模型能够准确反映实际生产情况。同时，建立了模型迭代机制，根据实际生产数据对模型进行持续优化和调整。

第三阶段，对仿真模拟得到的数据进行分析，包括设备利用率、生产效率、产品质量等指标，找出车间产能的瓶颈和潜力点，为后续的产能优化提供依据。由于生产过程中的不确定性因素较多，如设备故障、物料短缺、人员变动等，这些因素难以在模型中完全模拟。王总清晰地记得技术攻关小组经历的那些不眠之夜，对生产过程中可能的不确定性因素进行量化分析，通过多次模拟和迭代，最终在模型中设置准确可靠的参数和条件。

在工序产能匹配方面，J 公司首先对管加工车间的各个工序进行分析，包括工序的复杂程度、所需设备、人力等资源以及工序之间的衔接关系等，以明确各个工序的产能需求和影响因素。其次根据工序分析结果，对车间的产能进行匹配，根据生产任务的要求，确定各个工序的产能需求，再通过调整设备配置、优化工艺流程、合理安排人力资源等措施，使车间的产能能够满足各个工序的需求。最后利用数字孪生技术的实时监测功能，对车间的运行状态进行实时监控，一旦发现某个工序的产能不足或过剩，可以立即进行调整，如增加或减少设备数量、调整人员配置、优化工艺流程等，以确保车间的产能始终保持在一个合理的水平上。

在数字孪生技术的加持下，J 公司造船各大关键指标得到大幅提升，相较于2018 年，2023 年年钢加工量提升了 92%，人均产值提高了 176%，达 105 万元，修正总吨工时下降了 230%，与此同时，万元产值综合能耗也下降了 68%，企业在可持续发展的道路上越走越远。

讨论题

1. 运用案例材料说明，数字孪生技术是如何赋能 J 公司管加工车间的。
2. 试解释数字孪生与智能制造的关系。

相关概念

数字孪生（Digital Twin）

数字孪生也被称为数字映射或数字镜像，是在信息化平台上创建一个设备或系统的虚拟实体，使它（克隆体）具备对实体对象（本体）进行动态仿真的能力。数字孪生体最大的特点在于其动态性，它"动"的依据来自本体的物理设计模型、传感器反馈的数据以及本体运行的历史数据。

因此，数字孪生的基本功能主要有四类，分别是仿真与映射、监控与操纵、诊断与分析、预测与优化。

◎仿真与映射。通过产品或系统的模型对其实物运行过程进行仿真分析，得到虚拟产品或系统的运行性能评价，验证设计方案是否满足要求。

◎监控与操纵。在数字孪生系统中，实体物理对象连接虚拟模型，利用虚拟模型来反映物理实体的实际变化。

◎诊断与分析。利用数字孪生技术对产品或系统进行分析，一般是寻找潜在故障或影响性能发挥的缺陷，以便进行维护调整。

◎预测与优化。通过建立数字孪生体，在虚拟空间中进行产品或系统的预测仿真，如预测可能出现的故障，提前做好维护保养。

数字孪生是一个普遍适应的理论技术体系，可以在多个领域应用，如产品设计、产品制造、医学分析、工程建设等。例如，汽车制造商可以使用数字孪生来模拟汽车的设计和生产过程，以便更好地了解如何改进生产效率和质量。此外，数字孪生在航空航天、建筑业、医疗保健、能源、农业、城市规划以及零售业等领域也有广泛的应用。

总的来说，数字孪生通过创建虚拟的"克隆体"来模拟和优化实体对象的行为和性能，为工程师们提供了一个在不影响本体的情况下进行系统设计改动和测试的平台，从而提高了效率并节约了成本。

智能制造（Intelligent Manufacturing）

智能制造是一种由智能机器和人类专家共同组成的人机一体化智能系统，它在制造过程中能进行包括分析、推理、判断、构思和决策等的智能活动。通过人与智能机器的合作共事，去扩大、延伸和部分取代人类专家在制造过程中的脑力劳动。它更新了制造自动化的概念，扩展到柔性化、智能化和高度集成化。

智能制造核心包括三大主题，即智能工厂、智能生产、智能物流。智能工厂重点研究智能化生产系统及过程，以及网络化分布式生产设施的实现；智能生产主要涉及整个企业的生产物流管理、人机互动以及3D技术在工业生产过程中的应用等；智能物流主要通过互联网、物联网、务联网整合物流资源，充分发挥现有物流资源效率。智能制造涵盖智能制造技术、智能制造装备、智能制造系统和智能制造服务等，衍生出各种各样的智能制造产品。

数字孪生技术是智能制造系统的基础，数字孪生技术不仅能根据复杂环境的变化，通过动态仿真与假设分析，预测制造物理装备状态和行为，而且还能在感知数据的驱动下及历史数据与知识的支持下不断学习、共生演进，使其镜像仿真过程能更准确地预测制造物理装备的状态和行为，即"以实驱虚"。这种"以虚控实"和"以实驱虚"的数字孪生互动共生，使智能制造上升到一个崭新的高度。

数字制造（Digital Manufacturing）

数字制造也被称为数字化制造，是一种将数字化技术和制造技术融合的生产方式，实际上是在对制造过程进行数字化的描述而建立起的数字空间中完成产品全生命周期的制造过程。它依赖于虚拟现实、计算机网络、快速原型、数据库和多媒体等支撑技术，通过对产品信息、工艺信息和资源信息进行数字化分析、规划和重组，实现产品设计和制造过程的仿真以及原型制造，进而快速生产出能够满足用户要求的产品。

数字制造可以分为三类，即以制造为中心的数字制造、以设计为中心的数字制造和以管理为中心的数字制造。其中，基于管理的数字制造就是从市场需求、研究开发、产品设计、工程制造、销售、维护的服务体系、物料需求、管理系统等实现以产品和供需链、市场和投资决策等为核心的数字化过程集成。

数字化制造与相关先进制造理念既相关又有着自身的特点。例如：网络制造是为制造业内部的信息交流和共享，以及外部网络应用服务；智能制造是为不确定性和不完全信息下的制造问题求解；虚拟制造则是用虚拟原型代替物理原型，达到可制造性的设计；数字制造则是从不同角度综合上述制造技术和制造理念的部分属性，更多关注制造产品全生命周期的数字建模、数字加工、数字装备、数字资源、数字维护乃至数字工厂的研究。

长期以来五大问题制约着制造业的快速发展：一是如何实现产品开发周期和成本的最小化；二是如何达到产品设计质量的最优化；三是如何做到制造过程的生产效率最高化；四是如何做到响应用户需求快速化；五是如何实现制造产品全生命周期的服务优化。

围绕上述问题，在制造领域研究和发展的过程中，先后有三大突出进展，取得了三大标志性成果：一是快速成型技术，其突出的成就是产品无须任何模具，直接接受产品设计数据，快速制造出新产品的样件、模具或模型，大大缩短了新产品的开发周期，降低了产品开发成本；二是虚拟制造技术，即在计算机里实现制造的过程，通过虚拟环境验证产品设计思想和工艺路线的正确性，无须对产品生产的每一个环节都进行实际验证，大大缩短产品的开发和生产周期，降低了产品开发成本；三是数字样机技术，数字样机与真实物理产品之间具有 1∶1 的比例，用于验证物理样机的功能和性能。所有这些制造领域的创新和变革都使制造领域发生了巨大的变化，引领了制造技术的进步。然而所有这些创新只能解决制造过程的阶段性问题，仍然无法实现整个产品全生命周期的服务优化，无法使现实世界和虚拟世界无缝连接。

为了解决这些问题，全球高水平制造的研究单位和制造企业，以及制造领域的科学家们，一直都在努力寻求更好的解决方案。美国 GE 公司和德国西门子公司最先提出了数字孪生的概念，即在当前数字化制造的基础上，将数字化制造和智能制造融合。数字孪生的出现为数字化制造和智能制造带来崭新的制造理念和制造模式，也必将为制造领域带来一场深刻的革命。

14.1　数字孪生技术

14.1.1　数字孪生的技术基础

14.1.1.1　建模仿真技术（Modeling & Simulation Technology，MST）

数字化模型的仿真技术是创建和运行数字孪生体、保证数字孪生体与对应物理实体实现有效闭环的核心技术。传统的建模仿真是一个独立单元建模仿真，而数字孪生是从设计到制造、运营维护的整个流程，贯穿了产品的全价值链条，是包含物料、能量、价值的数字化集成。

14.1.1.2　数字样机技术（Digital Mock-Up，DMU）

数字样机是一种三维虚拟模型，它可以通过计算机辅助工具（如 CAD、

CAE）代替物理原型，以在计算环境中测试和评估产品。数字样机可以视为数字孪生的基础，两者有相似之处也有不同之处。数字样机主要用于产品设计阶段进行评估和验证，而数字孪生中的虚拟模型在从创建到处置的整个生命周期中都与物理副本相对应。虚拟样机与实物之间几乎没有联系，而数字孪生中的虚拟模型在生命周期中始终与产品保持联系。虚拟样机仅提供理想产品，但是数字孪生可以提供理想产品和实际产品。

14.1.1.3　数字线程（Digital Thread）

数字线程又称为数字主线，是一种可扩展、可配置的企业级分析框架，可实现产品生命周期阶段之间模型和关键数据双向交互，使产品生命周期各阶段的模型保持一致，最终实现闭环的全生命周期数据管理和模型管理，从而在整个系统的生命周期中为决策者提供信息。可见，数字线程可以帮助数字孪生中的物理实体和虚拟模型进行实时 / 准实时的双向连接、双向映射、双向驱动。

14.1.2　数字孪生中的信息技术应用

14.1.2.1　信息物理系统（Cyber-Physical Systems，CPS）

从广义上看，CPS 和数字孪生具有类似的功能，并且都描述了信息物理融合，但两者各有侧重点，数字孪生更侧重信息空间的虚拟模型（数字孪生体），从而实现一对一映射，而 CPS 强调一对多映射。在功能实现方面，数字孪生侧重于通过模型数据解释和预测物理世界的行为，而 CPS 侧重于传感器执行器支持物理世界和信息世界之间的交互。CPS 能促进数字孪生系统的建设，数字孪生系统可以看成一个 CPS 系统，通过 CPS 和数字孪生的结合，可以增强制造系统的能力，有助于实现智能制造。

14.1.2.2　工业互联网（Industrial Internet）

工业互联网平台本质上是一个工业云平台，基于工业互联网应用需求，搭建起采集、存储、分析和应用工业数据的生产服务体系，保障生产资源的全面连接、按需供给和智能调度，实现工业生产过程的技术积累和应用创新。而数字孪生的智能系统的基础是数据的交互共融，数据孪生系统最终功能的实现依赖于工业互联网支持下构建的数据平台，并进一步推进工业互联网的应用与推广。可见，工业互联网平台是数字孪生系统实施的基础平台。

14.1.2.3　大数据（Big Data）

数字孪生的特点是"模型 + 数据"，数字孪生体能利用大数据处理技术，有效对物理实体运行所产生的大数据进行分析处理和治理。数字孪生应用中的监控、分析、预测功能离不开大数据分析和处理的技术。数字孪生可以弥补大数据分析的弊端，即大数据无法模拟和同步可视化物理过程。

14.1.2.4　云计算（Cloud Computing）

云计算是一种将计算资源变成按需可用的公共资源的计算模式。基于数字孪生的智能系统中存在海量复杂的数据，对系统的算力要求较高。基于云计算提供的云服务能实现数据的集中化处理、存储和共享，便于数字孪生系统中上下游供应商的高效协同合作，实现系统数据的全方位透明化管理。云平台也是开展数字孪生应用的基础平台。

14.1.2.5　VR（Virtual Reality）、AR（Augmented Reality）、MR（Mixed Reality）

3R 技术提供的深度沉浸的交互方式使数字化的世界在感官和操作体验上更加接近物理世界，也使数字孪生应用超越了虚实交互的多种限制。VR 技术利用计算机图形学、细节渲染、动态环境建模等实现虚拟模型对物理实体属性、行为、规则等方面层次细节的可视化动态逼真显示；AR 与 MR 技术利用实时数据采集、场景捕捉、实时跟踪及注册等实现虚拟模型与物理实体在时空上的同步与融合，通过虚拟模型补充增强物理实体在检测、验证及引导等方面的功能。数字孪生基于 VR/AR/MR 和仿真技术，对产品生命周期的整个过程进行建模，从而在虚拟世界中实现对产品设计、制造、组装和检查的仿真和优化。

14.1.2.6　人工智能 AI（Artificial Intelligence, AI）

人工智能是通过将计算机科学与生理智能相结合来使计算机具有人类智能并像人类一样行为的科学。AI 可从感知、认知、学习和适应等方面解决数字孪生的挑战。首先，AI 可以通过图像、视频、声音等收集信息的能力，帮助数字孪生获取大量隐含数据。其次，AI 通过知识推理认知，支持数字孪生理解模型参数的含义并做出最佳决策。再次，AI 通过自学习能力使数字孪生能够追踪数据之间的隐藏关系并建立基于数据的准确模型。最后，AI 通过自检、自诊断和自适应，使模型的参数更新以确保对物理空间的准确映射。AI 的这些功能分别满足了数字孪生在数据获取、模型建模和迭代以及智能服务等方面的要求。数字孪生有了 AI 的加持，可大幅提升数据的价值以及各项服务的响应能力和服务准确性。

14.2　智能制造系统模型

智能制造系统是一种由智能机器和人类专家共同组成的人机一体化智能系统。在制造过程中，它能够以高度柔性和集成的方式，将整个制造过程从订单、产品设计、生产到市场销售等各个环节以柔性方式集成起来的能发挥最大生产力的生产系统。

14.2.1　德国工业 4.0 参考架构模型

2015 年德国正式提出了"工业 4.0"的参考架构模型（RAMI 4.0），如图 14-1 所示，由以下三个维度构成：第一维度是价值链（X 轴），从产品全生命周期视角出发，描述了以零部件、机器和工厂为典型代表的工业要素从虚拟原型到实物的全过程；第二维度（Y 轴）是在企业系统层级架构的标准基础上，补充了产品或工件的内在标准，并由个体工厂拓展至"互联世界"；第三维度（Z 轴）是信息物理系统的核心功能，以各层级的功能来体现。

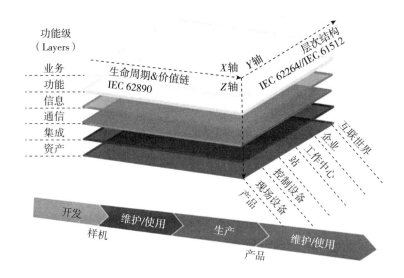

图 14-1　"工业 4.0"的参考架构模型（RAMI 4.0）

14.2.2　美国国家标准与技术研究院的智能制造生态系统

2016 年美国国家标准与技术研究院（National Institute of Standards and Technology，NIST）工程实验室系统集成部门发表了《智能制造系统现行标准体系》报告，该报告提出的智能制造生态系统，如图 14-2 所示，每个维度（如产品、生产系统和业务）代表独立的全生命周期，制造业金字塔是其核心，三个生命周期在这里汇聚和交互。

第一维度：产品维度，涉及信息流和控制，智能制造生态系统下的产品生命周期管理，包括六个阶段，分别是（产品）设计、工艺设计、生产工程、制造、使用与服务、废弃与回收。

第二维度：生产系统生命周期维度，关注整个生产设施及其系统的设计、部署、运行和退役。"生产系统"在这里指的是从各种集合的机器、设备和辅助系统、组织和资源创建商品和服务。

第三维度：供应链管理的商业周期维度，关注供应商和客户的交互功能，电子商务在今天至关重要，任何类型的业务或商业交易都会涉及利益相关者之间的信息交换。

一个制造金字塔可以看作一个智能工厂，产品生命周期、生产系统生命周期和商业活动周期都在这里聚集和交互。在图 14-2 中，制造金字塔的元素包括企业资源计划（ERP）、制造运行管理（MOM）、人机交互界面（HMI）、集散控制系统（DCS）、现场设备（Field Device）。在这个结构的三个维度中，生产系统生命周期维度体现了一个智能工厂的生命周期，产品维度体现了产品的全生命周期，供应链管理的商业维度体现了制造过程的业务协同过程。

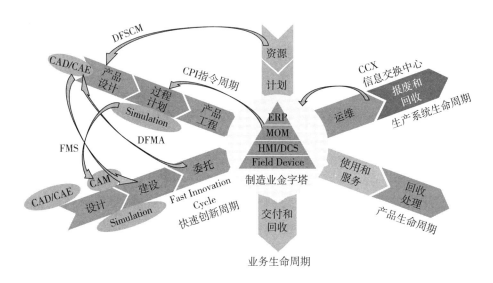

图 14-2 NIST 的智能制造生态系统

14.2.3 中国智能制造系统结构

《国家智能制造标准体系建设指南（2018 版）》提出，智能制造系统由生命周期、系统层级和智能特征三个维度组成，如图 14-3 所示。

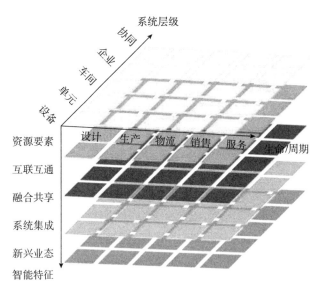

图 14-3　我国智能制造系统架构

14.2.3.1　生命周期

生命周期涵盖从产品原型研发到产品回收再制造的各个阶段，包括设计、生产、物流、销售、服务等一系列相互联系的价值创造活动。生命周期的各项活动可进行迭代优化，具有可持续性发展等特点，不同行业的生命周期构成和时间顺序不尽相同。

（1）设计是指根据企业的所有约束条件以及所选择的技术来对需求进行实现和优化的过程。

（2）生产是指将物料进行加工、运送、装配、检验等活动创造产品的过程。

（3）物流是指物品从供应地向接收地的实体流动过程。

（4）销售是指产品或商品等从企业转移到客户手中的经营活动。

（5）服务是指产品提供者与客户接触过程中所产生的一系列活动的过程及其结果。

14.2.3.2　系统层级

系统层级是指与企业生产活动相关的组织结构的层级划分，包括设备层、单元层、车间层、企业层和协同层。

（1）设备层是指企业利用传感器、仪器仪表、机器、装置等，实现实际物理流程并感知和操控物理流程的层级。

（2）单元层是指用于企业内处理信息、实现监测和控制物理流程的层级。

（3）车间层是实现面向工厂或车间的生产管理的层级。

（4）企业层是实现面向企业经营管理的层级。

（5）协同层是企业实现其内部和外部信息互联和共享，实现跨企业间业务协同的层级。

14.2.3.3　智能特征

智能特征是指制造活动具有的自感知、自决策、自执行、自学习、自适应之类功能的表征，包括资源要素、互联互通、融合共享、系统集成和新兴业态 5 层智能化要求。

（1）资源要素是指企业从事生产时所需要使用的资源或工具及其数字化模型所在的层级。

（2）互联互通是指通过有线或无线网络、通信协议与接口，实现资源要素之间的数据传递与参数语义交换的层级。

（3）融合共享是指在互联互通的基础上，利用云计算、大数据等新一代信息通信技术，实现信息协同共享的层级。

（4）系统集成是指企业实现智能制造过程中的装备、生产单元、生产线、数字化车间、智能工厂之间，以及智能制造系统之间的数据交换和功能互连的层级。

（5）新兴业态是指基于物理空间不同层级资源要素和数字空间集成与融合的数据、模型及系统，建立的涵盖了认知、诊断、预测及决策等功能，且支持虚实迭代优化的层级。

14.3　数字孪生驱动智能制造

14.3.1　产品生命周期角度看驱动作用

数字孪生驱动智能制造主要是通过数字孪生模型实现的。数字孪生模型是以数字化方式为物理对象创建虚拟模型，来模拟其在现实环境中的行为。制造企业通过搭建、整合制造流程的生产系统数字孪生模型，能实现从产品设计、生产计划到制造执行的全过程数字化与智能化。数字孪生模型主要包括产品设计模型（Product Design）、过程规划模型（Process Planning）、生产布局模型（Layout）、过程仿真模型（Process Simulate）、产量优化模型（Throughput Optimization）、维护保障管理（Maintain Security Management）等。

从产品生命周期角度看数字孪生对智能制造的驱动作用，主要包括产品设计、产品制造、产品服务和运行的模型重用四个阶段。

14.3.1.1 产品设计阶段

在产品设计阶段，数字孪生体胚胎是产品生命周期数据积累的开始和统一模型，集成了产品的三维几何模型、产品关联属性信息、工艺信息等，同时需要专业工艺人员根据经验总结和工艺知识进行工艺流程的编制，即将产品设计模型转变为制造方法及步骤和工艺参数，然后将产品数字胚胎模型和设计文档传递到制造阶段。

为了确保仿真及优化结果的准确性，至少需要保证以下三点：

（1）产品虚拟模型的高精确度或超写实性。通过使用人工智能、机器学习等方法，基于同类产品组的历史数据实现对现有模型的不断优化，使产品虚拟模型更接近于现实世界物理产品的功能和特性。

（2）仿真的准确性和实时性。可以采用先进的仿真平台和仿真软件，如仿真商业软件 ANSYS、ABAQUS 等。

（3）模型轻量化技术。轻量化的模型降低了系统之间的信息传输时间、成本和速度，促进了价值链端到端的集成、供应链上下游企业间的信息共享、业务流程集成以及产品协同设计与开发。

14.3.1.2 产品制造阶段

在制造阶段，数字孪生体除了提供基于产品模型的生产实测数据监控和生产过程监控外，还包括基于生产实测数据、智能化的预测与分析、智能决策模块预测与分析，实现对实体产品的动态控制与优化，达到虚实融合、以虚控实的目的。因此，多源异构数据实时准确采集、有效信息提取与可靠传输是实现数字孪生体的前提条件。

（1）实体空间的动态数据实时采集：利用条形码技术、RFID、传感器等物联网技术，进行制造资源信息标识，实现对制造资源的实时感知。

（2）虚拟空间的数字孪生体演化：通过统一的数据服务驱动三维模型，实现数字孪生体与真实空间的装配生产线、实体产品进行关联。

（3）基于数字孪生体的状态监控和过程优化反馈控制：通过实时数据和设计数据、计划数据的比对实现对产品技术状态和质量特性的比对、实时监控、质量预测与分析、提前预警、生产动态调度优化等，从而实现产品生产过程的闭环反馈控制以及虚实之间的双向连接。

14.3.1.3 产品服务阶段

在产品服务（即产品使用和维护）阶段，数字孪生体仍然需要对产品的状态进行实时跟踪和监控，并根据产品实际状态、实时数据、使用和维护记录数据，对产品的健康状况、寿命、功能和性能进行预测与分析，并对产品质量问题进行提前预警。

（1）在物理空间，采用物联网、传感技术、移动互联技术将与物理产品相关的实测数据（如最新的传感数据、位置数据、外部环境感知数据等）、产品使用数据和维护数据等关联映射至虚拟空间的产品数字孪生体上。

（2）在虚拟空间，采用模型可视化技术实现对物理产品使用过程的实时监控，并结合历史使用数据、历史维护数据、同类型产品相关历史数据等，采用动态贝叶斯、机器学习等数据挖掘方法和优化算法实现对产品模型、结构分析模型、热力学模型、产品故障和寿命预测与分析模型的持续优化，使产品数字孪生体和预测分析模型更为精确，仿真预测结果更加符合实际情况。

（3）对于已发生故障和质量问题的物理产品，采用追溯技术、仿真技术实现质量问题的快速定位、原因分析、解决方案生成及可行性验证等，最后将生成的最终结果反馈给物理空间，指导产品质量排除故障和追溯等。

14.3.1.4　运行的模型重用阶段

模型重用主要关注的是对现有模型进行高效利用，以减少重复工作，加速产品开发和制造流程。数字孪生在智能制造的模型重用阶段通过构建和维护模型库、快速配置与定制、仿真验证与优化、数据驱动的决策支持以及跨平台与跨系统的集成等做法，促进了智能制造的高效发展。

值得注意的是，制造过程或制造系统的在线状态感知和监测是非常重要的。如果过分依赖传感器数据往往是不行的，特别是，某些产品的特殊结构或特殊过程无法直接访问或直接测量。在这种情况下，数字模拟的模型可以通过虚实结合和融合的方式进行修改和完善。基于实际的传感器数据的仿真模型扩展到"软传感器"，也可以获取虚拟传感器数据。通过使用仿真模型，并复制实际测量信号，虚实结合，将模拟与实测信号进行比较，进而帮助识别失效模式。

微案例：数字孪生电厂智能管控

北京必可测科技股份有限公司开发了基于数字孪生的电厂智能管控系统，实现了汽轮发电机组轴系可视化智能实时监控、可视化大型转机在线精密诊断、地下管网可视化管理以及可视化三维作业指导等应用服务。

1. 汽轮发电机组轴系可视化智能实时监控系统

该系统基于采集的汽轮机轴系实时数据、历史数据以及专家经验等，在虚拟空间构建了高逼真度的轴系三维可视化虚拟模型，从而能够观察汽轮机内部的运行状态；能够对汽轮机状态进行实时评估，从而准确预警并防止汽轮机超速、汽轮机断轴、大轴承永久弯曲、烧瓦、油膜失稳等事故；可以帮助优化轴承设计、优化阀序及开度、优化运行参数，从而大大提高汽轮发电机组的运行可靠度。

2. 可视化大型转机在线精密诊断系统

该系统基于构建的大型转机虚拟模型及孪生数据分析结果，可以实时远程地显示设备状态、元件状态、问题严重程度、故障描述、处理方法等信息，能够实现对设备的远程在线诊断。工厂运维人员能够访问在线系统报警所发出的电子邮件、页面和动态网页，并能够通过在线运行的虚拟模型查看转机状态的详细情况。

3. 地下管网可视化管理系统

运用激光扫描技术，结合平面设计图，建立完整、精确的地下管网三维模型。该模型可以真实地显示所有扫描部件、设备的实际位置、尺寸大小及走向，且可将管线的图形信息、属性信息及管道上的设备、连接头等信息进行录入。基于该模型实现的地下管网可视化系统不仅能够三维地显示、编辑、修改、更新地下管网系统，还可对地下管网有关图形、属性信息进行查询、分析、统计与检索等。

4. 可视化三维作业指导系统

基于设备的实时数据、历史数据、领域知识及三维激光扫描技术等建立完整、精确的设备三维模型。该模型可以与培训课程联动，形成生动的培训教材，从而帮助新员工较快地掌握设备结构；也可以与检修作业指导书关联，形成三维作业指导书，规范员工的作业；还可以作为员工培训和考核的工具。

基于数字孪生的电厂智能管控系统实现了对关键设备的透视化监测、故障精密远程诊断、可视化管理及员工作业精准模拟等，能够满足设备的状态监测、远程诊断、运维管控等的各项需求，并实现了与用户之间直观的可视化交互。

（资料来源：陶飞，戚庆林，张萌，等.数字孪生及车间实践［M］.北京：清华大学出版社，2021.）

14.3.2　基于数字孪生的智能制造架构

基于数字孪生的智能制造架构是一个综合性的系统，它结合了数字孪生技术和智能制造的理念，旨在提高制造过程的效率、灵活性和智能化水平。以下是基于数字孪生的智能制造架构的主要组成部分。

14.3.2.1　物理实体与数字孪生体的映射

智能制造架构的核心是建立物理实体（如生产设备、产品等）与其数字孪生体之间的精准映射关系。通过传感器、物联网技术等手段，实时采集物理实体的数据，并将其传输到数字孪生体中进行处理和分析。

14.3.2.2　数字孪生体的构建与更新

利用先进的建模技术，根据采集到的数据构建数字孪生体。这些模型需要具备足够的精度，能够准确还原物理实体的结构和行为。随着物理实体的变化，数字孪生体也需要不断更新，以保持与物理实体的同步。

14.3.2.3　实时仿真与优化

通过数字孪生体进行实时仿真，模拟物理实体在实际生产环境中的运行情况。根据仿真结果，对生产过程进行优化，提高生产效率、降低能耗和减少故障率。

14.3.2.4　数据分析与决策支持

对数字孪生体中的数据进行深入分析，提取关键信息，为决策提供有力支持。利用机器学习、人工智能等技术，对生产数据进行预测和趋势分析，帮助企业制订更合理的生产计划和市场策略。

14.3.2.5　人机交互与可视化

通过虚拟现实、增强现实等技术，实现人机交互和可视化展示。操作人员可以直观地了解生产过程的实时状态，并对生产进行实时监控和调整。同时，可视化展示也有助于提高沟通和协作的效率。

14.3.2.6　跨平台与跨系统的集成

基于数字孪生的智能制造架构需要实现跨平台、跨系统的集成，将不同部门、不同环节的数据和信息进行整合，形成统一的数据中心，实现数据共享和协同工作。

14.3.2.7　安全性与可靠性保障

在整个架构中，安全性与可靠性是至关重要的。需要采取一系列措施，如数据加密、访问控制、备份恢复等，确保数据和系统的安全稳定运行。

因此，基于数字孪生的智能制造架构是一个多层次、多功能的综合性系统，它利用数字孪生技术实现物理实体与数字世界的融合，通过实时仿真、数据分析、人机交互等手段，提高制造过程的智能化水平，为企业创造更大的价值。

📋 微案例：福田汽车设计了数字孪生应用

上海及瑞公司为福田汽车设计了数字孪生应用，该数字孪生主要应用了创成式设计、铸造工艺模拟仿真形成设计和工艺的正向设计，利用机器深度学习的算法，形成以目标驱动研发的正向设计研发流程。在保证结构安全的基础上，福田汽车数字孪生应用利用 AI 技术找到最佳的设计路径，从而达到最优设计，解决了原结构太重和产品质量缺陷带来的问题；缩短了研发周期，一次性通过台架测试。这样不仅降低了生产成本，提高了产品竞争能力，还减少了产品重量以及设备运行时的能源消耗，有利于环保。

（资料来源：刘阳，赵旭，朱敏，等．数字孪生数实融合时代的转型之道［M］．北京：人民邮电出版社，2023.）

14.4　数字孪生的拓展应用

从一个产品的全生命周期过程而言，数字孪生发源于创意，从 CAD 设计开始，到物理产品实现，再到消费阶段的服务记录持续更新。然而，一个产品的制造过程本身也可能是数字孪生。也就是说，工艺仿真、制造过程，都可能建立一个复杂的数字孪生系统进行仿真模拟，并记录真实数据。

产品的测试也是如此。在一个汽车自动驾驶的实例中，验证 5 级自动驾驶系统，即使不是最复杂的数字孪生的检验，那也是非常重要的应用。如果没有数字仿真，要完成这样的测试，需要完成 140 亿千米的实况测试。

在一个工厂的建造上，数字孪生同样可以发挥巨大作用。通过建筑信息模型 BIM（Building Information Modeling）和仿真手段，对于工厂的水电气网以及各种设施，都可以建立数字孪生，实现虚拟工厂装配；并在真实厂房建造之后，继续记录厂房自身的变化。

对于厂房设施与设备，西门子在 COMOS 平台建立了数字孪生，并且与手机 App 呼应。这样，维修工人进入工厂，带着手机就可以随时扫描 RFID 或者 QR 码，分析维修状况，分配具体任务（包括备件、文档和设备信息）到人。

显然，数字孪生可以是一个产品、一条产线甚至一个厂房。同样，钻井平台、集装箱、航行的货船可以建立一个数字孪生系统。然而，数字孪生的野心还不限于此。数字孪生组织（Digital Twin Organization，DTO）也叫数字孪生企业（Digital Twin Enterprise，DTE）。荷兰软件公司 Mavim 提供的数字孪生组织软件产品，能够把企业内部每一个物理资产、技术、架构、基础设施、客户互动、业务能力、战略、角色、产品、服务、物流与渠道都连接起来，实现数据互联互通和动态可视。

它可以是一个更复杂的系统，如城市，法国的达索系统正在用它的 3D Experience City，为新加坡建立一个完整的"数字孪生新加坡"。这样城市规划师就可以利用数字影像更好地解决城市能耗、交通等问题。商店可以根据实际人流情况，调整开业时间；红绿灯都不再是固定时间；突发事件的人流疏散都有紧急的实时预算模型；甚至可以把企业之间的采购、分销关系也都加入进去，形成"虚拟社交企业"。当前"元宇宙"概念也是这一思路的发展和延伸。

📋 **微案例：聚焦数字孪生技术，在虚拟世界中"再造顺丰"**

根据顺丰科技发布的《物流数字孪生白皮书（2024）》，借助于数字孪生技术，"虚拟顺丰"可能将为中国快递带来前所未有的变化。

以往，快递物流的运营管理特别是基层运营管理，需要高度依赖人工经验。但随着快递物流信息化、标准化水平的双向提升，人工经验的局限性也不断凸显。其中，最大的局限性就是无法判断全局。

在数字孪生技术的加持下，顺丰在市场竞争中做得每一个策略和判断，事前都已经在"虚拟顺丰"中验证、优化、迭代了无数次。可想而知，对没有数字孪生技术或数字孪生技术达不到顺丰现有发展程度的竞争对手而言，"虚拟顺丰"会变成一种降维打击。

关于技术的投入究竟值不值？以顺丰的运力成本的控制为例，根据 2023 年半年报，顺丰拥有超过 8 万台干支线车辆，国内运输线路超 15 万条。在如此巨大和复杂的网络与资源下，想要完全依靠人工经验全面提升人效、车效，精细化优化定价招采策略，显然是天方夜谭。

例如，顺丰陆运资源的前置规划就基于大数据、机器学习等技术，预测成本、任务、货量等维度的数据，输出下一年预期的资源结构。基于相关结构的情况，智能算法会将线路按照多种策略进行"打包"，并把打包好的线路组合匹配最合适的运力资源，以提前按需准备下一年的各类运力资源。

在执行阶段，顺丰也通过数智化系统，将任务尽可能分派给自身的可控运力去执行，真正提升可控运力的应用率，减少临时交易。在细节上，为了填补预测需求与实际执行之间的差异，顺丰运力的需求会在发车前 24 小时在系统中做最后的确认，如果实际情况有变，则相关运力资源会被释放至资源池。如果有其他需求需要新增车辆，那么系统将优先指派被释放的前置储备运力进行执行，避免在没有用完储备运力的情况下，临时采购新的运力。

除了需求和资源的合理分配可以带来运力成本的降低外，数智化的定价、采购体系也令顺丰运力的交易更为科学、健康。目前，顺丰搭建了自身的线路价格底盘。这套价格系统会根据行业的市场均价、里程等因素，由智能算法计算出对应线路的价格。基于这样的数智化定价体系，顺丰进一步打造了数智化运力资源采购系统，招标、签约、结算等一系列流程可通过线上化平台"一站式"完成，而且还能输出相关采购策略，如需要多少可控运力作为基础、多少临时运力作为弹性空间，智能判断相关合同或交易的合理性，保障运力资源采购的健康与合理。

（资料来源：笔者整理所得。）

微案例：从精益筑基到数智蝶变——扬州中远海运重工的数智转型之路

自"学做川崎"战略落地以来，扬州中远海运重工将"精益"理念深度融入经营管理、设计生产各环节，实现了企业深化改革过程中的"第一次转型"——精益转型。

近两年来，全球船舶制造行业迎来了数字化、智能化发展的时代浪潮。面对汹涌大势，扬州中远海运重工以"精益"筑牢管理根基，紧抓"重点任务""重大专项"历史性机遇，开启了"第二次转型"——数智转型的变革发展之路。

1. "精益筑基"奠定数智转型的深厚基础

强基固本，方能行稳致远。扬州中远海运重工以精益管理、精益生产、精益设计为基石，开启了数智转型之路。

通过实施"小LOT化设计""节拍化生产""定制化布局"三大策略，显著提升了生产流程的标准化和可控性，实现条材、型钢、龙筋、小组立等新引入生产线与原生产流程、生产节奏有序对接。将精益理念延伸至数据治理，以"数据驱动业务"为导向，自主研发数据解析与重组技术，系统梳理、整合船舶制造全工序数据，实现从设计到生产的全流程数字化，为智能产线建设奠定了坚实的数据基础。

此外，在"持续改善""定期反省"等精益文化的持续渗透下，公司创新运用"全周期管理"模式，严把设计、采购、调试、验收"四道关"，围绕智能制造设备维保构建"问题追溯—整改—固化"闭环机制，累计实施改善提案3000余项，保障智能制造设备运行完好率达99.69%。

2. "数转智改"构建双轮驱动的转型格局

在"数字智能、绿色低碳"两个新赛道战略的指引下，公司积极推进"数智船厂"建设，通过数字化运营和智能化制造双轮驱动，跑出发展新质生产力的"加速度"。

在数字化运营方面，制定实施数字化行动纲领，建成覆盖设计、制造、管理等全业务领域的14套数字化管理系统。通过部署公司级数字化运营平台和生产智控中心，有效打通各部门数据壁垒，实现关键业务数据贯通和可视化，显著提升了运营管理效率和质量。

在智能化制造方面，累计投入超2.2亿元，建成17条智能产线并全部稳定运行，其中三线条材打磨仕分等多条产线为国际、国内首用，内业车间获评江苏省智能车间。建成新能源绿色船舶装配智能制造5G工厂，实现了5G远程控制、自动物流配送等应用，入选国家级5G工厂名录。此外，总投资2亿多元的新管加工车间即将投产，有望成为国内管加工领域的智能化标杆。目前，企业数智化能力成熟度已达到三级水平，助推生产效率和产品质量在精益生产模式下实现又一次显著提升。

3. "面向未来"探寻数智融合的蝶变之路

当前，以 Deepseek 为代表的 AI 技术蓬勃发展，为行业转型升级注入新的发展动能。在此背景下，加快人工智能前瞻布局，掌握数智化关键核心技术、解决"卡脖子"难题，已成为国资央企增强核心功能、彰显政治担当的必由之路。

面对新形势、新任务，扬州中远海运重工聚焦科技创新，以"局部智能"到"全域智慧"为目标，着力构建基于人工智能的全业务领域智能协同体系，推动公司数字化与智能化深度融合。

目前，公司已实现 Deepseek 大模型的本地部署，建立了跨业务领域的智能问答系统，并开发了多个业务智能应用，持续推动 AI 技术在企业运营中的价值落地。同时，深度融入重工与集运共建计划，配合重工人工智能整体规划建设，为集团全生命周期数字智能船舶运营平台建设贡献扬州中远海运重工力量！

（资料来源：笔者整理而得。）

习　题

1. 与传统制造方法相比，基于数字孪生的智能制造有哪些优势？

2. 结合微案例《数字孪生电厂智能管控》，分析该电厂智能管控系统实现了数字孪生的哪些功能以及如何驱动智能制造？

3. 调查分析你所熟悉的智能制造企业是如何运作的？

4. 举例说明数字孪生或智能制造在身边有哪些应用？

第 5 篇

数字化运营实践专题

第 15 章　数字化运营领域与场景

📖 关于数字化运营领域与场景的知识图谱

（详见网址：http://t.zhihuishu.com/nOx67y9o）

15.1　智慧农业

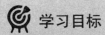 学习目标

1. 了解智慧农业的物联网架构。
2. 理解智慧农业运营系统构成。
3. 掌握智慧农业管理和服务的具体内容。

💲 相关概念

智慧农业（Smart Agriculture）

　　智慧农业是指利用先进的信息技术将农业全要素、全过程数字化与互联化，形成以农业信息感知、定量决策、智能控制、精准投入和个性化服务为技术特征的现代农业产业形态。它涵盖从产前育种到资源环境监测，再到产中种养殖生产以及产后农产品流通的新型工程科技、产业形态和服务模式。

　　智慧农业的基础是数字农业（Digital Agriculture，DA）。数字农业强调对农作物、土壤从宏观到微观的实时监测，以生成动态空间信息系统，对

农业生产中的现象、过程进行模拟和可视化表达，以及实施精准的信息化管理。数字农业需要用到遥感、地理信息系统、全球定位系统、计算机技术、通信网络技术和自动化技术等高新技术。

与智慧农业一个相近的概念是精准农业（Precision Agriculture，PA），又称精确农业，它是在信息化基础上，利用智能化专家系统、决策支持系统，做到精准播种、精准施肥、精准喷洒农药、精准灌溉、精准收获等精准化的生产管理。可见，精准农业更强调实现优质、低耗和环保下农业的可持续发展。

与智慧农业另一个相近的概念是智能农业（Intelligent Agriculture，IA），又称工厂化农业，强调能通过实时采集环境参数，自动开启或关闭指定设备，实现对环境的自动控制和智能化管理。智能农业更强调就像工业生产那样，这样可实现周年性、全天候、反季节的企业化规模生产。

智慧农业是农业信息化发展从数字化到网络化，再到智能化之上的更高阶段，更加注重农业整个生态系统的智能化管理和农业生产全过程的可持续性。

15.1.1　智慧农业的物联网架构和运营系统

广义的农业不仅包括传统的种植业，还包括与农业相关的领域，如林业、畜牧业、农产品加工、渔业、产前产后服务，以及其他现代农业形式如观光农业、生态农业、农村电商等。当前智慧农业已经渗透到了这些领域的各个方面。为了解释方便，我们主要以种植业为例来阐释智慧农业的运营系统和应用。

15.1.1.1　智慧农业的物联网架构

智慧农业的物联网架构有以下四层（见图15-1）：

第一层：感知层，通过各种传感器获取农作物信息，通过射频技术进行非接触式自动识别。比如，将传感器和监测设备安装在地面、植物、设施建筑物等位置，实时监测和记录环境参数；运用摄像头视觉监测作物的生长情况、病虫害情况等。

第二层：传输层，传输层负责将感知层收集到的数据传输到处理层。使用无线技术（如Wi-Fi、LoRaWAN、NB-IoT）或有线连接（如以太网）这些数据传输与通信设备进行数据传输。在农田中，由于移动性不高且覆盖范围相对较小，无线传感网络（WSN）是常用的传输方式。

第三层：应用层，这是智慧农业对农业生产的全方位服务支持。对从感知层传输过来的数据进行清洗、聚合和分析，从而提供农民和农业专家决策所需的信息。例如，根据作物生长情况和市场需求，推荐适合的作物品种和种植方式。再如精准农业生产管理功能，结合 RFID 电子标签等技术，对每批种苗来源、等级、培育场地以及在培育、生产、质检、运输等过程中具体实施人员等信息进行有效、可识别的实时数据存储和管理。

第四层：用户层，将智慧农业系统的分析结果和决策信息展示给农民、农业专家。他们通过手机应用程序或网页界面，实时监测和控制农田的环境参数、接收警报通知，并与智能农业系统进行交互，以帮助他们进行农业管理，如环境监测、病虫害防治等。当然，智慧农业应用终端的用户还包括监管部门、物流人员和消费者，他们从终端获取实时信息，方便管理并进行科学决策。

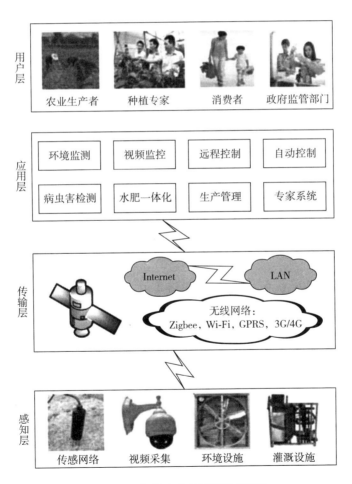

图 15-1 智慧农业物联网体系架构

15.1.1.2 智慧农业的运营系统构成

基于智慧农业四层物联网架构，如图 15-2 所示，农业企业在智慧农业中的运营系统应包括数据采集系统、数据决策系统、远程控制系统和执行指令系统四大子系统。

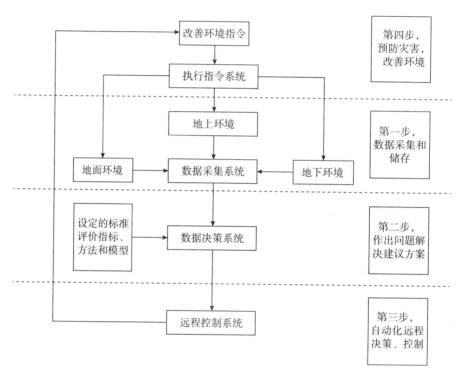

图 15-2 智慧农业运营系统

（1）数据采集系统。农业数据采集系统主要功能是将大规模农业生产的各类物理量，通过多种方式，实时且自动地转化为可处理的数据。数据采集系统收集到的信息主要包括四个类别，如图 15-3 所示。

值得注意的是，农业数据采集系统"3S"技术非常重要，即地理信息系统（GIS）、全球定位系统（GPS）和遥感（RS）三种技术的集成。其中，GIS 常用于农田土地数据管理、查询土壤和自然条件、作物苗情、作物产量等数据，以及管理农田空间数据。同时，它还能绘制各种产量图、田间长势图、农田土壤信息图等，并进行各种空间数据的采集、编辑、统计分析。GPS 为农业数据采集系统提供精准的位置信息，确保智能农业设备在作业过程中的一致性、便捷性，减少人力成本投入，提高农业作业效率。RS 在农业中通过空中或太空中的遥感设备获取农田的各种信息，如土壤湿度、作物生长状况、病虫害情况等，为农业生产提供决策支持。

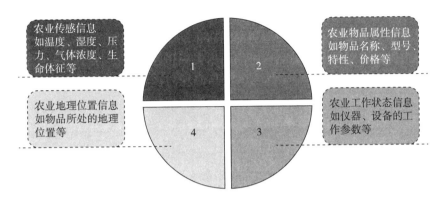

图 15-3　智慧农业的数据采集系统所采集的信息类别

（2）数据决策系统。智慧农业的数据决策系统是一个基于物联网、大数据和人工智能技术的智能化管理系统。基于采集到的数据，系统利用大数据分析和人工智能技术对数据进行处理和分析，提取有价值的信息。这些信息包括作物生长趋势、病虫害预警、产量预测等。根据分析结果，系统为农业生产者提供决策支持。例如，系统可以根据作物需求和环境因素自动调整灌溉和施肥量，实现精细化管理。同时，系统还可以提供病虫害防治建议、采摘和包装等作业指导，帮助农业生产者提高生产效率和质量。

智慧农业的数据决策系统具有以下三个特性：一是实时性，系统能够实时采集和处理数据，为农业生产者提供及时、准确的决策支持；二是智能化，系统利用人工智能技术对数据进行处理和分析，实现自动化和智能化管理；三是精准化，系统能够准确感知和收集农田、作物和天气等多种信息，为农业生产者提供精准化的决策建议。

（3）远程控制系统。该系统包括远程监控中心、控制器与执行器。远程监控中心是系统的核心部分，负责接收并处理来自农业生产现场的数据。农业生产者可以通过手机、电脑等终端设备访问远程监控中心，查看实时数据、历史数据和图表等。控制器负责接收来自远程监控中心的指令，并根据指令控制执行器进行相应的操作。执行器可以是灌溉设备、通风设备、加热设备、施肥设备等，用于实现对农业生产环境的控制。

智慧农业的远程控制系统具有两大特性：一是系统可以根据农业生产现场的数据自动调整控制参数，实现自动化管理；二是远程控制系统能够减少农业生产者的工作量，提高农业生产效率。

（4）执行指令系统。该系统通过接收来自数据分析与决策支持系统的指令，自动调整农业生产环境参数，如灌溉、施肥、通风、光照等，以优化农作物的生长条件。

智慧农业的远程控制系统有两个关键步骤：一是指令执行，控制器接收来自数据分析与决策支持系统的指令，自动对执行器进行控制，实现对农业生产环境的调整；二是反馈与调整，执行器执行指令后，传感器再次监测农业生产环境参数，并将数据发送回数据采集与分析单元。系统根据反馈数据对控制指令，自动进行调整和优化，以实现更精确的农业生产环境控制。可见，执行指令系统实现了智慧农业真正"智慧"的闭环管理。

15.1.2 智慧农业管理实践

以下给出常见的农业智慧管理案例，反映智慧农业运营系统的具体实践（见图 15-2）。

15.1.2.1 智慧种植

智慧种植是一种通过科技手段改进农业种植方式的创新型农业模式。利用现代信息技术、传感器技术、大数据分析等手段，对农田进行全面、精准的监控与管理。目的是运营先进的技术和管理策略，推动农业生产过程向智能化、高效化以及持续化发展。

 微案例：南昌智慧大田实践

南昌智慧大田农业科技发展有限公司是 2018 年 5 月在南昌县蒋巷镇国家农业综合开发示范区投资成立的服务农业现代化的科技企业，核心示范基地 311 亩，总投资 700 万元，是南昌县政府引进的重点农业项目。为全面提高农场生产效率、管理效率，公司研发并应用智慧农业管理系（SAMS）、构建智慧农业生产管理系统、采用"公司＋村集体＋专业合作社＋种植管理户"管理运营形式。

（1）公司研发并应用智慧农业管理系统，实现农业生产科学决策：SAMS 包括智慧农场基础信息管理系统和智慧农场生产运营管理系统两部分。智慧农场基础信息管理系统实现了对农场管理、员工管理、设备管理、地块管理等功能模块的农业生产基础要素的信息化管理；智慧农场生产运营管理系统主要包括智慧决策系统、智慧监测（气象监测、土壤监测、长势监测、农机生产作业智慧管理）及农产品全程溯源管理等功能实现了生产运营、管理的信息化，并利用生产过程获取的数据信息进行科学合理的生产决策，有助于提高农业生产运营效率和产出效益。

（2）构建智慧农业生产管理系统，推进农业全产业链数字化：借助北斗定位与导航等信息技术，推进农机装备智能化转型，主要包括对水稻生产中的耕整、种植、田间管理（水、肥、药）和收获的各个环节农机装备安装北斗导航技术；建设稻米全程溯源体系，通过构建有机高品质稻米生产追溯体系，建设高标准的农产品分析室和化验室，对稻米从选种、种植、加工、仓储到销售各个环节进行检测和信息记录，实现大米生产全程可追溯。

（3）农场采取"公司＋村集体＋专业合作社＋种植管理户"的方式进行种植管理运营，农场提供种植全过程环节的农机服务，农户成立合作社并统一负责水稻的日常管理工作，村集体居中协调形成担保，从而形成高效的利益联结机制。

（资料来源：《2023 年全国智慧农业典型案例汇编》。）

15.1.2.2 智慧养殖

智慧养殖具有以下四个优势：一是提高生产效率：智慧养殖系统可以实时监测和管理牲畜的健康、饲养、环境等情况，使养殖过程更加智能化和数字化。这有助于农场主更好地管理牲畜，提高养殖效益和产量。二是降低成本：通过智能管理，资源的利用更加高效，从而降低了养殖成本。例如，智能饲喂系统可以根据牲畜的生长需求和营养状况，精确调整饲料的投喂量和种类，减少浪费。三是动物福祉提升：智慧养殖系统可以实时监测牲畜的生理和行为状态，及时发现并解决潜在问题，有助于提高动物的生活条件，减少疾病的发生，提升动物福祉。四是环境保护：智慧养殖系统可以通过优化饲养管理和环境控制，降低对环境的负面影响。如通过精确控制饲料投喂量和种类，减少粪便和废水的产生；通过智能通风和光照系统，改善养殖环境，减少温室气体排放。

📋 微案例：青岛派如移动式方舱猪舍

青岛派如环境科技有限公司距离青岛港仅 40 千米，港口每年淘汰大量的集装箱，堆积如山，造成城市污染。青岛派如环境科技有限公司发挥区位优势，利用集装箱全密闭隔热保温和移动方便快捷特性，将其改造为移动式方舱猪舍，有效集成养猪设施装备和环境控制技术，整场规划设计，运输方便，积木式搭建，现场即装即用。派如移动式方舱猪舍主要包括了五大系统和诸多生产优点。

（1）猪舍环境控制系统。派如移动方舱猪舍，其猪舍环境控制系统由密闭保温猪舍和通风系统组成。密闭保温猪舍采用淘汰冷藏集装箱，通风系统包括智能环境控制器、变速风机、红外保温灯、降温水帘、空气过滤系统、射流进气窗弥漫式进气风道和弥漫式排气地沟等。密闭保温猪舍，利用集装箱自身具有的密闭和保温功能，其密闭性是为组织有效气流，进行科学通风，实现恒温环境；其隔热保温处理，是为了阻断舍外四季气候变化和昼夜温差变化对猪舍内环境温度的影响，实现单一猪群余热与人舍冷空气的热交换。猪舍的气密性和隔热保温性能，是派如猪舍环境控制的基础。猪舍通风换气系统，方舱猪舍采用"垂直＋水平"通风模式，一年四季通风换气，由智能环境控制器自动控制，舍内氨气由地沟变速风机从漏缝板下方的弥漫式排气地沟，均匀排出舍外；舍外新鲜空气在负压的作用下，由舍内上部的弥漫式进风道均匀进入舍内，空气上进下排，完成"垂直"换气通风。夏季舍内降温通风，由智能环境控制器自动控制，开启墙面变速风机和水帘系统，舍外新鲜空气，在墙面变速风机产生的负压作用下，经水帘降温后进入猪舍，将舍内温度降低，完成"水平"降温通风。派如方舱还配置了完善的空气过滤系统，其进风口均采用高密度不锈钢丝网，对进入舍内的空气进行过滤处理，防止尘病毒细菌和蚊虫鸟鼠等进入舍内，大大地提高了生物安全水平。

（2）福利栏位产床自动饲喂与喂料系统。派如移动方舱猪舍，匹配福利栏位与福利产床，通过给予猪的福利，提高猪群健康度，并充分适应猪的习性，实现自然分娩；匹配智能料线，自动水线，按照猪的需要，自动配制不同水分粥料，提高饲料转自己清洁料化率，减少猪群呼吸道疾病发生。以上设施设备，可实现让猪自己分槽，整个养殖过程无须人工助产、人工饲喂、人工清槽、避免人与猪接触，减少各种应激和疾病风险。

（3）自动照明停电自动报警与应急窗自动开启系统。派如移动方舱猪舍，具有舍内灯光自动开启和自动关闭功能，可根据猪群不同生长阶段，设定光照时间和光照强度，以促进猪群发情和生长；派如移动方舱猪舍，匹配断电报警系统，当猪舍意外断电时，控制器会自动拨打三个人的电话，报警喇叭自动响起应急窗户自动打开，以避免因通电猪舍缺氧带来的损失。

（4）物联与视频系统。派如移动方舱猪舍，采用 App 智能程序，利用远程视频实时巡视舍内设备运行状态和舍内猪群状况，并可以根据舍内猪群具体情况，对舍内设备进行远程设置和控制，实现猪舍物联网智能化管理。

（5）粪水收集排放和处理系统。派如移动方舱猪舍粪污收集和处理有两种模式：①液泡粪与厌氧发酵处理模式；②发酵床垫料与槽式好氧模式。派如移动式方舱猪舍，清粪排粪与发酵过程，都是在密闭状态下进行的，避免猪场粪水对地下水和周围环境的污染发生，既可解决猪场粪水污染环境问题，又可将其经过发酵处理后施肥于农田，实现种养结合。

15.1.2.3　智慧渔业

智慧渔业是运用现代信息技术，深入开发和利用渔业信息资源，以全面提高渔业综合生产力和经营管理效率的过程。主要有三大运营场景：一是水产养殖，基于大数据的养殖决策、环境监控（水质参数、视频）、养殖设备智能控制、病害监测预警、远程诊断等信息化服务。二是捕捞业，通过物联网技术实现对渔船、渔网等设备的远程监控和管理，提高捕捞效率和安全性；利用人工智能技术对渔船航行轨迹进行自动规划和优化。三是渔业资源管理，实现渔业资源的实时监测和管理，保护渔业生态环境，促进渔业可持续发展。

📋 微案例：四川百岛湖生态农业的水产养殖实践

四川百岛湖生态农业开发有限公司成立于 2017 年，注册资金 2000 万元。公司主要从事水产养殖及销售工作，建有养殖水体环境自动化监测站、气象数据监测站、水产品大数据监管平台等信息化设施设备，为数字信息化的推广、智慧农业发展打下了坚实基础。

（1）生产精准化：数字化设备配以监测设备、监控设备和智能化控制软件，根据气象监测设备采集的气温、降水量等气象信息数据和水体环境监测设备采集的水温、溶氧、pH 值、氨氮含量等水体环境数据，通过大数据监管平台进行数据分析，形成分析报告并提出工作建议，科学指导生产，以实现精准操作、变量控制在线监测、精准饲喂、智能增氧等。

（2）管理信息化：利用遥感技术采集数据，网络传感技术上传到大数据平台进行数据分析，通过无线网络及时将数据分析信息传送到手机终端，管理人员通过查看手机信息，可以随时随地远程了解生产状况并做出科学决策，利用手机无线信号进行遥控管理，实现管理信息化。

（3）监控可视化：在地面安装 360 度旋转变焦球形摄像机、在水体安装高清暖光全彩水下摄像头，对各区域进行全方位实时监控和动态监管，形成完整的监控影像记录，通过大数据监管平台影像记录回放技术，查看智能摄像头拍摄的历史影像信息，实现监控可视化。

（4）决策智能化：利用物联网信息设备智能化采集地面、水下环境信息数据，通过互联网无线传输技术将数据信息传输到数据分析系统，由系统后台程序按照水产养殖专家设定的阈值，与实时采集的数据进行智能对比分析，对超标的数据进行预警并提出智能化建议，科学指导养殖生产，实现决策智能化。

（5）质量可追溯化：该系统对水产品实现从生产到餐桌的全程监控，根据监控收集的数据自动生成二维码，消费者只需扫描二维码，就可查询出该水产品从种苗来源、饲料投放、施肥用药、捕捞销售等各环节的档案数据，实现从池塘到餐桌的全程质量追溯。

（资料来源：《2023 年全国智慧农业典型案例汇编》。）

15.1.3　智慧农业的服务延伸

随着新一代信息技术与产业的高度融合，农业产业发展呈现出显著的差异化、服务化和灵活性的特征。与传统意义上的效率提高有所不同，智慧农业在新服务方面的贡献涵盖了基于新一代信息技术的农业产业链的延伸、农耕文化的延续、乡村生活的美学展示等。

15.1.3.1　农业服务的多元化

智慧农业不仅关注传统的生产环节，还涉及农产品加工、销售、物流等多方面，推动农业产业链的延伸。在销售端，智慧农业与农业电子商务结合，拓展农业销售渠道并提升农业服务质量。

（1）农产品加工。通过精准加工和智能控制提高了产品质量和附加值。首先，通过大数据分析消费者的喜好和市场需求，智慧农业系统可以指导农产品加工企业选择适合的加工方式和产品类型，实现精准加工。例如，根据消费者偏好数据分析，某地区对有机蔬菜的需求量大，那么加工企业就可以加大有机蔬菜的加工量。其次，在加工过程中，通过物联网技术实现设备的智能控制，确保加工过程的标准化和自动化。比如，智能设备可以自动调节温度、湿度和时间等参数，确保加工产品的质量和口感。最后，提升附加值：通过智能加工技术，可以将原本低附加值的农产品转化为高附加值的产品，如将普通水果加工成果汁、果酱等。

（2）农产品销售。电商平台和直播带货等新模式拓宽了销售渠道。首先，智慧农业推动了农产品电商的发展，农民和加工企业可以通过电商平台将产品销售到全国各地。例如，一些地区通过淘宝、京东等电商平台实现了特色农产品的全国销售。其次，利用大数据和人工智能技术，电商平台可以实现对消费者的精准画像，根据消费者的购买记录和喜好推荐相关产品，提高销售效率。最后，直播带货成为农产品销售的新模式。农民和网红通过直播向消费者展示产品的生长过程、品质特点等。智慧农业对于新农村的村民而言，手机成为"新农具"，数据就是"新农资"，直播变成"新农活"，这一销售方式显著增强了消费者对产品品质的信任感。

（3）农产品物流。智能仓储和配送等技术保证了产品的安全和时效。首先，通过物联网技术实现仓库的智能管理，可以实时监控库存情况、温度湿度等环境参数，确保农产品的存储安全；其次，利用 GPS 和大数据技术，可以实现对物流车辆的实时监控和调度，确保农产品在运输过程中的安全和时效；最后，建立农产品追溯系统，消费者可以通过扫描产品上的二维码了解产品的生产、加工、运输等全过程信息，提高了消费者对产品的信任度和满意度。

15.1.3.2　农业生态功能的拓展

智慧农业在解决传统农业功能单一、附加值不高等缺陷的同时，还外延了其生态功能、文化功能、休闲功能等其他功能。通过精细化的生产管理，智慧农业可以合理使用农业资源，降低农业生态环境污染，改善农业生态环境。

（1）生态功能。传统农业灌溉通常使用大水漫灌，这种方式浪费水资源，且不利于土壤保持和作物生长。智慧农业的解决方案是，通过安装土壤湿度传感器、气象站等智能设备，实时监测土壤湿度、降雨量、蒸发量等数据，并根据作物生长需要自动调节灌溉量，实现精准灌溉。在此基础上，智慧农业还外延了生态功能，如减少水资源浪费，提高水资源利用效率；防止过度灌溉导致的土壤盐碱化和水环境污染；优化灌溉方式有助于维持农田生态系统平衡，促进生物多样性等。

（2）文化功能。传统农业中蕴含的丰富文化遗产往往被忽视或遗忘，智慧农业能促进文化遗产保护与传播。利用虚拟现实（VR）、增强现实（AR）等先进技术，将传统农业文化遗产进行数字化保存和展示。同时，通过社交媒体、在线教育平台等渠道，向公众普及农业文化遗产知识。并且智慧农业还增强了文化的外延功能，如能保护并传承传统农业文化遗产，增强公众对农业文化的认同感；通过数字化展示和在线教育向公众普及农业知识，提高公众对农业的认识和兴趣；结合农业文化遗产开发特色旅游项目，吸引游客体验传统农业文化。

（3）休闲功能。传统农业园区功能单一、缺乏吸引力，智慧农业可以在农业园区内引入智能温室、无土栽培、立体种植等先进技术，打造集观光、休闲、娱乐于一体的智慧农业观光园。同时，利用物联网、大数据等技术对园区进行智能化管理，提升游客体验。在此基础上，智慧农业实现了休闲功能的外延，如吸引游客参观智慧农业设施，了解现代农业技术和发展趋势；提供采摘、DIY 种植等互动项目，让游客亲身参与农业生产活动；结合观光活动开展农业科普教育，提高公众对现代农业的认识和理解。

15.1.3.3　农业服务模式的创新

智慧农业推动农业与更多产业融合，创造新型业态模式，包括智慧物流模式和农产品可追溯功能等。

（1）智慧物流模式。一方面，提升农产品保鲜运输能力，对于生鲜肉类、水果蔬菜、海鲜水产等易腐烂变质的农产品，智慧物流通过依托完善的数据库信息，加强从控制温度、测温、保鲜、超市上货等环节的衔接，打造完善的产销供应链；另一方面，实现产销系列流程的可感、可控、可调，智慧物流利用信息技术，实现对农产品运输过程中各个环节的实时监控和调整，从而确保农产品的新鲜度和品质，提升食品的安全保证。

（2）农产品可追溯功能。智慧农业可以在以下五方面发挥优势：第一，农产品追溯技术可以为农产品构建品牌形象提供有力支持。通过追溯技术，农业企业可以明确自己的产品定位和差异化竞争优势，提升品牌知名度和美誉度。第二，可以准确记录农产品的来源、生产过程和流向，消费者可以通过查询农产品的溯源信息，了解农产品的质量和安全情况，提高农产品的可信度和信任感。第三，可以实现对农产品生产、加工、运输等环节的全程监控和记录，帮助农业企业实现生产管理的精细化和智能化，提高生产效率和管理水平。第四，可以帮助企业快速召回有问题的农产品，保证消费者的安全。有了农产品溯源系统，企业就可以根据追溯信息快速从市场上召回有问题的农产品，防止其再次流通，危害消费者健康。第五，农产品追溯技术还为农产品的出口提供有力支持。通过追溯技术，农业企业可以提供可靠的质量保证，满足国际市场对农产品质量和安全的要求，扩大农产品的出口规模。

此外，智慧农业的发展对农民素质提出了更高的要求，推动了农民数字素养与技能的提升。农民通过学习和掌握现代信息技术，可以更好地适应智慧农业的发展需求，提升农业生产效率和市场竞争力。

 微案例："富慧养"智慧养殖：赋能生态养殖新纪元

由重庆市马上消费金融股份有限公司打造的"富慧养"智慧养殖共同富裕平台，通过 AI 数字赋能，实现了养殖全过程的服务贯通。从精准预测笼养鸡体重，到高效识别病死鸡，每一环节都烙印着该公司"AI 数字赋能，生态全链贯通"的核心理念与设计智慧。

该平台创新构建了具备生产管理、溯源管理、营销推广等功能模块的多端智慧养殖平台，解决了散养鸡行业规模化管理的痛点。通过智能设备，如体重传感器、广角摄像头、温湿度传感器等，采集养殖作业现场各项关键指标数据，实现了养殖过程中的称重、计数、体温和环境监测等多场景应用。

该平台已助力养殖户降低综合养殖成本 15% 以上，销售额提升超 20%，增收超 500 万元，实现了经济效益与社会效益的双赢。

（资料来源：《2023 年全国智慧农业典型案例汇编》。）

15.2　智慧工厂

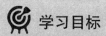 学习目标

1. 掌握智慧工厂的相关概念及建设模式。
2. 掌握智慧工厂运作体系。
3. 理解智慧工厂的创新管理。

⑤ 相关概念

智能车间（Intelligent Workshop）

智能车间是指企业应用传感识别、人机智能交互、智能控制等技术和智能装备，促进车间计划排产、加工装配、检验检测等各生产环节的智能协作与联动，以及制造执行系统与产品数据管理、企业资源计划等系统的互联互通，实现制造过程各环节动态优化的一种生产方式。

"智能车间"概念包含了由集中式控制向分散式增强型控制的基本模式转变，目标是建立一个高度灵活的个性化和数字化的产品与服务的生产模式。智能车间的四个智能：生产智能化、设备智能化、能源管理智能化、供应链管理智能化。作为智慧工厂的核心功能模块和重要生产单元，智能车间有效地实现了生产过程的数字化、自动化和智能化。它不仅能实时监控生产状态、自动调整生产参数、预测设备维护需求，从而确保生产的稳定性和持续性，还能为企业的决策提供有力支持，帮助企业实现资源优化配置和高效的生产计划管理。

智慧工厂（Smart Factory）

智慧工厂是在数字化工厂的基础上，实现了数字制造和智能制造的融合。也就是说，智慧工厂不仅能够实现对生产全过程的精准控制，对生产设备进行智能维护与管理，而且能够精准预测市场需求，快速响应市场变化。主要包括以下三个层面的要求：

◎生产管控可视化，是将产品的生产过程包括原物料管控及流程，均即时地展示于控制者眼前，让控制者得以全盘掌握生产的现况。

◎系统监管全方位，则是让制造设备具有完整的感知能力，以感测器做连结，让控制系统可以进行识别、分析、推理、决策以及控制功能。

◎制造绿色化，整个供应链的厂商之间，从资源、材料、设计、制造、废弃物回收到再利用处理，都必须形成绿色产品生命周期管理的循环。

建设智慧工厂必须实现三大集成，分别是装备的横向集成、信息的纵向集成、产品生命周期和企业价值链集成。

◎装备的横向集成，包括智能装备内部自动化系统的网络化，包括生产线上装备与装备之间的联网，也包括生产线和生产线之间、车间和车间之间、工厂和工厂之间的联网，这是实现智慧工厂的物理基础。

◎信息的纵向集成，是指主要设备互相操作性和关键信息一致性得到解决，采用统一的数据库和软件平台对装备资产数据和生产过程数据进行管理，数据或信息可以自上而下和自下而上有效流动，从而为下一步的大数据分析和高级智能决策奠定内容基础。

◎产品生命周期和企业价值链集成，首先，把装备产品的概念设计、创新研发、生产制造、安装调试、运维升级、报废拆解直至进入再循环的整个生命周期集成；其次，将产品制造企业的分析需求、获取订单、供应链和制造、物流交付、获取收入、售后服务直至获取新订单的整个循环集成。

15.2.1 智慧工厂的架构

智慧工厂的架构组成主要包括企业层、管理层和集成自动化系统三大部分（见图15-4）。

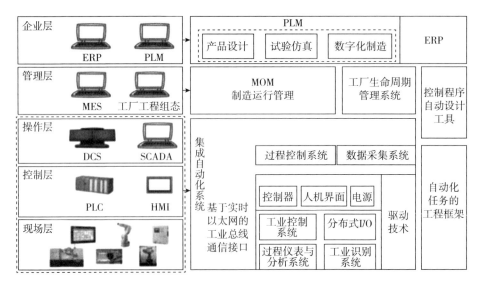

图15-4 智慧工厂的架构

15.2.1.1 企业层——基于产品全生命周期的管控

企业层主要实现从产品设计到生产的全生命周期统一集成式管控。企业层通过集成产品生命周期管理（Product Lifecycle Management，PLM）系统、制造执行（Manufacturing Execution System，MES）系统和企业资源计划（Enterprise Resource Planning，ERP）系统，完成从设计到生产的全过程高度数字化，最终达成基于产品的、贯穿所有层级的垂直管控。

15.2.1.2 管理层——生产过程管理

管理层主要实现生产计划在制造部门的执行。管理层统一分发执行计划，进行生产计划和现场信息的统一协调管理。管理层通过 MES 与底层的工业网络进行生产执行层面的管控。操作人员 / 管理人员提供计划的执行、跟踪以及所有资源（人、设备、物料、客户需求等）的当前状态，同时获取底层工业网络对设备工作状态、实物生产记录等信息的反馈。

15.2.1.3 集成自动化系统

自动化系统的集成是从底层出发的、自下而上的，跨越现场层、控制层及操作层三个部分。基于 CPS 使用 TIA 技术集成现场生产设备，创建底层工业网络；在控制层通过 PLC 硬件和工控软件进行设备的集中控制；在操作层由操作人员对整个物理网络层的运行状态进行监控、分析。

15.2.2 智慧工厂的主要特征

智慧工厂的发展是智能工业发展的新方向。特征体现在制造生产上，主要有以下几个特征：

15.2.2.1 生产设备网络化，实现车间物联网

工业物联网的提出给工业 4.0 提供了一个新的突破口。物联网是指通过各种信息传感设备，实时采集任何需要监控、连接、互动的物体或过程等各种需要的信息，其目的是实现物与物、物与人，所有的物品与网络的连接，方便识别、管理和控制。传统的工业生产采用 M2M（Machine to Machine）的通信模式，实现了设备与设备间的通信，而物联网通过 Things to Things 的通信方式实现人、设备和系统三者之间的智能化、交互式无缝连接。

在离散制造企业车间，数控车、铣、刨、磨、铸、锻、铆、焊、加工中心等是主要的生产资源。在生产过程中，将所有的设备及工位统一联网管理，使设备与设备之间、设备与计算机之间能够联网通信，设备与工位人员紧密关联。例如，数控编程人员可以在自己的计算机上进行编程，将加工程序上传至 DNC 服务器；设备操作人员可以在生产现场通过设备控制器下载所需的程序，待加工

任务完成后，再通过 DNC 网络将数控程序回传至服务器中，由程序管理员或工艺人员进行比较或归档，整个生产过程实现网络化、追溯化管理。利用物联网技术实现设备间高效的信息互联，数字工厂向"物联工厂"升级，操作人员可实现获取生产设备、物料、成品相互间的动态生产数据，满足工厂 24 小时监测需求。

15.2.2.2　生产数据可视化，利用大数据分析进行生产决策

目前，信息化与工业化快速融合，信息技术渗透到了离散制造企业产业链的各个环节，条形码、二维码、RFID、工业传感器、工业自动控制系统、工业物联网、ERP、CAD/CAM/CAE/CAI 等技术在离散制造企业中得到广泛应用，尤其是互联网、移动互联网、物联网等新一代信息技术在工业领域的应用，离散制造企业也进入了互联网工业新的发展阶段，所拥有的数据也日益丰富。离散制造企业生产线处于高速运转状态，由生产设备所产生、采集和处理的数据量远大于企业中计算机和人工产生的数据，对数据的实时性要求也更高。

在生产现场，每隔几秒就收集一次数据，利用这些数据可以实现很多形式的分析，包括设备开机率、主轴运转率、主轴负载率、运行率、故障率、生产率、设备综合利用率（OEE）、零部件合格率、质量百分比等。首先，在生产工艺改进方面，在生产过程中使用这些大数据就能分析整个生产流程，了解每个环节是如何执行的。一旦有某个流程偏离了标准工艺，就会产生一个报警信号，能更快速地发现错误或者瓶颈所在，也就能更容易解决问题。利用大数据技术，还可以对产品的生产过程建立虚拟模型，仿真并优化生产流程，当所有流程和绩效数据都能在系统中重建时，这种透明度将有助于制造企业改进其生产流程。其次，在能耗分析方面，在设备生产过程中利用传感器集中监控所有的生产流程，能够发现能耗的异常或峰值情形，由此便可在生产过程中优化能源的消耗，对所有流程进行分析将会大大降低能耗。基于庞大数据库实现数据挖掘与分析，使工厂具备自我学习能力，并在此基础上完成能源消耗的优化、生产决策的自动判断等任务。

15.2.2.3　生产文档无纸化，实现高效、绿色制造

构建绿色制造体系，建设绿色工厂，实现生产洁净化、废物资源化、能源低碳化是中国实现从"制造大国"走向"制造强国"的重要战略之一。目前，在离散制造企业中产生繁多的纸质文件，如工艺过程卡片、零件蓝图、三维数模、刀具清单、质量文件、数控程序等，这些纸质文件大多分散管理，不便于快速查找、集中共享和实时追踪，而且易产生大量的纸张浪费、丢失等。

生产文档进行无纸化管理后，工作人员在生产现场即可快速查询、浏览、下载所需要的生产信息，生产过程中产生的资料能够即时进行归档保存，大幅降低基于纸质文档的人工传递及流转，从而杜绝了文件、数据丢失，进一步提高了生

产准备效率和生产作业效率，实现绿色、无纸化生产。此外，引入基于计算机数控机床、机器人等高度智能化的自动化生产线，还可以满足个性化定制柔性化生产需求，有效缩短产品生产周期，并同时大幅降低产品成本。

15.2.2.4　生产过程透明化，智能工厂的"神经"系统

制造过程智能化是通过建设智能工厂，促进制造工艺的仿真优化、数字化控制、状态信息实时监测和自适应控制，进而实现整个过程的智能管控。在机械、汽车、航空、船舶、轻工、家用电器和电子信息等离散制造行业，企业发展智能制造的核心目的是拓展产品价值空间，侧重从单台设备自动化和产品智能化入手，基于生产效率和产品效能的提升实现价值增长。因此其智能工厂建设模式为推进生产设备（生产线）智能化，通过引进各类符合生产所需的智能装备，建立基于制造执行系统 MES 的车间级智能生产单元，提高精准制造、敏捷制造、透明制造的能力。

离散制造企业生产现场，MES 在实现生产过程的自动化、智能化、数字化等方面发挥着巨大作用。首先，MES 借助信息传递对从订单下达到产品完成的整个生产过程进行优化管理，减少企业内部无附加值活动，有效地指导工厂生产运作过程，提高企业及时交货能力。其次，MES 在企业和供应链间以双向交互的形式提供生产活动的基础信息，使计划、生产、资源三者密切配合，从而确保决策者和各级管理者可以在最短的时间内掌握生产现场的变化，做出准确的判断并制定快速的应对措施，保证生产计划得到合理而快速的修正、生产流程畅通、资源充分有效地得到利用，进而最大限度地发挥生产效率。配套智能物流仓储系统，通过自动化立体仓库、自动输送分拣系统、智能仓储管理系统等实现仓库管理过程中各环节数据录入的实时性以及对于货物出入库管理的高效性。

15.2.2.5　生产现场无人化，真正做到"无人"工厂

在离散制造企业生产现场，数控加工中心、智能机器人和三坐标测量仪及其他所有柔性化制造单元进行自动化排产调度，工件、物料、刀具进行自动化装卸调度，可以达到无人值守的全自动化生产模式。在不间断单元自动化生产的情况下，管理生产任务优先和暂缓，远程查看管理单元内的生产状态情况，如果生产中遇到问题，一旦解决，立即恢复自动化生产，整个生产过程无须人工参与，真正实现"无人"智能生产。工厂内配备电子看板显示生产的实时动态，同时，操作人员可远程参与生产过程的修正或指挥。

📋 微案例：比亚迪的智慧工厂

比亚迪作为新能源汽车行业的领军企业，在业务飞速发展的同时，也面临着

如何提高生产效率、降低成本、提升产品质量和增强决策能力等一系列挑战。为了应对这些挑战，比亚迪与华为合作，构建了高品质万兆园区网络，以支持其智能制造的发展。

在比亚迪的智慧工厂中，人工智能（AI）技术得到了广泛应用。首先，在生产过程优化方面，比亚迪通过安装大量传感器，收集生产线上的各种数据，如生产速度、设备状态等。然后，利用AI技术对这些数据进行实时分析和处理，实现对生产过程的智能监控与优化。例如，通过对生产数据的实时分析，AI技术可以发现生产过程中的瓶颈和问题，并给出优化建议，从而提高生产效率。

其次，在设备维护与管理方面，比亚迪利用AI技术实现了预测性维护。通过对设备运行数据的实时监测和分析，AI技术可以预测设备可能出现的故障和异常，并提前进行维护，从而降低设备故障率，减少停机时间，提高生产效率。

再次，在产品质量控制方面，比亚迪利用AI技术实现了对产品质量的智能控制。例如，通过采集生产线上产品的各种质量数据，如尺寸、外观、性能等，AI技术可以对产品质量进行实时监测，并根据数据分析结果对生产过程进行调整，从而提高产品质量。

此外，在供应链管理方面，比亚迪利用AI技术对供应链数据进行实时分析，实现供应链的智能优化。例如，通过采集供应商、库存、物流等数据，AI技术可以对供应链进行实时监控，并根据数据分析结果对供应链进行优化调整，从而降低成本，提高响应速度。

最后，在决策支持方面，比亚迪利用AI技术对企业内外部的各种数据进行实时分析，为企业管理者提供决策支持。例如，通过采集市场趋势、竞争对手、客户需求等数据，AI技术可以为企业提供决策依据，从而提高决策效率和质量。

综上所述，比亚迪通过人工智能技术在智慧工厂中的应用，实现了对生产过程、设备维护、产品质量、供应链和决策等方面的智能优化，从而提高了生产效率、降低了成本、提升了产品质量、增强了决策能力。这对于比亚迪实现可持续发展具有重要的意义，也为其他企业提供了宝贵的经验和借鉴。

（资料来源：笔者整理所得。）

15.2.3　智慧工厂的关键设计原则

I-Scoop咨询公司的一项研究《工业4.0：第四次工业革命》通过提出每个智慧工厂应包含或使用的功能要求来间接描述智能工厂，工业4.0智慧工厂的设计遵循一系列关键原则，旨在确保其能够实现高效、灵活、智能的生产运营，以及可持续发展和良好的人机交互。以下是智慧工厂设计的六个关键原则：

15.2.3.1　数字化与互联性

智慧工厂的核心是实现设备、系统、人员与资源的高度数字化与网络化连接。通过物联网（IoT）技术，将生产设备、传感器、自动化系统、物料搬运设备等纳入统一的通信网络，实现数据的实时采集、传输与共享。另外，通过云平台、边缘计算等技术，实现数据的集中处理与分布式计算，确保信息在整个生产链中的无缝流动，为智能化决策提供基础。

15.2.3.2　模块化与柔性化生产

智慧工厂设计强调生产线和工艺流程的模块化与可重构性，以便快速适应产品种类的变化、订单量的波动以及个性化定制需求。采用先进的自动化设备和智能物流系统，实现生产线的灵活配置和快速切换，减少换线时间，提高生产系统的适应性和资源利用率。

15.2.3.3　数据驱动与智能化决策

利用大数据分析、人工智能（AI）、机器学习等先进技术，对海量生产数据进行深度挖掘和智能分析，提取有价值的信息，实现对生产过程的实时监控、异常预警、故障诊断、质量控制、能耗管理等功能。通过数据驱动的决策支持系统，为管理者提供直观的可视化界面和精准的决策建议，提升生产管理的预见性和精准度。

15.2.3.4　人机协作与安全

在智慧工厂中，人与机器共同构成高效的工作团队。设计中注重以人为本，通过增强现实（AR）、虚拟现实（VR）、可穿戴设备等技术，优化人机交互界面，提高操作员的工作效率和舒适度。同时，通过完善的安全防护措施和人机协作机器人（Cobots），确保人机共存环境下的作业安全，降低人为错误和工伤风险。

15.2.3.5　可持续性与环保意识

智慧工厂设计充分考虑环境影响和资源效率，采用高效节能设备、清洁能源技术和循环经济原则，优化能源管理，减少废弃物产生，促进资源循环利用。通过实时监测和智能控制，实现能源消耗的精确计量与优化调度，降低碳排放，符合绿色制造和可持续发展的要求。

15.2.3.6　服务化与产业链协同

智慧工厂不仅是生产实体，还是服务提供者和产业链中的一员。设计中融入服务化思维，通过数字化平台实现与供应商、客户、第三方服务提供商等的紧密协作，提供远程维护、预测性服务、产品生命周期管理等增值服务。同时，通过集成供应链管理系统，实现上下游数据共享与协同规划，提高供应链的整体响应速度和抗风险能力。

📋 微案例：华润三九的智慧工厂

华润三九作为中药现代化转型领域的先行者之一，大力推进转型创新，积极实施"升级中药智造"战略举措，打造新的竞争优势。华润三九以"生产运营大脑"为载体，实现了内外部网络实时协同生产，最大化资源利用，提升了快速响应能力，运用在线监测、数字孪生等创新技术，探索大品种连续制造及多品种（规）敏捷柔性制造模式，提高生产效率；同时，为了打造中药全产业链体系，运用区块链技术并搭建中药溯源平台，以用户为核心，打造消费者可感知的质量场景。

华润三九注重智能制造顶层规划，把握"自上而下设计、自下而上集成"的实施策略，坚持以供应链集成计划、仓储物流管理、生产工艺管理、设备全生命周期管理、质量管理五大场景端到端能力需求推导协同制造应用架构，实现架构对业务的强力支撑，同时识别创新点与改善点，充分发挥新技术应用对"智能制造"的推动作用。华润三九智能制造顶层规划如图15-5所示。

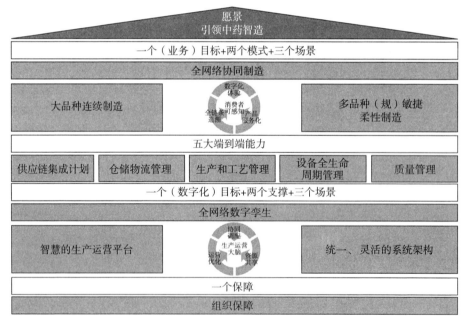

图15-5 华润三九智能制造顶层规划

华润三九智能制造的总体远景是致力于成为中药行业智能制造模式、标准和技术的引领者。总体目标是以"生产运营大脑"为载体，实现内外部网络实时协同生产，最大化资源利用，提升快速响应能力；通过全网络协同模式实现大品种连续制造，减低成本、提升效率；实现多品种敏捷柔性制造达到原料供给、生产快速切换，灵活应对市场变化。

为满足制药过程中的无菌生产要求，降低生产环境带来的风险，华润三九引入 AGV、在线监测、高清视觉等技术，实现灭菌设备、贴标、包装、外包、自动码垛设备的自动化升级，打造标准化、自动化的无菌生产环境。通过制造全过程设备的自动化升级，不仅提高了生产过程可控性，从提取、制剂、物料输送、包装、仓储等各环节促进效率提升，而且减少了工作人员和周边环境对药品生产过程的污染。生产自动化升级规划如图 15-6 所示。

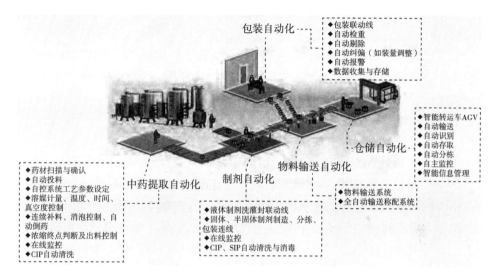

图 15-6　生产自动化升级规划

（资料来源：笔者整理所得。）

15.2.4　智慧工厂的发展趋势

15.2.4.1　服务型制造与产融结合

（1）远程服务与预测性维护：智慧工厂利用物联网、云计算等技术，实现对设备状态的远程监控与故障预警，提供预防性维护、远程诊断等服务，显著降低停机时间，提升设备可用率。此外，基于大数据分析的设备性能评估、寿命预测等增值服务，有助于客户优化资产配置，降低运营风险。

（2）产品即服务与订阅经济：智慧工厂正在从单纯的产品销售转向提供"产品 + 服务"的综合解决方案。例如，设备制造商可通过租赁、按使用付费等方式，将产品转化为服务，实现收入模式的创新。这种订阅经济模式不仅降低了客户的初始投资门槛，同时还为企业带来了稳定的现金流。

（3）供应链金融与产融创新：智慧工厂的数据透明性、可追溯性为供应链金融提供了广阔空间。通过区块链、物联网等技术，可以实现资产的数字化、确权与流转，为金融机构提供真实、实时的信用评估依据。同时，智慧工厂结合数字货币、智能合约等金融科技，探索设备融资租赁、应收账款融资等新型业务模式，实现产融深度结合，缓解中小企业融资难问题。

15.2.4.2　绿色制造与循环经济

（1）能源管理与节能减排：智慧工厂通过部署能源管理系统，实时监测、分析能耗数据，优化设备运行策略，实现能源的精细化管理。此外，采用高效电机、变频器、LED照明等节能设备，以及太阳能、风能等可再生能源，有效降低碳排放，践行绿色制造理念。

（2）废弃物回收与资源再生：智慧工厂通过构建闭环物料循环系统，对生产过程中产生的废弃物进行分类、收集、处理与再利用，最大限度减少废弃物排放，实现资源的最大化利用。例如，金属切屑、塑料废料等可通过回收再生技术转化为二次原料，重新投入生产过程。

（3）生态设计与绿色供应链：智慧工厂倡导绿色设计理念，从产品设计阶段就考虑其全生命周期的环境影响，选用环保材料，优化产品结构，降低资源消耗。同时，通过数字化平台推动产业链上下游企业协同开展绿色采购、清洁生产、回收利用等循环经济实践，构建绿色、低碳的产业生态系统。

综上可见，智慧工厂不仅是单一技术的应用，更是多种技术的深度融合。智慧工厂所要求的纵向集成、横向集成、企业价值链和产品生命周期集成将方方面面的人、设备、产品、环境要素联系起来，数据无所不在，智能无所不在，决策和行动分布到企业各级员工。因此建设智慧工厂，除面临技术挑战外，更多面临组织、文化、流程和人力资源等管理挑战，甚至可能一部分非技术性因素将起到决定性作用。

现代组织结构经历了百年发展已经非常成熟，对制造业而言，基于职能分工的部门结构，基于产品线、行业、地域管理的矩阵结构，决策权利逐层集中的金字塔结构和授权赋能的扁平式结构等，都曾经取得辉煌成功并被广为接受。然而，随着移动互联网时代的到来，市场竞争更加激烈，数据更迭更加快速实时，原有的组织形态再不能适应智慧工厂的要求，必须逐步从目前的集中决策、分层管理、条块分割、专业细化的形式转变为更加动态化、分布式、扁平化、复合式。制造业创新将打破组织疆界、地域疆界和行业疆界，组织生命周期将变得更加短暂，一个很小的组织都可以透过互联网整合全球分布式资源，从而成为一个国际企业，这对于管理理论界和实践者而言都是一个全新的课题，亟待突破和创新。

15.3　智慧医院

学习目标

1. 掌握智慧医院系统的服务内容。
2. 理解健康服务体系信息化的优势。
3. 了解智慧医院关键技术。
4. 了解智慧医院发展形态。

相关概念

智慧医院（Intelligent Hospital）

智慧医院有狭义和广义两方面理解。狭义理解是基于物联网技术，以各种应用服务为载体而构建的集诊疗、管理和决策于一体的新型医院，又可称为智能医院或物联网医院。狭义的智慧医院主要包括以下三个领域。

◎面向医务人员的"智慧医疗"。以电子病历为核心的信息化的建设，电子病历和影像、检验等其他的系统互联互通，形成智能辅助诊疗。

◎面向患者的"智慧服务"。很多医院的一体机、自助机，可以用手机结算，预约挂号预约诊疗、信息提醒，包括衍生出来的一些服务，如停车信息的推送、提示等，让病人感受到就医更加方便和快捷。

◎面向医院的"智慧管理"。医院精细化管理很重要的一条是精细化的成本核算，用于医院内部后勤的管理，管理者用手机或在办公室的电脑上，包括办公自动化的办公系统，就可以看到全院运转的状态，实现可视化指挥，数字化决策。

广义的智慧医院是指在智慧医疗概念下对医疗机构的信息化建设，由智慧医院系统、区域卫生系统及家庭健康系统三部分组成。

◎智慧医院系统由数字医院和提升应用两部分组成。数字医院包括医院信息系统、实验室信息系统、医学影像信息存储和传输系统以及医生工作站四个部分，以实现病人诊疗信息和行政管理信息的收集、存储、处理、提取及数据交换。提升应用指的是包括远程图像传输、大量数据计算处理等技术在数字医院建设过程的应用，以实现医疗服务水平的提升，如远程会诊、自动报警等。

◎区域卫生系统由区域卫生平台和公共卫生系统两部分构成。区域卫生平台包括收集、处理、传输社区、医院、医疗科研机构、卫生监管部门记录的所有信息的区域卫生信息平台。公共卫生系统由卫生监督管理系统和疫情发布控制系统组成。

◎家庭健康系统是最贴近市民的健康保障，包括针对行动不便无法送往医院进行救治病人的视讯医疗，对慢病及老幼病人远程的照护，对智障、残疾、传染病等特殊人群的健康监测。

健康服务体系在国家发展中的重要性不容忽视，它是衡量一个国家发达程度和社会文明进步的重要标志。智慧健康体系寻求健康服务的每个环节用信息化方式形成"五流合一"式管理，即顾客流、医务人员流、财务流、物资设备设施流和医疗活动流的协调统一活动，是患者服务的智能化升级、医院管理的智能化转型、临床实践的智能化辅助、健康服务生态体系建设的综合体现。

15.3.1　健康智慧服务体系

15.3.1.1　智慧健康对信息服务的要求

健康服务体系信息化及医院建设必须达到"三无"，即无漏、无障碍、无时限特征要求，才能提供智慧化健康服务。

（1）无漏。健康服务体系内任何一个部门、任何一个人员、任何一个流程、任何一个服务信息必须及时、准确、完整地记录并传输和交换，才能保证完成健康智慧化服务。这四个信息一个都不能少，漏掉任何一个，就会出现延迟或错误诊疗。

（2）无障碍。健康服务体系内医院、当地卫健局、社保局、商业保险公司和顾客之间信息交换要做到及时、准确、全面，不能存在任何信息交换的障碍和孤岛。

1）医院内部。人员、部门、软件、流程等信息必须流程顺畅，没有信息孤岛，主动向顾客公开诊疗信息，邀约参与诊疗过程。

2）医院外部。与当地卫健局、社保局、商业保险公司共用健康服务信息系统，或通过异质异构信息系统信息接口，实时参与诊疗过程，共享诊疗及收费等信息，实现利益攸关方健康服务信息共享、利益共享。

（3）无时限。通过医院信息系统连接的各 PC（个人计算机）终端、触摸屏，和无线连接的手机、PDA（掌上电脑）等实现对医务人员、顾客、当地卫健局、医保局、商业保险公司等提供 365 天 24 小时全天候连续服务，确保正常健康服务工作惯性和调度运营。

15.3.1.2　智慧健康对保障组织的重构

（1）重构机构内部适应健康服务的组织架构。一个独立运行的医疗机构向以健康为中心的多机构服务体系转变，必然涉及对原有组织重构和新的功能任务划分。原来独立运营、单独核算的医院在多机构健康服务体系内，是承上启下非常重要的一部分。为了适应健康服务改变，整个服务体系包括医院，需要明确健康服务组织建设、管理层次，对健康服务行政领导与业务指导关系、核算管理办法等，同时还需要进行健康服务区域和行政协调等。

（2）建立多机构健康服务管理协调组织。过去在一个医院发生的普通、封闭、孤立的诊疗活动，在健康服务体系运行时，就变成就诊事件流程驱动，而健康服务体系是多方联合的行动，流程驱动健康服务人员在不同区域、不同岗位参与不同的健康服务，如诊断、治疗、检查、检验等，同时驱动财务人员对不同服务环节收费和内部工作进行核算，驱动物资、设备设施对医疗服务随时提供保障，如药品材料的随时保障、设备设施及操作人员的随时待命，以及设备保持随时备用状态。

对于一个疾病就诊的孤立事件，也可能变为预防保健、康复理疗、体检、养老等健康服务，变为对一个人全生命周期健康的服务与管理。这不仅涉及一个医疗机构，还涉及整个智慧健康服务体系，正所谓牵一发而动全身。在健康工作模式转变的情况下，需要对智慧服务体系内多个机构、人员、物资材料、设备设施、信息化保障等，进行非隶属关系的统一管理协调，以适应和满足健康智慧服务需要。

15.3.2　智慧医院的关键技术

智慧医院是智慧健康体系中的核心主体，其运营系统的构成如图 15-7 所示。智慧医院通过对信息化技术的应用，实现医患间的价值共创、医疗服务延伸以及医院的"智慧化"管理，这些信息化技术包括物联网、云计算、大数据、人工智能和医疗传感技术等。

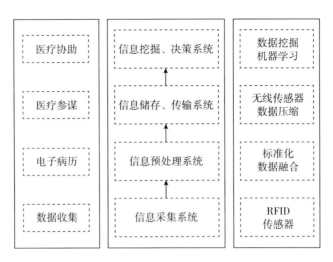

图15-7 智慧医院运营系统构成

15.3.2.1 物联网技术

物联网技术融合了如RFID标签、红外探测器和激光扫描器等多种信息采集工具，在智慧医院里的人员管理、设备管理、物资管理等方面发挥着重要作用，如北京天坛医院把绝大部分设备整合到一个平台上进行统一管理，利用物联网技术来精确定位和智能化监测这些设备和物品，再如美国的马里兰综合医院使用RFID标签和二维码技术来进行材料和设备的安装管理。

15.3.2.2 云计算技术

基于物联网技术构建的智慧医院能够实时采集来自医院的各种信息，其中包括了大量的不同形式的数据，需要通过存储、处理、查询和分配来充分发挥其作用，云计算中的"云"由是数以亿计的计算机、移动终端构成，提供空前的计算和存储等能力，可以迅速把从智能设备获取的海量数转化为有价值的信息，并且云计算的计算模式使计算机或者其他设备可以共享信息和软硬件资源，这使得智慧医院可以以更经济的方式来实现医院的"智慧化"。

15.3.2.3 大数据技术

大数据技术是用于采集、发现或分析大量的非结构化和半结构化数据，从而发掘其内在的经济价值。医疗数据大部分的数据属于PACS影像、B超、病理分析等诊疗过程中产生的结构化数据。同时，随着远程医疗、移动医疗、云计算以及医疗物联网等新兴技术的持续发展，也产生出越来越多的半结构化、非结构化数据，如电子病历、电子健康档等。运用大数据技术可以小到实现临床决策支持，协助临床医生做出更为科学和准确的诊断和用药决策，或是帮助医院依据患者的潜在需求设计全新的个性化服务及自动化服务，大到帮助相关科研机构实现医疗方式和药品的革新，或是支持区域乃至全国范围内的医疗行业主管部门改善医疗资源及服务配置等问题。

15.3.2.4　人工智能技术

"人工智能 + 医疗"的理念旨在利用机器学习技术，结合计算机软件技术，模仿人类大脑的智慧，并在医疗健康领域，向医疗领域内的医务人员提供辅助诊疗技术，进而提高对患者的治疗效果。人工智能基于大数据技术抽取医疗知识图谱，能够实时地收集从来自电子医疗记录中与临床相关有价值的信息，并提供优质的临床和药品的指导意见。人工智能技术还可以在患者交互和效果评估等方面提供新的手段，比如，利用先进的面部识别和运动捕捉算法来观察患者的状态来制定治疗方案或进行治疗效果的评估。

15.3.2.5　医疗传感技术

作为能感受到生命体征的"感觉器官"医疗传感器延伸了医生的感知能力，主要功能是监测如呼吸声、心跳、血压、脉搏、体温、血流速度等多种人体生理指标，以供临床诊断参考。如今，医疗传感器已经在癌症治疗、无创检测等领域展现出巨大的潜力。未来，随着传感技术的进一步提升，传感器将在现代医学领域中的应用变得更加广泛，这也必将推动现代医学诊断和治疗方法取得更大的突破。

15.3.3　智慧医院的延伸——虚拟医院

从提高服务质量的角度来看，智慧医院的服务必然要向医疗资源的远程共享和优化配置的方向发展。虚拟医院是在实体医院的基础上，进一步需要"三无"（无线、无纸、无胶片）、"三网"（局域网、互联网、物联网）的支撑。其中"三网"也是数字化医院的特征，不仅需要一个医院局域网，还需要互联网和物联网的支持，才能实现网上查询医疗资料和区域医疗，也才能实现虚拟医院。

15.3.3.1　虚拟医院的形式

（1）凭授权获取医院健康云信息。虚拟医院是数字化医院建设的重要特征和外延展示，是数字化医院的高级阶段。首先，医院信息云存储方便调阅数字化医院的核心是存储量巨大的计算机多媒体系统；其次，在医院内部医务人员可以根据角色、权限，无障碍获取信息系统资料，用于对病人的诊疗；最后，在医院外部电子化的病人资料放置在互联网上，根据访问者的角色、权限，病人、监管部门人员可以使用手机、计算机、无人值守触摸屏获取信息系统资料，用于查询或监管。不过目前这些还受到时文本格式、行政壁垒、隐私保护、观念认识等多重限制。

（2）虚拟地（网）址。虚拟医院应有自己的虚拟地址即域名，用英文或拼音，以便于识别和访问交流。医院网站本身就是一个终日服务的咨询医生，或者说是一座面向特定人群的资料库，无论是普通人还是职业医生，都可以在上面找到相关的医疗信息，对自己进行终身的医疗培训。

（3）虚拟医务人员。病人无论是在内网的触摸屏上，还是在互联网上，点击医院网页，就能看到医院科室，技术特色，医生的姓名、性别、职称、学历、技术专长、学术造诣等医院官方介绍资料、医务人员自己撰写的推介资料和病人对医务人员的评价数据等；还能获得诊疗咨询服务，需要时可以与实体医生预约诊疗。

（4）远程医疗和会诊。在虚拟医院可以预约医生门诊或远程服务，"虚拟医院预约咨询 + 实体医院进一步诊疗"的方式可能成为今后普遍的就医方式，同时，虚拟医院也能进行远程监控和诊断，比如，在北京的心脏病专家可以直接监视远在攀登珠峰挑战赛选手的心脏搏动的频率，家住农村的产妇可以将腹中胎儿的图像传送到几百千米外的医疗中心，由那里的专家为她会诊。

（5）虚拟手术。虚拟手术是虚拟技术在医学上的现实应用。应用这项技术，医生能够对一个计算机生成的三维立体环境中的病人进行"遥控操作"手术。与以往的手术不同的是，医生不是直接对病人"动手"，而是在控制台上利用计算机虚拟系统将自己的手术动作转换成数字信号传递给一个微型机器人，由机器人在病人体内同步进行手术。而机器人的动作精度、速度和稳定程度都比人好得多，达·芬奇手术机器人就是应用实例。

（6）虚拟病案室。数字化病案的无纸化存储，可以根据借阅人的角色、权限在医院信息系统内自动调取。数字化病案书写、检查、存档等一系列流程已经与手工模式大相径庭，病案首页由医生填写、病案质量控制突出在线在院过程控制、病案室人员从简单劳动中解放出来，成为质量监督检查员。

此外，虚拟医院还包括物资虚拟库存、虚拟办公、虚拟医疗团队、虚拟图书馆等多种功能。

15.3.3.2　虚拟医院员工工作模式

虚拟医院员工登录内网浏览医院公共信息、通知、享用数字图书馆、数字教室服务，进入个人界面，处理信件、批转文件、进入数字考场，根据个人角色、权限以云计算方式进入相应业务系统，处理业务时会得到专家辅助系统支持，如药物配伍实验、用药指导、临床路径、数字图片阅读等，各种检查检验申请、报告均在网上传输；请假、上班、会议签到等均在网上完成。

（1）保证预约诊疗正常进行。虚拟医院可以独立完成实体医院部分功能，如咨询、预约等，但在向实体医院下达医院任务时，应做到无缝和及时。采取预约咨询论坛版主直接由科室医务人员担任，要求及时回复，至迟不能超过 24 小时，以提高病人访问率。

（2）注意信息安全保密。通过预置防火墙，保证在外网访问内网时医院信息安全不受影响，还要保证足够快的网速。严格进入信息系统口令，定期更换密码，及时清除调出、辞退的单位人员，严格按层级进行管理，保证系统运营安全可靠。

总之，智慧医院的功能从信息化向智能化演进，AI 将成为其基础的技术支撑，未来应用势不可挡，医疗卫生信息化将从支撑业务转向辅助决策、解放人工，使其功能更加强大。未来医疗卫生信息化将从信息化过渡到互联网化，最后发展到数字化、智能化和虚拟一体化。

📋 微案例：公立医院助老的智慧服务

DS 医院是一家三级甲等综合性医院，2019~2020 年，该院 60 岁以上的患者占门诊患者的比例从 41.14% 增长至 43.66%，占住院患者的比例从 53.91% 增长至 55.75%，患者结构趋于老龄化。医院在早期就建立了门诊自助服务模式，便于患者利用自助机或公众号办理门诊预约挂号及缴费业务。同时，在门诊楼不同位置设置自助机 50 台，但使用效率不高。2019 年，60 岁以上的患者使用自助机的比例仅占 6.47%，主要原因是老年患者不会使用自助终端或移动端办理收挂（收费、挂号）业务。因此在高峰时段，老年患者窗口排队情况突出，收挂业务平均等候时间超过 15 分钟，出入医院业务平均等候时间超过 40 分钟。

老年人由于对预约挂号、检查化验、出入医院办理等业务流程不熟悉，在就诊时可能会院内多处往返，使其焦虑不安、身体疲劳。对此，医院于 2020 年以试点实施医疗收费电子票据和"医疗付费一件事"为契机，以自助机和移动终端为载体，建立门诊住院一体化的自助服务体系，专为老年群体提供适用的服务场景和服务模式，在提升"智慧"服务、提高服务效能的同时，兼顾老年患者享受智慧医疗的需求与体验。在门诊住院一体化的自助服务设计过程中，DS 医院设计了线上和线下两种方案，使老年患者能够与其他患者一样体验或运用各种智慧服务模式，享受智慧服务带来的便利。

1. 设计线上"亲属代办"功能

为解决老年患者不会使用智能手机或自助终端，无法实现自助挂号缴费的问题，DS 医院设计了线上"亲属代办"功能。亲属可在通过授权认证后，在微信公众号或支付宝生活号上绑定老年患者的电子医保卡或自费卡，远程操作从门诊到住院的全流程业务，最大限度地减少老年患者不会操作使用智能设备产生的问题。如亲属在移动端可以帮助老年患者门诊预约、挂号、缴费，或者入院登记、费用补缴、出院结算、获取电子票据，老年患者仅需到诊区就诊或至病区登记入院。整个流程避免了患者在诊区、病区、检化窗口、药房之间的多次往返，在科技赋能服务的同时，形成了服务新生态。

2. 设计优化线下"导诊单"

在实现线上自助服务的基础上，DS 医院推行了医疗收费电子票据，形成了门诊—住院自助服务闭环。但是对使用线下窗口服务的老年患者来说，使用自助机打印电子票据存在较大困难。对此，该院通过设计优化"导诊单"，使其内容既保留纸质票据的收费信息、医疗项目明细，又增设了电子票据取票二维码，便于老年患者亲属帮助扫码取票。同时，为体现"导诊"功能，医院将诊疗区域、就诊顺序、检查化验或取药窗口等信息集中在导诊单上，尽可能减轻老年患者对电子票据的不适应。

3. 提供"管家式"场景服务

老年人对医院业务流程不熟悉，因此对就医过程存在一定的恐惧与担忧。对此，DS 医院利用自助服务模式，在不同场景下为老年患者提供"管家式"信息引导服务。例如，老年患者在门诊预约后即可获得专家特色的信息推送，来院就诊后可获得候诊提醒服务；入院环节，自助服务系统会推送学科带头人的专业特色，使患者能够快速了解医生的专业背景及诊治方式，增进医患互信；在院阶段，向患者提供检查化验项目的预约、报告查询、手术安排等诊疗信息，提高诊疗流程的透明度，提升患者安全感；出院阶段，邀请患者参与护理随访，在追踪诊治效果的同时，逐步建立全诊疗链，提升医疗服务品质。

（资料来源：王琪. 智慧服务模式下公立医院助老服务的实践与优化［J］. 卫生经济研究，2022，39（2）：32-34.）

15.4　智慧物流

 学习目标

1. 理解智慧物流系统架构。
2. 掌握智慧物流的效率评估方法。
3. 熟悉各种智慧物流活动。

 相关概念

智慧物流（Smart Logistics）

智慧物流是通过智能软硬件、物联网、大数据等智慧化技术手段，实现物流各环节精细化、动态化、可视化管理，提高物流系统智能化分析决策和自动化操作执行能力，提升物流运作效率的现代化物流模式。

这一概念由 IBM 公司首次提出，从"智慧地球"和"智慧供应"发展而来，智慧物流框架可以概括为"一个中心、两个平台、六个层次"。"一个中心"即数据中心，是智慧物流的大脑，负责收集、处理和分析物流数据，为物流决策提供数据支持。"两个平台"分别是物流信息平台和物流服务平台。物流信息平台负责物流信息的互联互通和共享，实现物流信息的透明化和可视化；物流服务平台则提供各类物流服务，如运输、仓储、配送等，满足客户的多样化需求。"六个层次"分别是基础层、作业层、感知层、传输层、分析层和决策层。

相对于传统物流业，体现出以下几个显著优势：

◎提高物流效率。通过智慧化技术手段，能够实时追踪货物的位置和状态，优化运输路线和配送计划，减少运输时间和等待时间，从而提高整体物流效率。

◎降低物流成本。通过智能化的管理和调度，智慧物流可以减少不必要的运输和仓储成本。例如，利用大数据分析预测需求，实现库存的精准控制，避免过度库存和缺货现象的发生。

◎提高服务质量。智慧物流能够提供实时查询货物位置、预计送达时间等精准的物流信息和服务，增强客户体验，并且通过智能化的客户服务系统，可以更快地响应客户需求。

◎增强决策能力。利用大数据技术对海量物流数据进行分析，可以揭示出物流运作中的潜在规律和趋势，为物流企业提供更科学的决策支持，有助于企业制定更合理的战略规划和运营策略。

◎促进可持续发展。通过优化运输路线、减少空驶率等方式，可以降低能源消耗和排放，有利于环境保护。同时，智能化的仓储管理系统可以更有效地利用仓储空间，减少资源浪费。

◎增强灵活性和适应性。通过智能化的调度和管理，可以迅速应对突发事件和市场变化，确保物流服务的连续性和稳定性。

◎促进产业协同。通过信息共享和互联互通，可以促进物流产业链上下游企业之间的协同合作，形成更加紧密的供应链体系。

15.4.1　智慧物流和智慧云物流

在全球化和信息化的双重驱动下，物流行业正在经历前所未有的变革。其中，智慧物流以其独特的魅力和强大的潜力，正逐渐成为物流行业发展的新引擎。

智慧物流框架的六个层次如图 15-8 所示。

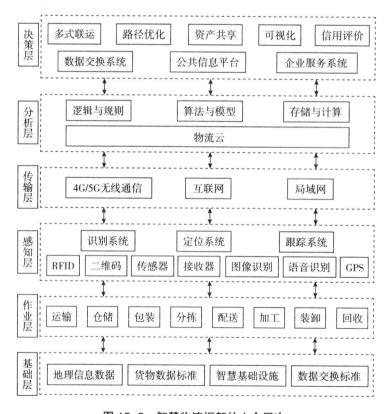

图 15-8　智慧物流框架的六个层次

15.4.1.1　基础层

基础层是智慧物流的基础设施，包括物流基础设施的智能化改造以及地理信息数据、货物数据、数据交换等行业基础标准的建立。

15.4.1.2　作业层

作业层是智慧物流的物理活动，既是一切物流活动的起点，也是智慧物流决策反馈作用的终点，形成智慧物流系统闭环。

15.4.1.3　感知层

感知层是智慧物流的数据入口，是实现物流全程可视、可控、可追溯的基础和前提，通过射频识别（RFID）、二维码、传感器、音视频处理等技术实现物流业务数字化。

15.4.1.4　传输层

传输层是智慧物流的神经网络，利用各种传输网络和通信技术，及时、安全地传输收集到的信息。

15.4.1.5　分析层

分析层是智慧物流的决策大脑，对感知层获取的数据进行处理、加工和分析，产生决策指令，进而通过感知通信技术向执行系统下达。

15.4.1.6　决策层

决策层是智慧物流的执行系统，包括数据互换系统、公共信息平台、企业服务系统等，接收和执行分析层决策命令。这一层面需要通过云端平台，实现物流信息的集中处理、资源共享和高效协同，也称为智慧云物流（Smart Cloud Logistics），通常具有一个中心化的云端平台，物流信息、资源和服务都通过该平台进行集中管理和调度。这种架构有利于实现物流信息的实时共享和高效协同，以提高物流效率和服务质量，但同时也对云端平台的安全性、稳定性和可扩展性提出了更高要求。可见，智慧云物流系统建设依托了强大的信息技术，具有动态感知能力、智能决策与自动分配能力。

15.4.2　智慧物流的效率评估

智慧物流效率通常用相关资源投入与有效产出的比值来表达，以反映物流行业发展的速度和质量。其中，投入环节的核心指标有资金投入、人力投入以及能反映物流业信息化、智慧化程度的信息技术；产出环节指标包括期望产出和非期望产出两类。其中期望产出指标主要是经济效益，而非期望产出指标则包括环境污染和人力消耗，具体如表 15-1 所示。

表15-1 智慧物流效率测度指标

一级指标		二级指标	指标描述
投入指标		资金	信息传输、计算机服务和软件业固定资产投资额、交通运输、仓储和邮政业城镇固定资产投资额
		人力	仓储就业人数
		信息技术	智慧物流企业数量、移动电话交换机容量、互联网宽带接入端口数
产出指标	期望产出指标	经济效益	交通运输、仓储和邮政业增加值
	非期望产出指标	环境污染	氮氧化物排放量、化学需氧量
		人力消耗	失业率

2015年，我国建立了首批智慧物流配送示范城市，目的是提高智慧物流系统的基础建设，降低物流成本，提高资源使用效率。根据相关数据显示，我国自动化物流市场规模相较于2018年的1021亿元，2022年迅速扩张到2600亿元左右，其中自动分拣设备市场规模267亿元左右、智能快递柜市场规模409亿元，表明我国的物流自动化的应用程度越来越高，逐渐从劳动密集型产业转型为技术驱动型产业，国内的智慧物流建设已见雏形。

微案例：安徽港口物流有限公司的多式联运智慧服务平台

安徽港口物流有限公司从事铁路、公路、水路运输及多式联运第三方物流、物流园服务、互联网＋物流平台服务等多项业务，其搭建了多式联运智慧服务平台，实现了相关业务的数据共享和项目联动，促进了物流降本提质增效，推进公司高质量发展。

多式联运平台主要由多式联运子系统、调度中心子系统、网络货运子系统、港口装卸业务子系统、无船承运子系统、结算管理子系统及基础数据管理子系统共同构成，完成平台从业务到结算全部流程。

多式联运子系统主要提供多式联运业务运营管理服务，实现物流运输过程中多式联合运输的委托集中统一管理，满足多式联运模式下全程物流可视化监管要求，同时也为多式联运模式下赢利分析提供系统的数据支撑。

调度中心子系统实现了平台多式联运业务的调度，资源协调和运输工具分配的统一管理，并提供对整个平台各类运单的统一监控、追踪的功能。

网络货运子系统主要为公路运输提供网络货运服务，通过平台将上游货主和下游承运商进行业务匹配，为其提供优质的物流服务。

港口装卸业务子系统主要为成员企业中港口单位提供信息化服务，满足多式联运平台对货物在港期间从业务受理、装卸作业到作业量统计全过程数字化管理、流程化管控、可视化监管。

无船承运子系统主要为水路运输提供网络货运服务，通过平台将上游货主和下游承运商进行业务匹配，为其提供优质的物流服务。

结算管理子系统主要为平台成员企业提供物流业务结算管理服务，通过将多式联运子系统、结算管理子系统和金蝶财务系统集成，满足物流服务业务复杂结算过程的标准化、流程化管理，实现物流服务业务财务一体化管理。

基础数据管理子系统主要为集团下属相关成员企业提供基于本平台业务的客户、供应商管理，业务结算费率和服务内容管理，为各单位开展物流业务服务及结算提供快速、标准化的支撑工具。

通过建设多式联运智慧服务平台，让公路、铁路、水路及港口作业在信息化层面进行高度集成，可以将原本由公路运输负责的长途货物运输业务，根据业务实际情况，分摊至铁路和水路，大幅降低了运输成本和能源消耗，减少了二氧化碳的排放，实现了低碳绿色物流也能使公司多种不同模式的运输方式在信息化层面进行高度融合，打破了不同运输业务模式之间的信息孤岛，推动了各种业务模式之间的信息共享。

（资料来源：笔者整理所得。）

15.4.3　智慧物流主要活动

15.4.3.1　智慧物流包装

智能物流包装是将传统可循环物流包装载具和物联网软件相结合的新型智能包装，配套 SaaS 云端 AI 算法与 RPA 技术，实现供应链端到端全场景的数据感知能力，为特色物流包装使用者带来全新的数据服务体验。常见的智慧物流包装及解决方案如表 15-2 所示。

表 15-2　常见的智慧物流包装及解决方案

方案	适用类型	示意图
扫码枪＋无源 RFID 标签	该方案主要在箱体上贴上 RFID 无源标签，通过 UHF 高频手持扫码设备读写标签，适用于小批量业务场景	

续表

方案	适用类型	示意图
RFID 屏蔽通道门 + 无源 RFID 标签	适用于经常出入库、出入数量较大、对读取速率有一定规定的画面，该细则需要场地有一定的空间	
有源信标 + 物联网关	适合进出存自动化管理、实时盘点、防丢失管理、效率分析、货托共管等场景	
4G 防水型超长待机资产管理智能终端	适合自动进出存记录、电子围栏、位置追踪、运输轨迹回放、丢失找回、效率分析、箱货共管等场景	

智慧物流包装的主要作用如下：

（1）可有效提高包装的使用周转率，大大削减包装资产的投入费用。采用智能物联网模块的包装，支持资产使用状况感知、资产分布图、闲置预警、智能调度等用途，能够自动推导箱体的循环周期和运用率，考核各运输节点的占用时间，用于估算结费现代包装技术，提升箱体周转率，减少空箱投资，降低营运费用。根据现在实际业务状况统计，使用智能运输包装，可以为每位顾客企业大约平均提高 40% 的资产利用率。

（2）可有效提高货物安全与循环包装安全，让资产安全有保障。采用智能物联网模块的包装，支持丢失预警、越界报警、线路偏离预警、非常窃启预警、非法停留预警、模块拆除预警、非法审货报警、区域卸载日报表等用途，这不仅可以有效缓解货物与运输包装的安全，还可以有效防止销售商的审货等行为。经过数年的实际运行和统计，装有智能模块的智能包装及 SaaS 云系统平均为每个网点的丢失率从 42% 下降到 3.5% 以内，这直接帮助用户每月节省了一笔巨大的物流包装投入成本。

（3）实时感知供应链全场景数据，端到端全程可视化。与手工数据驱动的特色信息化平台不同，智能包装本身就是一个数据终端，通过 G- 运动传感器、全球定位芯片、空满传感器、光敏传感器等、温度传感器等、近场传感器等数据收集配件，持续不间断地在向服务器上报数据，结合云端 AI 算法可感供应链全画面数据，让运输与供应链运行更透明、更高效、更智能。

15.4.3.2　智慧物流运输

智慧物流运输是一种利用物联网、大数据、人工智能等先进的信息技术和智能化软硬件，对物流运输的各个环节进行精细化管理、实时监控和智能化决策的新型物流运输模式。智能运输系统可以通过 GPS、传感器等技术实现对车辆的实时监控和管理，同时还可以通过交通预测、天气预测等技术，实现路线规划的最优化，通过分析历史数据、运输数据等信息，提高运输效率和精度。智慧物流运输系统业务管控流程如图 15-9 所示。

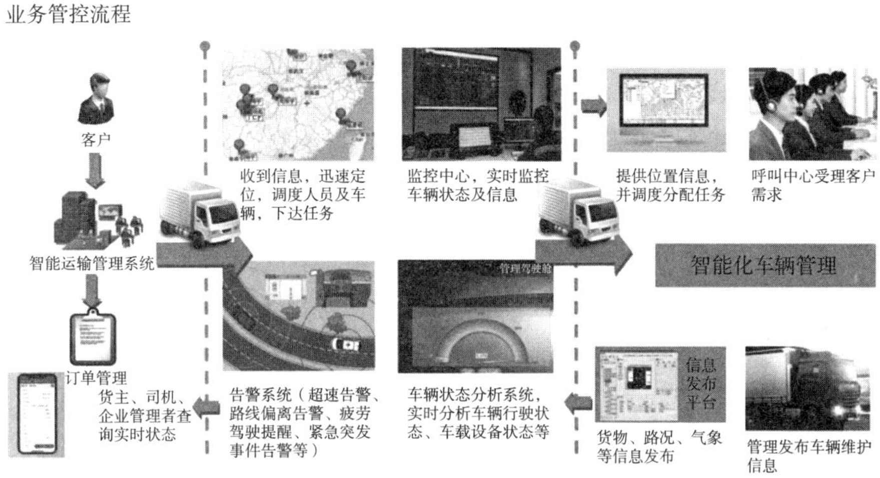

业务管控流程

图 15-9　智慧物流运输系统业务管控流程

我国很多高速公路开始推广应用智慧物流体系，主要发挥出以下两大优势：一是高效率的货物运输，高速公路作为物流网络的骨干，提供了快速、大容量的货物流通渠道，极大地缩短了货物从起点到终点的运输时间。二是精准的物流管理，借助于先进的信息技术，如 GPS 追踪、物联网监控等，高速公路物流体系能够实现对货物运输过程的实时监控和管理，确保了运输的安全性和可靠性。此外，这一体系还具有强大的调度和应急处理能力，能够在面对突发事件时迅速做出反应，保障物流的连续性和稳定性。

📋 微案例：车货匹配信息平台：让货运不再难

车货信息匹配平台是一个利用互联网技术和信息技术实现车货智能匹配的平台。该平台通过线上平台实现去中介化，提高了信息检索能力和匹配效率，有效减少了司机的等待时间和空驶距离，提高了满载率。

车货信息匹配平台的企业应用广泛，对于货主和车主来说，它们提供了一个高效的交易场所。货主可以通过平台发布货源信息，快速找到合适的运输车辆，节省了大量的时间和人力成本。车主则可以在平台上找到稳定的货源，提高了车辆的利用率，降低了空驶率。同时，平台还提供了在线支付功能，降低了双方的支付风险。

1. 运满满："一站式"货运平台

运满满是国内领先的智慧物流信息平台，致力于为中国公路物流行业提供高效的管车配货服务。其基于云计算、大数据、移动互联网和人工智能技术，开发出独特的智能配货系统，实现了信息的广泛互联和资源的优化配置，有效解决了长久以来货运领域运力分散、供需不匹配、信息不透明等问题，为货主和司机提供了便捷、智能的车货匹配服务。

此外，运满满还通过重构货运物流链条，实现了线上信息广泛互联、线下资源优化配置、线上线下协同联动，全面提升了社会物流效率。其平台化运营模式不仅降低了物流成本，提高了物流效率，还促进了公路物流行业的提质增效和实体经济的健康发展。

总的来说，运满满以其独特的技术优势和高效的服务模式，成为中国公路物流行业的领军企业，为推动中国物流行业的现代化和智能化发展做出了重要贡献。

2. 货拉拉：货物出行更轻松

货拉拉是一家互联网物流商城，致力于为企业或个人提供全方位的物流服务。通过移动互联网、大数据和人工智能技术，货拉拉搭建了一个"方便、科技、可靠"的货运平台，为用户提供了高效、便捷的车货匹配服务。

对于用户而言，货拉拉平台具有多重优势。首先，用户可以随时随地在线下单；其次，平台能为用户提供多样化产品。此外，货拉拉还提供了物品理赔、增开发票等售后保障服务，满足了不同用户的需求。

对于企业用户，货拉拉提供了更为全面和个性化的服务。例如，企业可以通过货拉拉平台开具增值税专用发票，享受财务对账支持和对公结算服务。此外，货拉拉还可以根据企业的需求，提供定制化的快递解决方案，并通过 API 对接，无缝介入企业内部管理系统，实现订单的可追溯和寄件的管控。

对于司机而言，货拉拉平台也提供了全方位的保障。例如，货拉拉在一二线城市试点为司机提供保险服务，确保在货运期间发生意外时能够得到赔偿。同时，平台构建了公开、透明的接单环境，避免了外挂、刷单等不良现象，实现了司机的利益最大化。

总的来说，货拉拉以其高效、便捷、可靠的服务，赢得了广大用户和企业的信赖。无论是个人用户还是企业用户，都能通过货拉拉平台享受到优质的物流服务体验。

（资料来源：笔者整理所得。）

15.4.3.3 智慧物流仓储

智慧仓储是指利用先进的信息技术和物联网技术对仓储管理进行优化和智能化的过程。这种仓储模式将传统的仓库管理与现代科技相结合，以提高仓储效率、降低成本、提升服务质量。其底层包括软件、硬件以及大型设备（见图 15-10），将其深度融合，促使传统物流仓储转至智慧物流仓储，并通过相关数字化技术重塑传统物流仓储商业模式，提高了物流仓储行业内竞争力。

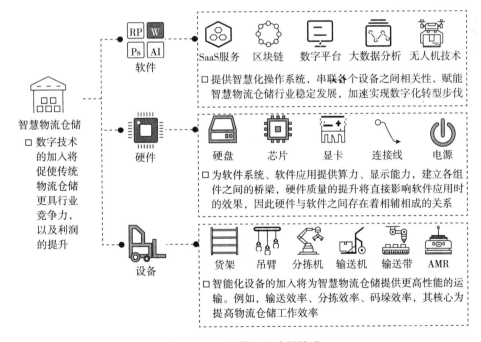

图 15-10 智慧物流仓储构成

15.4.3.4 智慧物流装卸搬运

装卸搬运是指在同一地域范围内进行的、以改变物品的存放状态和空间位置为主要内容和目的的活动，包括装上、卸下、移送、拣选、分类、堆垛、入库出库等活动。该活动具有附属性、伴生性、支持、保障性、衔接性的特点，是物流每一项活动开始及结束必然发生的活动，衔接着不同的物流活动，因而装卸搬运会影响其他物流活的质量和速度，也是物流各功能之间能够紧密衔接的关键所在。

智慧装卸搬运是指采用智能机器人等先进装备，通过物联网、云计算、人工智能等先进技术手段，实现装卸搬运过程的自动化、可视化管理和智能化优化，这不仅可以使生产流程更加高效、快捷、可持续，提升生产效率和产品品质，还能减少资源消耗，降低环境污染和能源浪费。常见的智能装卸搬运设备包括智能机器人、自动导引运输车（Automated Guided Vehicle，AGV）、自动化货架和托盘输送线系统等。

微案例：京东无人物流新实践

从 2016 年至今，京东在智慧物流领域已经取得了突飞猛进式的发展，专注智慧物流相关技术的研发，构建起了以无人仓、无人机和无人车为三大支柱的智慧物流体系。

1. 无人仓

京东无人仓里主要运用了三种机器人——大型搬运机器人、小型穿梭车以及拣选机器人。

搬运机器人负责搬运大型货架，自重约 100 千克，但负载量高达 300 千克左右，行进速度约 2 米 / 秒；shuttle 穿梭车在空载情况下速度峰值可达到 6 米 / 秒，加速度为 4 米 / 秒；delta 拣选机器人配有先进的 3D 视觉系统，可以从周转箱中识别出客户需要货物，并通过工作端的吸盘把货物转移到订单周转箱中，当拣选完成后，通过输送线将订单周转箱传输至打包区，打包员将商品进行打包后，一个个包裹就可以发往全国各地了。

京东"无人仓"的存储效率是传统横梁货架存储效率的 5 倍以上，并联机器人拣选速度可达 3600 次 / 小时，相当于传统人工拣选的 5~6 倍。

2. 无人机

京东的无人机业务处在小规模的试运营阶段，仅局限于以西安航天基地通用机场和陕西职业技术学院为中心，半径为 8 千米左右的区域。京东以这两个点为中心，规划了约 40 条的航线。用于运送包裹的无人机，载重量为 10~15 千克，续航里程为 15~20 千米。

京东还在西安建立了研发中心，重点研制载重 200 千克至 2 吨，覆盖半径超过 500 千米的支线级中大型无人机，以进一步提高仓库的辐射能力，降低库存成本。

3. 无人车

用于派送快递的无人车不算大，更像是一个机器人，可以放置 5 件快递，只能放得下中小件快递。充满电，可以一口气跑 20 千米左右。配送机器人还具备自主学习能力，可根据配送过程中实际的环境、路面、行人以及交通环境进行调整。在行驶过程中，无人车顶的激光感应系统会自动检测前方行人车辆，靠近 3 米左右会自动停车。遇到障碍物会自动避障，可攀登 25 度的斜坡。

（资料来源：笔者整理所得。）

15.4.3.5　智慧物流配送

根据国家标准《物流术语》，配送是在经济合理区域范围内，根据用户要求，对物品进行拣选、加工、包装、分割、组配等作业，并按时送达指定地点的物流活动。智慧配送是智慧物流体系中的核心功能，借助集成智能化技术，让配送系统模仿人的智能，具备思维、学习、感知、推理判断、解决问题等能力，以对配送过程中出现的各种难题进行分析判断进而自行解决。简言之，智慧配送就是借助传感器、RFID、移动通信技术让物流配送实现自动化、信息化、网络化。其功能结构如图 15-11 所示，配送过程的智慧性应具有自动感知、整体规划、智能分析、决策优化和修正与反馈等特征。

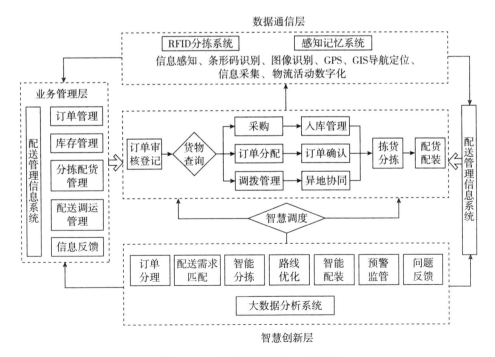

图 15-11　智慧配送体系功能结构

微案例：末端配送打通智慧物流最后一公里

末端配送作为物流链条中的最后一个环节，主要负责将货物从配送中心或转运站准确地送达消费者手中。它是物流配送体系中的关键环节，直接关系到消费者的购物体验和满意度。随着电子商务的快速发展，末端配送的重要性日益凸显，各大物流公司纷纷加大投入，提升末端配送的效率和服务质量。

1. 自提柜

自提柜也被称为自助提货柜、智能提货柜、智能快递存储柜等，是一种联网的储物柜系统。它由储物终端与平台管理系统组成，通过物联网、智能识别、动态密码、无线通信等技术实现智能化。自提柜的出现解决了传统快递配送"最后一公里"的难题。通过将物流环节的最后一步从快递公司派件转化为消费者取件，极大降低了快递公司的派件成本和复杂度，同时也提高了快递员的配送效率。消费者可以在方便的时间自行取货，提高了时间自由度。

2. 菜鸟驿站

菜鸟驿站主要目标是为消费者提供多元化的"最后一公里"服务，通过同合作伙伴联手菜鸟驿站的建设，致力于解决物流业的"最后一公里"问题，以提升行业的服务能力和用户的物流体验。

在服务模式上，菜鸟驿站为消费者提供快递保管、社区零售相关的寄递、自提、按需上门、团购、回收、洗衣等选择，以此满足用户在收货不便或有保护隐私需求时的需求。用户在下单时可以选择菜鸟驿站作为收货地址，享受代收包裹服务。此外，菜鸟驿站还提供包裹暂存、代寄等服务，持续提升末端运作效率。

3. 社区便利店

随着社区团购的兴起，一些物流公司开始探索与社区便利店合作的末端配送模式。通过将货物存放在便利店内，消费者可以在购物时顺便取件，既方便了消费者，又降低了物流公司的配送成本。

末端模式层出不穷，电商模式暂时领跑。以菜鸟驿站为例。与众多的末端物流平台不同的是，加盟环节菜鸟驿站没有任何名义的"加盟费"，所有站点都能免费合作，免除了很多小商户的顾虑。而背靠阿里巴巴的菜鸟驿站，依托着淘宝、天猫等国内最大的电商平台，其引流能力是无可置疑的。同时，就目前快递末端的发展趋势而言，未来肯定是要与线上资源相结合的。以上这些，都是快递公司所做不到的，至少是做不好的。虽然京东、亚马逊的线上规模不及阿里，但作为电商的它们也有这些天然优势。

（资料来源：笔者整理所得。）

整体而言，智慧物流除自身的体系外，还会涉及生产、流通、消费等多个环节，甚至会有消费者亲身参与到产品的设计和生产过程中，在这种多元分散的情况下，小批量、定制化的物流将会是一个重要的环节，而智慧物流将会更多地出现在大众的视野当中，渗透到当今社会方方面面。未来发展将呈现物流无界化、升级化、平台化、智能化和短链化的总趋势。

📋 微案例：菜鸟全球化智慧物流网络

2024 年 2 月 7 日，阿里巴巴集团发布截至 2023 年 12 月 31 日的 2024 年三季度财报。其中，菜鸟集团本季度营收 284.76 亿元，同比增长 24%。

菜鸟 7 年前便着手搭建全球化的智慧物流网络，并率先在行业推出标准跨境快递服务"5 美元 10 日达"；2023 年 9 月与速卖通联合推出的旗舰产品"全球 5 日达"，进一步扩大了其在跨境电商物流市场的领先优势，有效拉动订单增长。以近日菜鸟与速卖通全面上线的"半托管"为例，可在同样成本下帮平台自运营商家的跨境小包物流时效平均提升 9 天，服务推出不久便已涌现一批月销量订单过万的商家。同时，菜鸟也升级了北美、拉美等重点国家和市场的物流解决方案。例如，在北美，菜鸟集运正式进驻美国市场，可实现空运最快 5 日达、海运最快 15 日达，并支持全网包裹一键集运。

在中国香港地区，菜鸟推出了 App 取件，依托其数智化能力，菜鸟为消费者推出"次日达，晚到必赔"的服务，真正实现包裹"随到随取"。在中国内地，菜鸟继续拓展品质物流服务，一方面全力支持阿里巴巴生态服务升级，菜鸟优选仓配与天猫超市联合推出的"1212 半日达"本季度新开 5 城（累计覆盖 20 城）打造极致体验；菜鸟裹裹与淘天集团合作，进一步升级 88VIP 退换货权益。另一方面在服务外部客户上，菜鸟速递依托自营车辆、智能设备组合，首次为大型体育赛事研发智慧物流解决方案，菜鸟供应链持续深化与外部大客户合作，切入新能源车电池、连锁食品等新的垂直行业，驱动供应链收入提升。

（资料来源：菜鸟官网新闻，https://www.cainiao.com/.）

15.5　智慧旅游

 学习目标

1.理解智慧旅游体系架构和建设目标。
2.掌握智慧景区运营内容和要求。
3.理解智慧酒店系统和运营目标。
4.掌握并能运用旅游电子商务发展各模式的运营方式。

相关概念

智慧景区（Smart Scenic Spot）

狭义的智慧景区是指景区能够实现可视化管理和智能化运营。广义的智慧景区是指通过现代信息技术高度集成，低碳、智能地运营景区不仅能为游客提供优质服务，而且能有效保护生态环境，为社会创造更大价值。狭义的智慧景区强调技术因素，广义的智慧景区不仅强调技术因素，还强调管理因素。

广义的智慧景区内涵丰富，主要包括以下三个方面：①通过物联网对景区全面、透彻、及时地感知，实施可视化管理；②运用现代信息技术完善景区的组织机构，优化景区业务流程；③发展低碳旅游，实现景区环境、社会、经济的全面、协调、可持续发展。

智慧酒店（Smart Hotel）

智慧酒店是通过融合通信技术、现代控制技术以及现代建筑艺术，向客户提供一个安全节能、高效舒适、便利灵活并且人性化的智能酒店。

智慧酒店能从登记入住，到就餐、娱乐、消费，再到退房离店，极大地优化酒店管理流程，提高工作效率并降低管理与运营成本，同时酒店客人能在整个过程享受到科技带来的无穷便利和乐趣，从而显著提升酒店的综合竞争力，帮助酒店达到经营、能效、用户体验的多重目标。总而言之，智慧酒店能在提升酒店品牌形象、节约酒店成本、增强顾客优质体验方面能创造更多价值。

智慧旅行社（Smart Travel Agency）

智慧旅行社就是利用云端计算、物联网技术，借助便携的终端上网设备，将旅游资源的组织、游客的招揽和安排、旅游产品开发销售和旅游服务等旅行社各项业务及流程高度信息化和智能化，达到旅行社高效、快捷、便捷和低成本、规模化运行，创造出游客满意和旅行社企业盈利的共赢格局。

智慧旅行社的基础是在线旅行社（Online Travel Agent，OTA），强调对传统旅行社运营的技术升级，它的服务是个性化和有记忆性的。

旅游的综合性和多样性决定了智慧旅游体系是一个综合性的复杂系统。智慧旅游体系从横向看包括智慧景区、智慧食住行、智慧旅行社，从纵向看包括智慧旅游信息数据库、智慧旅游信息传输系统、智慧旅游终端应用系统。智慧旅游发展建设的目标主要围绕旅游经济、旅游管理和旅游体验三个层面展开，进而实现市场与企业运营高效化、行业监管精细化和旅游体验舒适化。

15.5.1　景区智慧运营

15.5.1.1　智慧景区运营主要内容

"智慧景区"的"智慧"体现在旅游服务、旅游管理和旅游营销三个方面（见图 15-12）。

（1）旅游服务的智慧。智慧景区从游客出发，通过信息技术提升旅游体验和旅游品质。游客在旅游信息获取、旅游计划决策、旅游产品预订支付、享受旅游和回顾评价旅游的整个过程中都能感受到智慧景区带来的全新服务体验。智慧景区通过科学的信息组织和呈现形式让游客方便快捷地获取旅游信息，游客更好地安排旅游计划并形成旅游决策。

从管理者角度，智慧景区通过基于物联网、无线技术、定位和监控技术，实现信息的传递和实时交换，让游客的旅游过程更顺畅，提升旅游的舒适度和满意度，甚至可以引导游客产生新的旅游习惯，为游客带来更好的旅游安全保障和旅游品质保障。

（2）旅游管理的智慧。智慧景区将实现传统旅游管理方式向高效化、全过程、联动式的现代旅游管理方式转变，增强游客、旅游资源、旅游企业和旅游主管部门之间的互动，高效整合旅游资源。

智慧景区能依托信息技术，主动获取游客信息，形成游客数据积累和分析体系，全面了解游客的需求变化、意见建议以及旅游企业的相关信息，实现旅游行业监管从传统的被动处理、事后管理向过程管理、实时管理转变。

智慧景区将通过与公安、交通、工商、卫生、质监等部门形成信息共享和协作联动，结合旅游信息数据形成旅游预测预警机制，提高应急管理能力，保障旅游安全。实现对旅游投诉以及旅游质量问题的有效处理，维护旅游市场秩序。

（3）旅游营销的智慧。智慧景区能推动旅游行业的产品创新和营销创新。通过旅游舆情监控和数据分析，挖掘旅游热点和游客兴趣点，引导旅游企业策划对应的旅游产品，制定对应的营销主题。同时，智慧景区还可以通过量化分析和判断营销渠道，筛选效果明显、可以长期合作的营销渠道。此外，智慧景区还充分利用新媒体传播特性，吸引游客主动参与旅游的传播和营销，逐步形成自媒体营销平台。

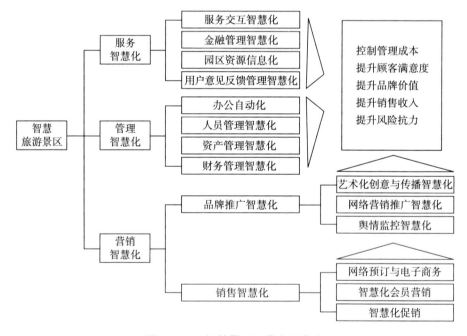

图 15-12　智慧景区运营主要内容

15.5.1.2　智慧景区的应用门户设计

智慧景区系统主要有以下四类用户：旅游局、景区、游客、商家。智慧景区系统作用于不同应用对象产生的信息流见图 15-13。

智慧景区系统是集有关旅游信息的收集、加工、发布、交流、网上交易和服务全程网络化于一体的多功能网络系统。参与各方有政府主管部门、旅游企业（宾馆、酒店、旅行社、餐馆酒楼、娱乐场所、景点公司、票务公司、租车公司等）、游客（网站会员、访客、旅游客户）、银行和其他机构与个人。各方通过信息互联，实现网上数据查询、预订、购物、交易、结算、消费等活动。智慧景区系统的网络中心需要配备若干台高性能服务器，实行应用和数据分离的原则，加强系统运行的稳定性和安全性。

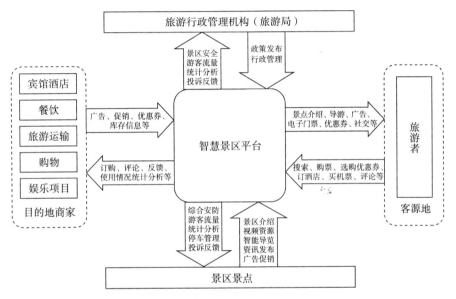

图 15-13　智慧景区系统作用于不同应用对象产生的信息流

微案例：九寨沟景区

九寨沟景区在智慧化建设方面取得了显著成效，充分展现了智慧景区的三大智慧特点：

在旅游服务的智慧方面，九寨沟景区通过引入智能化系统，为游客提供了便捷、高效的服务体验。首先，景区内设置了智能导游系统，游客可以通过手机App或景区内的电子导览设备，获取实时的景点介绍、游览路线推荐等信息，使游客能够更深入地了解景区的文化和历史。其次，景区还提供了智能停车、智能售票等服务，游客可以通过线上预约、支付，避免现场排队等待，节省了大量时间。此外，景区还配备了智能急救系统，一旦发生紧急情况，游客可以迅速获得救援服务。

在旅游管理的智慧方面，九寨沟景区在管理方面同样体现了智慧化特点。景区利用大数据、物联网等技术手段，对游客流量、环境质量、设施运行等进行实时监控和数据分析。通过数据分析，景区管理者可以更加精准地掌握游客需求和市场动态，制定更加合理的经营策略。同时，智慧化的管理系统还有助于提高景区运营效率，降低管理成本。例如，景区通过智能巡检系统，可以及时发现设施故障和安全隐患，确保游客的安全和舒适体验。

在旅游营销的智慧方面，九寨沟景区也充分发挥了智慧化的优势。景区利用互联网、社交媒体等渠道，开展线上推广活动，吸引更多的游客关注和参与。同时，景区还通过大数据分析，精准定位目标客群，制定个性化的营销策略。此外，景区还与其他旅游企业、电商平台等合作，共同打造旅游产业链，实现资源共享和互利共赢。

（资料来源：笔者整理所得。）

15.5.2　智慧酒店运营

15.5.2.1　智慧酒店特征

相对于传统酒店，智慧酒店能在主题品牌的提升、经营的开源和节流方面产生更多的价值（见图 15-14）。智慧酒店能极大地优化酒店管理流程，降低管理与运营成本，提高工作效率，达到经营、能效、用户体验的多重目标。

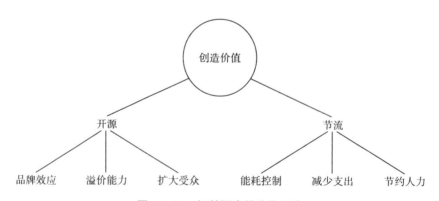

图 15-14　智慧酒店的价值创造

（1）智能化。设施、产品与服务的智能化是智慧酒店的基本体现。酒店的智能化主要体现在以下两个方面：一是酒店设施。从酒店大堂到客房再到餐饮，酒店的服务设施应当实现智能化控制，如楼道的灯光、温度、湿度等，智能化的便捷，辅之以人文关怀，尽显酒店的先进时尚。二是酒店产品。如客房中多媒体系统的设置，顾客通过智能客房即可实现信息查询、网上办公、在线预订、自助娱乐等活动，使顾客足不出户即可轻松办理一切事物，真正实现酒店消费的智能尊享。设施和产品的智能化能够让顾客切实体验智慧酒店的魅力。

（2）便捷化。智慧酒店的发展建设必然涉及许多新技术、新设备的创新应用。在通常情况下，技术越先进、功能越多样，操作和应用可能就越复杂。将智慧酒店的发展建设成果应用于酒店的日常经营运作中，管理人员、工作人员和酒店顾客对设备实施和产品服务的应用体验成为衡量智慧成效的关键因素；只有便捷易得、操作简单的智慧体系，才能得到广泛使用。因此，智慧酒店的重要特征是体验、消费、运营和管理的便捷化。

（3）标准化。智慧酒店的发展建设，将在很大程度上，让许多由工作人员提供的服务转变为由智能设备等直接提供。在对设施设备的设计、运营和管理中，融入人的主观意志，对其服务的内容和质量进行标准化管理，从而易于保障酒店的服务品质，因而，标准化是智慧酒店的主要特征。值得注意的是，设施设备提供的服务是标准化的，在此基础上，辅之以适度的个性化服务，给予顾客人文关怀，既能体现酒店的智能时尚，又不失酒店的人文精神，从而有利于酒店整体水平的提升。

（4）低碳化。智慧酒店的发展建设，能够提升酒店的信息化水平，这在资源利用、污染排放等方面的作用尤为突出。通过标准化设计对酒店用水、用电等进行智能监控，从而采取措施，避免资源浪费等现象的发生。这样既能为酒店缩减运营成本，又有助于创建绿色生态酒店。

15.5.2.2　智慧酒店系统

智慧酒店系统主要功能有：自助入住／退房系统、智慧客房系统。

（1）自助入住／退房系统。客人到达酒店后，前台将提供一张带无线定位功能的房卡，每张卡含有唯一的 ID。将客户信息与服务承接在一起，能够在餐厅、健身房等公共区域为用户提供个性化服务。入住登记（Check-in）完成后，控制系统将自动提前打开客房中的空调、灯光，客房的触摸控制屏切换到欢迎界面。提前将客房的室内环境调节至舒适模式。

当客人在前台结算离开（Check-out）后，客房设备的控制权限自动回归前台中央控制。前台会在客人离开后，自动发出复位命令，将该客人所住的房间设备恢复至原始状态（根据管理要求的状态），服务员不需要在房间内清扫完成后人工复位灯光空调状态，这样可以提高清扫效率和进行统一管理。

（2）智慧客房系统。①照明和电器的智能控制，方便客人使用，如灯光场景人性化和感应控制等。②能源的节能管理，如当客人拔卡离开房间，灯光、排气扇、电视机、空调等设备的电源将延时关闭。

微案例：全季酒店

全季酒店创立于 2010 年，是华住酒店集团旗下的中档酒店品牌，已覆盖中国 31 个省级行政区，开业已近 1200 家，进驻了 120 多个城市。该酒店品牌通过智慧化改造，成功提升了品牌形象，实现了经营上的开源和节流，为酒店业的发展提供了有益的借鉴。

1. 主题品牌的提升

全季酒店作为华住酒店集团旗下的中高端酒店品牌，一直以来都注重品质与服务的提升。通过智慧化改造，全季酒店进一步强化了其品牌特色。酒店内引入了智能化客房系统，如智能门锁、智能空调、智能窗帘等，为客人提供更加便捷、舒适的住宿体验。同时，酒店还通过大数据分析客人的喜好和需求，提供个性化的服务，如定制化的早餐、房型推荐等，使客人在全季酒店能够享受到更加贴心、高品质的服务。

2. 经营上的开源

智慧酒店通过引入新的科技手段，能够开拓更多的收入来源。在全季酒店中，这一点体现得尤为明显。酒店通过智能化系统实现了线上预订、支付、评价等功能的全面覆盖，为客人提供了更加便捷的预订方式。同时，酒店还通过大数据分析客人的消费行为和喜好，推出了一系列有针对性的营销活动和产品，如会员优惠、特色房型等，进一步提高了客人的消费意愿和酒店的营收水平。

此外，全季酒店还积极与其他产业进行合作，拓展酒店的收入来源。例如，酒店与当地的旅游景点、餐饮企业等合作推出了联名产品和套餐，吸引了更多的客人前来消费。通过智慧化的经营手段，全季酒店成功实现了经营上的开源，为酒店业的发展提供了新的思路。

3. 经营上的节流

智慧酒店通过引入智能化系统和管理手段，能够降低酒店的运营成本，实现节流。在全季酒店中，这一点也得到了很好的体现。酒店通过智能化客房系统，实现了对客房设备的远程监控和管理，减少了人工巡检的频率和成本。同时，酒店还通过大数据分析客人的需求和行为，优化了酒店的物资采购和库存管理，降低了库存成本和浪费。

此外，全季酒店还通过智能化系统提高了酒店的能源利用效率。例如，酒店的智能空调系统可以根据客人的需求自动调节温度和湿度，避免了能源的浪费。通过智慧化的管理手段，全季酒店成功实现了经营上的节流，提高了酒店的盈利能力和竞争力。

（资料来源：笔者整理所得。）

15.5.3 旅行社智慧运营

互联网时代的旅行社发展离不开旅游电子商务平台和在线旅游服务模式，旅行社的智慧运营与必然体现在完善的旅游电子商务平台和服务模式上。旅游电子商务主要包括旅游信息网络宣传，旅游产品在线预订、支付以及旅游企业业务流程的电子化、旅游目的地营销等。在长期的探索和实践中，不同旅游企业的运营管理和盈利模式具有差异性，由此先后产生了不同类型的旅游电子商务平台发展模式。

15.5.3.1 旅游电子商务发展模式

（1）B2B 模式。B2B（Business to Business）是指企业与企业之间通过互联网进行产品、服务及信息的交换。就运营模式而言，B2B 有以下三种模式类型：一是垂直模式，企业与企业之间具有典型的上下游关系，如供应商、生产商和经销商之间的营销关系；二是水平模式，将行业中营销关联的企业集中到同一场所，为不同类型的供应商和采购商提供交易平台，这种平台本身不提供产品；三是关联模式，整合垂直模式和水平模式而建立起来的跨行业电子商务平台。B2B 模式的做法如下：

第一步，建立平台。建立一个旅游电子商务 B2B 平台，为旅游企业提供一个线上交易和信息交流的空间。这个平台需要具备强大的技术支持和稳定的运行能力，以确保交易的顺利进行。

第二步，吸引企业入驻。平台需要积极吸引旅游企业入驻，包括供应商、分销商、旅行社等。通过提供优质的服务和优惠政策，吸引更多的企业加入平台，形成庞大的企业网络。

第三步，信息共享。平台需要实现信息共享，包括旅游产品的价格、库存、销售情况等。这样，企业可以及时了解市场动态，调整经营策略，提高市场竞争力。

第四步，交易撮合。平台需要协助企业进行交易撮合，帮助企业找到合适的合作伙伴，实现资源共享和互利共赢。同时，平台也需要提供交易安全保障，确保交易的可靠性和合法性。

第五步，数据分析与挖掘。平台需要对数据进行深度分析和挖掘，为企业提供有价值的市场信息和商业洞察。这有助于企业更好地了解市场需求和竞争态势，制定更为精准的经营策略。

就 B2B 模式平台内容而言，可以是产品销售、平台服务和信息提供。就盈利模式而言，B2B 模式通过产品销售、增值服务、佣金、广告费、会员费等方式获得收入。

微案例：同程旅游网

同程旅游网是国内知名的旅游电子商务平台，提供 B2B 和 B2C 两种服务。在 B2B 领域，同程旅游网建立了完善的旅游供应链体系，吸引了众多供应商和分销商入驻。

同程旅游网通过平台实现了信息共享和资源整合。供应商可以在平台上发布旅游产品信息，分销商则可以浏览并选择合适的产品进行采购。平台还提供了交易撮合服务，帮助供应商和分销商建立合作关系，实现互利共赢。

此外，同程旅游网还利用大数据技术进行数据分析与挖掘，为企业提供市场趋势预测、消费者行为分析等服务。这有助于企业更好地了解市场需求和竞争态势，制定更为精准的经营策略。

总的来说，同程旅游网通过旅游电子商务 B2B 模式，成功连接了旅游行业中的各个环节，提高了行业效率和合作水平，为旅游企业带来了更多的商业机会和发展空间。

（资料来源：笔者整理所得。）

（2）B2C 模式。B2C（Business to Customer）是指企业通过互联网平台直接向消费者销售旅游产品和服务，如旅游度假产品、旅游线路、机票预订等。B2C 模式在企业和消费者之间能够实现充分地互动沟通、便捷地购买交易、快速地物流配送、高效地业务运营，因而在各行各业得到广泛应用。B2C 催生了新的购物平台和购物环境——网上商城，就运营模式而言，网上商城主要有三种类型：一是综合平台，集聚卖家和买家，卖家在该平台上销售产品和服务，平台本身不销售产品和服务；二是自建平台，企业在自建平台上销售自身产品和服务；三是导购引擎平台，消费者通过该平台，获得其他不同平台同种产品和服务的市场信息，如比价服务。B2C 模式的做法如下：

第一步，平台搭建与产品展示。旅游企业首先需要搭建一个功能完善的电子商务平台，将各类旅游产品和服务进行详细的展示。这包括酒店预订、机票预订、旅游线路规划、景点门票销售等。平台设计应简洁明了，便于用户浏览和选择。

第二步，个性化服务与用户体验。为了满足消费者的个性化需求，B2C 旅游电商平台通常会提供定制化的旅游服务，如根据消费者的预算、时间、兴趣等因素推荐合适的旅游线路。同时，平台还会注重用户体验，提供便捷的支付方式、快速的响应速度和完善的售后服务。

第三步，营销推广与品牌建设。为了吸引更多的消费者，B2C 旅游电商平台会进行各种营销推广活动，如打折促销、会员优惠、积分兑换等。同时，平台还会注重品牌建设，通过提供优质的产品和服务，树立良好的品牌形象。

第四步，数据分析与优化。B2C 旅游电商平台会收集和分析用户数据，了解用户的消费习惯和需求，以便优化产品和服务。例如，根据用户的搜索记录和购买记录，平台可以推荐更符合用户需求的旅游线路和产品。

就盈利模式而言，B2C 模式通过产品和服务销售、增值服务、佣金、广告费、会员费等方式获得收入。B2C 模式旅游电子商务平台数量较多，如携程网、艺龙旅行网、途牛旅游网、驴妈妈旅游网等。不同种类的 B2C 旅游电子商务平台，为旅游者提供了大量的产品和服务，便于旅游者选择，满足旅游消费需求。

（3）B2B2C 模式。B2B2C（Business to Business to Customer）来源于 B2B 和 B2C 模式的发展演变，是指企业通过互联网将供应商、经销商和消费者联系在一起，并实现网上交易。在 B2B2C 中，第一个 B 是供应商或生产商，第二个 B 是经销商或分销商，C 是消费者，由此构建了"供应商—经销商（也为生产商）—消费者"和"生产商（也为供应商）—分销商—消费者"体系，提供系统的产品和服务。

📋 微案例：途牛旅游网

途牛旅游网作为国内知名的在线旅游服务提供商，成功运用了 B2B2C 模式，为供应商、经销商和消费者提供了全方位的服务。

第一，整合旅游资源，构建完善的产品体系。途牛旅游网与众多旅游供应商建立了合作关系，包括酒店、航空公司、景区等，整合了丰富的旅游资源。通过精心策划和设计，途牛旅游网推出了多样化的旅游产品，包括跟团游、自由行、定制游等，满足了不同消费者的需求。

第二，搭建开放平台，吸引经销商入驻。途牛旅游网搭建了一个开放的平台，积极吸引旅游经销商入驻。这些经销商可以是旅行社、代理商等，他们可以通过途牛平台销售自己的旅游产品，扩大销售渠道。途牛旅游网为经销商提供了完善的后台管理系统和营销支持，帮助他们提高销售效率和业绩。

第三，优化用户体验，提升消费者满意度。途牛旅游网注重用户体验的优化，通过简洁明了的界面设计、详细的产品介绍和真实的用户评价，为消费者提供了良好的购物环境。同时，途牛旅游网还提供了专业的客服团队，为消费者提供及时、有效的咨询和售后服务，确保消费者在购买和使用旅游产品过程中的满意度。

第四，运用技术手段，提高交易效率。途牛旅游网充分利用互联网和大数据技术，提高了交易效率。消费者可以通过途牛平台轻松搜索和比较旅游产品，快速完成预订和支付。同时，途牛旅游网还通过数据分析，为供应商和经销商提供精准的市场信息和用户需求，帮助他们更好地制定销售策略和推广方案。

第五，开展合作与营销活动，促进业务发展。途牛旅游网积极与景区、酒店等旅游资源供应商开展合作，共同开发特色旅游产品，提升市场竞争力。同时，途牛旅游网还定期举办各种营销活动，如打折促销、限时抢购等，吸引更多的消费者关注和购买。

（资料来源：笔者整理所得。）

（4）C2B 模式。C2B（Customer to Business）是指企业根据消费者的个性化需求来组织生产和服务，这种模式的核心在于通过聚合大量的消费者需求，形成一个强大的采购集团，从而改变传统旅游电子商务中消费者一对一出价的弱势地位，使之享受到以大批发商的价格购买单件旅游产品的利益。旅游电子商务 C2B模式的具体做法：

第一步，需求聚合与分析。企业通过 C2B 电子商务平台收集消费者的需求信息，包括旅游目的地、预算、行程偏好等。然后，对这些信息进行深入分析和挖掘，以理解消费者的真实需求和期望。

第二步，个性化产品与服务设计。根据消费者的需求信息，企业可以设计个性化的旅游产品和服务。例如，针对某一特定群体的消费者，如家庭游、情侣游或老年游，定制专属的旅游行程和配套服务。

第三步，生产与服务组织。在消费者预订后，企业根据订单信息组织生产和服务。这可能涉及与旅游资源供应商的合作，如酒店、航空公司、景区等，以确保旅游行程的顺利进行。

第四步，实时反馈与持续改进。在旅游行程结束后，企业收集消费者的反馈意见，对产品和服务进行持续改进，以更好地满足消费者的需求。

就运营模式而言，C2B 模式主要有以下两种类型：一是中立平台模式，提供开放的 C2B 平台，集聚大量的卖家，消费者在该平台发布需求信息后，卖家与消费者联系洽谈，达成协议后，卖家组织生产和服务，平台本身并不参与生产；二是企业平台模式，平台本身就是产品和服务的提供商，消费者直接通过 C2B平台预订产品和服务。

📋 微案例：游必应

游必应是一个专注于个性化旅游服务的 C2B 电子商务平台。该平台通过创新的模式，成功地将消费者的个性化需求与旅游企业的生产和服务相结合。

在游必应平台上，消费者可以提出自己的旅游需求，包括旅游主题、目的地、预算等。游必应团队会根据消费者的需求，设计专属的旅游行程，并整合优质的旅游资源，如特色酒店、当地美食、文化体验等。消费者可以在平台上预览行程详情，并进行预订。

一旦消费者完成预订，游必应便开始组织生产和服务。他们与旅游资源供应商紧密合作，确保行程的顺利执行。在行程中，游必应还为消费者提供专属的导游服务，确保他们能够充分享受旅行的乐趣。

通过游必应的 C2B 模式，消费者得到了更加个性化和贴心的旅游体验，而旅游企业也通过满足消费者的个性化需求，提高了服务质量和客户满意度。这种模式不仅促进了旅游电子商务的发展，也推动了整个旅游行业的创新和进步。

（资料来源：笔者整理所得。）

（5）C2C 模式。C2C（Customer to Customer）是指消费者与消费者之间通过电子商务平台进行旅游相关产品和服务的交易。在这种模式下，平台主要提供一个中介作用，帮助消费者之间建立联系并进行交易。这种平台集聚大量的消费者，消费者既可以是卖家，也可以是买家，通过该平台，实现产品和服务的双向流通。马蜂窝旅游网是典型的 C2C 模式旅游电子商务平台。C2C 模式的做法如下：

第一步，平台搭建与功能完善。首先，企业需要搭建一个功能完善的 C2C 旅游电子商务平台。其次，平台应提供用户注册、信息发布、交易撮合、支付结算、评价反馈等基本功能，确保交易的顺利进行。

第二步，吸引用户注册与发布信息。平台通过各种方式吸引用户注册，包括提供优惠活动、推广宣传等。注册后的用户可以在平台上发布自己的旅游需求或供应信息，如寻求旅行伙伴、出租或分享旅游用品、转让旅游票务等。

第三步，信息匹配与交易撮合。平台通过智能算法或人工方式，将需求与供应信息进行匹配，帮助用户找到合适的交易对象。在交易撮合过程中，平台还可以提供沟通工具，帮助用户进行交流和协商。

第四步，支付结算与安全保障。平台提供支付结算功能，确保交易资金的安全流转。同时，平台应建立严格的安全保障机制，保护用户的个人信息和交易数据，防止诈骗等风险事件的发生。

第五步，评价反馈与持续改进。当交易完成后，用户可以在平台上进行评价反馈，分享交易体验。平台根据用户反馈，不断改进服务质量和用户体验，提升平台的竞争力和用户黏性。

就盈利模式而言，C2C 平台主要通过广告费、会员费、交易提成、搜索排名竞价、支付业务（如支付担保公司根据成交额收取一定比例的手续费）、附加服务等方式获得收入。

15.5.3.2 旅游在线服务商经营模式比较

自从 2003 年携程旅行网在美国纳斯达克成功上市，标志着"在线旅游"作为一个新的服务业态发展成型。同时，艺龙旅行网、去哪儿网、驴妈妈旅游网、途牛旅游网、蚂蜂窝、面包旅行等网站的出现，标志着中国在线旅游服务商多种模式的共存。这里对中国在线旅游服务商的典型案例和模式做一简要比较。

（1）携程旅行网。

1）基本概况。携程旅行网创立于 1999 年，总部设在中国上海，2003 年在美国纳斯达克成功上市。携程旅行网拥有国内外 60 余万家会员酒店可供预订，机票业务覆盖全球数千个城市，度假产品覆盖全球各大国家和地区，所提供的产品和服务已经涵盖了国内旅游、入境旅游、出境旅游中的食、住、行、游、购、娱等诸多要素，因此能够为旅游消费者提供一站式解决方案，满足旅游者消费者综合需求。

2）运营模式。携程旅行网注重综合性与全方位服务，与全球范围内的航空公司、酒店、景区等合作伙伴建立了深度的合作关系，通过资源整合和共享，为用户提供更加丰富的旅游产品和服务。携程旅行网还利用大数据分析和人工智能技术，对用户行为进行深入挖掘，为用户提供个性化的推荐和服务，并不断优化在线预订系统，简化预订流程，提高预订成功率，为用户带来更加便捷和高效的体验。在市场营销方面，携程旅行网倾向于通过线上线下的营销活动，如广告投放、合作推广等，扩大品牌知名度和市场份额。

（2）去哪儿网。

1）基本概况。去哪儿网上线于 2005 年，公司总部位于中国北京，2013 年在美国纳斯达克成功上市；去哪儿网是中国第一个旅游搜索引擎，旅游消费者可以通过去哪儿网在线比较酒店、机票等产品的价格和服务。

2）运营模式。去哪儿网注重平台化与合作伙伴关系，作为一个在线旅游代理平台，集聚了一定数量的旅游产品供应商，在对搜索引擎技术进行充分开发应用的基础上，用户通过网站，能够对酒店、机票等旅游供应商所提供产品的价格和服务做出比较，从而做出旅游消费决策。为了实现安全有保障的在同一个平台支付，去哪儿网开发结算系统（Total Solution，TTS），实现在去哪儿网上"查找—购买—支付""一站式"解决。在市场营销方面，去哪儿网则更注重利用社交媒体和线上渠道进行品牌推广和用户互动，通过提供旅游攻略、游记等内容，提高用户黏性。

（3）蚂蜂窝。

1）公司概况。蚂蜂窝上线于 2006 年，是一个旅游社交网站，以"自由行"为核心，为广大旅游爱好者提供全球范围内的旅游攻略、问答、点评等资讯，以及酒店、交通、当地游等自由行产品及服务。

2）运营模式。蚂蜂窝更注重旅游内容的生产与传播，体现出独特的"内容＋交易"的模式。通过用户生成的攻略、点评等内容，蚂蜂窝构建了一个庞大的旅游信息库，并基于这些内容为用户提供个性化的自由行产品推荐。同时，蚂蜂窝还积极与全球的 OTA、酒店、邮轮、民宿、当地旅行社等旅游产品供应商合作，通过旅游大数据精准匹配用户需求，为用户提供最具性价比的旅行产品。蚂蜂窝实际上是一种"一次购买—分享评价—信息整合—促成新的购买"的"撮合交易"模式。除这些常规的盈利模式外，蚂蜂窝还通过用户内容的分享和推荐，与旅游产品供应商进行深度合作，实现精准营销和流量变现。

15.3.3.3　智慧旅行社建设的启示

（1）注重用户体验与售后服务。智慧旅游建设的核心部分，就是实现人对旅游信息的智能感知和方便利用。旅行社作为第三方，如果不能帮助游客节省时间，提供清晰、明了的旅行指导和服务，也就失去了竞争优势，将顾客直接推给了供应商。而 Booking.com 在网站建设中的做法很值得我们借鉴，不仅提供多语言、多币种的全方位服务，还给予优先选项，帮助消费者解决信息过载问题，整个设计完全是以顾客的便利为首要考虑因素。

（2）移动化与社交化趋势明显。随着移动互联网的普及，越来越多的消费者通过移动设备进行旅游预订和查询。同时，社交媒体的兴起也使消费者更加注重分享和互动。这也成为去哪儿网、携程旅行网等在线旅游企业向移动互联网发力的主要原因。旅行社能否成功开拓在线市场，让用户可以随时随地轻松获取信息成为智慧化的重要指标。因此，国内旅行社在智慧化进程中，除门户网站的经营外，对于各种系统应用程序和手机 App 的开发也不容忽视。因此，未来的旅游电子商务应更加注重移动端的优化和社交功能的开发。

（3）跨界合作与资源整合。旅游企业可以通过与不同行业的合作伙伴进行跨界合作，整合各自的优势资源，提供更丰富、更便捷的旅游产品和服务。在交易模式不断重合下，国内旅行社必须走创新发展模式，突破自己的服务瓶颈，旅游服务类已经逐渐丰富，例如，与航空公司、酒店、景区等建立紧密的合作关系，共同推出旅游套餐，提升消费者体验，建立景点＋住宿、景点＋车票等套餐，当众多产品趋于异质化，这些有特色和个性的服务将形成各个旅游企业之间的核心竞争力。

综上可见，未来旅游企业和电子商务的发展将更加注重个性化、智能化、移动化和社交化等方面，同时也需要关注跨界合作、资源整合以及跨境电商等发展机遇。通过不断地创新和优化，旅游电子商务将为消费者提供更优质、更便捷的服务体验。

参考文献

［1］Geum Y, Park Y. Designing the sustainable product–service integration: A product–service blueprint approach［J］. Journal of Cleaner Production, 2011, 19（14）：1601–1614.

［2］Goldstein S M, Johnston R, Duffy J A, et al. The service concept: The missing link in service design research?［J］. Journal of Operations Management, 2002, 20（2）：121–134.

［3］Jacobs R. Kano model［J］. Quality World, 2007, 33（8）：30–32.

［4］埃文斯，林赛.质量管理与卓越绩效（第 11 版）［M］.中国质量协会译.北京：中国人民大学出版社，2022.

［5］曹冰雪，李瑾，冯献，等.我国智慧农业的发展现状、路径与对策建议［J］.农业现代化研究，2021，42（5）：785–794.

［6］陈荣秋，马士华.生产运作管理（第六版）［M］.北京：机械工业出版社，2022.

［7］大野耐一.丰田生产方式［M］.谢克俭，李颖秋译.北京：中国铁道出版社，2016.

［8］豆大帷.新制造："智能 +"赋能制造业转型升级［M］.北京：中国经济出版社，2019.

［9］何海霞.互联网时代我国智慧农业发展痛点与路径研究［J］.农业经济，2021（6）：15–17.

［10］焦秉立，段晓辉.5G 与智慧医疗［M］.北京：科学出版社，2021.

［11］李俊杰，李仲涛，武凯.智能工厂从这里开始［M］.北京：机械工业出版社，2022.

［12］李培根，高亮.智能制造概论［M］.北京：清华大学出版社，2021.

［13］李蔚.上海市公立三甲医院后勤管理数字化转型研究——以 A 医院为例［D］.华东师范大学，2022.

［14］刘丽文.生产与运作管理（第四版）［M］.北京：清华大学出版社，2011.

［15］马风才.运营管理（第六版）［M］.北京：机械工业出版社，2021.

［16］雅各布斯（Jacobs，F.R.），蔡斯（Chase，R.B.）.运营管理（原书第 14 版）［M］.任建标译.北京：机械工业出版社，2015.

［17］农业农村部信息中心.2023 全国智慧农业典型案例汇编［M］.北京：中国农业科学技术出版社，2023.

［18］潘春跃，杨晓宇，钟可，叶一军.运营管理（第二版）［M］.北京：清华大学出版社，2017.

［19］邱宇忠.智慧渔业水产养殖模式创建分析［J］.江西水产科技，2020（2）：42-44.

［20］曲立.运营管理——从知识学习、能力提升到思维转变［M］.北京：清华大学出版社，2022.

［21］宋志平.企业迷思：北大管理公开课［M］.北京：机械工业出版社，2020.

［22］王景明.健康 4.0 智慧医院管理模式［M］.北京：科学出版社，2020.

［23］谢礼珊，彭家敏，关新华.服务管理［M］.北京：清华大学出版社，2016.

［24］杨丹.智慧农业实践［M］.北京：人民邮电出版社，2019.

［25］杨申仲.精准生产实践（第 2 版）［M］.北京：机械工业出版社，2021.

［26］《运筹学》教材编写组.运筹学（第 5 版）［M］.北京：清华大学出版社，2021.

［27］张凌云，乔向杰，黄晓波.智慧旅游理论与实践［M］.天津：南开大学出版社，2017.

［28］张小强.工业 4.0 智能制造与企业精细化生产运营［M］.北京：人民邮电出版社，2017.

［29］中国认证认可协会.质量管理方法与工具［M］.北京：高等教育出版社，2019.

［30］钟栎娜，邓宁.智慧旅游：理论与实践［M］.上海：华东师范大学出版社，2017.

［31］周祖德，娄平，萧筝.数字孪生与智能制造［M］.武汉：武汉理工大学出版社，2020.